Mémoires d'une
jeune fille rangée

[法]西蒙娜·德·波伏瓦 著

罗国林 译

一个规矩女孩的回忆

Simone de
Beauvoir

上海译文出版社

目　录

第一部分

一九〇八年一月九日早晨四点钟，我出生在临拉斯帕耶大街的一幢房子里，室内全是漆成白色的家具。第二年夏天照的全家福上，只见几位穿着长袍、头戴饰鸵鸟羽毛帽子的少妇，几位头戴扁平窄檐草帽或巴拿马草帽的先生，全都笑眯眯地看着一个小宝宝：他们是我的父母、祖父、叔伯、姨婶们；小宝宝就是我。我父亲三十岁，母亲二十一岁，我是他们的头一个孩子。把相册翻一页：妈妈怀里抱着的婴儿不是我，而是我刚刚出生的妹妹。我穿一条褶裙，戴一顶贝雷帽，两岁半了。似乎我嫉妒妹妹，但为时很短。就记忆所及，我一直以长女、排行老大而自豪。头戴红色兜帽，手拎小篮子，里面装着烘饼、黄油什么的，我觉得比呆呆地躺在摇篮里的婴儿有意思。我有一个小妹妹，那个娃娃就不能这么说了。

　　对于我的幼年时代，我只保留着一种模糊的印象：一种红色、黑色和温暖的印象。家里那套房子是红色的，人造毛地毯、亨利二世式的餐厅、玻璃门上有凹凸花纹的绸帘子、爸爸书房里的绒布窗帘，全都是红色的；而这个神圣的房间里的梨木家具都已变黑。我钻进书桌下凹陷的地方，蜷缩在黑暗之中。那底下又黑又温暖，感觉人造毛地毯的红色刺眼睛。我的整个幼年时代就是这样度过的，我又是看又是摸，在安乐窝里认识世界。

我平日里全靠路易丝照护。她早晨给我穿衣服，晚上为我脱衣服，和我睡同一个房间。她年轻但不漂亮，也没有神秘可言，因为至少我是这样觉得，她仅仅是为照护我妹妹和我而存在的。她从来话不高声，从来不无端呵责。当我在卢森堡公园里堆沙堆、摇哄我的金发布娃娃布隆迪娜时，她平静的目光总是保护着。我的布隆迪娜是在一个圣诞夜里从天上下凡的，还带着装有她的行装的箱子哩。夜色降临时，路易丝就坐在我身边，给我看图画，还一边讲故事。她的存在对我而言，像我脚下的土地一样自然且必不可少。

母亲对我反倒疏远一些，也更随性，她让我产生爱意：我常常坐在她的膝头上，钻在她幽香、温暖的怀里，在她那少妇的皮肤上印满吻；夜里她有时会出现在我的床边，像图画里的美人一样美丽，不是穿着绿色绒长袍，上面点缀着一朵淡紫色的花，就是穿一件黑得闪闪发光的长袍。她发脾气时，就"两眼瞪着我"；雷鸣电闪般的发怒，让她的脸显得难看，我挺害怕；我需要她的微笑。

至于父亲，我很少见到他。他每天早上去"宫"里，腋下夹个公文包，里面装满碰不得的东西，被称为资料。他既没有大胡子也没有小胡子，倒是那对蓝色眼睛里总是洋溢着欢乐。傍晚回来时，他总给妈妈带帕尔马紫罗兰，两个人相互拥抱欢笑。爸爸也对我笑，还让我唱歌："这是一辆灰色的汽车"，或者"她有一条木头的假腿"。他还在我的鼻尖下变出一枚枚一百苏的硬币，惊得我目瞪口呆。他逗我玩、关心我、让我感到高兴，可是他在我生活中所扮演的角色不很明确。

路易丝和妈妈的主要职责是喂养我；她们的任务并非总那么容易完成。世界通过我的口进入我的体内，比通过眼睛和手进入我的体内要更亲密一些。我并不全盘接受。新鲜小麦做的糊糊、燕麦糊

4

和面包汤，全都淡而无味，咽得我直流眼泪；腻人的油脂、黏糊糊的贝肉团，令我反胃。我又哭又叫又呕吐，那样反感又那样固执，她们只好放弃硬喂我吃了。相反，在孩子的心目中，美、华丽、幸福都是可以吃的。我热衷于利用小孩子的特权，常常站在瓦文街的糖果店前发愣，看到那些闪闪发光的蜜饯，闪着暗色的果酱和五颜六色、微酸的糖果，被迷住了；绿、红、橙、紫这些颜色本身和它们可能带来的快感，都令我馋涎欲滴。我常常运气好，欣赏最终变成快乐的享受。妈妈在研钵里把糖衣杏仁研碎，将粒状的粉末掺进黄色的奶油，糖果的玫瑰色变浅了，成了各种美味的色调，我将小勺伸进一抹夕阳之中。晚上父母接待客人，在客厅里几面镜子的映照下，一盏水晶灯的灯光变成了好多灯光。妈妈坐在三角钢琴前面，一位穿珠罗纱裙的夫人拉小提琴，一位表兄弟拉大提琴。我将一枚糖衣干果放进嘴里一咬，只觉得一团光紧贴上腭一闪，带着一股黑加仑或凤梨的味道：我拥有各种颜色、各种闪光，各种纱罗巾、钻石和花边；我拥有全部欢乐。流淌着奶和蜜的天堂从来不曾吸引过我，但是我羡慕"面包片夫人"①用松糕搭成的卧室。我们居住的世界如果整个儿能吃，我们将怎么样占有它啊！长大之后，我恨不得吃开花的巴旦木树，啃糖衣杏仁般的落日。纽约那些贴着天的霓虹灯，都像巨大的糖果，我为吃不着而感到失望。

吃不仅是一种探索、一种征服，而且是我最严肃的责任。"吃妈妈一勺，吃奶奶一勺……你如果不吃，就长不大。"家里人让我背贴着门厅的墙站直，紧贴着我的头顶在墙上画一道，与前些时候画的一道一比较：我长高了两三厘米。大家祝贺我，我昂首挺胸扬扬自得。不过，有时候我感到担心。阳光抚弄着打蜡的镶木地板和

————————
① 法国童谣中的人物，居住在由美味食物建造的住宅里。

漆成白色的家具，我打量一眼妈妈坐的那把扶手椅，心里想："我再也不能坐在她膝头上了。"未来蓦地呈现，它将把我变成另一个看似我而其实不再是我的女孩。我预感到喂养将停止，再没有人理、再没有人管，有的是接踵而来的种种痛苦。"吃爷爷一勺……"我仍然吃着，为自己不断长大而自豪；我不希望永远是一个娃娃。只有强烈地感受这种冲突，我才能这样细致地回忆起路易丝给我读的那本讲夏洛特故事的画册：一天早晨，夏洛特发现在她床头的一把椅子上，有一个几乎和她一样大的玫瑰色糖蛋。这个糖蛋很吸引我。它像肚子和摇篮那么大，然而是可以吃的。夏洛特不肯吃其他任何食物，她一天天变小，变得小小的，险些在一口平底锅里淹死了。厨娘不经意间把她倒进垃圾箱，被一只耗子拖走了。被人救了之后，夏洛特既后怕又懊悔，便贪馋地总是把自己塞得饱饱的，结果膨胀得像个气球。她母亲领着一个圆咕隆咚的怪物又去看医生。我克制住馋欲，仔细看根据医生所规定的饮食制定的图画：一杯巧克力、一个带壳煮的溏心鸡蛋、一块焦黄的排骨。夏洛特恢复了正常体形。我呢，也安然无恙地脱离了那时而让我变成胎儿、时而让我变成胖妇人的险境。

我继续长大，知道自己注定要过世俗生活，便从自己的模样中寻求救助。每天早晨，当路易丝用一根短棍为我卷头发时，我总是满意地端详着镜子里自己两边带鬓角发卷的脸庞：碧眼褐发的女孩据说不同寻常，而我已经学会把稀罕之物视为珍贵。我悦己而又力图悦人。我父母的朋友们助长我的虚荣心，都彬彬有礼地讨好、奉承我。我羡慕皮大衣和光滑如缎的女短上衣；我更加尊重男人，尊重他们的小胡子、身上的烟草味、低沉的嗓音和抱起我的胳膊。我特别想引起他们对我的注意：我说蠢话，一刻也不安生，我想听到他们的一句话，能够启迪我的朦胧意识，使我实实在在地存在属于他们的世界里。一天晚上，当着爸爸一位朋友的面，我固执地拒绝一盘烧生菜。在假期寄来的一张明信片上，爸爸的这位朋友风趣地问道："西蒙娜还喜欢烧生菜吗？"在我眼里，文字比口头说的话更有魅力：我喜笑颜开。当我们在德尚圣母院前面的广场上再次遇到达尔代勒先生时，我希望他能说一些妙趣横生的话逗我，还试着逗他，可是他毫无反应。我还想挑逗，大人叫我闭嘴。我气恼地发现，荣耀只是过眼云烟。

这类失望平常我都能幸免。在家里，一点小事都会引起纷纷议论。大家都愿意听我的故事，重复我的话。爷爷奶奶、伯父伯母、堂兄弟姐妹，一大家子人确保我的重要性。此外还有一大批神明关怀地向着我呢。我刚会走路，妈妈就领我去教堂，指给我看小耶稣、仁慈的上帝、圣母和众天使的像，有蜡做的、石膏塑的，也有画在墙壁上的。其中有一个天使像路易丝一样，是专门分配关照我的。我那繁星点点的天空，闪耀着许多守护我的眼睛。

在凡间，妈妈的母亲和妹妹争相关心我。外婆双颊红润，满头银发，戴着钻石耳环，嘴里嚼着像高帮皮鞋纽扣一样又硬又圆的口香糖。我很喜欢口香糖透明的颜色。我爱外婆，因为她老了；我爱莉莉姨妈，因为她年轻。莉莉姨妈像孩子一样住在父母家，我觉得她对我来说比其他大人更感到亲近。外公面颊红红的，秃顶亮亮的，下巴颏儿总有一层浅灰色的沫子，显得脏兮兮的。他常让我坐在他的脚上认真地颠着，可是他的嗓音很粗，你从来弄不清楚，他是在逗你玩儿，还是在呵斥你。我每周四在他们家吃午饭，有油炸千层酥、白汁肉块、奶油蛋白甜点：外婆让我大饱口福。饭后，外公躺在一把包织锦的扶手椅里打瞌睡，而我在餐桌下玩不出声音的游戏。等外公走了，外婆才从碗橱里拿出那个金属的陀螺，让它带着拴在上面的一些五彩圆纸板旋转。还有一个铅制的老头，外婆称之为"患肠绞痛的老爹"，点燃它屁股后面一个白色的囊，就会从里面蹿出一条浅褐色的小蛇。外婆还和我一起玩多米诺骨牌、纸牌和棒棒游戏。在这间比古玩店后间还拥挤的餐厅里，我觉得有点透不过气来。四面墙壁没有一面是空的，全都挂满了挂毯、瓷盘、色调朦胧的画；一只死火鸡躺在一堆绿卷心菜中间；独脚小圆桌上放满了拉绒和长毛绒织物、凸花花边和插在铜花瓶里的蜘蛛抱蛋。这一切使我感到烦闷。

有时莉莉姨妈领我出去玩。不知怎么那样幸运，她好几次带我去看马术比赛。一天下午，在伊西雷穆利诺马术赛场的看台上，我坐在她旁边，看见天空中有几架双翼飞机和单翼飞机在翻飞。我们关系很融洽。我最遥远、最愉快的回忆之一，就是和她一块儿在上马恩省的维兰古堡，即外婆的一个妹妹家小住了几天。年老的阿丽丝姨婆，早年丧女又丧夫，孤单一人，耳朵又聋，住在一个花园中央的一座大房子里。那座小城，街道狭窄，房舍低矮，看上去仿佛是按照一本图画册里的图画仿造的。护窗板上凿有三叶形和心形的洞，用呈小人形的铁钩挂在墙壁上；叩门锤呈手掌形状；一道高大的门朝向一个有黄鹿在奔跑的公园；一座石塔上爬满犬蔷薇。小城的老小姐们热情欢迎我：艾丽莎小姐给我心形的香料蜜糖面包；玛特小姐有一只神奇的老鼠——它被关在一个玻璃盒子里，从一条缝里塞进一块纸板，上面写有一个问题；老鼠转圆圈，用嘴去顶一个格子，那格子正好放着印有答案的一张纸。最令我惊奇的是，马斯博士的几只母鸡下的蛋上面，有木炭画的图案。我亲手从鸡窝里取出那些蛋，所以后来当一个小女友表示怀疑时，我便反驳说："那些蛋是我亲手捡起来的！"我喜欢阿丽丝姨婆花园里修剪整齐的紫杉、黄杨树浓重的香气，还有一株千金榆树下一件像摆食物的台子一样妙不可言的东西：那是一块像柜子的石头，一张石桌。一天上午有一场雷雨，我和莉莉姨妈在餐厅里玩，突然一个雷落在房顶上。这可是一件了不起的大事，我感到十分自豪：每当遇到一件什么事情，我都觉得自己算个人物。我还体验过更美妙的快乐呢。一般人家的墙头都长铁线莲。一天早上阿丽丝姨婆没好气地叫我：地上扔有一朵铁线莲花，她说是我摘的。碰花园里的花是一种罪过，我不是不知道其严重性。可是我并没有犯这罪过，便表示抗议。阿丽丝姨婆不相信我的话。莉莉姨妈激烈地为我辩护。她是我父母的代表，我唯一的评判者。一张老脸长满斑的阿丽丝姨婆，像一个虐待小孩子的凶老妖婆。这是善的力量为了保护我，而向错误和不公发起的一场战斗，我得意地助战。在巴黎，父母和爷爷奶奶都义愤地站在我一边。我品尝着自己的品行取得的胜利。

层出不穷的新鲜事物为我提供了保护、抚爱和乐趣，我是一个很快乐的小女孩。然而什么东西出了毛病，因为有时狂怒的发作让我倒在地上，脸色发青，浑身抽动。我三岁半，我们在一家大宾馆沐浴着阳光的露天座位吃午饭——那是在迪沃纳-勒班。大人给了我一个红李子，我开始剥皮。"不要剥皮。"妈妈说。我大喊大叫着倒在水泥地板上。我在布西科广场的中心公园垒沙堆，路易丝硬拉着我离开了那里，我便沿整条拉斯帕耶大街不停地吼叫。在这种时候，无论妈妈愤怒的目光，还是路易丝严厉的声音，抑或爸爸发表的奇谈怪论，对我都不起作用。我叫喊得那样响，叫喊的时间那样长，走到卢森堡公园，有时人家还以为我是一个受虐待的孩子呢。"可怜的孩子！"一位夫人说着递给我一块糖。作为感谢我踢她一脚。这件事引起了轰动，一位肥胖、上唇汗毛特重、耍笔杆子的大婶，在《模范娃娃》杂志上讲述了这件事。我分享着我父母对印刷品的敬畏。透过路易丝给我读的那篇记述，我觉得自己是个人物。然而渐渐地我感到难为情了。"可怜的路易丝常常伤心地哭泣，一边怀念她的羔羊。"那位大婶写道。路易丝从来不哭，也没有羔羊，她爱我。怎么能把一个小女孩比作羊呢? 这一天我怀疑文学和真相之间所维持的，仅仅是一些不清不楚的关系。

我经常自问我一次次发作的理由和意义。我想这可能是因为我充满激情与活力，我从来没有完全放弃走极端的心态。让反感发展到作呕，让欲望发展到念念不忘的程度，这就使得我所喜欢的事物与我不喜欢的事物之间，相隔了一条鸿沟。我不能毫不在乎地接受自己从完满堕入虚无，从极乐堕入恐怖。如果认为这是必然的，我也就认了，可是我从来没有对一件东西发过火。不过，我拒绝向这种摸不着的力量即言辞让步。引起我反感的，往往是不经意地脱口而出的一句话："应该……不应该……"它转瞬间就会破坏我所专注的事物和我的快乐。针对我的命令和禁忌的任意性，说明它们本身就经不起推敲。昨天我剥了一个桃子的皮，为什么这个李子不要剥皮呢? 为什么刚好在这一刻我要放弃游戏呢? 我遇到的到处是限制，没有一处遇到必须。在像冷冰冰的石头压得我透不过气来的规则之中，我依稀看见令人眩晕的虚无: 我就是坠入了这个深渊，嘴巴被叫喊撕裂。我趴在地上，乱打乱踢，用肉体的重量对抗那无形中控制我的力量。我迫使它变成有形的力量。他们抓住我，把我关进放扫把和鸡毛掸子的黑屋子。于是我可以拳打脚踢真正的墙壁，而不再是与摸不着的意志搏斗了。我知道这种斗争徒劳无功: 自妈妈从我手里夺过血红的李子，路易丝把铲子和模具放回筐里那一刻起，我就被打败了。可是我不服输，要败就败到底。我的惊悸和令我两眼蒙眬的泪，碾碎了时间、消融了空间，既荡除了我的欲望的目标，也荡除了横隔在我和目标之间的障碍。我昏昏沉沉、软弱无力，一切都退去了，只剩下我形单影只的存在，这存在爆发为久久的号叫。

大人们不仅愚弄我的意志，而且我感觉到自己是他们心理活动的牺牲品。他们的心理活动有时起着一面可爱的镜子的作用，也能对我施以魔法，把我变成动物或东西。"她的腿肚子多漂亮，这个小姑娘！"一位夫人一边俯身来摸我，一边说。我本来可以说："这位夫人真愚蠢，她把我当成了一只小狗。"那样我就得救了。可是，三岁的我没有任何能力对付那恭维的声音和贪心的微笑，我只能尖叫着扑向人行道。后来，我学会了几招防卫术，但提高了要求：只要人家把我当孩子对待，我就觉得自己受伤了；我知识狭隘、能力有限，但认为自己并不失为堂堂正正的人。在圣叙尔皮斯广场，玛格丽特姨妈牵着我的手。她不太善于和我说话，我突然寻思："她怎么看我呢？"心头产生了强烈的优越感，因为我了解自己的内心深处，而她一无所知。她被表面现象所迷惑，看到我身体尚未发育长成，而没想到我内心深处什么也不短缺。我决计长大之后，一定不要忘记，人到五岁已经是一个完整的人。这正是大人们在藐视时所否认的，我因此被触怒。我有着不健全人的敏感。玩牌时外婆作弊让我赢，或者莉莉姨妈给我出太容易的谜语，我都会生气。我常常怀疑大人们装模作样。我太信任他们，无法想象他们会受骗上当。我疑心他们是特意合计好了来捉弄我。在一次喜筵快结束时，爷爷想和我碰杯，我感到大为扫兴。一天我跑得满头大汗，路易丝拿了条手帕要帮我擦擦，我气冲冲地挣脱，觉得她假惺惺的。不论有理没理，只要感到大人利用我的天真来耍弄我，我就会奋起反抗。

　　我的暴戾令人害怕。大人呵斥我，给我一点惩罚，但很少打我耳光。"西蒙娜嘛，你只要碰一下她，就会脸色发青。"妈妈说。一位叔叔气极顾不了这个，令我大吃一惊，发作骤然停止。他们大概能够轻易地制服我吧。不过，父母并不把我的狂烈看得太严重。爸爸不知滑稽地模仿什么人，打趣地说："这孩子就是不好相处。"有人不无带点得意地说："西蒙娜倔强得像头骡子。"我从中沾了光，越发任性，以不听话为乐事。在全家照的照片上可以看到，我吐舌头，大家围着我笑。这些小小的胜利鼓励了我，不把规矩、礼仪、习俗看成不可逾越的东西；这些小小的胜利也是某种乐观情绪的根源，不惧怕一切管教。

至于我那些失败，它们并没让我感到屈辱和愤怒。每当眼泪哭干了、嗓子喊哑了，我最终投降时，人已经筋疲力尽，再也没力气去吃后悔药了，往往连反抗的目标也忘得一干二净。找不到为自己的过火行为辩护的理由，颜面难顾全，我心里充满内疚。不过内疚很快烟消云散，因为我不难获得原谅。总之，我的发作抵消了管束我的规矩的专横，避免我把积怨埋在心里生闷气。我从来不会认真地对权威提出质疑。只有当大人的所作所为暴露了我的小孩子身份的暧昧，我才会觉得可疑。我的反抗所针对的就是后者。我毫无保留地接受向我提出的信条和价值观。

我的世界划分为两大范畴，就是善与恶。我处于善的范畴之中，这里充满幸福和美德，相得益彰，不可分割。我经受过莫名的痛苦，有时会碰破头、擦破皮、脸上长个脓包，模样都变了。一位医生用硝酸银棒为我炙脓包，我大喊大叫。不过这类小事故很快就平复了，动摇不了我的信条：人的苦乐与人的素质相符。

我与善密不可分，所以很快就知道善包含着细微的差别和不同的程度。我是一个善良的小女孩，但常常犯错误。阿丽丝姨婆经常祈祷，肯定能升天堂，然而她对我不公正。在我应当热爱和尊敬的人当中，有一些在某些方面受到我父母的指责，甚至外公外婆也免不了受他们批评。他们总是与一些表兄弟不和，而这些表兄弟妈妈经常去看望，我觉得都挺和蔼可亲的。"不和"这个字眼，令人想到剪不断理还乱的关系，我可不喜欢。他们为什么彼此不和？怎么会弄得彼此不和呢？我觉得不和是一件令人遗憾的事情。我高度赞同妈妈。"你昨天去谁家了？"莉莉姨妈问我。"我不告诉你，妈妈不让我说。"莉莉姨妈和她母亲意味深长地交换一个眼色。有时她们会说出令人不愉快的想法："怎么？你妈妈还在奔忙？"她们的恶意降低了她们的威望，而对妈妈毫无损害。这倒也不影响我对她们的感情。从令人满意的角度讲，我觉得这些二等人物自然不像至圣神明那样无可指责：路易丝和我父母掌握一贯正确的垄断权。

善与恶被一柄烈火之剑隔开。我从来没有面对面看见过恶。有时，父母的声音变得严厉，从他们的气愤和恼怒，我猜想在他们周围存在一些真正黑心的人，我不知道是哪些人，也不知道他们的罪孽。恶保持着距离。我只能通过神话中的一些面孔，来想象恶的帮凶是什么样子——魔鬼、老妖婆卡拉波斯、灰姑娘的姐妹，他们本身的样了都见不着，我便把他们统统视为精怪。恶魔造孽犹如烈火焚毁，是不需要理由和借口的。地狱是其出生地，受刑罚是其命运，对其受的刑罚表示同情，在我看来是亵渎神明。老实说，矮人们给白雪公主的后母穿的烧红的铁靴、烤魔王路济弗尔的烈火，在我看来根本不是给人展示受煎熬的肉体的形象。吃人妖、巫婆、魔怪、后母、刽子手等，这些没有人性的家伙象征一种抽象的力量，他们所受的刑罚抽象地说明了他们应得的报应。

我与路易丝和我妹妹出发去里昂时，心里希望能碰上露出真面目的敌人。我们受到几位远房表亲的邀请，他们住在里昂市郊一座大花园环绕的房子里。妈妈提醒我，西尔苗纳家的几个孩子没有了娘，不总是很乖，经文也念不好；当我念经文时，他们如果嘲笑我，我不要感到难堪。我觉得自己弄明白了，这几个孩子的父亲是一位年迈的医学教授，不把仁慈的上帝放在心上。我穿着被投给狮子的圣女布朗蒂娜式的宽大白长裙。我感到失望，没有任何人攻击我。西尔苗纳姨父离开家时，低声说："再见，愿上帝赐福给你们。"看来他并非不信教的人。我的几位表兄弟——他们一共七位，年龄从七岁到二十岁——确实都行为乖张。他们隔着大花园的铁栅栏门，向街上的顽童扔石头，相互打架，折磨和他们一块生活的一个痴呆的小孤女，他们夜里从父亲的书房里弄出一副人体骨骼，披上条被单来吓唬她。我虽然感到困惑，但觉得这些怪异行为并不那么严重，从中并没有发现难以想象的邪恶。我平静地在一丛丛绣球花之间玩耍，世界的反面一直对我隐藏不露。

然而，一大晚上，我觉得脚下的大地晃动了。

我们的父母也来与我们会合了。一天下午，路易丝带领我和妹妹去参加一个主保瞻礼节，痛痛快快地玩了一回，离开时已是黄昏。我们边走边聊，笑声不断，我吃着自己非常喜欢的仿制品——甘草棒，这时妈妈出现在道路的拐弯处。她头上披一条绿色薄纱巾，噘着嘴："都什么时候了，才回来？"她最年长，是"太太"，有权呵斥路易丝。可是我不喜欢她噘着嘴，也不喜欢她这口气；我也不喜欢路易丝忍耐的目光里闪现出的一种不友好的东西。这天晚上——或者另一个晚上，反正在我们的记忆里，这两件事是紧密联系在一起的——我和路易丝在花园里，还有一个人我说不出名字。天挺黑，住宅正面外墙黑糊糊的，有一扇窗户开着，房间里亮着灯。我们看见两个身影，听见两个激动的声音。路易丝说："听，先生和太太在吵架。"刹那间，宇宙倾覆了。爸爸和妈妈不可能是仇敌，路易丝不可能是他们的仇敌。当不可能变成了可能时，天堂和地狱就合二为一，黑暗和光明就混淆不清了。我陷入了创世之前的混沌之中。

这场噩梦倒是没有持续。第二天早晨，父母双亲又满面微笑，也恢复了平常的声音。路易丝的冷笑留在我心里，但我不予理会。

14

有许多小事我都这样让它们湮没在迷雾之中。

有些事情我其实感受非常强烈，永远忘不掉，却能做到绝口不提，这种秉性是我在回忆自己的童年时给我印象最深刻的启示之一。人们告诉我的世界，是按固定的坐标和分明的类别和谐地安置的。中性的概念都被排除：要么是叛徒，要么是英雄，要么是变节者，要么是殉道者，没有中间分子；凡是不能吃的果子都是有毒的；人们肯定"我爱"我家族的所有成员，包括最受冷落的叔祖父母。自我牙牙学语开始，我的经历戳穿了这种本质主义。白很少是纯白的，邪恶的黑色隐匿着，我看到的是白不白黑不黑的灰色。只是当我试图抓住它们模糊不清的区别时，不得不倚仗词句，才又回落到了概念分明的世界里。我凭双眼看到的东西，我确实感受到的东西，大概勉强可以归于这个范畴。神话和老生常谈压倒真理。真理无法确切地说出来，我便悄悄地把它塞进微不足道之中。

不靠语言帮助的思维既然受挫，我便估摸着语言完完全全地涵盖了现实。因此我可能是受了大人的启蒙，从而把他们视为掌握绝学的人：他们所指是一件事物，而所表达的则为事物之精髓，即如水果之汁。在词语与其表达对象之间，我想象不出有任何距离可容纳谬误。这就是为什么我依循语言而不加批评、查考，甚至情形令我疑惑时亦如此。西尔苗纳家我的两位表兄嘴里嚼着苹果糖。"这是通便的药。"他们对我说。他们的冷笑告诉我，他们在嘲笑我。然而，他们用的词与那灰白色的棒棒糖融合在一起了，我不再馋那棒棒糖，因为在我眼里，它们现在是介乎那种糖和那种药之间似是而非的东西了。

然而，我记得有一个事例，语言并未压倒我的确信。在乡下，假期里家人有时会带我去一位远房小表兄家玩。小表兄住着一个大花园里的一座漂亮房子，我跟他玩得相当好。"这是一个可怜的傻子。"一天晚上父亲对我说。小表兄桑德里年龄比我大得多,但我觉得他是个正常人,因为他跟我很亲近。不知道是否有人让我看过或对我描述过傻子,我觉得傻子都带着一脸傻笑,两眼无神。我再见到桑德里,便尽量拿这个形象来对照他的模样,却怎么也对不上。或许他是内心深处而并非表面上像傻子吧,可是这种想法令我反感。一方面我心里想把事情弄个明白,另一方面父亲侮辱了我玩耍的伙伴,我对他心存怨恨,所以便去问桑德里的祖母:"桑德里真的是个傻子吗?"我问道。"不,他才不傻呢!"祖母像受了冒犯似的咎道。她非常了解自己的孙子。也许爸爸搞错了? 我感到困惑。

我并不怎么依恋桑德里,上面这件小事令我感到意外,但甚少触动我。只当语言的魔法咬噬我的心时,我才发现了它。

妈妈头一回穿一件橘红色连衣裙,路易丝跟对面一家的女佣说:"你看见太太的穿着了吧,一个十足的古怪女人!"另一天,路易丝在住宅楼的门厅里与门房的女儿闲聊,而在两层楼上面,妈妈正一边弹钢琴一边唱歌。路易丝说:"啊!又是太太在大喊大叫啦!"古怪女人,大喊大叫。这两句话我觉得不堪入耳。它们哪里与妈妈挨得上边呢? 妈妈是那样美丽、高雅、精通音乐。然而,这两句话是出自路易丝之口,怎样驳斥呢? 对其他人,我知道争辩。可是路易丝就是公正、就是真理,我对她的尊重不容许我对她进行评判。仅仅质疑她的欣赏能力是不够的。为了抵消她这种恶言的影响,必须归咎于她的恶劣情绪,也就是承认她与妈妈相处不好。在这种情况下,她们两个必然有一个不对! 不。我希望她们两个都完美无缺。我努力去除路易丝这两句话的实质内容: 这只不过是从她嘴里发出的奇怪的声音,其原因我搞不明白而已。我并没有完全成功。从此以后,每当妈妈穿颜色鲜艳的衣服,或者当她大声唱歌时,我会有一种不自在之感。另一方面,现在我知道,不必对路易丝所有的话都那么认真，所以不像以前那样完全乖乖地听她的话了。

一旦觉得自己的安全受到威胁，我便赶紧躲避，因此很愿意反复谈那些自己觉得没有风险的问题。出生问题甚少令我不安。开初听见有人说，孩子都是父母买来的。这个世界如此之大，充满闻所未闻的奇迹，说不定某个地方会有一间婴儿仓库。这个想法渐渐消失了，我满足于一种更虚幻的解答："是上帝创造了婴儿。"上帝从混沌中造出大地，用泥巴造出亚当，他让柳条小摇篮里冒出一个婴儿，就毫不稀奇了。乞求于上帝的旨意，平息了我的好奇。大体上，上帝的旨意可能解释一切。至于具体细节，我想我会逐步发现的。令我好奇的是，父母存心不让我听到他们的某些交谈，我一走近，他们就压低声音或者不作声了。这就是说，有一些我听得明白的事情，不能让我知道。是些什么事情呢？为什么要对我隐瞒呢？妈妈禁止路易丝给我读塞居尔夫人的一篇故事，因为这篇故事会让我做噩梦。图画上看到的那个穿兽皮的小伙子究竟发生了什么事？我问也白搭。在我看来，《熊崽》就体现了神秘。

宗教的伟大奥义太深奥、太难懂，倒是不令我惊奇了。但是熟悉的圣诞节奇迹却令我深思。万能的小耶稣贪玩而下到烟囱里，像一个普通的通烟囱工人，我觉得不恰当。这个问题在我脑子里想了好长时间，终于向父母和盘托出，他们才说明了真相。令我愕然的是，我居然如此实诚地相信了一件不真实的事情，其中必然有虚假的可信之处。我不会从这件事得出实际的结论，不会想父母欺骗了我，他们可能还会欺骗我。也许我不会原谅他们对我说的谎话；他们的谎话令我灰心丧气，感受到切肤之痛的伤害。我会反抗，会变得多疑。魔术师向观众公开了自己的戏法，观众会感到受到捉弄。我不会比观众更感觉受到了捉弄。当我发现我的布隆迪娜坐在我鞋旁边它的箱子上时，我是那样欣喜若狂，因而对父母骗了我，也就心存感激了。如果不是从他们嘴里了解到真相，我可能会怨恨他们。他们承认骗了我，就以他们的坦诚令我信服了。如今他们像对大人一样和我说话。我为自己获得了新的尊严感到自豪。他们哄骗小孩子，我接受，反正我不再是小孩子了。大人继续哄骗我的小妹妹，我认为是正常的。我嘛，已经跻身大人这一边，料定从今以后大家都会对我讲真话了。

父母对我的问题都欣然回答，我的无知一表达出来就消除了。然而，我意识到有一个不足之处：在大人眼前，书里一行行黑斑变成了文字；我左看右看，那些黑斑我也是看得见的，但看不明白。家里很早就让我玩字母了。三岁的时候我就跟着说 O 叫做 O、S 是 S，就像一张桌子是一张桌子。字母表我差不多认全了，可是印出来的一页页书依旧缄默不语。一天我脑子里喀哒了一声。妈妈把《雷仁博识字法》翻开放在餐桌上。我注视着母牛图和 c、h 两个字母，这两个字母念 ch。我突然明白了，它们并不像物体一样具有一个名称，而是代表一个声音。我明白了何谓一个符号。我想尽快让人教我认字，可是我的思想让我半途停止了。我看出来那图像不折不扣地代表了与它相符的声音；这图像和声音都来自它们所表达的物体，因此它们之间的关系没有强制的成分。理解了符号不等于理解规则。所以当外婆要教我音符时，我硬是不肯学。她拿一根毛线针指着一张谱表上的全音符。这条线对应钢琴的某个键，她向我解释说。为什么呢？怎么对应呢？我看不出那张横线纸与钢琴键盘之间有任何共同之处。有人企图给我强加莫名其妙的限制，我就反抗；同样，不绝对真的事实我也不接受。我只愿意顺从必然；人作出的决定或多或少都是出于心血来潮，其分量不足以让我非赞同不可。我固执了好几天，最后还是服输了：一天我学会了音阶，但我仿佛觉得是学一个游戏规则，而不是学一种知识；相反，我轻松地对算术产生了兴趣，因为我相信数字是实在的。

一九一三年十月我五岁半的时候，家里决定让我进一所名字吸引人的学校，即德西尔学校①学习。初级班班主任法叶小姐在一间庄严肃穆、门包软垫的办公室里接见了我。她一边和妈妈说话，一边抚摩我的头发。"我们不是小学教员，而是教育者。"她解释说。她穿一件不袒露肚腹的无袖女胸衣、一条很长的裙子，在我看来她太虚情假意。我喜欢矜持点的性格。然而，头一回进课堂的前一天晚上，我在前厅里高兴得又蹦又跳地叫："明天我就去上学了！""这个嘛，不会总让你开心的。"路易丝对我说。这一次她说错了，我可以肯定。想到就要拥有一种属于自己的生活，我就兴奋异常。直到这时，我一直是在大人们的边缘成长。从现在起我就有自己的书包、自己的课本、自己的练习本、自己的任务了，每一周、每一天，都将按我自己的作息时间进行分配；我依稀看到未来，它不会使我脱离自己，而会沉淀在我的记忆里：一年又一年，我将不断地充实自己，同时忠实地保持这个小学女生的本色；此时此刻，我正庆祝这个小学女生的诞生呢。

我如愿以偿，每逢周三、周六都参加一个钟头的祝圣仪式，那盛况使我的整个星期变得美好。学生们围绕一张椭圆形桌子坐好，法叶小姐坐在主教座般的高背椅子上主持仪式。特意供奉在高处的阿德丽娜·德西尔像，在镜框里守护着我们。我们的母亲坐在黑色仿皮长沙发上，做着刺绣、打毛线等女红活儿。她们根据我们表现得乖还是不很乖给我们打分，快下课时我们大声念出自己的分数，法叶小姐把它们登记在她的记分册里。妈妈每次都给我打十分，打

---

① 德西尔为法语 Désir 之音译，意为"希望、渴望"。

九分会使我们母女俩丢面子。法叶小姐给我们发"满意卡"，学期末我拿这些卡换切口涂金的书。然后她站在门口，在我们每个人额头上印一个吻，给我们的心灵留下好主意。我会读、会写，也开始会数数了：我是"零"班的明星。圣诞节前后，老师给我穿上带金色饰带边的白色长袍，装扮成幼年耶稣，其他小女孩都向我下跪。

　　妈妈检查我的作业，一丝不苟地让我背课文。我喜欢学习，我觉得《圣经》比佩罗[1]的童话故事更有趣，因为它所讲述的奇迹，都是真的发生过的事情。我也迷恋我的地图册里的一幅幅地图。岛屿的孤寂、海岬的胆壮、与大陆相连的狭长半岛的单薄，令我心驰神往。长大后，我从飞机上看到镶嵌在蓝色大海上的科西嘉岛和撒丁岛时，重新领略了对地理的这种心醉神迷，而在被真正的阳光照亮的哈尔基斯，我重新获得了一个地峡被两个海扼住的完美要领。一幅幅精确的图，牢牢地镌刻在世纪石壁上的一段段小故事：世界是一本色彩亮丽的图画册，我醉心地翻阅着。

　　我之所以对学习这样感兴趣，是因为日常生活不再令我满足。我住在巴黎，一个由人工布置、完全驯化的环境里：街道、房屋、有轨电车、路灯、家用器具，所有东西都平淡无奇，仿若概念，各有功用而已。卢森堡公园，里面的树丛不得触碰，草地不准践踏。在我看来，只不过是一个游戏场所。有些地方，透过一道裂口，瞥见画布后面模糊难辨的深处。地铁的隧道向着大地神秘的心脏，无限地延伸。蒙帕纳斯大街，在如今的法兰西学院所在地，那时是一个很大的堆煤场"朱格拉"。从堆煤场出来的人，脸都黑糊糊的，头上顶着麻袋。在一堆堆焦炭和无烟煤，在烟囱冒出的油烟里，大白天也徘徊着被上帝与光明分开的黑暗。可是我没有办法控制黑

---

[1] Charles Perrault（1628—1703），法国诗人、童话故事作家。

暗。在我所处的文明世界里，令我惊异的东西寥寥无几，因为我不知道人类的影响始自何处，止于何处。飞机和飞艇有时飞越巴黎上空，大人们远远比我更感到惊奇。至于娱乐，甚少有人向我提供。父母带我去香榭丽舍大街看过英国国君经过；我在那里观看过四旬斋狂欢日大游行，后来还观看过陆军部长加列尼的葬礼。我跟随过宗教仪式队伍，参观过临时祭坛。我几乎从没去过马戏场，很少去布袋木偶戏剧院。我有一些令我开心的玩具，而令我着迷的只是少数。我喜欢把眼睛贴在立体镜上，观看它把平面图像变成三维场景；或者观看活动电影放映机里，一盘静止的图像胶片转动起来而生成马儿奔驰的场面。大人给了我几种画册，只要用拇指一按，里面的图像便能活动起来，例如一些画页上静止不动的小姑娘会跳起来，拳击手会开始拳击。还有影子戏、光线投射。光学幻影令我感兴趣的是这些幻影在我眼前不断地组合再组合。大体上，我的市民生活很不丰富，根本无法与书本所包含的丰富多彩相媲美。

当我离开城市，被带到动物和植物之中，被带到峰峦叠嶂、沟壑纵横的大自然之中时，一切都变了。

我们常去利穆赞大区爸爸的老家过夏天。爷爷退休了，住在乌泽什附近一座由他爸爸购置的住宅里。他蓄银白的连鬓胡子，头戴鸭舌帽，胸佩荣誉勋位勋章，成天哼着曲子。他告诉我树木、花草和小鸟的名字。孔雀在爬满紫藤和紫葳的房子前面开屏。我欣赏大鸟笼里的红头雀和锦鸡。"英国式小河"上有人造瀑布，水面上睡莲开花，水里游着金鱼，水中间有一座微型小岛，由两座藤桥与两岸相连。园里有雪松、红杉、紫栎树、日本矮树、垂柳、玉兰、南洋杉、常绿树、落叶树、花丛、灌木丛、矮树丛。这个由白色栅栏围绕的花园并不大，但丰富多彩，令我探索不尽。假期过半我们离开这里，去爸爸的姐姐家。她嫁给了附近的一位乡绅，生有两个孩子。他们赶着由四匹马拉的四轮无篷大马车来接我们。吃过午饭之后，我们便上车在蓝色皮凳上坐好。凳子散发着尘土味和阳光味。姑父骑着马陪护我们。走了二十公里，我们到达了格里埃尔。这里的花园比梅里尼亚克的花园更大、更荒芜，也更单调。花园中间是一座破旧的、石板屋顶的古堡，两侧有角塔。艾莱娜姑妈有些冷淡。姑父莫里斯留小胡子，穿着马靴，手里拿根鞭子，时而沉默，时而生气，有点令我害怕。我喜欢与罗贝尔和玛德莱娜在一起，他们两个一个比我大五岁，一个比我大三岁。在姑妈家像在爷爷家一样，他们让我在草地上自由自在地跑，我可以触摸一切。我铲土、揉泥团、扯掉树叶和花冠、剥七叶树果实、用鞋跟碾爆鼓胀的豆荚，学到了书本和权威不可能教给我的东西。我认识了黄花毛茛、苜蓿、甜福禄考、蓝莹莹的牵牛花、蝴蝶、瓢虫、萤火虫、露水、蜘蛛网、游丝；我知道了枸骨叶冬青比桂樱或花楸树还红，秋天里桃红了、叶黄了，太阳在天空升起又沉落，可是我们从来没有见过它挪动。缤纷的色彩和馥郁的芬芳令我陶醉。在鱼塘的碧水之中，在随风起伏的青草之中，在会拉伤手的蕨草下面，在矮树林深处，到处都隐藏着我渴望发现的珍宝。

自我上学以来，父亲一直关心我的成绩和进步，他在我的生活中更重要了。我觉得与其他人比较起来，他是难得的一种人。在那个男人都留大胡子、小胡子的年代，他那张剃得光光的、表情生动的脸，令人刮目相看，他的朋友们说他像黎加丹①。我周围没有任何人像他一样滑稽、有趣、出色；没有任何人像他一样读了那么多书，能背诵那么多诗歌，能以他那样的热情进行讨论。他背靠壁

---

① Rigadin，20世纪初法国喜剧短片中的一个表情丰富、运气不佳的主角。

炉，口若悬河，手舞足蹈，大家都洗耳恭听。在家庭会议上，他抢尽风头，演独角戏或扎马柯伊斯的《猴子》，大家为他鼓掌。他最独特之处，是在闲暇之时演滑稽戏。看见照片上的他装扮成丑角、咖啡馆服务员、士兵、悲剧女演员，我就觉得他是一个有神奇本领的人。他身穿连衫裙，前面系块白围裙，头戴无边软帽，睁大一双蓝色的眼睛，扮演名叫罗莎莉的傻厨娘，笑得我眼泪都流出来了。

每年父母总要去迪沃纳-勒班过三个星期，而且是与一群业余演员一块儿。那些演员就在赌场的舞台上演出，给度假的人添乐子，大宾馆的经理免费给他们提供住宿。一九一四年，路易丝、我妹妹和我三个人去梅里尼亚克等他们，在那里又见到爸爸的大哥——我们的伯父加斯东和伯母玛格丽特，还有比我小一岁的堂妹让娜。玛格丽特伯母苍白、瘦削得令我害怕。他们住到了巴黎，我们就常见面了。我妹妹和让娜在我的专横面前百依百顺。在梅里尼亚克，我将她们套上一辆小车，她们拉着我在大花园里奔跑，我给她们上课，带着她们逃学，逃到大街中间才小心翼翼地停下来。一天早上，我们在柴垛旁的新鲜刨木花里玩儿，突然响起了警报的钟声，战争爆发了。战争这个词我头一回听到是一年前在里昂。据说，仗打起来就会有一些人杀另一些人。我寻思往哪儿逃跑。这一年，爸爸告诉我，战争意味着一个国家遭到外国入侵。于是我开始害怕数不清的日本人，他们在街上的各个十字路口卖纸扇和纸灯笼。可是不对。我们的敌人是戴尖头盔的德国人，他们已经抢走了我们的阿尔萨斯和洛林，我在汉西①的画册里见到他们可笑、丑恶的嘴脸。

现在我知道在一场战争中，只是士兵们相互杀戮。我对地理足够了解，知道国界线离利穆赞远着呢。我周围没有什么人表现出恐

---

① Hansi（原名 Jean-Jacques Waltz, 1873—1951），法国漫画家，出生于阿尔萨斯，极力反对德国占领阿尔萨斯。

慌，我也不担心。爸爸妈妈扛着大包小包，风尘仆仆，说个不停。他们在火车上度过了两天两夜。车库的门上贴了征用告示，祖父家的马都被赶到乌泽什去了。普遍的混乱和《中部通讯》的大字标题令我兴奋。每当发生什么事情时，我总是感到高兴，想出一些与当时情况相适应的游戏：我扮演普恩加来①，堂妹扮演乔治五世，妹妹饰沙皇。我们在雪松树下开讲演会，用马刀砍杀普鲁士人。

九月份在格里埃尔，我学习履行法国国民的义务。我帮助妈妈做旧布纱团，还织了一个羊毛风雪帽。姑妈艾莱娜驾着那辆英国式马车，我们去邻近的火车站，向缠头巾的大个子印度人分发苹果，他们则抓给我们一把一把的荞麦。我们带给伤员们抹奶酪和肉酱的面包片。镇子里的妇女捧着食物在列车外面奔跑。"纪念品，纪念品！"她们叫卖着，士兵们则用军大衣纽扣和子弹壳与她们交换。有一次，一个妇女给了一个德国伤兵一杯葡萄酒，引起一片窃窃议论。"怎么啦，"她说，"他们也是人嘛。"大家议论得更厉害了。姑妈艾莱娜本来不经意的眼睛里燃起了神圣的怒火。这些德国鬼子天生就是罪犯。他们引起的不只是气愤，而是仇恨。人们不会对魔王撒旦感到愤慨，但叛徒、特务、坏法国人，使我们正直的心里充满义正词严的愤慨。我非常厌恶地盯着现在被叫作"德国女人"的那个妇女。邪恶终于找到了化身。

我热情拥抱善的事业。我父亲曾因心脏病退役，但被重新征募，编入佐阿夫团②。我和妈妈去他正在服役的维尔塔诺斯看望他。他蓄起了小胡子，小圆帽下一张严肃的脸令我印象深刻。我必

---

① Raymond Poincaré（1860—1934），法国政治家。第一次世界大战期间为第三共和国总统。
② 创建于1830年的法国轻步兵团，原由阿尔及利亚人组成，1841年起全部由法国人组成。

须表现得无愧于他，立刻显示出一种堪称典范的爱国主义，一脚踩瘪了一个"德国造"的属于我妹妹的赛璐珞娃娃。接着我又把刻有同样标记的餐刀刀架从窗口扔了出去，大家拦也拦不住。我在所有花盆里插上协约国的旗帜，扮演勇敢的左阿夫团士兵，英雄的孩子，还用彩色粉笔写上："法国万岁！"大人们褒奖我的模仿行为，用得意而开心的口气说："西蒙娜沙文主义得要命。"我领略了微笑和恭维。不知谁送给了妈妈一块天蓝色军官呢料。一位女裁缝完全照军大衣的式样，给我和妹妹各做了一件大衣。"你瞧，甚至有军大衣的后腰带呢。"母亲对欣赏或惊讶的朋友们说。没有任何一个孩子像我一样，穿一件如此有特色的大衣——一件这样有法国味的大衣。我觉得自己是命中注定。

一个孩子差不了多少就变成猴子了。过去我喜欢炫耀自己，但不肯参加演大人们导演的滑稽戏。现在年龄大了，我再也不需要大人们的亲昵、抚爱、哄逗，越来越强烈需要的是他们的赞许。他们叫我演一个最容易扮演、最适合我演的角色，我就会立即投入。我穿着天蓝色军大衣，跑到大街上，站在妈妈一位朋友开的"法国比利时人之家"门口募捐。"为了逃难的比利时孩子们！"钱币雨点般落进我的小花筐里，行人们的微笑让我确信，我是一个挺可爱的小爱国者。然而有一个穿黑衣服的妇女上下打量我一眼问："干吗为比利时难民？法国难民呢？"我不知所措。比利时人是我们英勇的盟友，不过说到底，如果我们以沙文主义自鸣得意，那么我们就应该爱法国人甚于爱比利时人。我觉得我在自己的地盘上吃了败仗。还有令人失望的事情在等着我呢。天黑时分，我回到"法国比利时人之家"，大家都以居高临下的态度向我表示祝贺。"我可以付我的煤费了！"女主任说。我提出异议："这钱是给难民的。"她们居然不把自己的利益分开，这令我难以接受。我本来幻想有更可观的善举。而且费芙丽叶小姐曾许诺这笔钱要全部给一位护士，所以没有说明她留下了一半。"十二法郎，这挺可观啦！"那位护士礼貌地对我说。可是我募集到了二十四法郎。我非常生气。大人并不欣赏我的真正价值。其次呢，我自以为是明星，其实我只是一个配角。我被她们忽悠了。

然而对这个下午，我却保留着一个得意的回忆，决意坚持做下去。我和其他一些小姑娘在圣心教堂里徘徊，手里晃动着三角形小旗，一边唱着歌。我为我们亲爱的法国士兵兜售祈祷文和玫瑰经文。我重复所有的口号，遵守所有的命令，在地铁和有轨电车里都见写着："别说话，当心，敌人的耳朵听见你。"传说有特务将针扎进女人的屁股，还有些特务向孩子们散发有毒的糖果。我故作谨慎：在放学路上，一个女同学的妈妈给我口香糖，我没要。这位同学的妈妈满身香味儿，抹了口红，还戴了粗大的戒指，更丧气不过的是，她叫做马兰①太太。我并不真的相信她的糖果会毒死人，但觉得这样显示疑心值得赞许。

德西尔学校有一部分改造成了医院。走廊里，药房那种提神通窍的气味和地板蜡的气味混合在一起。戴着有红点的白色面纱的小姐，个个像圣女，她们的嘴唇接触我的前额时，令我心情激动。一个北方的小女难民进到我们班，逃难给她造成了严重损害，她面部抽搐，说话结巴。人们对我谈到许多小难民，我想减轻他们的不幸，特意把人家送给我的糖果整齐地放在一个盒子里。当盒子里装满不新鲜的蛋糕、白色巧克力和李子干时妈妈帮我把它包装好，我把它带给那些小姐。她们悄声对我表示感谢，我的头顶上是一片低声的恭维。

---

① 马兰为 Malin 的音译，意为恶魔。

我心里充满了善，再也不生气，再也不任性。人家告诉我，依靠我这种德行和虔诚，上帝准会拯救法国。当德西尔学校的主持神甫接受我时，我成了一个模范小女孩。神甫年轻、苍白，非常温柔。他接受我上教理课，让我受到忏悔美妙的启蒙。我在一座小礼拜堂里跪在他面前，虔诚地回答他的问题。我对他讲了什么早已完全不记得了，当妹妹模仿我做忏悔时，他当着妹妹的面，向我妈妈祝贺我有一个美好的心灵。我热爱这样的心灵，想象它像金银器里的圣体饼一样是白色的，熠熠生辉。我积德行善。圣诞节前的将临期，马丁神甫给我们分发了画有幼年耶稣的图片。每做一件善事，我们就在紫墨水画的图片边线上用大头针扎一个洞。圣诞节那天，我们要把图片放在大教堂里闪闪发光的马槽里。我变着法儿做各种苦修、牺牲和感化人的事情，使我的图片扎满了洞。这些功德让路易丝感到厌烦，但妈妈和那些小姐都鼓励我。我加入了一个儿童慈善会——"受难天使"，这使我有权穿圣衣，同时有义务思考圣母的七大痛苦。我按照庇护十世新近的训言，准备我的私下领圣体，坚持退省。我不明白，法利赛人这个名词令人困惑地像巴黎人[①]，可是他们为什么激烈反对耶稣，我同情他的苦难。我身穿朱罗纱长袍，头戴镶花边的爱尔兰无边软帽，吃了我的头一块圣餐饼。从这天起，妈妈每周带我去德尚圣母院领三回圣体。我喜欢听到晨光熹微中石板路上我们的脚步声。闻着馨香的气味，蜡烛的水汽令双目迷离，我在十字架下默祷，一边隐约地想着家里那杯等待我的巧克力，那感觉真可谓温馨。

　　这种虔诚的默契，使我与妈妈的关系更亲密了。她在我的生活里明显地占据了首要位置。路易丝的兄弟们都被动员入了伍，她回

[①] 法利赛人为古代犹太教一个派别的成员。法语的法利赛人 pharisien 与巴黎人 parisien 词形相似，只相差一个字母。

家帮助她父母干农活去了。新来的女用人雷蒙德烫着鬈发，矫揉造作，又爱摆谱，着实让我看不起。妈妈再也不大出门，也很少接待客人，把大部分心思都花在了妹妹和我身上。我与她比妹妹与她的生活联系得更紧密，她也是长姐，大家都说我很像她，我觉得自己得天独厚： 她是属于我的。

爸爸十月份上前线去了。我眼前又浮现出在地铁站的过道里，妈妈走在我旁边，两眼湿润。她有一双浅褐色的美丽眼睛，两颗泪珠滑落到了面颊上。我心情十分激动。然而我根本没有想到父亲冒着危险。我见过一些伤员，知道战争与死亡之间有某种联系。可是我想象不到这场集体大冒险会直接牵涉我。再说我大概相信上帝会特别保护我父亲，我不可能想到会发生不幸。

所发生的事情坚定了我的乐观主义。在一次心脏病发作之后，父亲撤退到了库罗密埃医院，然后被调到了陆军部。他换下了军装，剃掉了胡子。大约也是在这个时期，路易丝回到了我们家。生活恢复了正常。

我彻底变成了一个乖孩子。当初我创作了自己的角色，这个角色使我受到那么多夸奖，我从中得到过那么大的满足，久而久之就把自己等同于这个角色了，它成了我唯一真实的存在。我的血液不像过去那样急速了，发育、出麻疹令我憔悴了，我到含有硫黄的水里沐浴，服用滋补剂，再也不风风火火给大人们添麻烦。另一方面，我的兴趣也与我所过的生活一致了，因此大家很少再给我气受。一旦发生冲突，现在我能够问明情况，商量解决。人家往往只是回答我："这可使不得。我说不行就是不行。"即便这样，我也不认为自己受到了压制。我相信父母做什么都是为我好。再说，通过他们的嘴表达出来的是上帝的旨意： 上帝创造了我，为我而死了，他有权要求我绝对服从。我感觉自己受到的约束是必不可少的，因而也是令人放心的。

就这样，我放弃了幼年时代试图捍卫的独立。数年间，我成了父母服服帖帖的影子。是时候了，该尽我所知来谈谈他们是什么样的人了。

关于父亲的童年，我了解的情况甚少。我曾祖父是阿让通的税务监督员，大概留给了他几个儿子一笔令人满意的财产，因为他的小儿子能够靠定期利息生活。他的大儿子即我祖父所继承的，除其他财产外，有一份二百公顷的地产。祖父娶了属于北方一户殷实人家的布尔乔亚姑娘。然而，或者兴趣使然，或者因为有三个孩子，他进入巴黎市政机关工作，干了许多年，最后当了机关的头儿，并且受了勋。他的生活方式比他的地位更引人注目。我父亲是在圣日耳曼大街一套漂亮房子里度过的童年，所过的如果不说富足至少也是宽裕舒适的生活。他有一个姐姐和一个哥哥。哥哥又懒又笨，爱吵闹，还很粗暴，对他拳脚相加。我父亲身体瘦弱，厌恶暴力，便设法以魅力来弥补自己的体弱：他是他母亲和他的老师们最喜爱的孩子。他的兴趣与他哥哥完全相反，对体育锻炼比如体操没有兴趣，而醉心于读书和学习。他得到我奶奶的鼓励，在我奶奶的庇护下生活，一心讨她喜爱。奶奶出身于勤勉刻苦的资产阶级家庭，坚定地相信上帝、工作、责任、功德，要求一个学生要不折不扣地完成学习任务。父亲乔治每年都获得斯塔尼斯拉斯中学的优秀奖。假期里他迫不及待地招收佃农们的子弟，给他们上课。有一张照片拍的就是他在梅里尼亚克的院子里，身边围绕着十几个男女学生，有个女用人，围着白围裙戴着白帽子，正用托盘送来几杯橘子汁。乔治十三岁时母亲过世，他不仅感到非常悲伤，而且突然变得没人照管了。对乔治而言，祖母就代表法律。而祖父几乎担当不了这个角色。祖父当然思想正统：他憎恨巴黎公社社员，朗诵戴鲁莱德①的诗歌。但是，他意识到自己的权利甚于确信自己的义务。他介乎于贵族和资产者、地主和官员之间，尊重宗教而不修行，感觉到自己既没有踏实地融入社会，也没有承担严肃的责任。他主张高雅的伊壁鸠鲁快乐论，醉心于一项几乎和击剑术一样高雅的体育运动——木剑，还获得"剑术教官"的称号，并引以为傲。他既不喜欢商量，也不喜欢操心，对自己的几个孩子撒手不管。我父亲在他感兴趣的方面如拉丁文和文学方面，继续出类拔萃，但再也得不到优秀奖，因为他不再强制自己。

除去某些资金补偿，梅里尼亚克应该归我伯父加斯东所有。满足于这种可靠的命运，加斯东伯父便一心游手好闲。我父亲呢，鉴于自己小儿子的地位、对母亲的依恋和在学校里的成绩，以及没有保障的未来，所以就得发挥个人特长。他自知有些天分，便想一展所长。他能言善辩，口才出众，对律师职业颇感兴趣，于是他报考了法学院。但是他常常对我说，如果没有社会习俗的阻碍，他就会报考戏剧学校。这不是开玩笑，他一辈子比什么都更真格的，就是他对戏剧的热爱。学生时代，他就爱上了风靡一时的文学，每天夜里都读阿尔丰斯·都德、莫泊桑、布尔热、马塞尔·普雷沃、朱尔·勒迈特等人的作品；而每当坐在法兰西喜剧院或游艺场的正厅里时，他就感受到更强烈的快乐。他观看所有演出，热爱所有的女演员，崇拜著名的男演员。正是为了像那些男演员，他把自己的脸剃得光光的。那时，各沙龙经常演喜剧。他去上朗诵课，研究化妆术，参加业余剧团。

父亲这种超乎寻常的爱好，我想可以从他的社会地位得到解

---

① Paul Déroulède（1846—1914），法国诗人、剧作家、爱国者和政治家。

释。他的姓氏、家族的某些关系、儿童时代的友情、青年时代的情谊，这一切都让他深信他属于贵族阶级，采纳了贵族阶级的价值观，赞赏优雅举止、美妙情感、潇洒、气派、风度、轻浮、嘲讽。资产阶级那副正经八百的德行让他感到厌倦。得益于非常好的记忆力，考试他总是成功，他特别把学习的岁月花在了寻乐上——上戏院、看赛马、泡咖啡馆、迷恋沙龙。他几乎不把平民的成功之道放在心上，本科结业后论文也懒得做，便去上诉法院求职，给一位有经验的律师当了书记员。对于通过勤奋工作取得的成功，他嗤之以鼻。他认为人一生下来，就具有无法抹杀的资格享有所有优越条件，如头脑、才华、魅力和门第等。可是恼人的是，在他所向往的这个社会等级里，他什么也不是。他的姓氏虽然带有代表贵族的介词，却默默无闻，不能为他敞开俱乐部和高雅沙龙的大门；他想像大贵族一样生活，可是没有条件。在资产阶级社会里他能成就的事，如成为杰出的律师、一家之主、体面的公民等，他又不以为意。他两手空空地奔向生活，对于能够挣到的财富不屑一顾。为了掩盖这种贫乏，他只有一个办法，就是出风头。

要出风头，就得有旁观者。父亲的志趣不在大自然，也不耐寂寞，唯一让他感兴趣的是社交生活。他的职业令他开心，因为律师在出庭为人辩护时，便成众人关注的对象。他人年轻，像花花公子一样在意自己的打扮。从孩提时代起就习惯于炫耀魅力，他以健谈和有吸引力的佼佼者而名声在外。不过，这些成绩并不令他满意：在首先看重财富和贵族家世的沙龙里，这些只让他上升到中不溜儿的等级。要想不接受这个上流社会的等级制度，就必须对这个社会提出质疑，并且身处社会之外，既然在他的心目中，那些低等的阶级都不足挂齿，那么文学就使人可以对现实进行报复，因为它使现实受制于故事。不过，如果说父亲是一位入迷的读者，但他知道写作要求有令人望而却步的毅力、勤奋和耐心；这是一项孤独的活动，读者仅存在于希望之中。相反，戏剧为他的这些问题提供了一个独到的解决办法。演员避开了创作的痛苦，人家向他提供一个完全构建好的想象的天地，在这个天地里为他保留着一个位置，他本人活跃在这个天地里，面对着活生生的观众。观众像一面镜子，驯服地反映他的形象。在舞台上，他是主宰，千真万确地存在，的确觉得自己是主宰。父亲给自己化妆的兴致特别高，套上假发和连鬓胡子，他就变了模样儿，这样做不需要任何对照。既非贵族亦非平民，这种不确定性造就了可塑性： 由于根本什么也不是，他就可以随便变成什么人，高于所有人。

父亲从来没有想过不理会他那个阶层的成见而选择演员职业，这是可以理解的。他热衷于戏剧，是因为不甘心居于他那样卑微的地位，不想沉沦。他实现了双重的目标，寻求一种办法，对付一个不肯毫无保留地接纳他的社会，强行打开这个社会的大门。靠了做业余演员的才华，他果然涉足了一些比他出身的阶层更高雅而不那么清寒的圈子。在这些圈子里，人们看重的是才子佳人，是寻欢作乐。身为演员和上流社会人士，父亲找到了自己的道路，全部业余时间里都去演滑稽剧和哑剧。甚至在结婚的前一天晚上，他还在舞台上演出，结婚旅行一回来，就让我妈妈也参加。妈妈的美貌弥补了经验的不足。我说过，每年他们都要去迪沃纳-勒班参加一个业余剧团演出节目。他们也经常去看戏。父亲常招待《喜剧》杂志的编辑作者，对后台的闲言碎语了如指掌。他过往密切的朋友之中有一位奥德翁剧院的演员。他在库罗密埃医院住院期间，编排并演出了一台歌舞杂耍节目，是与另一位病号、自编自演的年轻艺人加布里埃洛合作的。他有时邀请这位年轻艺人来家里做客。后来无法再过上流社会的生活了，但他还是找得到一些机会登台演出，哪怕是靠人赞助。

这种执著的酷爱显示了他的独特之处。照他自己的说法，父亲属于他那个时代和他那个阶级。他认为恢复君主政体的想法是空想，但共和政体也引起他的厌恶。他没有参加"法兰西行动"①，但在"国王的报贩"②之中有一些朋友。他赞赏发起这个政治运动的莫拉和都德，不准人们对民族主义的原则提出质疑。如果哪个冒失鬼想跟他讨论，他会大笑着予以拒绝。他对祖国的爱不是辩论和语言所能表达的。"这是我唯一的信仰。"他说。他憎恨外国佬，对人们允许犹太人染指国家事务而义愤填膺。他像我母亲笃信上帝一样，深信德雷福斯是有罪的。他阅读《震旦报》。有一天西尔苗纳表兄带回家一份《作品》③——这种"只配擦地板"的报纸，他大为光火。他认为勒南④是一个才智非凡的人，所不同的是他尊重教会，深恶痛绝孔布⑤的法律。我父亲的道义以崇尚家庭为准则。当了母亲的女人在他看来是神圣的；他要求妻子忠实，要求年轻女孩子贞洁，但赞成男人自由不羁，因而能够宽容地对待别人认为轻浮的女人。由于他传统，因此在他身上，理想主义与接近犬儒主义的怀疑主义结合在一起。他为《西哈诺》⑥激动不已，欣赏克雷蒙·

---

① 20世纪前40年中法国一个有影响的右翼民族主义派别，主张复辟君主制，反对共和制。表现其观点的报纸为《法兰西行动》日报。
② 出售《法兰西行动》日报的支持复辟君主制的活动分子。
③ 1904年创刊的激进社会主义派报刊。
④ Ernest Renan（1823—1892），法国哲学家、历史学家、宗教学家。在宗教上倾向怀疑论，早年就背弃了天主教。
⑤ Emile Combes（1835—1921），法国政治家，1902年至1905年间任法国总理，任职期间同意通过法律，把几乎一切教团逐出法国，并取消教会在教育等一些重要方面的公共职能。
⑥ 全名为《西哈诺·德·贝热拉克》，是法国浪漫主义戏剧家埃德蒙·罗斯丹的重要作品。

沃特尔①，非常喜欢卡皮②、道奈③、萨沙·吉特里④、弗莱尔⑤和卡雅韦⑥。作为民族主义者和通俗喜剧演员，他显得既高贵又肤浅。

我很小的时候，就被他的乐呵呵和油嘴滑舌征服了。人渐渐长大，我学会了更严肃地欣赏他：我惊叹他的素养，他的机智，他可靠的常识。在家里，他的优势是无可争议的，比他小八岁的母亲，心悦诚服地承认这一点，因为是他引导她懂得了生活和读书。"妻子嘛，丈夫把她塑造成什么样就是什么样，她要靠丈夫培养。"父亲常常这样说。他给妈妈大声朗读泰纳的《现代法国的起源》和戈宾诺⑦《人种不平等论》。他并未显示出狂妄自大的抱负，相反以懂得自己的限度而自鸣得意。他从前线带回来一些新闻话题，母亲觉得很有意思，但他不想贸然进行加工处理，怕搞出平庸的东西。这种谦虚使他保持着清醒头脑，在特殊情况下能作出最终的判断。

随着我日渐长大，父亲对我越来越关心。他特别注意我的拼写。我给他写信，他总把经过修改的信交还给我。假期里他让我听写很难的文章，一般是从维克多·雨果的作品里选的。我书读得多，很少写错，他满意地说我拼写自然。为了培养我对文学的兴趣，他在一个黑色的仿皮小本子里编了一套小小的诗选，其中有科佩的《一部福音书》、邦维尔的《小让娜的木偶》，《唉！如果我知

---

① Clément-Henri Vauter (1876—1954)，比利时裔法国记者、小说家、戏剧家。
② Alfred Capus (1858—1922)，法国记者、剧作家、法兰西学院院士。
③ Maurice Donnay (1859—1945)，法国剧作家、法兰西学院院士。
④ Sacha Guitry (1885—1957)，法国戏剧家、演员、导演。
⑤ Robert de Flers (1872—1927)，法国记者、剧作家、法兰西学院院士。
⑥ Gaston Arman de Caillavet (1869—1915)，法国剧作家。
⑦ Joseph Arthur de Gobineau (1816—1882)，法国人种学者和社会思想家。

道》应该是艾热西普·莫罗的，还有几首别的诗。他教我朗诵这些诗，要求朗诵时注意语调。他为我大声朗读经典作品，如雨果的《吕伊·布拉斯》和《爱尔那尼》、罗斯丹的剧本、朗松的《法国文学史》以及拉比什的喜剧作品。我问他许多问题，他总是欣然回答。他不让我感到惧怕，因此我在他面前一点也不拘束。不过，我并不试图跨越横隔在我们之间的距离。有许多话题我甚至想象不到可以和他谈。在他心目中我既不是一个肉体，也不是一个灵魂，而是一个有思想的人。我们的关系处在一个清澈透明的空间，这里不可能发生任何碰撞。他不俯就我，而是让我升得和他一样高，这时我就会觉得自己成了大人而自豪。当我重新降到寻常水平时，我依附的就是妈妈了。爸爸毫无保留地放弃了关心我的物质生活和我的道德培养。

　　我母亲出生在凡尔登一个虔诚而富裕的资产阶级家庭。她父亲是一位银行家，曾在耶稣会学习，她母亲弗朗索瓦丝则在一家修道院学习过。我母亲有一个弟弟和一个妹妹。外婆全身心忠诚于丈夫，对儿女们感情上比较淡漠，而外公偏爱小女儿莉莉。妈妈受到他们的冷落。她是百鸟修道院的半寄宿生，受到修女们的器重，因而找到了安慰。她埋头于学习和虔信，拿到小学文凭之后，继续在一位高级嬷嬷指导下深造。其他一些失望使她的少女时代蒙上了忧伤的阴影。她的童年时代和少女时代在她心灵里留下了一种怨恨，从来没有完全平复。二十岁的时候，她穿着紧身胸衣显得缩头缩脑，习惯于克制感情的冲动，把苦涩的秘密默默藏在心底，感到孤独、没人理解，尽管婀娜多姿，但缺乏自信和快乐。去乌尔加特与一个不认识的小伙子相会时，她一点热情也没有。爸爸的热情洋溢感染了她，爸爸表达的感情滋养了她，妈妈像鲜花一样绽放了。在我最早的记忆中，她是一个笑口常开、活泼愉快的女人。她心里也有一种涨满的、湍急的东西，结婚之后就奔泻了出来。父亲在她眼里享有很高的威信，她觉得女人就应该顺从男人。可是她对路易丝、对我妹妹和我，却表现得专横，有时甚至表现得暴躁。亲近的人之中有某一个违逆了她或者冒犯了她，她的反应通常是火冒三丈，或者直率、激烈地大叫大嚷。然而在社交场合，她总是显得腼腆。突然转移到与她在外省接触的人很不相同的圈子里，她无法轻易地适应。她年轻、阅历尚浅，而又那样爱着我父亲，这使她容易受到伤害。她害怕批评，为了避免别人批评，便竭尽全力"像大家一样做"。她的这个新圈子没有那么在乎她在百鸟修道院里遵守的道德。她不想被人家看成假正经女人，便放弃按照自己的准则进行评判，而拿定主意按习俗行事。爸爸最好的一位朋友与人姘居——过着有罪的生活，这并不妨碍此人经常来我们家，但我们家不接待他的姘妇。无论从哪种意义上讲，母亲都从来不会考虑对上流社会习俗所认可的轻率言行提出异议。她还赞成其他许多妥协，因为这些妥协无损于她的原则。大概是为了抵消这些让步，她在内心里保有一种严厉的不妥协态度。她尽管无疑是一位幸福的新娘子，但几乎不懂得何谓淫邪，总是把肉欲和罪孽混为一谈。习俗使她不得不原谅男人言行上的某些越轨，她便把严厉集中到女人头上。对她而言，在正派女人和"放荡女人"之间，几乎不可想象还有第三种女人。"肉体"方面的问题令她反感，所以她从来不对我提及。甚至在我就要进入青春期的时候，她也不提醒我等待着我的意外。在其他所有方面，她都同意父亲的意见，没有显示出将父亲的意见与宗教协调一致有什么困难。父亲对人类心灵的种种荒唐表现、对遗传的种种反常现象、对幻想的稀奇古怪都表示惊异，可我从来没有见到母亲对任何事情表示惊异。

爸爸不把自己的责任当回事，妈妈却念念不忘，时时把教育者的任务挂在心上，征求基督教母亲协会的意见，与那些小姐相互切磋。她亲自送我去上学，旁听我上课，督促检查我的作业和功课。为了伴随我，她学习英语，又开始学习拉丁语。她指导我阅读，带我去做弥撒和参加圣体降福仪式。她、我妹妹和我，我们一块做晨祷和晚祷。她见证我的每时每刻，甚至我心灵里的秘密；我几乎感觉不出她的目光和上帝的目光有何不同。我的任何一位姨妈，甚至包括在圣心教堂培育长大的玛格丽特伯母，都没有像她一样虔诚地信奉宗教。她经常领圣体，勤谨地祷告，阅读许多虔敬的书籍。她言行与信仰一致。她随时准备作出牺牲，把身心整个儿奉献给了亲人们。我并不把她看成一个圣人，因为她跟我太亲密，因为她太容易发脾气。我因此觉得她的榜样更令人信服，在虔诚和道德方面，我也应该像她一样。她感情的热烈弥补了她脾气的暴躁。更加完美无缺，更加冷漠疏远，她就不可能对我产生这么深刻的影响。

母亲的影响的确在很大程度上是取决于我们的亲密关系。父亲把我当作一个成人对待，母亲则是关心我这个孩子。母亲比父亲对我表现得更宽容。听到我说蠢话，母亲觉得自然，父亲则感到恼火。我调皮捣蛋、乱涂乱写，母亲觉得开心，父亲则觉得无趣。我希望大家看重我，但本质上是渴望大家接受本来的我，包括我这种年龄的孩子身上的毛病。母亲以她的慈爱，为我做了彻底的辩护。最中听的表扬都是父亲给予我的。但他要是因为我把他的书房翻得乱七八糟而斥责我；他要是嚷着"这些孩子真愚蠢"，我把他显然没怎么强调的话当成了耳旁风。相反，母亲的任何责备，哪怕是她皱一下眉头，都会使我失去安全感；没有她的许可，我都觉得自己没有权利存在。

这些责备之所以对我触动这么大，是因为我指望母亲能够亲切和蔼地对待我。我在七八岁的时候，在母亲面前并不约束自己，对她说话毫无顾忌。一件具体的往事证实的确如此。我出麻疹，患了脊柱轻微侧凸的毛病。一位医生沿着我的脊椎画了一条线，仿佛我的背部是块黑板似的。他给我指定时间做瑞典体操。我跟一位大个子黄头发老师私下上了几堂课。一天下午我在等老师时，练习爬单杠，爬到上面，感到大腿之间奇怪地发痒，那感觉既舒服又令人失望。我又爬，又出现了那种现象。"这好奇怪！"我对妈妈说，并且对她描述了自己的感觉。妈妈现出心不在焉的样子，尽谈别的事情，我觉得自己说了一通不需要理睬的废话。

后来我的态度改变了。一两年后，当我寻思书上常常提到的"血缘关系"，寻思《我向您致敬，马利亚》里提到的"你腹所生的子女"时，我并没有把我的猜疑告诉母亲。有可能在此期间她反驳了我提出的一些问题，而我记不清了。不过我的沉默属于更广泛的禁忌。从此开始，我就谨言慎行了。母亲甚少惩罚我，虽说她好动手打人，但挨了她的耳刮子并不很疼。然而，我尽管还是像从前一样爱她，但开始畏惧她了。有一句她爱挂在嘴边的话，说出来会使我和妹妹呆若木鸡："这真可笑！"当她和爸爸一块议论第三个人时，我们常常听见她下这样的结论。当这句话是针对我们时，我们就会从家庭的九天之上跌落到芸芸众生所待的最底层。由于没法预料什么言行可能惹来这句话，所以对我们而言任何主动性都包含着危险。谨慎就是别乱说乱动。记得我们请她允许我们带着玩具娃娃去度假时，她回答说："为什么不呢？"给了我们一个意外的惊喜。好多年我们一直克制着这种欲望。我如此胆怯的头一个理由，无疑是想免得让她瞧不起。但同时，当她眼里闪烁着怒火，或者仅仅当她撇嘴时，我担心的不仅是自己会受到贬斥，也担心我在她心里造成的激动不安。如果她证实我说了谎，我感受更强烈的会是她的难堪甚于我自己的羞愧。这种想法令我实在难以忍受，所以我总是说实话。我显然没有弄明白，妈妈对不同的意见和新东西总是急忙加以谴责，大概是想防止任何争议会在她心里引起慌乱不安。不过我感觉到，不寻常的话和出乎意料的计划会扰乱她内心的宁静。我的责任心加重了我的依赖性。

因此，母亲和我，我们处在一种相互依存之中，我不刻意模仿她，而是任由她塑造。她给我灌输责任感及忘我和刻苦的要求。父亲不讨厌表现自己，可是我在母亲这里学到的是自我收敛，控制自己的言语，节制自己的欲望，只说和做自己该说的话和该做的事。我不提任何要求，我敢做的事情很少。

父母之间保持的和睦，加深了我对他们各自的尊敬。这使我得以避免一个可能会使我非常尴尬的难题。爸爸不做弥撒，当玛格丽特伯母讲述朝圣地卢尔德①的圣迹时，他总是发笑，因为他不信宗教。这种怀疑论对我没有影响，因为我强烈感受到上帝就存在于我身边。然而，爸爸从来不会错，却看不清最显而易见的真理，怎能不让我莫名其妙？正视事情，敢情是一种十分艰难的赌注。那么虔诚的妈妈，却似乎觉得这挺自然，我也就心安理得地接受了爸爸的态度。结果是我习惯地认为，由爸爸体现的我的智力生活和由妈妈指导的我的精神生活，是两个截然不同的范畴，二者井水不犯河水。神圣与智力不属于同一个范畴；人类的事情如文化、政治、商业、习俗等，不属于宗教。因此我把上帝打发到了世界之外，这可能将深刻地影响我后来的成长。

我在家里的处境，使人想起父亲小时候在家里的处境：在祖父

---

① 卢尔德是法国比利牛斯省一个著名的朝圣城镇。据说一位十四岁的女孩贝尔纳黛特在城郊一个山洞里多次见到圣母马利亚。后来教皇宣布此事真实可信，从而建立了对卢尔德圣母的崇拜，使该镇成为朝圣中心。

放纵不羁的怀疑论和祖母的资产者的严肃较真儿之间，他的处境不妙。我的情况也一样，爸爸的个人主义和他世俗的伦理，与妈妈教导我的传统主义的严肃道德形成对照。这种平衡的失调，在很大程度上说明了我成为一个知识分子的原因。

眼下嘛，无论在人间还是在通往天堂的道路上，我都得到保护和引导。而且我庆幸自己并非无可挽回地听凭大人摆布。我并非孤单一人承受着孩子的处境：我有一个同胞姐妹，就是我妹妹。她的作用在我六岁左右的时候变得可重要了。

大家叫她宝贝蛋，她比我小两岁半。有人说她长得像爸爸——金色的头发、蓝色的眼睛，在她小时候的照片上，仿佛显得泪眼蒙眬。她的出生令人失望，因为家里盼望一个小男孩。当然，没有任何人对她表现出怨恨，但大家在她的摇篮旁唉声叹气，这大概说明他们并非无所谓吧。父母注意完全公平地对待我们姐妹俩。我们穿戴一样，几乎总是一块儿出去，两个人过的是同样的生活。然而作为老大，我也享受某些好处。我有一间卧室，与路易丝同住，我睡一张仿古的木头大床，上面雕刻有牟利罗的《圣母升天图》。家里只给妹妹在狭窄的走廊里支了一张折叠式铁床。爸爸服兵役期间，是我陪同妈妈去看望他。妹妹被贬到了次要地位，这个最小的女儿感到自己几乎是多余的。对父母而言，我是一种崭新的体验；妹妹则很难给他们带来不知所措和出乎意料的感觉。他们不曾将我与任何人比较，但不断地拿妹妹与我比较。在德西尔学校，老师们都习惯于让年龄大的学生给年龄小的学生做榜样。不管宝贝蛋做什么，时间的距离和传说的升华作用都肯定我比她好。她的任何努力、任何成功都无法超出这个限度。作为某种莫名其妙的噩运的受害者，她感到痛苦，晚上常常坐在小椅子里啜泣。家人责备她天性好抱怨，这又是她矮人一截之处。她可能厌恶我，但自相矛盾的是，她只有在我身边才能找回自爱。我怡然自得地安于做姐姐的角色，但值得自夸的也只有年龄赋予的这点优势。我认为宝贝蛋对自己的年龄是很敏感的，我如实地看待她：她是一个年龄比我小一点的同胞姐妹，对我对她的尊重感激涕零，以绝对的诚意予以报答。她是忠于我的人，是我的重影，是我的复制品。我们两个谁也离不开谁。

我同情那些独生子女。孤单地一个人玩耍，我觉得枯燥乏味，只不过算是一种消磨时间的方式。两个人打球或玩造房子游戏，就成了一项活动；两个人推着铁环赛跑，就成了一场比赛。即使作移印画或者画五颜六色的目录，我也需要有人一块做。两个人既竞争又合作，各自都从另一个人身上找到自己所做事情的目标，这就不是徒劳的了。我最喜爱的游戏是扮演各种人物的游戏，这些人物之间要求有默契。我们没有多少玩具，最好玩的玩具如会跳跃的老虎和会把脚举高的大象，父母把它们锁起来了，有机会的时候拿出来，让他们的客人们欣赏。我倒是不感到遗憾。我感到欣慰的是我拥有大人用来消遣的一些东西。我喜欢这些东西，更多的是因为它们珍贵，而不是因为习惯于使用它们。不管怎样，道具如日用杂货、成套的厨具、护士的行头等，对想象力只能提供微小的帮助。为了把我所编的故事演活，一个搭档对我是必不可少的。

我们排演的大部分小故事和情景，都平淡无奇，这我们心里清楚。大人们在场，并不妨碍我们卖帽子或者冒着德国人的子弹冲杀。其他一些戏，我们更喜欢的戏，要求秘密地上演。表面上它们都是完全天真无邪的，但是它们使我们童年的遭遇理想化，又把未来的事情提前表演出来，就必然涉及我内心里得意的某些私情和秘密。后面我会谈到那些按照我的观点显得最意味深长的表演。其实这主要是我通过这些表演来表现自己，因为是我把它们强加给妹妹，指定她扮演的角色，而她只有乖乖地接受。当住宅楼直到门厅里都变得静悄悄、影朦胧、人人无聊的时候，我便把自己的幻觉释放出来，用大量的动作和语言使之具体化，有时我们演得一个使另一个着迷，就这样成功地脱离了这个世界，直到一个专横的声音把我们召回现实。第二天我们重新开始。"咱们玩这个吧！"我们说。直到某一天，一个主题反复表演得太多，再也不能给我们灵感了，我们便选择另一个主题，忠实地玩上几个钟头或几个礼拜。

多亏了妹妹和我一块玩而平息了我的许多幻想，她也使我的日常生活摆脱了寂寞。和她在一起，我养成了交流的习惯。她不和我在一起时，我就摇摆于两个极端之间：我所说的话，要么是从我嘴里发出来的没有意思的声音；要么，如果是跟父母说话，就是一种严肃的表示。当宝贝蛋和我一块闲扯时，所说的话都有某种意义，而且不太使人感到压抑。与她在一块，我并没有感受到交流的快乐，因为对我们而言一切都是共同的。不过，一块大声谈论当天的某件事情和激动心情，我们倒是使它们价值倍增。我们的话没有任何可疑的成分，但由于我们相互都把它们看得很重要，它们便在我们两个之间建立了一种默契，把我们与大人们隔离开来。我们一块拥有我们的秘密乐园。

这个秘密乐园对我们用处可大了。传统强加给我们相当多苦差事，尤其在新年前后：要按照布列塔尼的方式，去几位姨妈家参加没完没了的家人聚餐，看望一些老得发霉的老太太；通常我们为了打发无聊，便逃到门厅里去玩"这个"。夏天祖父喜欢组织去夏维尔或莫东森林远足。为了打破远足途中的沉闷气氛，我们没有别的办法，只有东拉西扯闲聊，设想种种计划，一件件回忆往事，宝贝蛋问我问题，我给她讲述古罗马历史、法国历史的片断，或者讲我自编的故事。

我们的关系中我最看重的，是我能够真正左右她。大人们任意摆布我。我博得他们的夸奖，但是不是夸奖，还是由他们决定。我的某些行为直接影响母亲，但与我的意图没有任何关系。妹妹与我之间发生的事情是真实的。我们争吵，她就哭，我更生气，我们便相互劈头盖脸地骂："你真笨！"然后又和好如初。妹妹的眼泪不是装出来的；听到一句开玩笑的话她破涕为笑，也不是有意逢迎。只有她才承认我的权威，大人们有时向我让步，而她服从我。

我们之间建立的最牢固的关系之一，是老师对学生的关系。我非常喜欢学习，因此觉得教人是一件有趣的事情。给自己的玩具娃娃们上课，无论如何也满足不了我，因为问题不在于滑稽地模仿一些动作，而是要真正传授我的知识。

在教妹妹阅读、写字、算算术的过程中，我六岁就体验到了效率带来的自豪。我喜欢在白纸上乱写乱画一些句子或图画，但那时我只会瞎画一些不真实的东西。当我把无知变成了有知识，当我在空白的头脑里印上真知的时候，我就创造出了某种真实的东西。我不模仿大人，而是赶上他们，我的成功出乎他们意料。对我自己而言，它满足了比虚荣心更严肃的一些愿望。直到那时，我仅限于让我受到的关心产生成果，这是头一回我也有用了。我摆脱了童年的被动状态，进入了人类的大环行之中。在这个大环行之中，我想每个人都对所有人有用。自从我严肃地工作以来，光阴不再虚度，它在我心里留下了印记。把知识托付给另一种记忆力，我挽回了两倍的时间。

多亏了妹妹——我的同谋、下属和心腹——我显示出自己的自主性。我只承认她"差别中的平等"，这正是强调自己的优势的一种方式。虽然父母没有完全表达出来，但我估计他们是接受这种等级，接受我是他们最宠爱的孩子的。我的卧室朝向妹妹睡觉的走廊，走廊尽头是书房。夜里我躺在床上听得见父母说话，那悄悄的低语催我安然入睡。一天晚上，我的心脏几乎停止了跳动。妈妈用平稳、稍许有点好奇的声音问："这两个孩子你更喜欢哪一个？"我等待爸爸说出我的名字，可是，他却犹豫了一会儿——我觉得天长地久的一会儿——才说："西蒙娜更爱动脑筋，而宝贝蛋那样温柔……"他们权衡好坏，说出心里所想的，最后一致同意要同样地爱我们两个，正如我们在书里面读到的：父母对他们所有的孩子都一视同仁。然而我却感到有些气恼。如果他们两个有一个更爱我妹妹，我肯定受不了。我之所以甘心接受公平的分享，是因为我相信事情会朝有利于我的方向发展。我比妹妹年龄大，更有知识，也更有经验，父母对我们会怀着相同的爱，但是他们应该更看重我，觉得我与他们成年人更接近。

上天恰恰把这样的父母、这样的妹妹、这样的人生给了我，我觉得是莫大的幸运。毫无疑问，我应该庆幸自己的命运。我还具有大家所说的那种难得的好性格。我始终觉得现实比幻想更滋养人。然而最显而易见为我存在的东西，是我所拥有的东西。我赋予它们的价值不容许我有失望、怀旧和后悔。我的眷恋远远胜过我的贪欲。布隆迪娜已经旧了、褪色了、衣服也破了，但即使拿摆在橱窗里那些最漂亮的玩具娃娃来和我换，我也不换。我对它所抱的爱，使它变得独一无二、不可代替。拿任何天堂来换梅里尼亚克花园，拿任何宫殿来换我们的套间，我都不换。我不曾闪过念头，觉得路易丝、我妹妹和我父母不是他们那个样子。我自己呢，也不曾想象过我有另一副面孔，待在另一具皮囊里，因为我就乐意待在自己的皮囊里。

满意和自满相去不远。我对自己在世界上所占的位置感到满意，觉得它得天独厚。我父母是杰出的人，我认为我们的家庭堪称典范。爸爸喜欢冷嘲热讽，妈妈爱好评头品足。很少有人在他们面前得以幸免，而我从来没有听见什么人对他们说三道四。因此父母的生活方式代表绝对的准则。他们的优越感影响了我。在卢森堡公园，家里人禁止我们与不认识的小女孩玩儿。这显然因为我们是以更精致的材料做成的。我们不能像那些俗人，拿拴在井台边的金属杯子喝水。外婆送了我一件礼物，是一只闪着珠光的贝壳，样式独特，一如我们的天蓝色军大衣。记得有一年封斋节前的星期二，我们的口袋不是装满五彩纸片，而是装满玫瑰花瓣。妈妈只去某些糕点店里买糕点，面包店里的长条糕点我觉得像石膏做的一样难吃。我们娇贵的胃使我们有别于一般人。周围大部分孩子收到《苏珊特的一周》，而我却订了《圣诞之星》，妈妈觉得其道德水准更高。我不上公立中学，而上私立教会学校，它在许多具体方面显示出独创性，例如编班的方式就很少见：零班，一班，二班；三级一班，三级二班，四级一班，等等。我在学校的小教堂里上教理课，而不与教区那一大群孩子一块儿上。我属于精英阶层。

然而在这个精英圈子里，我父母的某些朋友拥有很大的优势，他们富有。我父亲是二等兵，每天只赚五毛钱，我们的日子过得紧巴巴的。有时，我和妹妹被邀请参加豪华得令人瞠目结舌的节庆活动。非常宽敞的套间里，到处是吊灯、锦缎、天鹅绒，许多孩子饱食冰淇淋、花式糕点；我们观看布袋木偶戏、魔术表演，围着一棵圣诞树跳轮舞。其他小女孩都穿着闪闪发光、带花边的丝绸衣服，我们都穿着颜色暗淡的毛料连衣裙。我感到有点不自在。但一天玩下来，人累了，浑身是汗，胃胀得直想呕，我就把这恶心的感觉归罪于那些地毯、水晶灯、塔夫绸。回到家里我感到高兴。我的全部教育使我确信，道德和文化比财富更重要。我的习性让我相信这一点。因此我泰然地接受我们简朴的生活条件。由于忠实于自己抱定的乐观主义，我甚至相信我们这种生活条件是值得向往的。我从我们的平凡中看到了一种中庸之道。穷光蛋、流氓，我视之为被排除在外的人，但王公贵族和亿万富翁也脱离了真正的世界：他们不寻常的地位将他们排除在这个世界之外。至于我，我认为我既可以进入社会的最高层，也可以进入社会的最底层。但实际上，社会最高层对我关闭着，社会最底层与我彻底断绝了关系。

没有多少事情扰乱我的宁静。我将人生视为一场愉快的历险。对付死亡，有信仰保护我：我两眼一闭，刹那间天使雪白的手就把我托到天国。在一本切口烫金的书里，我读到一则寓言，使我确信不疑。一只生活在池底的小虫子惶恐不安。她的伙伴们一个接一个消失在水下苍穹的黑暗之中。她也将消失吗？突然，她处在了黑暗的另一边，她长了翅膀，会飞了，在姹紫嫣红的花丛中，受到阳光的爱抚。二者之间的相似我觉得无可辩驳。只有一块薄薄的碧蓝的天毯，隔开我与闪耀着真正光明的天堂。我常常躺在地毯上，两眼闭拢，双手合十，祈求我的灵魂飞升。这只是一个游戏。我如果感到自己最后的时刻到了，准会恐惧地叫起来。至少，死亡的想法还吓不倒我。然而一天晚上，死亡吓得我透心凉。我阅读到，在海边有一条美人鱼正在死去。为了一位英俊王子的爱情，她放弃了自己不死的灵魂，变成了泡沫。那个不停地一遍又一遍喊着"我在这里！"的声音，永远消逝了。我仿佛觉得整个宇宙陷入了静默。啊，不！上帝许诺我永生。我永远不会停止看、听和交谈。不会有终结。

有起始：这有时令我困惑。我想，小孩子都诞生于上帝的意旨吧。但是，一反所有公认的教义，我认为全能的上帝的能力是有限的。我心里的这种存在，肯定我就是我，它不依附于任何人，从来没有任何东西触及它，任何人，即使是上帝，都不可能造出它。上帝只限于给它提供一个躯壳。在神奇的空间，飘荡着无数看不见、摸不着的小灵魂，等待化为肉身。我曾经是它们之中的一个，可是那一切我都忘记了。那些小灵魂徘徊在天国和人寰之间，这一点他们将来都不记得。我苦恼地体会到，这一记忆的缺失等同于虚无。一切的发生，仿佛我出现在摇篮里之前，根本不曾存在过。必须填满这道断层：我将在途中截住那些鬼火，它们虚幻的光照亮不了任何东西。我将把我的目光提供给它们，驱散它们的黑暗，明天出生的孩子们就都会记得……我沉浸在迷迷糊糊、徒劳无益的遐想之中，想否认我的意识与时间令人恼火的脱离，但否认不了。

至少我浮出了黑暗，但我周围的东西还留在黑暗里。我喜欢童话赋予一枚粗针针状的念头，赋予一个碗橱木头的想法。不过那是童话。深处黑糊糊的物体压在地面上不知道，也不会喃喃低语："我在这里。"再说我讲述过，自己在梅里尼亚克，怎样愣神地凝视着撂在椅子靠背上的一件上衣。我试图代替它说："我是一件又老又累了的上衣。"我做不到，感到惊惶失措。在过去的那些世纪里，在死去的那些人的沉默中，我揣测着自己的不在世：我揣测着真相，自欺欺人地回避自己的死亡。

我的目光创造光明。尤其假期里，我常常陶醉于一些发现，可是有时候，疑虑会困扰着我：我的存在非但没有向我揭示世界，反而扭曲了世界。当然我不相信在我睡着了的时候，客厅里的花会去舞会跳舞，田园诗能在橱窗里的小摆设之间结出果实①。但是有时我怀疑，熟悉的田野会模仿魔幻的森林，一旦有闯入者破坏它，就会乔装改扮；闯入者所到之处会生出幻景，他迷了路，林间空地和乔木林都对他保守自己的秘密。我藏在一棵树后，试图突然发现林下灌木丛的僻静，但徒劳。一则题为《瓦朗丁或好奇的恶魔》的故

_____

① 分别指安徒生的童话《小意达的花》和《牧羊女和扫烟囱的人》。

事，给我留下了深刻印象。一位仙女教母带着瓦朗丁坐豪华四轮马车漫步。她对瓦朗丁说，车外有迷人的景色，但窗帘遮住了车窗看不见，不要撩起窗帘。瓦朗丁受到恶魔唆使，不听从吩咐。他只看到黑暗，他的目光看不见物体。我对这个故事后面的部分不感兴趣。当瓦朗丁与他的恶魔斗争时，我正焦急地与无知的黑暗搏斗。

我的不安有时强烈，但很快会烟消云散。大人们为我确保世界，没有他们的帮助我很少深入其中。我宁愿在他们为我创造的想象的世界里跟随他们。

我在前厅里坐定，对面是诺曼底式衣柜和雕花木头座钟，钟的肚子里关着两只松果形的铜锤和黑暗的时间。墙上，有一个输送暖气管的口，透过暖气管口金色的网，我吸到从深渊里冒上来的令人作呕的气。那深渊和这寂静，带着座钟嘀嗒的节奏，令我感到害怕。书使我安下心来。它们讲述，不掩饰任何东西；我不在，它们就保持沉默。我打开书，看到的完全是它们所讲述的。如果有一个词我不懂，妈妈就给我解释。我趴在红色地毯上，阅读塞居尔夫人和泽纳伊德·弗洛里奥的作品，佩罗、格林、奥尔努瓦夫人和施密特议事司铎的童话，托普弗和贝卡西纳的画册、费努雅尔家族的奇遇、工兵卡芒贝的历险、《苦儿流浪记》以及儒勒·凡尔纳、保尔·迪瓦和安德烈·罗黎的作品，还有拉鲁斯出版的《玫瑰丛书》。这套丛书讲述世界各国的传奇和战争期间的英雄故事。

我得到的只是经过审慎挑选的儿童书籍。这些书所采纳的，是与我的父母和我的老师们相同的真理和价值观。好人有好报，恶人有恶报；只有滑稽可笑的人和愚蠢的人，才会遇到倒霉的事。对我而言，这些基本准则得到捍卫就满意了。平常我很少拿书中的奇闻怪事与现实进行联系。我觉得开心，就像在布袋木偶剧院隔着距离笑一样。这就是为什么，尽管大人们在塞居尔夫人的小说里机敏地发现了离奇的背景，但这些小说从未令我惊奇。伊贝克夫人、杜拉齐纳将军一如克里普托加姆先生、克拉克男爵、贝卡西纳，只不过都像木偶一样存在。一篇故事是一件自我满足的漂亮物品，像一场木偶戏演出或一幅画。我体会到那些必然的结构，即开篇、布局和结尾，词和句子都闪烁着内在的光辉，恰似一幅画的颜色。然而有时，书籍会多少有点含糊地对我谈论我周围的世界或我自己。于是它们就引起我的幻想或思考，有时会颠覆我的信念。安徒生教我忧郁，在他的童话故事里，物体会遭殃，自己碎裂，本不该遭遇不幸却自我燃烧。小美人鱼在一命呜呼之前，每走一步都痛苦不堪，仿佛是在燃烧的煤炭上行走，然而她没有犯任何错误。她受的折磨和她的死亡，让我心里很不平静。我在梅里尼亚克阅读的一本题为《丛林的猎人》，令我心乱如麻。作者讲述荒诞不经的历险，讲述得相当巧妙，引得我也参与进去。主人公有一位朋友鲍勃，又肥又胖，乐天而随和，忠肝义胆，立刻获得了我的好感。他们一块被关在一座印度监狱里，发现有一条地下通道，一个人爬行可以通过。鲍勃头一个往外爬，突然他恐怖地叫了一声：他遇到一条蟒蛇。两手出汗，心脏狂跳，我目睹了那场悲剧：蟒蛇吞噬了他。这个故事让我好久不得安宁。的确，只要想到那条蛇吞人的场面，就足以让我周身血液冻结。我如果讨厌那个受害者，也许就不会感受到如此强烈的震撼。鲍勃令人毛骨悚然的死亡推翻了所有惯例：任何事情都可能发生。

尽管书籍墨守成规，但它们还是扩大了我的视野。作为能把印刷的符号转化成故事这种魔术的新信徒，我欣喜若狂。我产生了将这种魔术颠倒过来的欲望，坐在一张小桌子前面，把自己头脑里透迤的句子移印到纸上：白纸上布满紫色的字迹，讲述着一个故事。在我周围，前厅里的寂静变得隆重了：我觉得自己像在主持一个宗教仪式。由于我从来不在文学里寻求反映现实，因此我也从来没有想过把自己的经历或幻想转录下来。令我开心的是用文字装点一件物品，就像我过去用管子搭房子一样。是书本而不是赤裸裸的世界，给我提供模特儿。我进行模仿。我的头一篇作品题目叫做：《玛格丽特的不幸》。一个勇敢的阿尔萨斯女孩子，她是一名孤儿，带着一群弟弟妹妹穿过莱茵河，要去法国。我遗憾地了解到，莱茵河在该流的地方不流，我的小说流产了。于是我抄袭我们家里人人都非常欣赏的《费努雅尔一家》。费努雅尔先生和夫人以及他们的两个女儿，就是我们自己这个家庭的翻版。一天晚上，妈妈带着赞赏的笑声给爸爸念《科尔尼松一家》。爸爸满面微笑。外公送给我一个黄色锦缎面的本子，里面没有写过字。莉莉姨妈用修道院女生清秀的字迹，把我的手稿抄在本子里。我自豪地打量着这个本子，它几乎真像一本书，是靠了我才存在的。我又写了另外两三篇作品，都很不成功。有时我只是想出一些题目。在乡间我扮演书商，给桦树银色的叶子题名为《碧空王后》，给木兰有光泽的叶子题名为《白雪之花》，我搭起巧妙的书摊。我不知道自己希望将来是写书还是卖书，但在我眼里世界上没有比书更宝贵的东西。妈妈向圣普拉西德路上的一间阅览室订阅图书。那里，无法跨越的栅栏，保护着墙壁上满是书的走廊。那条走廊像地铁的隧道一样，消失在远处不知什么地方。我羡慕那些老小姐，穿着不袒露胸肩的无袖胸衣，一辈子摆弄着那些黑色封面的书，题目都显眼地印在一个橙色或绿色的长方形上面。深藏于静穆之中，在深色、单调的封面掩饰之下，所有话语都在那里面，等待人们去辨读。我幻想把自己关闭在那些尘封的走廊里，永远不出来。

我们差不多每年上一趟夏特莱剧院。市参议员阿尔丰斯·德维尔把巴黎市专用包厢提供给我们，因为我爸爸曾经当过德维尔的秘书，那是在他们两个从事律师职业的时候。这样我观看了《追求幸福》《八十天环游世界》和其他一些场面壮观的梦幻剧。我欣赏那红色的幕布、灯光、布景和花容月貌的女演员跳的芭蕾，但对舞台上展开的那些历险不太感兴趣。演员们都太真实又不够真实。最豪华的化妆不如故事里的红宝石光彩夺目。我鼓掌欢呼。但实际上，我更喜欢与印有文字的纸安静地促膝交谈。

至于电影，父母将之视为庸俗的娱乐。他们认为卓别林太幼稚，即使对孩子而言也如此。然而，爸爸的一位朋友为我们弄到观看私人放映电影的邀请券。一天上午在林荫大道一间放映厅，我们看了《朋友弗里茨》。大家众口一词说这部电影赏心悦目。几周之后，我们在同样的条件下看了《卡玛尔格国王》。主人公是一位温柔、金色头发的农家姑娘的未婚夫，骑着马在海边漫步。他遇到一位全身赤裸、两眼熠熠生辉的波希米亚女子。那女子打他的马，他目瞪口呆停了好一会儿，然后与那个美丽的褐发女郎一块关在沼泽地中间的一座小房子里。我注意到妈妈和外婆交换惊恐的目光。她们的不安最终使我警觉起来，猜想这个故事不宜于我观看，但我不很明白为什么。当那位金发农家姑娘绝望地在沼泽地里奔跑而被沼泽地吞没时，我还没有意识到一桩最可憎的罪恶正在铸成恶果。对那个波希米亚女郎的傲慢和不知羞耻，我麻木不仁。在施密特议事司铎的童话《金色的传统》里，我见到过更肉感的裸体，不过我们再也不去看电影了。

我并不感到遗憾。我有书籍、有游戏，我周围到处有让人凝神注目的对象，比那些平淡无奇的图像更让人感兴趣。这是有血有肉的男人和女人。有思想意识的人，与不会说话的东西相反，不令我担心，因为他们是我的同类。当房屋的正面变得明亮时，我窥视那些亮着灯的窗户，没有任何不寻常的事情发生。但是如果看到一个小孩坐在桌子前看书，我会激动不已，因为我看到自己的生活在我眼前变成了演出的场景。一位主妇在摆餐具，一对夫妇在闲聊，这些隔着距离、在吊灯和挂灯映照下表演的熟悉的场面，堪与在夏特莱放映的梦幻剧相媲美。我觉得自己没有被排除在外。透过形形色色的布景和演员，我感到正在发生一个独一无二的故事。从一座楼房到另一座楼房，从一个城市到另一个城市，这故事无限地重复发生，我的存在融入这个故事丰富多彩的无数反光之中，向整个宇宙敞开胸怀。

下午，我在餐厅的阳台上坐很长时间，拉斯帕耶大街树木的枝叶伸到了阳台边上。我打量着街上的行人。我对大人们的生活习惯了解甚少，无法尝试猜出他们匆匆忙忙地赴什么样的约会。不过他们的面孔、身影和声音吸引着我。老实讲，我现在也不大说得清楚他们给予我的这种快乐。可是，当父母决定搬到雷恩街一栋楼的六层居住时，记得我感到失望："在街上散步的人，我再也看不到他们了！"这等于割断了我与世界的联系，判处我流放。在乡间，被放逐到一个偏僻的地方也无所谓，因为我满眼都是大自然；在巴黎，我渴望见到人。一座城市的真实面目，就是它的居民。无法有更密切的联系，我至少需要看到他们。有时我免不了希望违抗禁锢我的圈子。一个步态、一个动作、一个微笑都会打动我；我真想去追赶正拐过街角的那个我永远再也遇不到的陌生人。一天下午在卢森堡公园，一个穿苹果绿套装的高个子姑娘，领着几个孩子在跳绳。她双颊红润，露出灿烂而温柔的笑容。晚上，我对妹妹说："我知道什么叫爱了！"我的确隐约感受到了某种新东西。爸爸、妈妈、妹妹，凡是我所爱的人都是我的亲人。我头一回预感到，自己的心灵会被来自别处的光芒射中。

这种短暂的冲动，并不妨碍我感觉自己依然神闲气定。虽然对别人感到好奇，但我并不幻想与自己不同的命运，尤其不会因为是女孩而感到遗憾。我说过，我避免沉迷于空幻的欲望，而愉快地接受给予自己的东西。另一方面，我看不到任何确实的理由认为自己交了噩运。

我没有兄弟，没有任何比较显示，我因为自己的性别而不被允许做某些事情。人们对我施加的限制，我仅仅归咎于自己的年龄。我感受强烈的是童年，而绝非女性性别。我所认识的男孩子都没有任何奇异之处。头脑最灵活的是小勒内，被破例录取进德西尔学校初级班学习，但我得到的分数经常比他高。在上帝眼里，我的心灵之高洁，并不逊色于男孩子们。我为什么要羡慕他们呢?

仔细想想大人们，我的经验并非黑白分明。在某些方面，爸爸、爷爷和叔伯们在我眼里显得胜过他们的妻子。可是在我的日常生活中，路易丝、妈妈和我的女老师们却扮演着首要角色。塞居尔夫人、泽纳伊德·弗洛里奥都让小孩子做主人公，而让大人充当他们的配角，母亲们在他们的书里占有突出地位，父亲们都不算数。我自己主要是从大人们与孩子们的关系来观察他们的。秉持这样的看法，我的性别倒是确保了我的优势。在游戏当中、在思考当中、在计划当中，我从来没有把自己变成男人。我的全部想象力都致力于预测自己作为女人的命运。

这个命运，我用自己的方式适应它。不知道为什么，但事实是，器质性现象很早就不再令我感兴趣。在乡下，我帮助玛德莱娜喂她的兔子和鸡，但这类活儿很快就让我厌烦了，我对毛皮或鸭绒的温软很不敏感。我从来不喜欢动物，红红的、皱巴巴的、双眼迷离的婴儿令我讨厌。我打扮成护士，是为了去战场救扶伤员，而并不护理他们。在梅里尼亚克，有一次我用一个橡皮注射球模仿给堂妹让娜冲洗耳朵。她那一副笑吟吟的被动样子，会诱致人家对她施行性虐待。在我的记忆中，找不到任何与她相像的样子。在游戏当中，只有装扮得不像喂奶的，我才同意演母亲。我们看不起其他孩子，他们玩起来不讲究协调一致。妹妹和我，我们有一种特殊方式看待我们的玩具娃娃。它们会说话、会思考，和我们以同样的节奏生活在同样的时间里，每天长达二十四小时；它们酷似我们。实际上，我表现得好奇甚于有条理，热情甚于注重细节。但是，我像精神分裂症患者似的，继续幻想做得既严格又协调，利用玩具娃娃布隆迪娜来满足这种癖好。作为一个模范小女孩完美无缺的母亲，给予小女孩理想的教育，使她从中最大限度地受益，这样我就在满足各种需要的状态下，找回了自己的日常生活。我接受妹妹不事张扬的合作，专横地帮助她抚养她自己的儿女。我拒绝男人来剥夺我的责任，让我们的丈夫都去旅行。在实际生活中，我知道情况完全是另一种样子：家中一位母亲身边总是有一位丈夫；许多枯燥乏味的任务令她不堪重负。一想到自己的将来，我觉得这些负担实在太沉重，便放弃了自己也要生孩子的念头。对我而言，重要的是培养思想和灵魂：我要当教师，我这样决定。

然而，教书正如那些小姐所从事的，并不能让老师足够彻底地控制学生。必须让学生完完全全属于我：我计划他的每一天，直至最微小的细节，消除一切风险，巧妙、精确地做到劳逸结合，利用而绝不浪费每一刻时间。要切实落实这个设想，我看只有一个办法：我要成为家庭教师。父母大叫起来。我呢，并不认为家庭教师低人一等。看到妹妹所取得的进步，我体验到使空腹变成饱学的无上快乐。我无法想象，未来会向我提供比培育一个人还更崇高的事业。而且不是随便一个人。今天我才明白，在我未来的创造中，一如在我的玩具娃娃布隆迪娜身上，我所设想的是我自己。这是我的使命的意义所在。成年之后，我将重新掌握自己的童年，把它塑造成一件完美无缺的杰作。我梦想自己有完美的基础和辉煌的顶点。

因此我自信，现在和将来我都会独自主宰自己的生活。然而，宗教、历史、神话向我暗示另一种角色。我经常想象我就是抹大拉的马利亚，用我的长头发擦基督的脚。大多数现实的或传说中的女英雄，像圣女布朗蒂娜、柴堆上的贞德、格丽泽莉迪斯、热纳维耶芙·德·布拉班特等，都是通过男性使她们遭受的痛苦考验，才在这个世界或另一个世界得到荣耀的。我甘愿扮演受害的女人。有时我强调她们的胜利，刽子手只不过是殉道者及其荣誉之间微不足道的媒介。因此妹妹和我进行了忍耐力的比赛：我们用夹糖块的夹子夹对方，用小旗子的杆子戳对方。应该做到就是死也不发誓弃绝。我可耻地作弊，被戳出头一道伤口就装死，只要妹妹不让步，我就坚持着让她存活下去。身边是被关在黑牢里的修女，我唱着圣歌嘲笑狱卒。性别赋予我的被动状态，我把它变成蔑视态度。我常常久久地为此自鸣得意，品尝着不幸、屈辱的快乐。我的虔诚使我变成受虐狂，拜倒在一位金发的年轻上帝面前，或者在告解的夜里拜倒在可爱的马丁神甫面前，品尝着美妙的痴迷，双颊流淌热泪，迷迷糊糊躺在天使们的怀里。我让这种激情发展到顶点，重新穿上女圣人布朗蒂娜血迹斑斑的衣服，让自己暴露在狮子的爪子前面，暴露于众目睽睽之下。或者效法于格丽泽莉迪斯和热纳维耶芙·德·布拉班特，进入一个受虐待的妻子的角色。妹妹接受训练，扮演蓝胡子①，狠心地把我赶出他的宫殿。我迷失在深山老林里，直到有一天我的无辜大白于天下。有时我修改脚本，想象自己犯了一个隐秘的过错，瑟瑟发抖地跪在一个英俊、纯洁、可怕的男人面前悔过。他被我的内疚、卑鄙和爱情制服了，那个有审判权的男人把手放在

---

① 法国童话作家贝洛的《蓝胡子》里的人物，他杀死六个妻子，最后被第七个妻子的兄弟所杀。

我低下的头下，我觉得自己要晕倒了。我的某些幻想见不得阳光，我就秘密地表演。这个被俘的国王的命运令我异常激动：一个东方暴君把他当作上马的脚镫。我会身体半裸，打着哆嗦，取代这个奴隶，脊梁被无情的马刺划破。

事实上，这些表演中会明显或不那么明显地出现裸体的情形。女圣人布朗蒂娜的长内衣被撕破了，露出她白皙的胁部；而遮掩热纳维耶芙的身体的，只有她的长发。我从来只见过大人们穿衣服把身体捂得严严实实。我自己呢，除了洗澡的时候——洗澡的时候路易丝使劲给我擦，我不可能自我欣赏——大人告诉我不要看自己的身体，换内衣的时候也不要暴露。在我的世界里，肉体是没有权利存在的。然而，我体验过母亲怀抱的温暖；有些短上衣的凹陷处，会隐约现出一条沟，既让我难堪，又吸引我。我不够灵巧，不会重复在体操课上模糊感受到的快乐。可是有时，肌肤接触到一个毛茸茸的东西，或者一只手轻轻触到我的脖子，会使我全身战栗。我太无知，虚构不出抚摩的情节，只好采用拐弯抹角的方法，通过人当脚镫的形象，使人变成物。而当我扑倒在主人国君的脚下时，就在自己身上实现了这种变化。为了表示宽恕我，主人国君把他那审判者的手放在我的后颈上。这样我就通过祈求他的宽恕而得到了快感。不过，在沉迷于这种妙不可言的堕落时，我始终没有忘记这只是游戏。说真格的，我不会屈从于任何人：我永远是自己的主人。

我甚至倾向于认为，至少在童年，自己与众不同。我性格随和，喜欢与一些同学交往，大家一块玩纸牌或罗多游戏，相互交换图书。但总体而言，我对自己的小朋友们中的任何一个，无论是男孩还是女孩，都很瞧不起。我希望大家玩就认真地玩：遵守规则，激烈竞争，夺取胜利。我妹妹符合这些要求，可是其他伙伴肤浅的习惯让我不耐烦。我想，反过来，我应该也经常使他们感到厌烦吧。有一段时间，我总在上课前半个钟头到达德西尔学校，与半寄宿生们一块儿玩儿。看到我穿过院子，一个小女孩用富有表情的动作摸着下巴说："瞧她又来了，哼，讨厌的家伙！"她又丑又蠢，还戴着眼镜。我略感吃惊，但没有生气。一天我们去郊区我父母的几位朋友家，他们的孩子拥有一个槌球场。在格里埃尔，这是我们最喜欢的消遣。在饮下午茶和散步的过程中，我不停地谈论这个游戏，迫不及待地想玩。我们的朋友们向我妹妹抱怨说："她令人厌烦，老谈她的槌球游戏！"晚上妹妹把这些话告诉我，我听了毫不在乎。不像我一样热爱槌球因而表现得低人一等的一些孩子，是伤害不了我的。由于都坚持我们的喜好、我们的癖好、我们的准则和我们的价值观，妹妹和我一致斥责其他孩子愚蠢。大人们的傲慢态度把所有小孩子变成一个类型的人，认为个个都一样：没有任何事情比这更让我生气了。在格里埃尔，当我吃榛子时，给玛德莱娜当老师的那位老姑娘现出满腹经纶的样子宣称："小孩子都喜欢榛子。"我和宝贝蛋嘲笑她。我的喜好不取决于年龄。我不是"一个小孩子"，我是我。

作为附庸，妹妹享受着我赋予自己君权的好处，她不和我争夺君权。我想我如果和别人分享君权，我的生活就失去了全部意义。我班上有一对双胞胎姐妹，彼此相处得非常融洽。我想我们姐妹俩怎能甘心分开生活，那样我仿佛就只剩半个人了。同样我觉得，两个人一模一样总是以另一个人的面貌出现，我的经历也就不再属于我了。一对双胞胎会使我的生活失去构成其全部价值的东西：可引以为自豪的独特之处。

在我最初的八年之中，我只认识一个算是有些见解的男孩子。幸运的是他不轻视我。我那位上唇汗毛浓重的姨婆，在《模范娃娃》里，常常把她的孙女蒂蒂特和孙子雅克看成英雄。蒂蒂特比我大三岁，雅克比我大半岁。他们在一次车祸中失去了父亲；他们的母亲再婚之后生活在维兰堡。我八岁的那年夏天，我们在阿丽丝姨婆家住了相当一段时间。两座房子几乎毗邻。我旁听过一位温柔的年轻金发姑娘给我这两个表兄表姐上课。我的班级比他们低，对雅克出色的作文、他的知识和自信赞叹不已。他肤色红润，有一双金色的眼睛，头发像七叶树果实一样发亮，是一个很漂亮的小男孩。在二层楼楼梯口有一个书柜，他帮我挑选书。我们比肩坐在台阶上看书，我看《格列佛游记》，他看《大众天文学》。我们下到花园里时，是他出主意玩什么游戏。他着手造一架飞机，事先就命名为"老夏尔"，以纪念居内梅①。为了给他提供材料，我把在街上见到的所有罐头盒子都捡回来。

飞机甚至没有开始造，但雅克的威信并未受损。在巴黎他不住在一座普通楼房里，而是住在蒙帕纳斯大街一座生产大彩绘玻璃的老房子里。下面是几间办公室，上面是居住的套间，再上面是车间，顶楼是展览厅。这就是他的家。他以一位年轻老板的身份对我尽地主之谊，向我介绍大彩绘玻璃的艺术和它区别于普通玻璃的地方。他用保护者的口气和工人讲话，我听了目瞪口呆：这个小男孩看上去已经在管理一队大人了，令我折服。他与大人们平起平坐，看到他粗暴对待他祖母，我甚至有些生气。平时他看不起女孩，正因为这样我更看重他的友谊。"西蒙娜是一个早熟的女孩。"他宣称道。我觉得这句话很中听。一天，他亲手做了一块原创彩绘玻璃，上面蓝色、红色、白色的菱形图案是用铅模铸成的。他用黑色字母在上面刻了一句题词："献给西蒙娜"。我从来没有收到如此讨人喜欢的礼物。我们决定我们"恋爱结婚"，我称雅克为"我的未婚

---

① Georges Guynemer (1894—1917)，第一次世界大战期间法国战斗机驾驶员。

夫"，我们骑着卢森堡公园的旋转木马进行新婚旅行。我严肃对待彼此的诺言，然而他不在身边时，我很少想他。每回见到他我都感到高兴，可是他从来不让我相思。

因此，我记得的懂事年龄前后我的形象，是个规矩、幸福、相当狂妄自大的小女孩。记忆中有两三件事情与这幅画像不相称，使我怀疑只一点点东西就足以动摇我的自信。八岁上，我不再像幼年时期那样健壮快乐，而变得瘦弱、胆小怕事。在前面提到过的体操课上，我穿一件窄得难看的运动衫，我的一位姨妈对我妈说："她像一只猴子。"课结束时，老师把我和上一节集体课的学生们叫到一起。那是由一位家庭教师陪着的一群男孩子和女孩子。女孩子们都穿浅蓝色针织短上衣，配漂亮的短褶裙。她们发亮的发辫、她们的声音、她们的举止，她们身上的一切都无可挑剔。然而，她们又跑又跳、又蹦又笑，那样放肆、那样不害臊，在我看来这都是流氓的特点。我突然觉得自己笨拙、胆小、长得丑，一只小猴子——毫无疑问，那些打扮漂亮的孩子肯定是这样看我的。他们蔑视我，更有甚者，他们无视我。我不知所措，默默地注视着他们的趾高气扬而自惭形秽。

几个月后，父母的一位朋友带我去维莱海滨。她的几个孩子不太令我开心。我头一回离开妹妹，觉得仿佛失去了手足。大海在我眼里平淡无奇，海水浴更是受罪，那海水让我透不过气来，让我害怕。一天早上，我躺在床上哭泣。罗琳夫人难为情地抱起我放在膝头上，问我为什么哭。我觉得我们两个像是在演一出滑稽戏，我不知道如何回答她。不，没有任何人捉弄我，大家对我都挺友善。事实上是我与家人分别后，失去了确保我种种长处的亲情，也失去了确定我在人世间的位置的规则和标准，我再也不知道如何自处，也不知道我来人世间干什么。我需要被置于一些环境之中，其严格的规定使我的存在成为正当。我体会到这些，因为我害怕变化，不能承受不幸和环境的改变。这正是我相当长时间保持童年憧憬的理由之一。

然而，战争的最后一年，我却失去了宁静。

这年冬季严寒，而煤却匮乏。在供暖不足的套间里，我将生冻疮而红肿的手指贴在暖气片上也白搭。食品定量配给时期开始了。面包不是灰色的就是太白。早上吃不到巧克力了，只有淡而无味的汤。妈妈做没有鸡蛋的煎蛋卷、人造奶油的甜食，并用糖精代替糖。她让我们吃冷冻肉、马排和不像样的蔬菜：螺丝菜、洋姜、甜菜、西葫芦。为了节省葡萄酒，莉莉姨妈用无花果发酵酿成一种很难喝的饮料"无花果酒"。进餐失去了往日的快乐。夜里常常响警报，外面的路灯和家家窗户的灯光都熄灭了，只听见住宅区负责人达尔代勒仓促的脚步声，接着听见他气冲冲地喊道："熄灯！"有两三次妈妈让我们下到地窖里，但由于爸爸固执地待在床上，她也决计不再动窝了。上面几层的一些房客到我们家的门厅里来躲避，我们搬了一些扶手椅放在那里，让他们坐着打盹。有时一些被警报声留住的朋友就打桥牌，打到非常晚的时间。我欣赏这混乱的气氛，在缝隙被堵塞的窗户外面，城市静悄悄的，在晨钟敲响时，才突然苏醒过来。麻烦的是，我外公外婆住在里翁·德·贝尔福附近一栋楼的六层，认真对待警报，总是急忙下到地窖里，第二天早晨我们必须去看看他们是否平安无事。"大贝莎"超重型榴弹炮刚发射几炮，外公就相信德国人马上就要到了，便叫他妻子和女儿去卢瓦尔河畔拉夏里特，他自己天一亮就徒步逃到隆瑞莫。外婆被丈夫强烈的恐慌搞得精疲力竭，病倒了。为了给她治病，要把她接回巴黎，但如果发生轰炸，她再也下不了六层楼，所以把她安置在我们家。当她在一位护士陪护下到达时，她发红的双颊和无神的目光令我害怕。她已不能说话，认不出我。她一个人占用我的房间，路易丝、我妹妹和我便睡在客厅里。莉莉姨妈和外公来家里吃饭。外公用他粗大的嗓门预言大难临头了，或者突然宣布天上给他掉下来了财富。他的杞人忧天的确夹杂了一种过分的乐观主义。他曾经是凡尔登的银行家，做投机交易最终破产，他和许多人的资本都被吞噬掉，可他对自己的星宿和自己的嗅觉的信心，并不因此而有所减弱。目前他领导一家制鞋厂，由于军队的订货，工厂运转得还相当不错。这家小小的企业不能满足他的渴望——掌握生意、计划和金钱。对他来讲不幸的是，没有妻子和儿女们的同意，他再也不能动用任何资金，所以他试图取得爸爸的支持。一天他给爸爸带来一根小小的金条，那是一位炼金术士当着他的面，从一块铅里提炼出来的。这个秘密可能使我们每个人都成为百万富翁，如果我们同意给发明者一笔预付款的话。爸爸面带微笑，外公满面通红，妈妈和莉莉姨妈拿定了主意，大家都叫嚷起来。这种场面经常重现。人疲劳不堪，路易丝和妈妈很快"上起火来"，她们"有话要说"。妈妈甚至跟爸爸争吵、骂我和妹妹，情绪控制不住了还打我们耳光。我不再是五岁的年龄，父母一争吵天就像要塌下来的时期已经过去。我也不再把性急和不公正混为一谈。然而，夜里通过餐厅和客厅之间的玻璃门，听到充满怨恨和愤怒的争吵，我就藏到被窝里面，心里难受死了。我想到过去，那就像失去的天堂。它还会再现吗？我觉得世界不再是一个安全的地方。

使世界尤其变得暗淡无光的，是我的想象力成熟了。通过书籍、"公报"和我所听到的谈话，战争的真相已大白于天下，那就是严寒、泥泞、恐惧、流淌的鲜血、痛苦、垂死。在前线我们失去了一些朋友和亲人。尽管有上天的许诺，但一想到死亡使世间相互热爱的人们永别，我就恐惧得透不过气来。有时，有人当着妹妹和我的面说:"算她们幸运还是孩子!她们不知道……"我表示抗议:"显然,大人们对我们一无所知!"我偶然会被某种东西所淹没。那感觉是如此辛酸、如此具有决定性,我可以肯定,没有任何人能领略比这更强烈的痛苦。在格里埃尔,几名德国俘虏、一位因肥胖而退役的年轻比利时难民,与几个法国工人一块在厨房里吃饭。他们全都相处得很好。说到底,德国人也是人,他们也会流血,也会死。为什么呢?我开始拼命地祈祷这场灾难结束。我觉得和平比胜利更重要。我和妈妈一边上楼梯一边交谈,妈妈对我说,战争可能快要结束了。"是吗?"我冲动地说,"但愿战争结束!不管怎样,结束就行!"妈妈突然停住了,一副吓坏了的样子:"别说这种话!法国应该获得胜利!"我感到羞愧,不仅脱口说出了一句荒唐话,甚至产生了这种荒唐想法。不过,我很难接受一种想法就有罪。在我们的套间下面,在达尔代勒先生玩多米诺骨牌的平静的圆顶咖啡馆对面,最近开了一家吵吵闹闹的罗同德咖啡馆。大家看到光顾那里的尽是一些浓妆艳抹、剪短头发的女人和身着奇装异服的男人。"那是外国佬和失败主义者们的窝。"爸爸说。我问他什么是失败主义者,他回答:"就是相信法国一定会失败的坏法国人。"我不懂。想法在我们头脑里任意地来来往往,人不会故意相信自己相信的东西。不管怎样,父母受侮辱的语调和母亲气愤的面孔使我坚信,不要急于把大家互相悄悄说的所有担忧的话大声说出来。

　　我迟疑的和平主义并不妨碍我为父母的爱国主义感到骄傲。教会学校的大部分学生被警报声和"大贝莎"的炮声吓坏了,学年还没有结束就逃离了巴黎。班里留下的只有我和一个孤零零的十二岁的高个子傻女孩。我们坐在那张空荡荡的大桌子旁,对面是龚特兰小姐。她对我尤为关心。我对她给我们上的课有一种特别的兴趣,它们像公共课一样严肃,又像私下上课一样亲密。一天,我与妈妈和妹妹到达雅各布街时，整个楼里空无一人，大家都下了地窖。这个意外遭遇让我们大笑不止。我们通过自己的勇气与活力表明，我们显然是与众不同的人。

外婆的精神恢复了正常，回了自己家。假期和开学时，我听见人们纷纷议论妄图把法国出卖给德国的两个叛徒：马尔维和卡约①。他们没有罪有应得地被枪毙，但他们的阴谋被挫败了。十一月十一日，我正在妈妈的监督下练习钢琴，停战的钟声敲响了。爸爸重新穿上了便装。妈妈的兄弟退伍不久就因患西班牙流感去世了。不过我对他了解甚少，妈妈的眼泪擦干后，至少对我而言，幸福回来了。

家里从来不浪费任何东西，无论一块面包头、一根绳头、一张优惠券，还是一次免费消费的机会。妹妹和我的衣服要穿得磨光露出织纹，甚至直到穿得有点破了。妈妈从不浪费一秒钟，看书的时候边打毛线，与爸爸或朋友聊天时边做衣服、缝补或刺绣，在地铁里和有轨电车上，她不停地做给我们装饰裙子的小饰物。她晚上算账，多年来凡是经过她的手花出去的每个生丁，都登记在一本厚厚的黑色簿子里。我想，不仅在我们家，到处都如此，时间和金钱都是严格计算的，所以用起来一定要精打细算、一丝不苟。这个想法合我意，因为我希望的就是一个不随心所欲的世界。宝贝蛋和我，我们经常装扮成在沙漠里迷路的探险者、漂流到小岛上的海上遇难者或者被围困的城市里忍饥挨饿的人。我们施展非凡的创造力，从最微不足道的资源获取最大的利益，这是我们最喜爱的主题。要利用一切，我打算切实落实这个要求。在我记载每周课程的小本子

---

① 第一次世界大战期间，马尔维曾任内阁部长，卡约曾任内阁总理，两人都因叛国罪，分别受到审判。

里，我开始把字写得很小，不留一点空白。老师们感到诧异，问母亲我是不是吝啬。我很快放弃了这个癖好，非理性的节约适得其反，并不令人开心。但是我仍然确信，应该充分使用每一件东西和自己。在格里埃尔，饭前饭后或做完弥撒出来，经常有死气沉沉的时刻，使得我坐立不安。莫里斯姑父不耐烦地问："这孩子就不能乖乖地待会儿吗？"父母和我听了都笑起来，因为父母不赞成无所事事。我尤其觉得无所事事该受指责，因为它使我感到无聊。我的职责和我的快乐难以分开。唯其如此，这段时期我的生活才如此幸福：我只需凭自己的爱好行事，大家对我都很满意。

阿德丽娜·德西尔学校有寄宿生、半寄宿生、放学后留校自修的走读生，还有像我这样只去上课的学生。每周上两次文化知识课，每次持续两个钟头。此外我还学英语、钢琴，并上教理课。我作为新教徒的激情没有减弱，每当老师进入教室那一刻，时间就变得神圣了。老师们并不给我们讲述任何扣人心弦的东西。我们给她们背诵课文，她们为我们批改作业。我对她们没有更多要求，只要求她们公开认可我的存在。我的优点被记载在一本簿子里，让人们永远记住。每次我都必须做到即使不超过自己，也要赶上自己。这种竞赛总是一次次重新开始，输了我会懊丧，胜了我会兴奋。我的学年布满了这种像灯标般闪光的时刻：每一天都通向某个特定的地方。我同情大人们，他们那一周接一周的每一周，仅仅在平淡无奇的星期天才勉强有点色彩。生活着而没有任何盼头，在我是可怕的。

我盼望，我被盼望。我不停地回答一个要求，免得我自问："我为什么在这里？"坐在爸爸的写字台前面，我在翻译一篇英文课文或誊写一篇作文。我在世间占有一个位置，做应该做的事情。烟灰缸、墨水瓶、裁纸刀、铅笔、笔杆，散乱地放在粉红色吸墨纸周围的这套东西，都分担着这种需要。这种需要渗透整个世界。坐在我用功的椅子里，我听到所有天体的和声。

　　然而，我并不是以同样的干劲完成每一件任务。我的墨守成规并没有扼杀我内心的好恶。在格里埃尔，当艾莱娜姑妈端上一盘南瓜时，我会流着泪离开餐桌，绝不会碰一下那盘菜。无论是威胁还是打我，都无法让我吃奶酪。我还有一些更真格的固执。我忍受不了无聊，它会很快变成焦虑。所以我说过，我讨厌无所事事。但是，那些使我的肉体麻木又不能让我的精神投入的工作，在我头脑里同样留下一片空白。外婆成功地使我对织锦和绢网刺绣产生了兴趣，因为这必须用毛线或棉线严格地按照样品或草图进行织绣，要求我的身心相当投入。我绣了一打枕巾，用一块织得难看的织锦套住我卧室里一张椅子。但做贴边、缝合、织补、齿形花边、十字刺绣、包花绣、流苏花边，我都马马虎虎。为了激发我的热情，法叶小姐给我讲了一个小故事：有人在一个待结婚的年轻人面前夸赞一位姑娘的优点，说她精通音乐、学识渊博、才华横溢。年轻人却问道："她会缝纫吗？"尽管我十分敬重法叶小姐，但是企图让我信服一个陌生年轻人的怪念头，我认为是愚蠢的。我不会改弦易辙。在所有方面，我越是贪婪地学习，就越觉得做起来枯燥无味。一打开英语书，我就仿佛出发去旅行了。我狂热地学习，但从来没专心地去学一种正确的口音。看谱即席奏一首小奏鸣曲令我开心，但学习小奏鸣曲令我反感。音阶我掌握得马马虎虎，练习也马马虎虎，以致钢琴比赛我位列最后几名。视唱方面，我只对理论有兴趣。我唱歌走调，音乐听写一团糟。我写的字东倒西歪，尽管试图通过给我个别上课予以矫正，但没有收到效果。如果要测定一条河的走向、一个地区的周边，我的笨拙让人不敢罚我来做。这个特点一辈子改变不了啦。我做所有实际工作都遭受挫败，精雕细刻从来不是我的长处。

发现自己的弱点不无气恼，我本来希望擅长于一切事情。但是我的弱点有着种种十分深刻的原因，不是靠逞一时意气能够弥补的。打我善于思考的时候起，我就发现自己有无穷的能力，而限度不值一提。我一睡着，世界就消失了；世界需要我，为的是被看见、被了解、被理解。我觉得自己负有使命，自豪地完成自己的使命。但是我想，我尚未长成的身体不应该参与，如果参与，会把一切搞糟。要想真实地演奏乐曲，也许必须表演得细致入微，而不是抹杀其精微之处。在我的手指下，乐曲无论如何也达不到其完美的最高境界。那么我发奋练习有什么用呢？发挥不免始终有限且相对的能力，这种不值得的努力令我反感。我嘛，该做的永远是观察、解读、探究绝对。翻译一篇英语文章时，我能发现这篇文章全部、唯一的普遍意义。而 th 从我嘴里发出来，仅仅是千百万个声调变化之中的一个，我才不屑于操这个心呢。我的任务的紧迫性不允许在这些琐碎小事上耽搁时间。有那么多事情要我去做！要唤醒过去，照亮五洲，深入地心，绕月飞行。当人家强制我做无益的练习时，我的头脑就叫苦，我想自己是在浪费宝贵的时间。我气恼、又罪己，所以急于了结。任何强制都会被我急切的心情碰得粉碎。

我相信在我看来演奏者的工作也是无关紧要的，因为我觉得它所产生的只是表面现象。我想，实际上，一首奏鸣曲的真实，存在于乐谱之中，是不变的、永恒的，正如麦克白[①]的真实，存在于印成的书里。创作是另一回事。我赞赏有人能让这个世界上出现某种真实的、崭新的东西。我能够尝试的唯一领域，就是文学。绘画对我而言只能是模仿，我不会努力去做，也不会成功。我只会对一个

---

① Macbeth，苏格兰国王，他的生平故事构成莎士比亚《麦克白》一剧的基本情节。

物体的整体有所反应，根本不会留心我所感知的细节，就是描绘一朵最普通的花我也总是失败。相反，我善于运用语言，因为语言表达事物的实质，语言阐明事物。我本能地倾向于把自己遇到的事情全都讲述出来：我讲述很多，经常写作。如果我在作文里把自己生活中的一件小事讲述出来，这件小事就不会被忘掉，它会让其他一些人感兴趣，就最终得救了。我也喜欢编故事。如果这些故事是在我的生活中受到启发编出来的，它们就能提供我生活的佐证。从某种意义上讲，这些故事毫无用处，但它们是独一无二、不可代替的，它们存在着，我为能让它们脱离虚无而感到自豪。我一直非常认真地对待"法语作文"，甚至抄了几段放在"珍文"簿里。

七月份暑假在即，我可以不带遗憾地与德西尔学校说再见。然而，假期结束一回到巴黎，我就迫不及待地盼望开学，坐在发黑的梨木书柜旁边的皮沙发里，翻得手里的新书沙沙响，吸着新书的气味，欣赏里面的图画、地图，还浏览历史书里的一页，恨不得只看一眼，就能让书里的人物与隐藏在黑色白色枝叶下的风景活动起来。它们藏而不露的存在和我对它们的支配权，令我陶醉。

学习之余，看书是我生活中的大事。现在妈妈去圣叙尔皮斯广场的卡尔迪纳尔图书馆订借图书。一张摆满杂志和画刊的台子位于一间大厅的中央，大厅呈辐射状伸出几条走廊，每条走廊都贴墙展示图书，顾客们可以在走廊里闲逛。我童年感到最快乐的时候，是妈妈宣布为我个人订购图书的日子。我停在写着"青年读物"的牌子前面，那里摆着数百本书。"所有这些都是我的？"我发狂般想道。现实超过了我最雄心勃勃的梦想，我面前展现着未曾见识过的丰富多彩的天堂。我带回家一份图书目录，在父母帮助下，在标有"青年"的作品中进行选择，拟订了一份书单。每周我都妙不可言地徘徊在多种贪欲之间。此外，母亲有时还带我去学校附近一家小店买英文小说。这些英文小说看了很久，因为我读得慢。我借助词典，兴致勃勃地掀开一个个词语不透明的面纱。描写和叙述还有点奥秘吃不透，我觉得它们比读法文小说更迷人、更深奥。

父亲这一年送给我一本《君士坦丁神甫》，是由玛德莱娜·勒梅尔作插图的版本。一个星期日，他带我去法兰西喜剧院观看由这本小说改编的戏。我头一回被允许进入一家大人们光顾的真正的戏院，激动地坐在红色的座椅上，认真地听演员们道白。他们有点令我失望，茜茜尔·索莱尔染过的头发和矫揉造作的语调，不符合我心目中斯科特夫人的形象。两三年后，我为《西哈诺》落泪、为《雏鹰》哭泣、为《布列塔尼克斯》发抖，整个身心被舞台的魔力征服了。但是这天下午，令我激动不已的，倒不完全是演出，更多的是我与父亲单独在一起。单独与父亲一起，看一台他为我选择的节目，这在我们之间创造了一种十分默契的关系。在几个钟头里，我有一种令人陶醉的印象：父亲只属于我。

大约在这个时期，我对父亲的感情变得强烈了。他忧心忡忡，说福煦① 被人操纵了，应该直捣柏林。他经常谈到一个词。这个名词危险地像 boches，即"德国鬼子"。正是德国鬼子毁了他。他对未来的预测很糟糕，不敢重开他的律师事务所，而在岳父的工厂里接受了一个共同管理人的职务。他已经遭受了一些挫折：由于外公破了产，母亲的陪嫁钱一直没有支付。现在他的事业毁了，构成他大部分资本的"俄国人"都垮了，他唉声叹气地被列入了"新穷人"阶层。然而他保持着平和的心态，更倾向于质疑这个世界，而不是顾影自怜。一个如此高傲的人，竟能如此自然地将就自己卑微的地位，令我感动不已。有一天我看见他为一个慈善机构演出库

---

① Ferdinand Foch（1851—1929），第一次世界大战时期法国元帅。

特林①的《内心的平静》。他扮演的角色是一个终日劳碌而不得温饱的专栏作家，被金钱的烦恼压得抬不起头，让一个未成年女子短暂而代价昂贵的爱情弄得心力交瘁。那个女子与妈妈没有任何相同之处，然而我从爸爸所扮演的人物看出了他自己。他赋予了这个人物看破一切的讽刺意义，激动得我几乎落泪。在他的逆来顺受之中有着忧伤，我猜想中他心里那默默无言的创伤，赋予了他新的魅力。我带着浪漫主义爱他。

夏天晴和的日子，有时晚饭后，他会带我们去卢森堡公园里遛个弯儿。我们坐在美第奇广场的台阶上吃冰淇淋，然后重新穿过公园，因为公园里吹号要关门了。我羡慕住在参议院里的人，夜里他们能在阒寂的小径上尽情遐想。我的每一天都重复老一套，安排得像四季交替一样严格，稍许偏离都会让我处于非常状态。在妈妈通常闩上大门的时候，在温馨的暮色中漫步，这既令人惊喜，也富有诗意，无异于山楂树在隆冬时节开了花。

有一个完全不寻常的晚上，我们坐在普雷沃的露天座上饮巧克力，就在《震旦报》大厦对面。一条活动灯光新闻，报道了在纽约进行的卡彭捷和登普西②比赛出人意料的结果。十字路口全是人。当卡彭捷被击倒在地的时候，有一些男人和女人泪如雨下。我回到家里，为观看了这一重大事件而感到自豪。但是，我同样喜欢我们每天在门窗紧闭的书房里度过的晚上：父亲给我们朗读《佩里松旅行记》，或者我们并排坐着，各看各的书。我打量着父母和妹妹，心里热乎乎的，喜不自胜地暗自说："我们四个人！"接着又想："我们多么幸福！"

---

① Georges Courteline (1858—1929)，法国作家、剧作家，以幽默著称。
② Georges Carpentier (1894—1975)，法国拳击运动员，曾获得过重量级世界冠军。Jack Dempsey (1895—1983)，美国拳击运动员。

只有一件事情不时使我有些忧郁：有一天我意识到，我一生的这个时期要结束了。这似乎不是真的。你爱你父母爱了二十年，要离开他们去跟随一个你不认识的人，怎能不痛苦万分呢？你生活了二十年不曾需要他，怎能朝夕之间就爱上一个对你而言什么也不是的男人呢？我问爸爸，他回答说："找个丈夫是另一回事。"他脸上露出一丝令我莫名其妙的微笑。我一直觉得结婚不是一件开心的事情。倒不见得婚姻会导致受奴役，因为妈妈丝毫没有受压迫的样子。令我反感的是一对男女生活在一起。"晚上在床上，你想哭也不能定定心心地哭了！"我惊恐地想道。不知道我的幸福是否因为一阵阵的发愁而中断，不过夜里我常常为了开心而让自己哭；抑制这些眼泪，就是拒绝我强烈渴望的最起码的自由。我成天觉得有一些目光盯住我。我爱自己周围的人，可是晚上一睡下，就感到大大松了口气，心想终于可以一个人待一会儿没有人看见。这时我能够自问，能够回忆，能够谛听大人们在场就听不到的那怯生生的嘈杂声。剥夺我这短暂的歇息，简直令人发指。至少应该让我有时间，避开一切关心，一个人平静地自说自话，而没有任何人来打断我。

我很虔诚，每个月向马丁神甫忏悔两次，每周领三次圣体，每天早晨诵读《效法基督》①，课间溜进学校的小教堂里，祷告很长时间，常常成天祈求上帝升华我的灵魂。我不再对小时候的耶稣感兴趣，而是狂热地膜拜基督。除了福音书，我还读了一些令人困惑的小说。基督是这些小说的主人公，我用情人的眼睛端详着他英俊、温柔而忧愁的面容。我翻越橄榄树覆盖的座座山丘，追寻他白色的长袍，用我的泪水浸湿了他的一双赤脚。他对我微笑，就像他

---

① *Imitation de Jésus-Christ*，基督教灵修著作，成书于 1390—1440 年间。

对抹大拉的马利亚微笑一样。我吻够了他的膝盖，趴在他鲜血淋漓的身体上哭够了，就让他升天而去。他与那个更神秘的存在消失在天上。那个更神秘的存在赋予我生命，有一天它的光辉将永远让我心醉神迷。

知道基督在天上多么鼓舞人心！据说他钟爱他的每一个创造物，似乎他的每一个创造物都是独一无二的。他的目光没有一刻离开我，他与我单独在一起时，所有其他人都被排除在外，我抹去了他们，世界上只有他和我，我觉得自己是他的荣光所必不可少的一部分，我的存在有着无限的价值。他不会漏掉任何东西，更确切地说，我的行为、想法、功德，永远记在他的心里，比在老师们的簿子里记得还清楚。当然我的缺点也会被他记下，但经过我的悔过和他的慈悲洗刷，它们会和我的功德一样闪闪发光。我在这面无始无终的圣洁的镜子里自我欣赏，永远不会感到疲倦。我的影像因在上帝心里激起的喜悦而容光焕发，使我不再为在人间遭受的一切挫折而懊恼，摆脱了人间的冷漠、不公和误解。因为上帝总是爱护我。如果犯了什么错误，只要我请求他宽恕，他就朝我的灵魂吹口气，我的灵魂会恢复它的全部光彩。平时在上帝的光辉里，别人归咎于我的错误都消失得干干净净。上帝通过对我的评判，证明我的清白。他是至圣之所，在那里我总是对的。我以投入生活的全部热忱爱戴着他。

我每年要退隐一次。整个那一天，我聆听一位讲道者的训言，参加祭礼、数念珠、静思，在学校里吃午饭，吃饭的时候一位女学监给我们念一位女圣人的生平。晚上在家里也不妨碍我静静地冥想。我在一个小本里记下我灵魂的表露和神圣的决心。我热切地希望自己更接近上帝，但不知道怎样做。我的行为甚少有可改进之处，我几乎无法改进。再说，我寻思这究竟在多大程度与上帝有关。遭到母亲斥责的我和妹妹的大部分错误，都是笨拙和冒失造成的。宝贝蛋丢失了一条麝猫皮衣领，遭到严厉责骂和惩罚。我与加斯东伯父在"英国式河"里钓虾，跌落水中，不禁惊恐万状，预料会遭一顿痛骂，不承想却得到宽饶。这类蠢事与罪过没有什么共同之处，就是都能避免，我也不会有什么长进。尴尬的是，上帝禁止许多事情，而又不要求我做任何实际的事情，除了做一些祈祷、参加一些宗教仪式，而这些改变不了每天的进程。看到人们刚刚领完圣体，那么快就又埋头于日常的老一套，我甚至觉得奇怪。实际上，信教的人和不信教的人过的基本上都是同样的生活。我越来越相信，世俗世界里没有超自然生活的位置。然而重要的正是超自然生活，唯有超自然生活。一天早晨我突然明白了，一位深信未来真福的基督徒，丝毫不应该看重过眼云烟。他们中的大多数怎么会接受停留在现世呢？我越想越感到吃惊。我决定无论如何都不效法他们。在无限和有限之间，我已经作了选择。"我将进修道院。"我决定道。那些慈善修女的活动，我觉得微不足道。除了长时间地默想上帝的荣光，没有其他适当的事情可做。我将成为加尔默罗会修女：我并未公开这个计划，别人也不会当真。我满足于狡黠地宣布："我才不会结婚呢。"父亲露出微笑："等她满十五岁咱们再谈吧。"我在心里还给他一个微笑。我知道一个不可改变的逻辑使我注定要进修道院。人怎么会宁可放弃一切，而去选择什么都不要呢？

这种前途对我是一个方便的借口，它使我得以在好几年间无所顾忌地享受这世间的所有好处。

我的幸福在每年夏天我在乡间度过的两个月里达到顶点。妈妈比在巴黎时心情更平静；爸爸则更多地关心我。我有许多闲暇看书、和妹妹玩。我并不想念德西尔学校。生活中的那种求学若渴，变成了度假若渴。我的时间不再按照明确的要求安排。充分取代那些明确要求的，是展现在我的好奇心面前的广阔视野。我探索这广阔的视野，而不需要任何帮助。大人们不再在世界和我之间扮演中介角色。一年之中难得有的清静和自由，令我陶醉。我所有的愿望、对过去的忠实、对新鲜事物的兴趣、对父母的爱、对独立的渴求，统统融合在一起。

　　一般我们先在格里埃尔小住几周。那座城堡我觉得又大又古老，其实它才将近五十年，不过在这半个世纪间搬进去的东西，家具也好、小玩意也好，就从来没有一件再搬出来。没有任何一只手冒险去打扫时间的余烬。人们呼吸着熄灭的古老生活。在铺石板的前厅里，挂着一排锃亮的铜号角，令人想起——我想是虚假的——昔时围猎的盛况。在家里人平常待的"台球室"里，制作成标本的狐狸、鸢、鸢使这种猎杀的传统变得不朽。房间里并没有台球桌，而是有一个大壁炉、一个仔细锁好的书柜、放有几期《法兰西猎人》杂志的一张桌子；几张独脚小圆桌上堆满发黄的照片、一束束孔雀羽毛、卵石、陶器、温度表、静悄悄的座钟、一直不亮的灯。除了餐厅，其他房间很少使用，包括一个弥漫樟脑丸气味的房间、一间小客厅和一间学习室，一间办公室则总是关着护窗板，充当杂物间。一个弥漫强烈皮革味的小房间，是几代人放高统靴和高帮皮鞋的地方。有两架楼梯通往上面几层，每层的走廊连着十一二个房间，大多数已弃之不用，堆满尘封的乱七八糟的东西。我与妹妹同住其中一个房间。我们睡有圆柱的床。从《画报》上剪下来的图片嵌在玻璃框里，挂在墙上作装饰。

　　整个家最热闹的地方是厨房，占底层的一半。早晨我在厨房里吃早饭，吃的是咖啡牛奶和黑面包。从气窗里望出去，看得见外面走动的鸡、珠鸡，有时有人腿。我喜欢实木的桌子、凳子、大箱子。铜制的器皿亮光光，如各种大小的平底锅、小锅、漏勺、大盆、长柄暖床炉等等。真令我赏心悦目，那些颜色简单明快的盘子，各色各样的碗、杯子、盆、碟子、瓶子、水壶、酒壶。铸铁的、陶的、粗陶的、瓷的、铝的、锡的，有那么多炒锅、平底锅、汤锅、双耳盖锅、带柄圆筒锅、有盖大汤碗、菜盘、无脚杯、漏勺、砧板、磨、糕点模子、研钵！走廊的另一边，有几只斑鸠在鸣叫，那里是乳品室。上釉的瓮和大碗、光滑的木制搅乳器、一块块表皮光滑雪白的黄油、奶酪，上面盖着雪白的纱布。这种讲究卫生的裸露和婴儿的气味，令我避之不及。但在水果贮藏室里我很开心，那里有苹果和梨，放在柳条搁板上成熟。食物贮藏室里，在一些酒桶之间，有一瓶瓶酒、一根根火腿和香肠、一串串洋葱和干蘑菇。这些地下室里集中了格里埃尔的全部奢华。大花园和楼房内部同样破败：没有一丛花，没有一把花园座椅，没有一个方便或有趣、引人驻足的地方。在大台阶对面有一个养鱼池，经常见到一些女佣挥动捣衣杵在捶衣服。有一片呈陡斜坡的草地，下边是座比城堡还老的建筑，即"坡下的房子"，里面堆满马具，挂满蜘蛛网。有三四匹马在旁边的马厩里嘶鸣。

我的姑父、姑妈和堂兄弟们过着与这种环境相适应的生活。姑妈艾莱娜早晨六点就仔细检查她的衣橱。她有许多用人侍候着，不做家务，又很少下厨，不做女红，也从来不看书，但常常抱怨没有一分钟是属于她的。她不停地从地窖到顶楼到处东张西望。姑父将近九点钟下楼来，去鞋房里擦护腿，然后去给马套鞍具。玛德莱娜照顾他的马。罗贝尔还在睡觉。早餐吃得晏。入席之前，莫里斯姑父仔细地给生菜加上作料，再用木头刮板拌。开始吃饭的时候，大家热烈议论罗马甜瓜的质量，快结束的时候又比较不同品种梨的味道。其间，大家吃得多，说得少。饭后，姑妈又去查看她的衣柜了，姑父重返马厩，挥动的马鞭发出啸声。玛德莱娜来陪我和妹妹玩槌球游戏。一般情况下，罗贝尔什么也不做，有时去钓鳟鱼，九月份也打点猎。低薪聘请的几位家庭教师，曾经试图教他一点初级算术和拼写。还有一位老姑娘专门教玛德莱娜。玛德莱娜脾气不那么犟，是家里唯一看书的人，看了不少小说，渴望变得很漂亮、很可爱。晚上大家都聚集在台球室。爸爸要求点灯，姑母反对说："天还亮着呢！"最后她不得不将一盏煤油灯放在桌子上。晚餐后，大家听见她在走廊里碎步疾走。罗伯尔和姑父一动不动地坐在各自的椅子里，目光呆滞，静静等待着睡觉的时刻。他们之中只有一个人例外，翻阅一会儿《法兰西猎人》杂志。第二天重新开始同样的日子。礼拜天除外，把门关严之后，大家坐上英国式马车，去圣日耳曼·勒贝尔做弥撒。姑母从不接待客人，也不访问任何人。

我很适应这些习俗。每天最明亮的时间，我都是与妹妹和堂姐在槌球场度过的，此外我还看书。有时我们跑到栗树林子里去采蘑菇。那些没有味道的草地蘑菇、蕨草菌、菊苣菌、鸡油菌等，我们全不放在眼里。我们小心翼翼地避开带红腿的血红牛肝菌和假牛肝菌，后者可从其灰暗的颜色和生硬的棱角分辨出来。我们也看不上成熟的牛肝菌，肉质已开始变软，增生为暗绿色的须状。有些小牛肝菌，腿呈凸肚状，有一个深棕色或淡紫色漂亮绒头的，我们也不采。我们把脚伸进青苔，拨开蕨类植物，一踩马勃菌，那菌便爆裂，溅出脏兮兮的粉尘。有时，我们与罗贝尔一块去钓虾；或者，为了喂孔雀，我们用铁锹铲开蚁穴，将近乎白色的蚁卵装在两轮车上带回来。

那辆"四轮无篷马车"放在车库里，永远也不会再出来。我们去梅里尼亚克，便乘坐小火车，行程一个钟头，每十分钟停一站。下了火车把行李装上一辆驴车，我们步行抵达庄园。我想象不出世间还有更宜于居住的地方。从某种意义上说，我们在那里日子过得倒是清苦。妹妹和我既没有槌球，也没有户外游乐，因为母亲反对父亲给我们买自行车，我们又不会游泳，况且韦泽尔河离得不近。偶尔听见大街上有一辆汽车驶过，妈妈和玛格丽特伯母便赶忙离开大花园，去梳洗打扮，去的人中从来没有孩子。我没有游乐也行。读书、散步和我想出的同妹妹一块玩的游戏，对我来说就足够了。

我的幸福的头一桩，就是清晨出其不意地来到正在醒来的草地上。手里拿本书，我离开还在睡梦中的家，推开栅栏门。草上凝结着冰凉的白色露珠，没有办法坐，我便顺着大路，沿着种有树的草地边沿走去。这些树都是外公选的，称为"景观花园"。我一边看书，一边慢步走，脸上感觉到清凉的气息沁人心脾。凝聚在地表的薄薄一层水汽正缓缓地化去。紫色的山毛榉、蓝色的雪松、银白的杨树，闪烁着异常清新的光辉，仿佛是在天堂里的头一个早晨。我独自承接着世界的美和上帝的荣光，而空空的腹中渴望着巧克力和烤面包。当蜜蜂开始嗡嗡叫，当绿色的护窗板打开，迎来带有紫藤味的朝阳时，我与对其他人而言刚刚开始的这一天，已经共享一段漫长而神秘的过去了。在全家人互致问候和用过早餐之后，我在那棵美国木豆树下一张铁桌子前坐下，做"暑期作业"。我喜欢这种时刻，坐在那里装模作样地完成一项容易的任务，而全部心思都集中在聆听夏季的各种声音：黄蜂飞舞的瑟瑟声、珠鸡的咯咯鸣唱、孔雀惊慌不安的叫声、树叶的沙沙声；福禄考的芬芳与厨房里阵阵扑来的焦糖和巧克力的香味混合在一起；一个个阳光的圆圈在我的练习本上跳动。每样东西和我本人在这里都有自己的位置，从现在以至永远。

将近中午，爷爷从楼上下来，银白须髯之间的下巴刚刚刮过。他坐下来阅读《巴黎回声》报，直到吃午饭。他喜欢吃有劲道的食物，如山鹑白菜、鸡肉香菇馅酥饼、橄榄鸭、兔里脊、馅饼、奶油水果塔、杏仁奶油饼、牛奶鸡蛋烘饼、水果蛋糕等。音乐托盘播放着《科内维尔的钟声》，爷爷和爸爸谈笑风生。整个吃饭的时候，他们不是一直抢着说话，就是笑、朗诵诗文、唱歌。所有往事，所有趣闻轶事，全都被他们翻出来，他们还广泛引用别人的话，风趣的话、家长里短的粗话，统统都用上了。像往常一样，饭后我和妹妹出去闲逛，不顾腿被荆豆划破、胳膊被荆棘刺伤，在周围的栗树林、田野和荒地里东寻西找几公里。结果有重大发现：几口水塘，一个瀑布，还在一个灌木丛中间发现一大块灰色的花岗岩。我们爬到岩石顶上，眺望远处莫内迪埃那条蓝色的地平线。途中，我们品尝榛子、树篱里的桑子、野草莓、山茱萸、小檗酸浆果，还尝了所有苹果园里的苹果。但是小心地不吮大戟的汁，不碰那美丽的铅红色穗状花，这种花有一个高深莫测的名字，叫做"所罗门玉玺"。新割倒的再生草的气味、忍冬的气味和开花的黑麦的气味，熏得我们有点头晕，我们便在苔藓或草地上躺下看书。有时，我独自在景观园里度过下午，陶醉于阅读之中，并不时观看影子拉长、蝴蝶飞舞。

雨天，我们便待在家里。如果说人的意志对我施加的限制会令我感到痛苦，但事物强加于我的限制我却并不讨厌。我喜欢待在客厅里，这里的扶手椅包着绿色长毛绒，落地窗都挂着黄色平纹布窗帘。在大理石的壁炉台上、在桌子和餐具橱上，有不少死的东西已彻底凋谢：鸟标本掉了羽毛，干花碎了，贝壳失去了光泽。我爬到一条凳子上，在书柜里翻寻，总能找到费尼莫尔·库珀的某本书，或者一本书页已经发黄的《别致的商店》。这都是我当时还不知道的书。有一架钢琴，好几个琴键已经坏了，音也不准了。妈妈将

《大莫卧儿》的曲谱或《让内特的婚礼》的曲谱摊开在谱架上，唱起爷爷最喜欢的歌曲，爷爷和我们一块重复叠句。

晴天，晚饭后我去大花园里溜达，在银河下吸着玉兰馥郁醉人的芳香，同时守望天上的流星。然后我端支蜡烛，上楼去睡觉。我有一间属于我的卧室。这间卧室朝向院子，对面是柴房、洗衣间和车库。车库里放着两辆老旧马车，一辆是四轮双座篷盖马车，一辆是四轮敞篷马车。卧室狭小，倒令我喜欢，一张床、一个五斗橱，在一个箱子上面，搁着脸盆和水壶。这个小房间刚好够我住，就像过去爸爸书桌下我蜷缩在里面的那个窝儿。尽管有妹妹在，平日我感到轻松，但只身独处一室，还是让我感到兴奋。心情特别好的时候，我便乘兴睡在地板上。特别是上床就寝之前，我总要在窗前伫立良久，夜里还常常起来，谛听黑夜平和的呼吸，探出身子，把手伸进一丛清凉的桂樱。泉水在青石板上汩汩流淌，不时一头奶牛用蹄子踢牛圈的门。我闻得出秫秸和干草的气味。像心脏跳动一样单调而不知停歇的，是一只蝈蝈在尖声鸣叫。在漫无涯际的寂静中，在浩瀚无垠的夜空下，大地仿佛在重复着我心里不停地窃窃私语的一句话："我在这里。"我的心借着它本身充满活力的热力，在冰冷的星光下摇荡。天上有上帝在注视着我。我血液里流淌着的欢乐，使我感觉到永恒。

大人们嘴边经常挂着一句话："这有失检点。"这句话的含义有点模糊不清。起初我只当它多少有点粗俗的含义。在塞居尔夫人的《假期》里，一个人物讲述了一个幽灵、噩梦、被弄脏的床单的故事。这个故事令我和父母同样反感。于是，我读出了人体下流机能的不体面。然后我了解到，人体会整个儿参与其下流机能的粗俗行为。所以要加以掩盖，让其下部和皮肤暴露在外——除了少数有限的部位——便有失礼仪。衣着方面的某些细节以及某些姿势，像不谨慎的暴露一样会受到指责。这些禁忌尤其是针对女性的。一位"体面"的女士不应过分地袒胸露肩、穿短裙、染头发或把头发剪短，也不应该化妆、摊开四肢躺在沙发上，或在地铁的过道里吻自己的丈夫。她如果违反了这些规矩，就有失检点。有失检点虽不能完全与罪过混为一谈，但会招致比滑稽可笑更严厉的指责。妹妹和我都感觉到，有某种重要的东西被掩盖在其无关紧要的外表之下，为了保护我们自己不受这个秘密伤害，我们都迫不及待地对之采取嘲笑的态度。在卢森堡公园，我们从一对谈情说爱的男女旁边经过时，总要用肘头碰一下对方。有失检点在我的思想上与另一个神秘的东西——禁书有着某种关系，不过是非常模糊的关系。有时在交给我一本书之前，妈妈会用曲别针把书中的若干页别住。在赫·乔·威尔斯的《世界之战》里，我发现有一章被这样处决了。我绝不会把曲别针拿掉，但常常会寻思：究竟有什么东西呢？这令人奇怪。大人们当着我说话毫无顾忌，我在世间行走而不会遇到障碍。然而在这种透明之下却隐藏着某种东西。是什么东西？隐藏在何处？我的目光徒然在地平线上寻找，试图找到那个神秘地段，它没有被任何屏幕遮掩，但就是看不见。

一天，我坐在爸爸的书桌前学习，发现手边有一本封面发黄的小说：《大都市》①。人已疲劳，头脑里一片空白，我不自觉地翻开小说，并无意读它，只往里面瞄了一眼，还没有将一个个词连成句子，就觉察到这本书的神秘特色。妈妈出现在我身后："你在做什么？"我支支吾吾。"不应该，"妈妈说，"永远不应该碰不让你读的书。"她的声音里带着恳求，脸上现出不安的神情，比责备更让人

---

① 法国小说家保罗·布尔热（Paul Bourger, 1852—1935）的小说，描写了罗马富人名流荒淫无度的生活。

信服。《大都市》这本书里，有一个巨大的危险候着我。我连声答应。我的记忆将这件小事与多年之前的一个事故紧紧地联系在一起：还是很小的时候，也是坐在这张扶手椅里，我把手指伸进了电插座黑糊糊的孔里。一阵抽动使我痛苦地惊叫起来。在妈妈和我说话的时候，我是否看了一眼圆瓷插座中间那个黑孔，或者是后来才把两件事联系在一起的？不管怎样，我感觉到，与书柜里左拉、布尔热的作品接触，会在我心里造成难以预料的、遭到电击般的冲击。就像那地铁的铁轨，它吸引我，是因为我只看到它光滑的表面，而没有觉察出它致命的能量。书脊已旧的老书尤其令我望而生畏，因为没有任何东西标明它们有害的影响。

在隆重的领圣体之前的退省之时，讲道者为了让我们警惕好奇心的诱惑，给我们讲了一个故事，反而激起了我的好奇心。一位冰雪聪明而早熟的姑娘，由缺乏警觉的父母抚养长大，有一天来向讲道者吐露隐情：她读了许多坏书，以致失去了信仰，对生活心生厌恶。讲道者希望帮助她，重新产生希望，可是她受到的感染太严重，没过多久讲道者就获悉她自杀了。我的头一个反应，就是对这个小女孩既佩服又嫉妒的冲动：她只比我大一岁，知道的东西却比我多那么多。于是我陷入了困惑。信仰是我对付地狱的保证：我太害怕地狱，不至于犯死罪；可是人一旦停止信仰，所有深渊就会展现在他面前。发生如此可怕的不幸，难道不是罚得太重了吗？那个自杀的小女孩甚至没有因为不听话而犯罪，她只是不谨慎地自我暴露给黑暗力量，被黑暗力量扰乱了灵魂。上帝为什么没有拯救她呢？人摆弄的文字怎么竟能摧毁上天的真理呢？我最无法理解的，就是知识导致绝望。讲道者没有说坏书用虚假的色彩描绘人生。如果这样说了，他很容易清除坏书的谎言。他拯救那个女孩子而失败了的悲剧，是因为那个女孩子过早地发现了现实的真正面貌。"不管

80

怎样，"我心想，"现实的真正面貌，有一天我也会面对面地发现的，但我不会因此而轻生。"在一定的年龄真理会让人丧命的这种观念，有悖于我的理性主义。

况且，年龄并非唯一需要考虑的因素。莉莉姨妈就只有权看供年轻女孩子看的书；妈妈曾经从路易丝手里夺走了《克洛蒂娜在学校里》，晚上她与爸爸议论这件事："幸好她什么也没看懂！"结婚是一副解毒剂，使之能够毫无危险地吸收科学之树上的果实，可是我全然不明白为什么。我从未考虑与同学们谈论这些问题。一名女学生因为和人"说下流话"被开除了。我洁身自好地想："如果她试图私下和我说，我根本不会理她。"

然而，我的堂姐玛德莱娜什么书都读。爸爸见她十二岁就埋头看《三个火枪手》，十分生气，可是姑妈艾莱娜却漫不经心地耸耸肩。贪婪地读了那么多"超过她的年龄"的小说，玛德莱娜似乎并没有因此而想要自杀。一九一九年，父母在雷恩街找到一套房子，房租比蒙帕纳斯大街的那套便宜。为了安心地搬家，十月份上半月，他们把妹妹和我留在格里埃尔。我们俩从早到晚都单独与玛德莱娜在一起。一天，在两盘槌球之间，我不假思索地问她，那些禁书究竟是怎么回事，我无意让她对我透露那些书的内容，而只想弄明白它们被禁的原因。

我们放下木槌，三个人在竖有门柱的球场边草坪上坐下。玛德莱娜犹豫片刻，噗嗤笑了一声，便说起来。她对我们指着她的狗，让我们注意那狗两条腿之间的两个球。"嗯！"她说，"男人也有的。"在一本题为《长篇小说和短篇小说》的集子里，她读到一个戏剧性很强的故事：一位侯爵夫人妒恨自己的丈夫，叫人趁他睡着时割掉了他那两个"球"。他死了。我觉得这堂解剖学课没有教益，而没有意识到自己已开始进行一次"淫秽的交谈"，催促玛德莱娜道："还有什么？"于是她对我解释"情人"和"情妇"二词为何意：假设妈妈与莫里斯姑父相爱，姑父便是妈妈的情人，妈妈便是他的情妇。玛德莱娜并没有明确说明"相爱"一词的含义，因此她这个不恰当的假设使我难堪，而并没有让我明白什么。只有当她告诉我小孩子是如何生出来时，我才开始对她的话感兴趣。祈求上帝的意旨已不再会令我满意，因为我知道，除了奇迹，上帝总是通过自然的因果关系行事的：发生在凡间的事情，要求有凡间的解释。玛德莱娜证实了我的怀疑：婴儿是在母腹之中孕育的。几天前，厨娘将一只母兔开膛，在其肚腹里发现了六只小兔崽。一位妇女等待一个孩子，那就是说她怀孕了，她的肚腹就会隆起。玛德莱娜没有告诉我其他什么细节。她接着对我说，从现在起一两年之内，我身上会发生一些事情：我将会产生"白带"，每个月都会流血，要在大腿之间系上绷带样的东西。我问这种流血是否叫做子宫出血。我妹妹不安地想知道系上那绷带怎么办，怎么小便？这个问题使玛德莱娜生气了，她说我们是笨蛋，耸耸肩，就去喂她的鸡去了。也许她觉得我们太幼稚，认为不值得对我们作进一步的启蒙。我感到狼狈、愕然：我本来以为，大人们保守的秘密应该是非常重要的事情；其次呢，玛德莱娜那种嘲讽的、神秘兮兮的口气，与她所披露的那些奇怪地微不足道的事情不相称。有点问题，但我不知道是什么。她没有提到受孕的问题。而这个问题随后几天我倒是琢磨过，明白了因和果必然是一致的，所以我无法接受是婚礼使女人腹部出现了一个肉体。父母之间应该发生某种机体方面的事情。动物的行为应能给我以启示：我曾看见玛德莱娜的猎狗克利凯特紧贴着一只大狼狗，玛德莱娜哭着试图把它们分开。"它的崽子会太大，克利凯特会因难产死去的！"可是，我并没有把这类嬉戏——也没有把家禽和苍蝇的这类嬉戏——与人类的行为联系起来。所谓"血缘关系""同一血缘的孩子""我承认自己的血脉"等词语使我联想到，婚礼那天，丈夫的血液会一劳永逸地输送一点到妻子的血管里。我想象一对新婚夫妇站着，丈夫的右腕子与妻子的左腕子紧贴在一起。这是一个庄严的仪式，参加者有神甫和几位精心挑选的证人。

　　尽管令人失望，但与玛德莱娜的闲聊，无疑严重地扰乱我们心灵的安宁，因为妹妹和我情不自禁地议论了很多。姑妈艾莱娜为人和蔼可亲，不教训人，而且总是一副心不在焉的样子，所以我们不惧怕她。当着她的面说了一大堆"不得体"的话。在家具盖着罩布的客厅里，姑妈艾莱娜有时在钢琴前坐下，和我们一块唱一九〇〇年代的歌曲，她收藏了一整套，我们从中挑选出一些最可疑的，得意地哼唱："你白皙的乳房，对我这张馋嘴而言，比林子里的草莓，比我吃的奶，还更香甜……"这首浪漫曲的开头使我们十分惊异，应该照字面理解吗？男人真吃女人的奶吗？这是恋爱的一种习俗吗？不管怎样，这段歌词的确"不得体"。我们用手指尖把它写在凝结水汽的窗玻璃上，在姑妈艾莱娜面前大声朗诵。我们向她提一大堆离奇古怪的问题，同时暗示她，以后我们再也不会受骗了。我想我们这些胡言乱语是有所指的。我们不习惯于暗的，而是想警告大人们，我们识破了他们的秘密。可是我们没有胆量，需要自行排解。我们的坦率采取了挑衅的形式。我们的目的达到了。回到巴黎，妹妹不如我拘谨，敢向妈妈提问，问她小孩子是不是从肚脐眼里生出来的。"为什么问这个问题？"妈妈有点干巴巴地反问，"你们什么都知道了！"姑妈艾莱娜显然和她通了气。迈出头一步，我们松了口气，又继续往前走。母亲暗示我们说，小孩子是从肛门里生出来的，而且不疼。她说话时语气冷漠。可是这次谈话没有下文，我永远没有再向她谈到这些问题，她从此也只字不提。

不记得我曾反复琢磨过怀孕和分娩现象，也不记得我曾将其与自己的未来联系到一起。我不愿意结婚，也不愿意当母亲，可能觉得这类事与我没有关系。这次失败的启蒙是通过另一种方式让我感到困惑。它让许多谜团悬而未解。生一个孩子这样一件严肃的事情与不得体的事情之间，究竟有什么关系？如果不存在什么关系，那么为什么玛德莱娜的语气和妈妈的保留态度使人想象存在某种关系呢？妈妈只是在我们挑动下才说的。她说得很简单，而且没有告诉我们结婚是怎么回事。生理方面的事情属于科学，就像地球自转属于科学一样。是什么东西阻碍了她，让她如此简单地告诉我们这些情况？另一方面，如果像我堂姐所暗示的，禁书里仅有一些滑稽可笑不得体的内容，那么为什么说它有毒呢？我不会明确提出这些问题，可是它们萦绕在我的脑海里挥之不去。除非肉体本身是一个危险的东西，否则，为什么凡是提起它的存在，不管是严肃地还是轻浮地提起，似乎都有危险呢？

我猜想大人们的沉默后面隐藏着某种东西，但并不指责他们莫名其妙地装腔作势。然而，关于他们所保守的秘密的性质，我的幻想破灭了，因为它们达不到那种境界。那种比我自己的世界还光辉夺目、视野更广阔的境界，它们达不到。我的失望让宇宙和人类降到了其日常的琐碎里。我没有立刻明白过来，但是大人们的威望因此而大大降低了。

人们告诉我，虚荣毫无意义，肤浅非常无聊。我应该为自己注重打扮、久久地照镜子而感到羞愧。然而，条件许可的时候，我又喜欢对着镜子端详自己。尽管胆怯，我还是像过去一样，向往扮演明星。庄严地领圣体的日子，我心花怒放。圣餐台我早就熟悉，所以毫无顾忌地领略这个节日世俗的诱惑力。我的连衣裙是向一位表姐借的，丝毫不惹人注目。但是，我不像在德西尔学校戴传统的绢网无檐软帽，而是戴了一个玫瑰花冠。这个细节表明，我不属于教区那群普通的孩子：马丁神甫向精心挑选出来的优秀分子分发圣体饼。而且我被挑选出来，是要以我的伙伴们的名义重申我们庄严的许愿；通过这庄严的许愿，在接受洗礼那一天，我们与撒旦及其浮华和恶行断绝了一切关系。玛格丽特伯母为我设盛大午宴，而且由我主持；下午家人又聚在一起吃点心，我把自己所收到的礼物陈列在三角钢琴上面。大家向我祝贺，我自己感到满意。晚上，我恋恋不舍地卸了妆。为了安慰自己，一时间我改变主意想到了结婚：有一天，我将穿上洁白的绸缎婚纱，在管风琴的音乐声中、在辉煌的烛光之中，重新把自己装扮成王后。

翌年，我担任了一个不那么起眼的角色，当女傧相。莉莉姨妈结婚。婚礼不豪华，不过我的打扮令我喜出望外。我喜欢连衣裙那柔滑的感觉，配一条蓝色丝巾，环形鬈发上扎一条黑色绒带，戴一顶黄褐色宽檐软帽，上面饰有丽春花和矢车菊，男傧相是一位十九岁的漂亮小伙子，跟我说话就当我是大人似的。我确信他觉得我挺可爱。

我开始关心自己未来的形象，除了在阅览室读的严肃作品和冒险故事，我也阅读"女儿丛书"里的小说。这些小说曾经给我母亲的少女时代增添快乐，现在摆满了我衣橱的一格。在格里埃尔，我可以阅读《茅舍里的夜间叙谈》和斯特拉丛书中的作品。玛德莱娜非常喜欢这套丛书。我还可以阅读德利和居伊·尚特普洛尔的作品：《科莱特的九日祈祷》《我叔父与我的本堂神甫》。这些贞洁的爱情故事我不很喜欢，觉得女主人公都愚蠢，而他们的情人都平庸。不过有一本书，我觉得在里面认出了自己的面孔和自己的命运，这就是露易莎·奥尔科特的《小妇人》。马奇家的女孩子都是新教徒，她们的父亲是一位牧师；她们的母亲给她们提供的书，不是《效法基督》，而是《天路历程》。这种距离只是更好地突出了我们所共有的特点。看到梅格和乔穿着寒酸的浅褐色府绸长袍去观看午场演出，而所有其他孩子都穿绫罗绸缎，我心里很不平静。人们像教诲我一样教诲她们，教养和道德重于财富；她们的家庭像我们家庭一样，有某种说不出来的特别之处。我热切地将自己等同于那个有知识的乔。乔粗暴、执拗，会爬到树顶上去看书，比我更像男孩子、更大胆，但她像我一样讨厌做女红和家务而热爱书籍。她写作，为了效法她，我重操旧业，写了两三篇短篇小说。我不知道自己是否渴望恢复昔日与雅克的友谊，或更泛泛地说，是否希望抹去那条使男孩子们的世界向我关闭的界线。不过，乔和劳里的关系触动了我的心弦。我相信他们以后会结婚，成熟会实现而不是背弃孩提时代的诺言：这个想法使我充满了憧憬。但尤其使我欣喜异常的，是露易莎·奥尔科特对乔表现出明显的偏爱。我说过，我痛恨大人们傲慢地把小孩子看成全都是一样的。作家们赋予他们的小主人公们的优点和缺点，通常都像无关紧要的小问题。这些小主人公长大了都变成了好人；再说他们彼此仅在道德方面有所不同，绝对不会是在智力方面。按照这种观点，似乎可以说年龄使所有人都变得不分高下。可这本书里却相反，乔胜过她的姐妹们，比她们更有道德或更漂亮，求知热情比她们强烈，思想也比她们活跃，她的优势像某些大人的优势一样引人注目，确保了她不寻常的命运。她出类拔萃。我想我也可以把我对书籍的兴趣、我的学习成绩，看成是我的未来将证实的某种价值的保证。我在自己眼里成了一个小说中的人物。一切小说情节都要求有阻碍、有挫折，我便进行虚构。一天下午，我与宝贝蛋、让娜和玛德莱娜一块玩槌球。我们穿着米色布罩衫，上面饰有月牙形红色花边，绣有樱桃。小桂树丛在阳光下闪光，大地散发着芬芳。突然我愣住了：我正在经历一本书里第一章的情形，我是那书中的主人公，刚刚度过了童年。我们将长大，妹妹和堂姐妹们比我更漂亮、更优雅、更温柔，将更加讨人喜欢。我这样决定：她们将找到丈夫，而我找不到。我不会因此而难过。人家喜欢她们甚于喜欢我是对的。但是将发生某种事情，比任何偏爱更能激励我：我不知道将以什么方式，通过什么人，但我肯定会成名。我想象已经有一个目光扫视了槌球场和四个穿米色罩衫的小姑娘，然后停留在我身上，一个声音低语道："这个与其他几个不一样。"这样夸张地把我与没有任何奢望的一位妹妹和两位堂姐妹进行比较，不啻是一种讽刺。不过，通过她们几个，我盯住的是与我相类似的人。我肯定，我将来一定……不，现在就出类拔萃！

我只是十分罕见地沉湎于这种傲气十足的抱负。大家对我的器重使我不必这样。如果说有时候我感觉自己不同凡响，但绝不至于再相信自己无与伦比。从这以后，我的自负被另一个女孩子在我心里唤起的感情抑制住了。我有幸遇到了友谊。

进入四年级一班那天——我就要满十周岁了——紧挨着我的座位是一位新来的女同学：一位小个子、黑发、头发剪得短短的女同学。在等待老师的时候和下课的时候，我们聊了聊。她名叫伊丽莎白·马比耶，和我同岁。她的学业是在家庭里开始的，因为一起严重事故而中断。在乡村里她煮马铃薯时，裙子着火，大腿三度烧伤，好几夜不停地哀号，整整卧床了一年，现在褶裙之下的肉还是肿的。我从来没有发生过如此严重的事情，她在我眼里立刻成了一个人物。她与老师们说话的方式令我意外，她自然的语调与其他学生呆板的语调形成反差。在接下来的一周里，我完全被她吸引住了：她出色地模仿老师博德小姐，她说的话既有趣又滑稽。

尽管被迫中断学习落下了功课，伊丽莎白很快就名列班上的前几名，作文我仅勉强胜过她。我们之间的竞争令我们的老师们高兴，鼓励我们友好相处。在每年圣诞节前后举行的文娱晚会上，我们俩被安排一块演一出短剧。我穿着粉红色连衣裙，面庞两边梳着鬓角发卷，扮演小时候的塞维涅夫人；伊丽莎白扮演一位爱吵闹的表哥。她那套男孩子服装很合身，她活泼自如的表演令观众着迷。排练工作和在灯光下面对面的表演，使我们的关系变得更密切了。从此大家都称我们是"形影不离的一对"。

我父亲和我母亲花了很长时间，去了解他们听说过的马比耶家族各个不同分支，得出结论：他们与伊丽莎白的父母约莫还有些共同关系。伊丽莎白的父亲是一位职位很高的铁路工程师；她母亲姓拉里维埃，属于一个热衷于传播福音的有九个孩子的天主教家族，积极从事圣托马斯·阿奎那的慈善事业，有时在雅各布街出现。这是一位四十来岁风姿绰约的妇人，褐色头发，目光热烈，颈子上佩戴一条天鹅绒饰带，下端结了一颗古老的坠子。她注意让自己显得和蔼可亲，掩饰她那王后般的悠然自得。她征服了我妈，叫我妈"娇小的夫人"，说她看上去像是我的姐姐。伊丽莎白和我都被允许到对方家里玩儿。

头一回妹妹陪我去瓦雷恩街，我们两个吓了一跳，伊丽莎白——我们亲切地叫她莎莎——有一位大姐、一位大哥、六个弟弟和妹妹，还有一大堆堂兄弟和小朋友。他们大叫大嚷地又跑又跳、相互打架，还爬到桌子上闹，结果撞翻家具。下午快结束时，马比耶太太进到客厅里，扶起一把椅子，微笑着抹一把汗津津的前额。我感到吃惊的是，她对孩子们脸上肿起的包、身上的污渍以及摔碎的盘子毫不在意，一点也不生气。我不很喜欢这种瞎胡闹的玩法，莎莎也常常感到厌烦。我们躲到马比耶先生的书房里，远离吵闹，促膝交谈。这是一种全新的乐趣。我父母和我说话，我和他们说话，可是我们不一块闲聊，我妹妹和我之间，又没有需要交流的必不可少的距离。我和莎莎进行真正的交谈，就像晚上爸爸和妈妈交谈一样。我们谈我们的学习、我们看的书，谈我们的同学、老师们，谈我们对这个世界的了解，但不谈我们自己。我们的交谈从来没有发展到倾诉衷肠。我们相互没有任何亲热的表示，彼此客套地以"您"相称；除了在书信中说说，我们互不拥吻。

莎莎和我一样爱书爱学习，而且她具有不少我没有的才能。有时我到瓦雷恩街按门铃时，看见她正在做油酥饼和焦糖糖果。她会用织毛衣的针把橘子片、椰枣、李子干串起来，放进正在煮带醋味的糖浆的平底锅里。这些蘸糖浆的水果与糖果商卖的一样好看。为了不在巴黎的外公外婆和舅父舅妈，她每周都写"家庭记事"，然后油印十来份。我既欣赏她叙述的生活，也欣赏她油印"家庭记事"的灵巧，把它油得像一份真正的报纸。她与我一块上过几堂钢琴课，但很快过渡到了高级阶段。她体质娇弱、两腿细长，尽管这样，还是尽其体力完成了许多了不起的事情。初春，马比耶太太带我们两个去了一个百花绽放的郊区——我想那是楠泰尔的一个郊区。莎莎在草地上侧手翻、劈叉、翻各种筋斗、爬树并用双脚钩住倒挂在树枝上。她做所有这些动作都显轻松自如，令我赞叹。她十岁时就穿行于大街小巷，在德西尔学校从来没像我一样举止拘谨。她和老师们说话彬彬有礼，但自然大方，几乎是平等相待。有一年在一堂钢琴试奏课上，她表现得十分放肆，险些造成丑闻。前几排所坐的学生，都穿着最漂亮的连衣裙，特别卷曲的环形鬈发上还饰有花结，等待着展示各自才艺的时刻。在这些学生后面坐着老师们和学监们，个个穿着丝绸短上衣、戴白手套。最后面坐着家长们和他们邀请来的人。莎莎穿着蓝色塔夫绸连衣裙，弹奏一首她母亲认为对她来讲太难的曲子，平时弹奏总有几小节走调。这一次，她弹奏得准确无误，扬扬得意地看她母亲一眼，还朝她吐了一下舌头。那些梳环形鬈发的女孩子都吓得发抖，老师们也都板起面孔现出责备的神情。但是当莎莎走下台子时，她母亲非常高兴地拥抱了她，这样就再也没有人敢斥责她了。在我眼里，这次出色的表现给她增添了荣誉的光环。我这个人一向规矩、死板，受成见束缚，但也喜欢新奇、由衷、本能的行为。莎莎的活泼机灵，独立不羁征服了我。

我没有立刻想到这种友谊在我的生活中所占的位置。我并不比幼年时代机灵多少，不明白自己身上发生的事。我被训练得已经分不清该发生的事情和所发生的事情，不再琢磨习惯性用语后面所隐藏的含义。当然我对全家人，包括远房的堂、表兄弟，有着亲密的感情。我爱我的父母和妹妹。一个爱字包含了一切。我的感情不允许存在差异，不允许存在变化。莎莎是我最好的朋友，无需再多说一个字。在一颗端庄正派的心里，友谊占据体面的地位，它没有神秘的爱情那种热烈疯狂，也没有骨肉亲情那种神圣不可侵犯。我不否认这种程度的不同。

这年像往年一样，十月份给我带来了开学的愉快和兴奋。崭新的书在手指间沙沙作响，散发着一股清香。我坐在皮沙发里，陶醉在对未来的憧憬里。

没有任何憧憬成为现实。在卢森堡公园里，我重又领略到秋天的气息和橙黄。这气息和橙黄不再触动我的心。天空的蔚蓝变暗淡了，功课让我厌烦。我郁郁寡欢地上课、做作业，心不在焉地推开德西尔学校的大门。重现眼前的是我的往昔，可是我不认识它了，它失去了全部色彩，我的日子兴味索然。一切都给了我，可是我仍

90

然两手空空。我在妈妈身边沿着拉斯帕耶大街走着，突然焦虑不安地问自己："到底怎么啦？这就是我的生活吗？就是这个样子吗？就这样继续下去，永远是这个样子吗？"一想到未来往复无尽的一天天、一月月、一年年，暗淡无光，没有任何期待、没有任何希望，我这心里就堵得透不过气来。简直可以说，世界冷不防就灭亡了。这种忧伤我同样无以名状。

十天到半个月期间，一个钟头又一个钟头、一天又一天，我拖着两条软绵绵的腿。一天下午，我正在学校的衣帽间里脱衣服，莎莎出现了。我们交谈、唠叨、议论起来。我一开口就滔滔不绝，胸膛里旋转着好多个太阳。在妙不可言的快乐中，我对自己说："原来我是想念她！"对于心灵方面的遭遇，我的无知如此彻底，心里根本就没有寻思："我是因为她不在而苦恼。"直到她出现了，我才意识到自己需要她。这顿时变得显豁了。俗套、常规、老生常谈，顷刻七零八落。我被一阵难以名状的激动所淹没，任凭心中的快乐像奔腾的激流将自己席卷而去，那感觉恰似飞瀑的水一样湍急而清凉，像美丽的花岗岩无须掩饰。几天后，我提前到校，有点惊愕地看着莎莎的凳子，心里想："要是她永远不再来坐，要是她死了，我怎么办？"一种明摆着的情形再次震撼了我："没有她我无法生活。"这有点可怕。她来来往往，远离我；而我的全部幸福，甚至我的生存却交到了她手里。我想象老师龚特兰小姐就要进来，长裙曳地，对大家说："祈祷吧，孩子们，你们的小伙伴伊丽莎白·马比耶昨天夜里被上帝召回去了。"怎么，我想，我会立即死去！从凳子上出溜下来，倒在地上，气息奄奄。这种结局倒使我安心了。其实我不相信上帝的安排会要了我的命。我也不再真正担心莎莎会死。我甚至承认对莎莎的依恋使我处于了依附地位。我没有勇气面对所有的后果。

我并不要求莎莎对我也怀着这样彻底的感情。做她最好的朋友我就满足了。我对她的欣赏并没有在我自己眼里贬低我自己。爱并非羡慕。做我自己并且爱莎莎，我想象不出世间有比这更美好的事情。

第二部分

我们搬家了。我们的新住宅与原来的住宅布置得差不多，家具陈设也一样，但是比原来的小，而且不如原来的舒适。没有浴室，只有一个洗手间，又没有自来水。父亲每天要把洗脸池子下面那桶沉重的脏水倒掉。没有暖气，冬天房子里寒冷彻骨，只有书房除外，母亲在里面点燃了一个蝶螺炉。就连夏天也一样，我也在书房里学习。我和妹妹共住的房间——路易丝住在七层——太逼仄，连站的地方都没有。没有了我喜欢躲避的宽敞门厅，只有一条走廊。一下了床，就没有一个属于我的角落。我甚至没有一张可以放我东西的课桌。书房嘛，母亲经常在里面接待客人，晚上和父亲在那里闲聊。我学会了在嘈杂声中做作业和温习功课。可是，永远无法独处，这让我不堪忍受。妹妹和我都非常羡慕那些独自拥有卧室的小姑娘。我们的卧室只是一个睡觉的地方。

路易丝与一位盖屋顶的工人订了婚。有一天，我无意中看见她在厨房里笨拙地坐在一个红棕色头发男人的膝盖上。她脸色有点发白，那个男人满脸通红。不知道为什么，我心头有点忧伤。然而，她的选择大家都赞同。她的未婚夫虽然是个工人，但有头脑。路易丝离开了我们。接替她的，是一位纯真快乐的农村妹子卡特琳娜，在梅里尼亚克我和她一块玩过，几乎称得上一位伙伴。可是，晚上她总和对面营房里的消防队员一块外出，去外面"野"。母亲责备过她，后来就辞退了她，并且决计不再请帮手，因为父亲业务上不顺利。多亏了一位有影响的远房表亲的关照，父亲进了"金融广告业"，先在《高卢人报》后又参与几家报社的工作。这个行当挣钱少，令他厌倦。为了解闷，他比过去更常去朋友家或咖啡馆打桥牌。夏天的星期日去看赛马。妈妈经常孤单一人守在家里。她并不抱怨，但她讨厌做家务，又不堪忍受贫穷的压力，人变得非常神经质。父亲呢，也渐渐地失去了他那不温不火的好脾气。两个人倒还没有真的吵架，但会为一些小事大喊大叫，而且常常迁怒于妹妹和我。

面对大人，我们姐妹俩结成紧密的联盟。两个人之中如果有一个碰翻了墨水瓶，那是我们两个共同的过错，我们共同承担责任。然而自从我认识莎莎之后，我们姐妹俩的关系发生了一点变化，我总是拿这位新朋友来担保。莎莎嘲弄所有人，也不放过宝贝蛋，把她视为"小不点儿"，我呢亦步亦趋。妹妹十分气恼，试图摆脱我。一天下午，只有我们两个在书房里，我们刚刚争吵过，妹妹伤心地对我说："有件事我得告诉你！"我翻开一本英语书放在夹有粉红色吸墨纸的垫板上，开始温习，只稍许转过头。"是这样，"妹妹说，"我想我不再像从前那样爱你了。"她以沉稳的口气对我说明了她心里这种冷淡的新感觉。我静静地听着，面颊滚动着泪珠。妹妹扑过来："这不是真的！这不是真的！"一边喊一边抱住我。我们紧紧拥抱在一起。我抹干眼泪，对她说："你知道的，我当然不相信你刚才说的话！"然而，她说的并不完全是假话。她开始为自己年龄最小的地位反抗，而由于我不管她，就连我也一块反抗。她与我们的堂妹让娜同班，她喜欢让娜，但两个人兴趣不同，而且让娜非要她与自己的朋友们交往不可。让娜的那些朋友，都是一些愚蠢而自命不凡的女孩子，宝贝蛋憎恶她们，也为人家认为她们配得到她的友谊而气恼，可是大家都不当一回事。在德西尔学校，大家继续把宝贝蛋视为她姐姐的影子，当然是不完美的影子。宝贝蛋常常感到屈辱，大家都说她傲气，而那些作为优秀教育工作者的老师更加故意羞辱她。由于学业上我走在前面，所以父亲最关心我。妹妹为这种偏心感到痛苦，不像我一样崇敬父亲。有一年夏天在梅里尼亚克，为了证明她记忆力和我一样好，她熟记了拿破仑的所有元帅的名字，包括每个人的姓名和军衔，一口气背了出来。父母露出微笑。她气恼之下，开始用新的眼光看待我，想办法找我的茬儿。虽然是畏畏缩缩，但她居然试图与我竞争，对我进行批评，又总是躲着我。这令我恼火。我们俩向来常常无端争吵，因为我态度生硬，而她爱哭。现在她哭得少一些了，但我们架吵得更凶了，都带上了各自的自尊心，都想吵赢对方，然而最后总是言归于好，因为我们彼此需要对方。我们以同样的方式判断我们的同学、老师和家里的成员。我们相互不隐瞒任何东西，总是很高兴一块玩儿。晚上父母出去了，我们就放纵开了，先去厨房里做一个煎蛋卷吃了，然后大叫大嚷，在家里闹翻了天。现在我们俩睡在同一个房间，上了床还要玩很长时间，没完没了地说话。

我们住到雷恩街那年，我睡得不安稳了。是我没有很好地领会玛德莱娜透露的情况吗？现在我的床与父母的床只有一层板壁之隔，有时我都听得见父亲打呼噜。是我对居住拥挤敏感吗？我不时做噩梦。一个男人跳到我床上，用膝头压住我的胃部，压得透不过气来。我梦见自己醒来了，但那侵犯者又压住了我。大约也在这个时期，早晨起床成了一种痛苦的精神创伤，晚上入睡之前想起来，我就嗓子发紧，手心出汗。早晨听到母亲的声音时，我真希望病倒，免得面对摆脱黑夜的麻木所带来的恐惧。白天，我感到头晕，浑身软弱无力。妈妈和医生都说："这是发育。"我讨厌这个词和体内暗暗发生的变化。我羡慕"大姑娘们"的自由自在，但一想到自己的胸部会鼓胀起来，就心生反感。我曾经听说过，成年女人撒尿会发出瀑布般的响声。一想到她们鼓胀的肚子里储藏了那么多水，我就像格列佛看到年轻女巨人们向他袒露出乳房时一样惊骇不已。

自从我窥透了它们的秘密，禁书也就不像从前那样让我惧怕了。我的目光常常在厕所里残缺不全的报纸上溜来溜去，就这样读到了一篇连载小说的片段，描写男主人公把他热烈的嘴唇贴在女主人公白皙的乳房上。这个吻令我情怀激荡。我同时是男的，又是女的，还是窥视者，自己给这个吻，又接受这个吻，眼睛看到的全是这个吻。当然，我之所以感到如此冲动，是因为我的身体已经醒来。不过这种遐想全凝聚在那画面四周，在入睡之前我不知重温了多少次。我还想象出其他画面，也不知道是从哪儿联想起来的。夫妻俩几乎不穿衣服睡在同一张床上这件事，直到此时并没有令我联想到拥抱和抚摩，因此估计我是从自己的需要想象出来的，因为在一段时间里，我受到撩人的欲望折磨。我回到床上，嗓子发干，盼望有个男人的身体贴着我的身体，一双男人的手抚摩我的肌肤。我绝望地计算着："不满十五岁的人不能结婚！"这又是年龄的限制，我还得等几年才能熬到头。感觉是慢慢产生的，被窝的温暖、血液的躁动和我的幻觉，使我的心妙不可言地怦怦直跳。我几乎相信这幻觉就要变成真实了。可是没有，幻觉消失了，没有任何手、任何嘴唇来抚平我这欲火中烧的肉体。我的马大普兰细布衬衣成了一件有毒的内衣，只有睡着了我才能得到解脱。我从来没有把这种骚动与罪孽的概念联系到一起。这种骚动之强烈使我无法怡然自得，而觉得自己多半是受害者而非罪人。我也不去寻思其他女孩子是否也感受到这种煎熬。我不习惯于拿自己与别人比较。

潮湿闷热的七月中旬，我们在朋友家小住。一天早晨我醒来时吓呆了：我的内衣弄脏了。我把它洗了，换了衣服，可是内裤又弄脏了。我忘记了玛德莱娜含含糊糊的预言，寻思自己这是得了什么丢脸的病。心里惴惴不安，隐约觉得自己犯了错误，不得不去求助于母亲。母亲说这说明我长成"大姑娘"了。我听了心里不是滋味。知道自己并没有犯任何过错，我才大大松了口气，甚至像每回遇到重大事情一样，心里还油然产生了一种自豪感。我忍受了妈妈与她的朋友们窃窃私语，而没有觉得太难堪。相反，晚上我们在雷恩街见到爸爸，而爸爸以开玩笑的方式影射我的状况时，我却羞臊得无地自容。我还以为女人们会结成同盟，仔细地向男人们掩饰她们秘密的毛病呢。面对父亲，我本来觉得自己是纯粹的思想。现在他突然把我视为一个人体，这让我感到恐惧，觉得自己永远沉沦了。

我人变得难看了，鼻子发红，脸上和脖子上长了一些包，弄得我神经质地总是感到不自在。母亲工作忙得不亦乐乎，对我的穿着漫不经心。我穿的衣裙都没个样，使我更显得笨拙。我为自己的身体感到难堪，我对什么都嫌恶，例如拿自己喝过的杯子再来喝水，就忍受不了。我有了一些习惯性动作，不停地耸肩膀，不停地抠鼻子。"不要去抓你那些包，不要抠鼻子。"父亲一再对我说。既不怀恶意也不留情面，他常常对我的脸色、粉刺和笨拙发表议论，使得我越发不自在，更助长了我的习惯性动作。

帮助爸爸保住了地位的那位富豪表亲，为自己的孩子们及其朋友们举行了一个晚会。他创作了一出诗歌活报剧。我妹妹被选为女主角，穿着蓝色珠罗纱连衣裙，上面点缀着星星，一头秀发披散在背上。她扮演夜美人，用诗歌与一位扮作月亮的丑角进行了对话之后，又用押韵的句子一一介绍小客人们。小客人们全穿着戏装，一个接一个从舞台上走过。我装扮成西班牙女孩子，摇着扇子，大摇大摆地穿过舞台，而妹妹和着民谣《弗尼古丽弗尼古拉》的曲子唱道：

> 看，朝我们走来一个美丽女人
> 那副样子福气活现（重复）
> 果然是巴塞罗那最美的美人儿
> 踩着西班牙舞步，舞姿翩跹（重复）
> 她那双大眼睛与众不同
> 透着胆大包天……

所有目光都注视着我，我感到双颊热辣辣的，真个是苦不堪言。不久之后，我参加了北方一位表姐的婚礼。莉莉姨妈结婚那天，我的形象令我陶醉，而这一次则令我气恼。直到上午到了阿拉斯，妈妈才想起来：我所穿的米色中国绉绸新连衣裙，紧绷住我这已经完全不像小孩子的胸脯，显得不得体。于是她用绷带把我的胸部绑住，使我整天都觉得短上衣里藏着一个伤残的、动弹不得的胸部。婚礼仪式和没完没了的宴会真没意思。我黯然神伤，意识到照片上我的模样肯定是打扮得滑稽可笑，人又矮又胖，姑娘不像姑娘，妇人不像妇人，没有一点风韵。

夜里我又睡得安稳了。然而世界却变得难以形容地混乱起来。这种改变没有涉及莎莎。她是一个人，而不是一件东西。不过在比我高的一个班里，有一位我视为偶像的女同学，她金色头发，面带微笑，一身粉红色衣服，名字叫玛格丽特·德·泰利库尔。她的父亲是法国最大的富豪之一。她来上学有一位家庭女教师陪伴，坐着一辆宽敞的黑色汽车，有专门的司机。她才十岁，已经梳着非常得体的环形大鬈发，衣着讲究，戴的手套直到进入课堂才摘下来。在我眼里，她俨然像一位小公主。她已经出落成一位俊俏姑娘，有着柔顺的浅色长发，明眸秀眼，笑容可爱。我感觉到她悠然自得，态度矜持，声音稳重而悦耳，她是好学生，对老师恭敬有礼，而老师们看到她令人艳羡的财产，对她宠爱有加。她和我说话时总是十分亲切。据说她母亲是一个患有重病的人。这种考验给玛格丽特增添了一种传奇式的光晕。有时我想，如果她邀请我去她家，我会高兴得要死。可是，我甚至不敢抱这种希望，因为她所居住的地方，离我像英国的王宫一样遥远。再说，我并不希望与她建立亲密关系，只要能在近处默默地看着她就足够了。

进入青春期之后，我感情开始躁动。三年级——我们称为六年级一班——结束时，我旁观了二年级学生参加的学校内部那场庄严的考试，考试及格即可获得阿德丽娜·德西尔学校的毕业文凭。玛格丽特穿一件灰色的中国绉绸礼服连衣裙，透明的袖子让人看得见两条圆圆的漂亮胳膊。这种有节制的裸露令我震惊。我太无知，也太循规蹈矩，不可能流露出任何欲望。我甚至无法想象任何一只手能亵渎那雪白的肩头。但是在整个考试期间，我两眼一直没有离开那对肩膀，一种不可名状的感觉抽紧着我的喉咙。

我的身体正起着变化，我的生活方式也在变，过去正在远离我。我们已经搬了家，路易丝已经离去。我和妹妹在看一些老照片时，我突然想到，不久后的一天，我将失去梅里尼亚克。祖父年事很高，将不久于人世。等这个庄园属于加斯东伯父时——他已经是虚有权所有人——在这里我就再也不会感到是在自己家里了，那时再来就是外人，况且我也不会再来。我感到沮丧。父母一再说——他们的例子似乎也证明了这一点——生活会抹去童年时代的友谊。

难道我会忘记莎莎吗？宝贝蛋和我，我们不安地寻思我们的感情是否经得起岁月的砥砺。大人们不分享我们的游戏和快乐。我没有见过一个在世间过得开心的大人。他们异口同声地说："生活没有乐趣，生活不是小说。"

成年人单调的生活一直让我同情。当我知道，这生活的单调，不久也将成为我命中注定的遭遇时，我不禁焦躁起来。一天下午，我帮助妈妈洗碗：她洗盘子，我把它们擦干。通过窗户，我看见消防队营房的墙壁，还看见一些厨房，里面有女人在刷锅或摘菜。每天都是午餐、晚餐，每天都洗菜、洗碗，时间就是这样周而复始，没完没了，不知所终。我将这样生活下去吗？我脑海里呈现了一幅图景，是那样令人懊恼的清晰，至今记忆犹新：一排灰色的方块一直延伸到地平线，按照透视法显得越来越小，但全都一模一样，平淡无奇；那就是一天天、一周周、一年年。我嘛，自出生以来，每天晚上睡觉时都感到比前一天晚上充实了一点，就这样一点点长大。可是，在天上如果只能找到一个枯燥乏味的平台，走去没有任何目标，有什么意义呢？

"不，"我暗自说，一边把一摞盘子放进碗橱里，"我的一生一定要通往某个地方。"幸好我不是命中注定当家庭妇女的。我父亲不是女权主义者，欣赏柯莱特·伊夫尔的小说所表现的智慧。在伊夫尔的小说里，女律师、女大夫为了家庭的和谐，最终牺牲了她们的职业。不过需要就是法律。"你们，我的女儿们，你们结不了婚，"父亲常常说，"你们没有嫁妆，必须工作。"在我的喜好中，从事职业的前景远远胜过结婚的前景。从事职业的前景让人看到希望。过去有些女人有所作为，我也要有所作为。我无法预见是什么样的作为。天文学、考古学、古生物学都先后向我招过手，而我继续朦胧地抱着写作的打算。可是这种打算缺乏可靠性，我自己都不是很相信可以据此满怀信心地筹谋未来。我提前哀悼了我的过去。

对最后的"断奶"的这种拒绝，在看了露易莎·奥尔科特的小说《好妻子》，即《小妇人》的续集时，强烈地表现了出来。自从我离开共同微笑着面对未来的乔和劳里，已经过去了一年或一年多。他们的故事在这本书里结束。我一拿到陶赫尼茨[1]丛书中的精装小开本，信手翻开，正好翻到一页，突然了解到，劳里与乔的一个妹妹即那个爱慕虚荣、愚不可及的金发艾米结了婚。我扔下书，它仿佛烫我的手指头。接连好几天，我痛苦不堪，深感自己受到极大的伤害：我所喜爱的男人，我以为也喜爱着我的男人，居然为了一个蠢货背弃了我。我痛恨露易莎·奥尔科特。不久，我发现是乔自己拒绝了劳里的求爱。经过长久的单身生活之后，在犯过种种错误、经历过种种考验之后，她遇到了一位年龄比她大、具有一些高贵优点的老师。这位老师理解她，给她以安慰和忠告。他们结了婚。这个高贵的男人比年轻的劳里好得多，突然从外面来到乔的故事里，代表了"最高审判者"[2]。我就是幻想有一天能得到这样的赏识。然而，对他的突然闯入我不满意。过去读塞居尔夫人的《假期》，我惋惜索菲没嫁给自幼青梅竹马的保尔，而嫁给了一位陌生的年轻城堡主。友谊和爱情在我眼里是终生不变、天长地久的东西，而不是朝三暮四的遇合。我不希望未来使我不得不面临决裂，未来应该包容我的整个过去。

我失去了童年的安全感，而没有得到任何补偿。父母的权威并未削弱，但由于我的批判意识的产生，我越来越没有耐心忍受了。拜访、家庭午宴，所有这些苦差事父母都认为是必不可少的，而我觉得全然没有必要。"必须这样""这样使不得"等回答，现在根本

---

[1] Karl Christian Philipp Tauchnitz（1798—1844），德国印刷出版商。
[2] 指上帝。

不能令我满意了。母亲的关心成了我的负担。她有"她的想法"，但从不想到应该解释，因此她的决定在我看来往往是武断的。妹妹正式领圣体，我要送她一本祈祷书。为了这件事，我们母女俩就发生了激烈的争吵。我想这本书用浅褐色封皮装订，就像我的大部分同学所拥有的祈祷书一样。妈妈认为用蓝色的布封面就够漂亮了。我不同意，并说所用储蓄罐里的钱是我自己的钱。她反驳说，一样东西既然只值十四法郎，就不应该为它花二十法郎。我们去面包店买了面包，回家上楼梯时，我一直赌气不理她。我不得不让感情化解了怒气，但对她在我看来这种滥用权力的做法，决心绝不原谅。如果她经常和我对立，我想她只能逼得我进行反抗。但是在重要的事情上，如我们学习和选择朋友等问题上，妈妈倒是很少干预。她不妨碍我的学习，甚至不干扰我的闲暇，只要求我做一些小事情，如磨咖啡、倒垃圾等。我习惯于乖乖地听话，我想总的来讲，上帝要求我这样做。所以我与母亲之间没有发生冲突。但我暗暗意识到我们之间会有冲突。她所受的教育和所处的环境，使她深信对一个女人而言，做母亲是一个最美好的角色。可是只有我扮演我的角色，她才能担任她的角色，而我仍像五岁时那样，坚决拒绝参加演大人们的喜剧。在德西尔学校，学生们正式领圣体前一天，校方鼓励我们去跪在我们的妈妈面前，请求她们原谅我们的错误。我不仅自己没有这样做，而且当轮到我妹妹时，我也阻止她这样做。母亲大为光火。她认为我心里总是有所保留，十分不高兴，经常呵斥我。我怪她让我一直处于依附地位，对我显示她的权力。此外，我也嫉妒她在父亲心中所占的位置，因为我对父亲的热爱与日俱增。

父亲的生活变得越艰难，他的不同寻常便越让我盲从。他的不同寻常并不取决于他的财富和成就，因此我相信他是有意轻视财富和成就。虽然这样，我还是为他感到惋惜，我觉得他怀才不遇、不被赏识，是一场又一场动乱的受害者。我尤其感激他总是、现在还常常那么快乐。他讲老故事，鄙薄一切，妙语连珠。他待在家里的时候，就给我们读维克多·雨果、罗斯丹等人的作品。他谈论他喜欢的作家，谈论戏剧，谈论过去的重大事件，谈论许多高雅的话题，使我远远脱离了日常生活的单调之味。我想象不出哪里存在一个像他一样有聪明才智的人。凡是我参加的争论，最后理总在他那儿。他要抨击不在场的人，就把人家批得体无完肤。他满怀激情地仰慕某些伟人，可是这些人所处的地位离我们那么遥远，我觉得他们都显得虚无缥缈。再说他们绝非无可指责，他们的超级天才本身就注定要犯错误。他们目空一切，思想变态。维克多·雨果就是这样，父亲热情地朗诵他的诗歌，但他最终因为虚荣心而丧失了理智。左拉、阿纳托尔·法朗士和其他许多人莫不如此。父亲公正客观地对待这些人的变态。甚至他毫无保留地敬重的那些作家，其作品也有局限性。父亲谈论起来，绘声绘色，思想灵动，海阔天空。人和事就在他面前，他居高临下，任意褒贬。

父亲赞成我的时候，我就充满自信。多年来，他对我总是表扬。我进入青春期，他就失望了。他欣赏女人的，是她们的优雅和美貌。他不仅不掩饰对我的失望，还对妹妹表现出比过去更多的关心，因为妹妹仍然是一个漂亮的女孩儿。当妹妹扮演"夜美人"出尽风头时，父亲的自豪溢于言表。有时，他参加他的朋友、基督教戏剧著名的狂热拥护者让诺在郊区教养院举办的演出，让宝贝蛋和他一块表演。宝贝蛋脸蛋两旁垂着长长的金色发辫，在马克斯·莫莱的《药剂师》里饰演小姑娘的角色。父亲教她朗诵寓言，分成一段一段地朗诵，效果不错。我嘴上不说，但心里对他们的合作不痛快，并隐约地怨恨妹妹。

我真正的竞争对手是母亲。我渴望与父亲建立个人关系。可是，即使有难得的机会我们父女俩单独在一起，谈起话来也仿佛母亲在场。一旦发生冲突，我去求助于父亲，他总是回答我说："照你妈说的做吧！"只有一次我寻求过他的默契。他带我们去欧特伊看赛马。草地上黑压压的全是人，天气炎热，什么也没发生，我觉得无聊。最后总算开赛了，人们都向围栏拥去，他们的背遮住了跑道。父亲为我们租了折叠椅，我想站到我的椅子上。"不行！"妈妈说。她讨厌人多，拥挤已经令她神经紧张。我还是想站到椅子上，"不行就是不行！"妈妈重复道。看到她和妹妹忙得团团转，我转向爸爸，激动地说："妈妈真可笑。为什么我不能站到椅子上？"爸爸尴尬地耸耸肩，没有表态。

这个模棱两可的动作，至少使我估摸，爸爸在心里头有时还是觉得妈妈太专横。我相信在爸爸和我之间存在一个心照不宣的同盟。但是我这种幻想破灭了。一次午餐的时候，大家谈到一位淘气的大表哥把自己的母亲看成白痴。照父亲的看法，那位表哥的母亲的确是个白痴。然而他气愤地说："一个评价自己母亲的孩子，就是一个笨蛋！"我气得脸都红了，借口不舒服离开了餐桌。我评价自己的母亲。父亲却给了我双重的一击，一方面肯定他与母亲是团结一致的，另一方面间接地把我当笨蛋对待。更使我情绪失控的，是我对他刚说的这句话本身作出了判断：既然我那位姨妈的愚蠢显而易见，她儿子为什么不能承认呢？说真话不是坏事，而且人们说真话往往不是特意的。例如此时此刻，我情不自禁地想我所想的，难道我错了吗？从某种意义上讲没有错。然而父亲的话影响了我，致使我感到自己虽无可指责但怪异可怕。自此之后，也许部分地是由于这件事，我不再觉得父亲绝对不会错了。然而，父母保留着判定我有罪的权力。我接受他们的判决，同时以不同于他们的目光看待我自己。我的存在的真实依然既属于他们，又同样属于我。可是令人奇怪的是，在他们心里，我的真实可能仅仅是个诱饵，也可能是虚幻的。只有一种办法可以防止这种奇特的混乱，就是对他们掩饰迷惑人的表象。我习惯于注意自己的语言，加倍谨慎。我又跨出一步。既然我不对一切直言不讳，为什么不敢有不可告人的行为呢？我学会了秘密地行事。

我的阅读仍然受到了与过去一样的严格监督。除了专供儿童阅读或为了供儿童阅读而做了净化处理的文学作品，交到我手里的只有数量非常少经过挑选的作品，父母还常常从中删除一些段落，在《雏鹰》一书里甚至删节了一部分。不过，由于相信我的诚实，他们没有给书柜上锁。在格里埃尔，指定了供我阅读的篇目之后，他们让我把"小画册"精装丛书带出来看看。假期里，我总是没有足够的书读，在读完《蜀葵》或《丑角》之后，贪婪地看着躺在草地上那一摞印有字的纸，那一摞我的手够得着、眼睛看得到的纸。长期以来，我允许自己有些无关紧要不听话的行为。妈妈禁止我在一日三餐之外吃东西，在乡间，我每天下午藏十一二个苹果在罩衫里，这种过分的行为从未令我不适。自从与玛德莱娜交谈之后，我不相信萨沙·吉特里、弗莱尔、卡雅韦、卡皮、特里斯坦·贝尔纳等作家有那么大危害。我去禁地冒险，甚至胆大包天地接触伯恩施坦和巴塔耶的作品。不过我没有任何损失。在巴黎，我假装仅仅读缪塞的《威尼斯之夜》，而在包括他的全部作品那本厚厚的书前面坐下来，阅读了他的所有剧作，还阅读了《罗拉》和《世纪儿忏悔录》。自此之后，每当家里只剩下我一个人的时候，我便去书柜里自由自在地予取予求。我窝在那把皮椅子里，度过了一些美妙的时光，贪婪地阅读九十生丁一本的小说。这些小说曾经给爸爸的青年时代增添了极大的快乐。它们是布尔热、阿尔丰斯·都德、马塞

107

尔·普雷沃、莫泊桑和龚古尔兄弟的作品。它们补充了我的性教育，但不是很严格。性行为有时持续整整一夜，有时仅仅几分钟，显得时而索然寡味，时而异常快活；既细致入微，又变化莫测，全然非我所能理解。法雷尔那些"有教养的人"与他们的年轻男仆、克罗蒂娜与她的女友蕾芝之间明显暧昧的关系，使问题更加复杂化了。要么因为他们缺少才华，要么因为我对他们知道得太多又太少，任何一位作者都不能像过去施密特议事司铎那样令我感动。总的来讲，我很少拿这些故事与自己的经历相联系。我了解到它们所展现的，是一个在很大程度上已经过时的社会。除了法雷尔的《克罗蒂娜和达克思小姐》，所有女主人公——都是愚蠢的姑娘或肤浅社会的妇女——都甚少令我感兴趣。男人嘛，我认为也个个平庸。这些作品没有任何一部提供一种令我满意的爱情写照和命运思考。我不到里面去寻求对自己未来的预测。不过它们给予了我所要求它们的东西：使我感到新奇。多亏了这些作品，我摆脱了童年，踏进了一个复杂、冒险、未曾预料到的世界。每当父母晚上外出时，我就把自己散心的快乐一直延长到深夜，在妹妹睡着之后还靠在枕头上看书，听到钥匙在锁孔里转动的声音才关灯。早晨铺好床之后，我把书塞到床垫底下，等待时机再把它放回原处。妈妈不可能怀疑这些做法。可是有时，一想到《半黄花闺女》或《女人和木偶》就躺在我的床板上，我便不寒而栗。照我的看法，我的行为完全无可指责，我只不过是消遣、学知识。父母希望我好，我并未违背他们的心愿。因为我读的书没有造成任何损害。然而一旦公之于众，我的行为就会变成罪过。

矛盾的是，使我陷入背叛的痛苦的，是一次允许的阅读。我在班上介绍过艾略特的小说《织工马南》。出发去度假之前，妈妈给我买了《亚当·比德》。坐在"景观花园"的杨树下，我花了好几天时间，耐心地跟踪着一个发展很慢的故事的展开。突然，在去一片树林子里漫步一回之后，女主人公——她没有结婚——怀孕了。我的心怦怦乱跳，但愿妈妈别读这本书！因为她要是读了，就会知道我知道了。我倒不是担心受到训斥。我无可指责。可是我对妈妈头脑里可能产生的想法，感到胆战心惊。也许她觉得必须找我谈一谈。这种可能性令我惊恐不安，因为对这类问题她一贯是保持沉默的，我掂量着她对谈这类问题究竟有多反感。在我看来，未婚母亲的存在是一个客观事实，并不比其相反事实的存在更令人难堪。可是，我知道了这种存在本身，在妈妈的意识里，却会变成一件使我们母女俩都受到玷污的丑闻。

尽管惶惶不安，我并不设想一个简单的对付办法，即谎称在树林子里将书丢失了。丢失一件东西，哪怕是一支牙刷，都会在家里引发一场猛烈的风暴。因此这种应付办法几乎比危险本身更让我害怕。再说，如果我不把内心的想法讲出来，就不会有颜面在母亲面前说出有利的谎话。脸红和语塞会暴露我。因此我只是当心不让《亚当·比德》落到母亲手里。母亲没有想到读这本书，她的忙乱救了我。

因此，我与家庭的关系变得远远不如过去那样顺利了。妹妹不再毫无保留地把我当作偶像；父亲觉得我变丑了，发出抱怨；母亲猜想我身上正隐约发生变化，因而怀有戒心。父母如若能明察我头脑里的一切，一定会斥责我；他们的目光不会再像过去那样保护我，而会使我处境危险。他们自己早就从九霄落到了地上。我不会利用这一点来拒绝他们的意见。相反，我觉得自己受到双重的怀疑。我不再处于特权的地位，我的完美出现了缺口，对自己没有把握，而且容易受到伤害。我与别人的关系应该改变了。

莎莎的天赋显露出来了，对她那个年龄而言，她的钢琴弹得相当出色，又开始学小提琴了。我的字写得非常幼稚，而她写的字之秀气令我吃惊。父亲像我一样欣赏她的信约文笔和她说话的生动。他开心地对她讲究客套，而她当作游戏，自然应对。青春期并没有使她变丑，穿着打扮都不矫揉造作，依然是女孩子纯真自然的举止，然而又没有失去男孩子般的胆气。假期里，她骑着马在朗德森林里奔跑，对树枝的抽打毫不在意。她去意大利旅行了一趟，回来后对我谈她喜欢的那些名胜、雕像和画。我羡慕她在一个传奇式国家里领略到的快乐，敬重地看着她那个黑色的头，那里面居然藏了这么美好的形象。莎莎的奇特令我赞叹。我所关心的更多是了解而不是评价，所以我对什么都感兴趣。莎莎则是有选择的：希腊令她着迷，古罗马人则令她厌倦。对王室家族的不幸她无动于衷，拿破仑的命运却令她兴奋。拉辛令她仰慕，高乃依却让她生气。她讨厌高乃依的《贺拉斯》和《波利耶克特》，而对莫里哀的《愤世嫉俗》充满好感。我知道她一直爱冷嘲热讽，在十二岁至十五岁时把讽刺挖苦视为一种方式。不仅讽刺挖苦大部分人，而且讽刺挖苦固有的习俗和成见。她把拉罗什富科的《箴言录》视为她爱读的书，总说引导人的是兴趣。我对人类没有丝毫总的概念，她顽固的悲观主义使我敬畏。她的许多看法都具有颠覆性。在一篇法语作文里，她为阿尔西斯特辩护而抨击菲林特[1]，另外一次把拿破仑置于巴斯德之上，令举校哗然。她的胆大妄为使某些老师大为恼火；另一些老师则归因于她年轻，因而感到开心。她成了一些人最讨厌的人，同时又是另一些人最喜欢的人。平时我排在她前面，连法语也是这样，因为我"内容"比她好。不过，我想她并不稀罕第一名。虽然

---

[1] Alceste, Philinte, 莫里哀《愤世嫉俗》里的人物。

她成绩不如我好，但是她人潇洒，因此在学习上有一种说不上来的东西，是我的勤奋无法比拟的。有人说她有个性，这正是她得天独厚的最大优势。我过去隐约感觉到的自鸣得意，并没有赋予我一种确定的外表；在我的心里面，一切都是模糊不清、微不足道的。在莎莎身上我看到一种东西，像泉水一样喷涌而出，像大理石一样结实牢固，像丢勒①的画作一样扎实有力。我拿莎莎与自己空虚的内心进行比较，便蔑视自己。莎莎迫使我进行这种比较，因为她经常使她的懒散与我的热情、她的缺点与我的完美处于对比状态。她自然地嘲笑我的完美，我免不了受她的讽刺挖苦。

"我没有个性。"我闷闷不乐地想。我对什么都好奇，相信真实是绝对的，道德法律是必要的；我的想法都是顺应思考的对象而形成的，例如有时我无意中突然产生了一个想法，那是因为这种想法反映了某种突然发生的意外情况。我追求最好而不是好，接受差而不是最差，鄙视可鄙之人或事，丝毫觉察不到自己的主观性，对自己无限地要求，我像无限一样没有定形。奇怪的是，就在我发现自己的个性时，我意识到了这个缺陷。直到此时，我一直觉得自己对万能的追求是理所当然的，现在这倒成了一个性格特点。"西蒙娜对一切都感兴趣。"我拒绝限制而把自己限制住了。自己自然而然地强加给自己的行为和想法，表现为我的消极被动和缺乏批评意识。我没能始终是居于一切之中的纯洁信仰，而是成了一种体现。这是一种痛苦的沦落。大家突然赋予我的这种面目，只能让我失望，因为我是像不露真面目的上帝本人一样生活过来的。所以我迅速跌进了谦卑之中。如果我仅仅是其他个人之中的一分子，那么任何区别都无法证实我的高人一等，反而可能转化为我的劣势。父母不再

---

① Albrecht Dürer (1471—1528)，文艺复兴时期德国油画家、版画家、装饰设计家和理论家。

是我可靠的保障。我如此爱莎莎，觉得她比我自己还真实，我是她的负片。我不是追求自己的特点，而是恼怒地忍受自己的特点。

快十三岁时读的一本书，给我提供了一个我长期深信不疑的神话。这本书就是安德烈·罗黎的《雅典的小学生》。严肃、专注而有理智的学生泰阿热纳被俊美的欧佛里昂迷住了。这位年轻贵族高雅、正直、精明、风趣而又放肆，博得老师们和同学们的赞赏，尽管不时有人指责他的懒散无礼。可是他英年早逝，泰阿热纳在五十年后讲述了他们的故事。我把莎莎看成那个俊小伙子，把我自己看成泰阿热纳。世间有一些天分高的人，有一些值得称赞的人。我不可避免地把自己排在后一类人之中。

然而，我的谦虚显得含糊；值得称赞的人应该感谢天分高的人的赞赏和忠诚。可是最终泰阿热纳比他的朋友活得长久，能够谈论他的朋友：他代表记忆和知觉，是主体。如果有人建议我成为莎莎，我一定拒绝。我更愿意拥有世界而不是拥有一张面孔。我保持这样的信心，只有我能成功地揭露现实，而既不使它走样也不使它缩小。只有与莎莎比较，我才痛感自己平庸。

从某种程度上讲，我是一种幻觉的受害者。从里面我感觉到她，从外面我看到她。双方力量悬殊。她一触摸或看见一个桃子就会起鸡皮疙瘩。我感到奇怪，而我自己厌恶牡蛎却理所当然。不过没有任何另外一个同学让我感到惊奇。莎莎的确相当不同寻常。

她在马比耶家九个孩子中排行第三，在女孩子中排行第二。她母亲没有工夫对她关怀备至。生活上，她与几个兄弟和表兄弟以及他们的伙伴混在一起，学到了男孩子的行为举止。她很早就被视为大姐，承担了大姐理当承担的责任。马比耶太太二十五岁时嫁给一位严守教规而且是她表哥的天主教徒，生莎莎的时候她已经牢牢地坐定了家庭主妇的位置。作为思想正统的资产阶级的完美典型，她以贵夫人的自信走自己的路。贵夫人凭着自己知书达理，准备在必要的时候违反礼仪。因此她允许自己的子女们有小小的越轨行为。莎莎的自发性和她的秉性，反映了她母亲傲慢的优越感。她居然敢在钢琴演奏音乐会上向母亲吐舌头，实在令我愕然。她是希望母亲与她同声相应。母女俩当着满堂听众，公然蔑视习俗。如果是我有失礼的言行，我母亲一定会感到有失颜面。我的循规蹈矩反映了我母亲的怯懦。

我不怎么喜欢马比耶先生，他与我父亲太不相同，再说我父亲对他也没有好感。他留着长长的胡子，戴夹鼻眼镜，每逢星期日去领圣体，把大部分业余时间用于从事社会事业。他须发柔细，一副基督徒的德行，使他看上去像个女人，降低了他在我心目中的形象。我们交友之初，莎莎告诉我，她爸爸高声朗读和模仿莫里哀的《没病找病》，逗得孩子们笑得直流眼泪。不久之后，她以恭敬的态度，兴致勃勃地听她父亲在卢浮宫的展厅里，给我们讲解意大利画家科雷乔一幅作品的美，在一次看完电影《三个火枪手》之后，又听他预言电影将扼杀艺术。她当着我的面动情地回忆，她父母在新婚之夜，手拉着手在一个湖畔听威尼斯船歌《美丽的夜晚——啊，爱情的夜晚》……渐渐地她说的话开始不一样了。"爸爸那样严肃！"有一次她对我抱怨说。大姐丽丽像马比耶先生，像他一样讲究条理、吹毛求疵、说一不二、精于数学，父女两个相处得非常融洽。莎莎不喜欢那个讲究实际、爱教训人的大姐。马比耶太太对这种堪称典范的父女关系表现十分尊重，但是与大女儿之间暗暗存在一种竞争，两方的敌对常常显露出来。马比耶太太不掩饰自己对莎莎的偏爱。"这孩子完全像我。"她高兴地说。莎莎也更喜欢母亲，而且充满激情。她告诉我，马比耶先生几次向这位表妹求婚都没有得到回应。吉特·拉里维埃美丽、热烈、活泼，害怕这位严肃的综合理工大学毕业生。然而她在巴斯克地区过着一种退隐生活，没有很多人到这里来找对象。在母亲专横的压力下，她终于顺从地同意了。莎莎向我透露，马比耶太太——莎莎认为她非常有魅力，非常敏感，又充满幻想——因为一个像一本代数书一样枯燥乏味的丈夫的不理解而非常痛苦。莎莎想的远远不止这些。我现在才知道，她对自己的父亲有一种不由自主的反感。她母亲不怀好意，很早就露骨地把性方面的真实情况告诉了她。莎莎过早地明白，马比耶太太从头一夜起就始终厌恶夫妻的搂抱，而且把丈夫引起她的厌恶扩展到对他整个家庭的厌恶。相反，她热爱自己的外婆，在她来巴黎之前，外婆一直和她同睡一张床。拉里维埃先生过去跟随路易·维伊奥[1]，在几家报社和杂志社奋斗过，身后留下了几篇文章和一大间藏书室。莎莎没有继承父业学数学，而是选择了文学。可是外祖父去世之后，无论拉里维埃太太还是马比耶太太，都不能自炫有文化修养，没有任何人指点莎莎遵循什么准则、培养什么兴趣。她只有靠自己去思考。老实说，她独创的空间很小，基本上像我一样，表达的是她所处的环境。可是，在德西尔学校和我们的家庭里，我们被严厉强制接受成见和老一套，一点点真诚的冲动、一个小小的主意，都会惊世骇俗。

莎莎身上给我印象最强烈的，是她的玩世不恭。几年后当她对我说明其原因时，我惊愕不已。她并不同意我对她的高度评价。马比耶太太子女太多，承担了太多的"社会责任"和上流社会繁杂的义务，不可能为她的任何一个孩子付出很多。我想她的耐心和微笑掩盖着特别的冷漠。莎莎很小时就感到自己或多或少被遗弃了。后来母亲对她表现出特别的但有节制的爱。莎莎对母亲的热爱肯定是

---

① Louis Vieillot（1813—1883），法国记者，教皇至上主义者的领袖，对法国教会颇有影响。

嫉妒的成分多于幸福的成分。我不知道她对父亲的抱怨是不是也包括恼恨。她对马比耶先生对丽丽的偏爱不可能毫不在乎。无论如何，一个家庭九个孩子之中的第三个孩子，不可能不觉得自己仅仅是一些号码之中的一个。她受到集体的关怀，而这种集体的关怀不鼓励她自以为是一个了不起的人。马比耶家的女孩子们没有一个不胆大。她们都把自己的家庭看得很高，不可能在外人面前表现出畏缩。可是，当莎莎不是以这个家庭的成员而仅仅以她自己的面目出现时，她就会发现自己有许多不足之处：人长得丑，不受宠爱，自己很不可爱，也没得到多少爱。她以冷嘲热讽来弥补这种自卑感。这一点我倒没有注意，她从来不嘲笑我的缺点，只嘲笑我的优点。她从来不炫耀自己的天赋和成功，只显示自己的弱点。我们十四岁那年的复活节假期里，她给我写信说她没有勇气复习物理，而一想到下次的作文写不好就感到气恼。她说："你是没法理解我的，因为你如果要学写一篇作文，你不会为不知道写什么而苦恼，你会学习写。"她这些话嘲笑我一心想做一个好学生，令我读了感到难过。但言辞之间的暗中伤人，也意味着莎莎对自己的懒散表示自责。我之所以令她不快，是因为她既认为我对又认为我错，她面对我的完美，毫无乐趣地为自己眼里她这个不走运的孩子辩护。

她对人类的蔑视中也有愤恨情绪。她很不看重自己，世界上的其他人在她心目中也不值得看重。她去上天寻求凡间拒绝给予她的爱，她很虔诚。她所生活的环境比我所生活的环境更清一色，在那里宗教价值观得到一致而且夸张的确认。实践揭穿理论的谎言，只能更加引起愤懑的爆发。马比耶夫妇为一些慈善事业捐钱。每年全国朝圣期间，他们去卢尔德。男孩子们充当抬担架的人；女孩子们去收容所的厨房里洗餐盘。周围的人都大谈上帝、慈悲、理想。但莎莎很快发现，所有这些人看重的只是金钱和社会地位。这种虚伪令她反感。她决计用玩世不恭来防止自己虚伪。在德西尔学校，大家都说她言谈举止不合常理，但我从来没有发现她有撕破脸皮或咬牙切齿的情形。

　　莎莎对其他女朋友都以"你"相称，在杜伊勒利王宫花园里，她遇到什么人就同什么人玩；她举止非常随便，甚至有点放肆。然而我与她的关系始终相当拘谨，彼此既不亲热也不顶撞。我们继续以"您"相称，交谈时彼此隔一段距离。我知道她对我的珍惜远远不如我对她的珍惜。她喜欢我甚于喜欢其他同学，但是学校生活的重要性对于我和对于她是不一样的：她依恋自己的家庭、环境、钢琴和假期，我不知道她在自己的生活中给予我什么位置。起初我并没有为此感到不安，现在我常常寻思，意识到我学习上的热情和我的听话使她厌倦。她对我究竟有多看重呢？根本谈不上向她表露我的感情或者试图了解她的感情。我在内心里已经摆脱了大人们斥责孩子们的那些陈词滥调，敢于动感情、敢于幻想、敢于有自己的欲望，甚至敢于说某些话。可是，我想象不到人可以真诚地与别人交流。在书里面，人们相互表示爱或恨，用花言巧语表达自己的情感；在生活中，人们从来不说有分量的话，所说的和所做的同样都有所节制。我们相互写的信非常符合惯例。老一套的用语莎莎比我用得更讲究一点。但是两个人谁也没有表达出任何令我们真正感动的东西。我们的母亲都看我们的信，这种检查肯定无助于感情的自由流露。甚至交谈中，我们也遵守着莫名其妙的行为准则。我们甚至还没有摆脱害羞的心理，双方都确信我们的隐私不应该公开讲。因此我只能去琢磨一些不明确的表示：莎莎片言只语的恭维都会让我高兴得不得了；她经常露出的讥讽的微笑让我心绪不宁。我们的友谊给我带来的幸福，在这些青春岁月里却时时伴随着怕惹得她不高兴的担忧。

有一年假期里，她的嘲笑让我难过得要死。我和全家人去看吉迈尔瀑布。面对那公认的美丽景色，我勉强表现出热情。当然，既然我的信属于我的公开生活范畴，所以在信里我便小心地只字不提乡村给我个人的快乐，而试图对莎莎描述这次集体远游、它的美妙之处和我们的激动心情。可惜，笔调的平淡突出了我的激动心情之不真实。莎莎在回信中狡黠地含沙射影，说我不当心给她寄去了我的一篇假期作业。我简直想哭，觉得她对我的责备，有着更严重的意味，不仅仅针对我遣词造句笨拙的夸张，还暗指我处处显示出一个好学生不值一提的品行。这部分是真的，但我强烈地爱莎莎也是真的，而且不是习惯和老一套使然。我与她把我看成的角色并不完全吻合，可是我没有办法推倒这个角色，而把我的赤诚之心呈现给她。这种隔阂令我绝望。在回信中，我佯装调侃地说她坏。她感觉到她使我难过了，因为在复信中她表示歉意，说："这是我情绪很坏所致。"我恢复了平静。

莎莎想不到我多么敬重她，为了她而压抑了自己的傲气。在德西尔学校的一次慈善义卖中，一位笔迹学者研究我们的书法，认为莎莎的书法显示出早熟、敏锐、文化和惊人的艺术天赋；我的书法则显示出幼稚。我接受这个评判。是的，我是一个用功的学生、一个乖孩子，仅此而已。莎莎情绪激动地大叫起来，给我以激励。我告诉了她另一项同样对我不利的分析，她在回信中提出异议，并且对我作了一个粗略的描绘："有点矜持，思想顺从教理和习俗。我要补充的是心肠特好，非常盲目，对自己的朋友非常宽容。"

我们也不经常明确地谈我们自己。这是我的错吗？事实上莎莎亲切地影射我的"矜持"。她希望我们彼此更随便吗？我对她的喜爱是狂热的，她对我的喜爱则有保留。不过，我们的过分谨慎也许责任在我吧。

然而这种过分谨慎使我难过。莎莎暴躁、尖刻、敏感。她来到学校时一副悲痛的神情，因为她的远房小表弟前一天死了。我对她的崇拜应该使她有所感动，可是她居然毫无觉察，真让我无法忍受。既然我不能说任何话，于是筹划一个行动。这会冒很大风险：妈妈可能会觉得我的行动荒唐可笑，莎莎本人可能会觉得意外。可是我迫切需要表达自己的感情，这一次也就顾不了那么多了。我把自己的打算告诉母亲，母亲表示赞成。我要在莎莎生日那天送给她我亲手制作的一个袋子。我买了一块红白相间并织有金丝花纹的绸子，觉得这是一块非常考究的料子。按照《实用款式》杂志老板的意见，我把这块绸子绷在一个草编的骨架上，再缝上一层樱桃色的缎子做里子，然后把做好的袋子用绢纸包装好。莎莎生日那天，我在衣帽间等着她。当我把礼物递给她时，她惊愕地看着我，只见血液涌向她的双颊，那张脸腾地变红了。我们面对面愣了一会儿，因彼此的激动情绪而尴尬，找不到一句话、一个适当的动作来表达我们的感情。第二天我们的母亲见面时，马比耶太太亲切地说：“感谢德·波伏瓦太太为我女儿费心。”她试图把我的行为纳入大人们礼尚往来的套数之中。这时我发现自己一点也不再喜欢她。再说她失败了。已经发生了某种不可抹去的事情。

　　我并未因此而放松警觉。甚至当莎莎对我表现得完全友好时，甚至当她和我在一起显得很开心时，我也担心惹她讨厌。她身上这种隐蔽的“个性”，只是偶尔向我显露一点点。与她单独交谈，几乎成了我一种虔诚的幻想。一天，我去瓦雷恩街取一本她答应借给我的书。她不在家，她家里人请我进入她的卧室，我可以在里面等她，她要不了多久就会回来的。我打量贴蓝色糊墙纸的四壁。达·芬奇的《圣安娜》、十字架挂在墙上。莎莎把她最喜欢的一本书《蒙田随笔》翻开放在书桌上。我阅读她中断了、打算再读的那一页。她在里面读到什么呢？那些印刷出的符号并不比我不认字的时候更好懂。我试图用莎莎的眼睛打量这个房间，试图潜入她正在进行的独白，可是徒劳无益。我可以触摸铭刻着她的存在的一切物品，但这些物品不能把她的隐秘告诉我。它们告诉我她的存在，但把她藏起来不让我看见，甚至可以说它们藐视我，让我永远无法接近她。在我看来，莎莎的存在是那样严密地对我关闭着，拒绝给我提供任何位置。我拿了我借的那本书便逃离了。第二天我遇到她时，她似乎现出一副惊讶的样子：为什么我那么快走了？我不知道怎样向她解释；我也不能向自己承认，我经受了怎样剧烈的折磨，才换取了她给予我的幸福。

我觉得我认识的大部分男孩子都粗俗、狭隘。然而我知道他们属于有特权的一类。只要他们稍许表现得可爱活泼一点，我便准备接受他们的威望。我的表哥雅克从来没有失去他的威望。他与他妹妹和一位老保姆住在蒙帕纳斯大街的那座房子里，晚上常常来我们家。十三岁时，他的举止已经像个青年人。他独立的生活和在讨论中表现出的权威，使他成了一个早熟的成年人。他把我看成小表妹，我觉得正常。每次听到他按门铃，我和妹妹都很高兴。一天晚上他来得很晚，我们已经上了床，便穿着睡衣跑到书房里。"啊！这像什么话，"母亲说，"你们都是大姑娘了！"我感到惊讶。我把雅克看做哥哥。他帮助我做拉丁文翻译练习，批评我对读物的挑选，给我朗诵诗歌。一天晚上在阳台上，他朗诵了《奥林匹欧的悲伤》，而我不安地记起来，我们曾经订过婚。现在他只跟我父亲有真正的交谈。

他是斯塔尼斯拉斯初级中学的走读生，在校表现优异，十四五岁的时候非常迷恋一位文学老师，在这位老师的教育下喜欢马拉美甚于喜欢罗斯丹。我父亲耸了耸肩生气了。雅克贬低《西哈诺》，却对我说不出其缺点；他以鉴赏者的样子朗诵一些晦涩难懂的诗歌，却不能让人感到美在何处。所以我同意父母的看法，他是在装腔作势。然而，在否认他的鉴赏力的同时，我又欣赏他是那样骄傲地为这些诗歌辩护。他知道不少我完全不了解的诗人和作家。跟他一道走进我们家里的，是一个对我封闭的世界的种种传闻。我多么想进入这个世界啊！爸爸常说："西蒙娜有一副男人的头脑。西蒙娜是个男人。"可是大家都把我当姑娘对待。雅克和他的同学们读真正的书，他们了解真正的问题；他们生活在广阔的天地里，而我被关闭在儿童活动室里。我并没有灰心，对未来充满信心。靠自己的知识或才能，有一些女人在男人的世界里闯出了自己的天地。但对于人们强加给我的落伍，令我有些焦急。偶尔从斯塔尼斯拉斯中学前面经过，我就心头发紧，想起存在这校园里的秘密：一个男生班。我感觉自己在流亡。他们的老师是知识超群的男人，把光辉夺目的知识原原本本地传授给他们。而我那些年迈的女老师传授给我的知识都是经过删改、削减而且变陈旧了的。她们用代用品喂养我，把我关在笼子里。

事实上，我不再把这些老小姐看成令人尊敬的知识传播者，而看成相当可笑的过分虔诚者。她们或多或少都算是耶稣会成员，还像初为修女时把头路梳在头的一边，发了愿之后便把头路梳到头的正中了。她们以为应该以怪诞的梳妆打扮来表示她们的虔诚，都穿带灯笼袖的闪色塔夫绸短上衣，裹着带硬撑的胸衣，穿着拖地长裙。她们有的是道德，缺乏的是文凭。大家觉得出色的有杜布瓦小姐，一个上唇有褐色汗毛的女人，正在完成英语学士学位；另一位是比咏小姐，三十来岁，有人在索邦大学见到她，满脸通红，戴着手套，正在接受中学毕业会考口试。我父亲不掩饰他觉得这些虔诚的女人有点愚蠢。如果我写一篇有关散步或晚会的作文，这些老师必定要我在末尾写上"感谢上帝让我过了这愉快的一天"。我父亲对此十分恼火。他高度评价伏尔泰、博马舍，能够背诵维克多·雨果的作品，不容许有人让法国文学止步于十七世纪。他甚至向妈妈提出把我和妹妹送进公立中学，可以让我们学到更可靠的知识，而花钱更少。我急忙拒绝这个建议，让我和莎莎分开，我会失去生活的兴趣。妈妈支持我。在这一点上，我心里其实也矛盾，一方面希望留在德西尔学校，另一方面在这里不再感到开心。我继续热情地学习，但表现不如从前了。高级班的主任勒热纳小姐是一个又高又瘦的女人，口才好，能言善辩，令我敬畏。但是我和莎莎还有几个同学，嘲笑其他老师滑稽可笑。督学们没有办法让我们保持安静。课间我们都跑到一个叫"自修室"的大房间里聊天、傻笑、向负责维持秩序的女学监挑衅，把她叫做"吓麻雀的稻草人"。我妹妹更走到了极端，决计干脆变成让人恼恨的人，与她自己选择的朋友安娜-玛丽·让德隆一块，创办了《德西尔学校回声报》。莎莎借给她复印冻胶，我也不时与她们合作。我们写辛辣的抨击性文章。学校不再给我们写操行评语，但这些小姐教训我们，向我母亲告状。母亲有点不安，但由于父亲和我们一块付之一笑，她也就不过问了。我脑子里从来没有闪过这个想法：可以把这些越轨行为与某种道德含义联系到一起。自从我发现她们愚蠢，这些小姐手里就不再掌握善与恶的钥匙了。

"愚蠢。"过去妹妹和我这样责骂使我们厌烦的小孩子们，现在我们这样责骂许多大人，尤其是那些女老师。和颜悦色的训诫、一本正经的啰嗦、好用夸大的字眼、装腔作势的派头，这些都是愚蠢。重视无关紧要的小事，死抱住习俗不放，不顾事实而喜欢陈腐偏见，这些也都是愚蠢。最愚蠢的，是以为我们会相信别人满嘴仁义道德的谎言。愚蠢让我们觉得好笑，这是我们寻开心的一个重要话题。可是，愚蠢也有某种可怕的东西。如果愚蠢占了上风，我们就再也没有权利思考、嘲讽、感受真正的欲望和真正的快乐。必须做的是：要么与愚蠢斗争，要么放弃生活。

女老师们终于对我的不顺从愤怒了，并且让我知道这一点。阿德丽娜·德西尔教会学校很注意让自己区别于公立学校。公立学校点缀人的思想而不培养人的灵魂。这所学校不是在学年末根据我们的学习成绩给予我们奖励（据说这样会在我们之间造成世俗的竞争），而是于三月份在一位主教的主持下，对我们进行提名表扬和颁发奖章，主要是奖励我们的虔诚、听话，还有我们在这所学校的资历。会议在瓦格拉姆厅举行，盛况空前。最高荣誉是"荣誉提名表扬"，给予被选定的各方面都很优秀的极少数学生。其他人只能获得专项提名表扬。这一年当我的名字在肃静中庄严地响起时，我意外地听到勒热纳小姐宣布："数学、历史和地理专项提名表扬。"同学们中传来半沮丧半满意的窃窃私语，因为只有部分同学是我的朋友。我尊严地忍受了这种侮辱。从会议里出来时，历史老师对我母亲说：莎莎的影响对我有害，不能再让我们两个在课堂上紧挨着坐在一排。我强忍着也没忍住，眼泪哗哗流了下来。这让龚特兰小姐高兴了，她以为我是为没有得到荣誉提名表扬而落泪。可我是因为听说要让我远离莎莎而气得喘不过气来。在这条凄凉的走廊里，我隐约地意识到，我的孩提时代结束了。大人们仍将我置于监护之下，但无法更长久地确保我心灵的宁静。我丝毫不引以为自豪而是孤单地承受着的自由，使我脱离了大人们。

我不再主宰世界。楼房的门面、路人冷漠的目光都令我逃逸。正因为如此，我对乡村的热爱伴有神秘色彩。我一到达梅里尼亚克，墙壁就倒塌了，地平线就后退了。我融入了广阔无垠之中，同时依然是我自己。我的眼睑感受到阳光的温暖；这照耀天下大众的阳光，在此时此地只抚摩着我。风在白杨树周围回旋。这风来自别处，来自四面八方，搅得天翻地覆，我静静地旋转着，一直旋转到天涯海角。当月亮在天边升起时，我与遥远的城市、沙漠、海洋和村庄融为一体，此时此刻它们同我一样沐浴着月亮的光辉。我不再是一种空洞的意识、一种抽象的目光，而是黑麦波浪起伏的芬芳、是灌木丛隐隐约约的清香、是正午的闷热、是薄暮的颤动。我沉甸甸的，然而我蒸发在碧空之中，我浩瀚无垠。

我做人的经历是短暂的。由于没有正确的眼光和适宜的词语，我无法领会一切。大自然向我提示了看得见、摸得着的许多生存方式，都是我从来不曾接近过的。我欣赏俯视着景观园的那棵橡树的孤傲；我哀叹所有小草的孤寂。我熟知早晨的淳美、黄昏的忧伤，熟知兴盛和衰败、新生和垂死。有一天，我体内的某种东西与忍冬的芬芳达到了和谐。每天傍晚我去坐在同一些欧石楠丛中，眺望波浪般起伏的浅蓝色莫内迪埃山脉；每天傍晚太阳总沉落到同一座山岳后面，红、橙、黄、绿、蓝、靛、紫七色变幻莫测。在永恒的草地里，从黎明到黑夜活跃着永远鲜活的生命。面对风云变幻的天空，忠实不同于抱残守缺，衰老并不一定是自我否定。

我又变得无与伦比，又被求助。是靠了我的目光，山毛榉的红色才能与雪松的蓝色和白杨的银白色相会合。我一走，景色就消散了，它不再为任何人而存在，根本不再存在。

然而比起在巴黎，我更强烈地感觉到上帝就存在我周围。在巴黎，人，拥挤不堪的人，遮住了上帝让我看不到；在这里，我看到草和云，就像上帝从混沌之中拯救出来时那样，它们带有上帝的印记。我越贴近大地，就越接近上帝；每次散步都是一种崇拜行为。

上帝的绝对权力剥夺我的绝对权力。上帝以自己的方式即绝对的方式了解万事万物。但是我觉得，从某种意义上讲，上帝需要我的眼睛赋予树木以颜色。阳光的灼热、晨露的清凉，如若不通过我的身体，纯粹的神灵怎么感受得到呢？上帝为人类创造了这个大地，又创造了人类以显示大地之美。我一直暗暗感觉到，自己所肩负的使命是上帝交给我的。上帝非但没有把我赶下宝座，还确保了我的主宰地位。没有我的存在，创造就会滑到蒙昧的停止状态；激活创造，我就完成了自己最神圣的职责之一，而大人们则满不在乎地暴露上帝的意图。早晨我跑步跨出白色的栅栏门并钻进林中灌木丛，那是上帝本人在召唤我。他满意地注视着我望着这个他为了让我看到而创造的世界。

即使饥肠辘辘，即使看书和思考累得我精疲力竭了，我也不情愿让身体消除疲劳，回到封闭的空间，回到被大人们安排得死死的时间里去。一天傍晚我忘记了时间。那是在格里埃尔。我在一口水塘边待了很长时间，阅读阿西西的圣方济各的故事。黄昏时分我合上书，往草地上一躺，望着月亮。月亮照耀着被初夜的露水打湿的翁布里亚：此时此刻的温馨让我激动得说不出话来，真想在空中抓住它，让它永远与文字凝合在书本上。我暗自说，还会有其他时刻，我一定要学会留住它们。我一动不动地躺在草地上，两眼凝望着夜空。当我推开台球室的门时，晚餐刚刚结束。劈头一片斥责的嚷嚷声。父亲本人大声地带头嚷嚷。作为惩罚，母亲宣布我第二天不得迈出大花园半步。我不敢公然违抗，整天不是坐在草地上，就是在小径上走来走去，手里拿本书，心里燃烧着怒火。那里，池塘里的水漾起涟漪，复又平静如镜；阳光变得强烈，复又变得柔和。可是没有我在场，便没有任何人在场观看。真不可忍受。"如果下雨了，如果有一个理由，"我暗自说，"我就会拿定主意。"可是，我又产生了与过去完全不一样的、使我全身发抖的反抗情绪。信口开河的一句话，就足以破坏人的快乐和满足感。被剥夺了世界和被剥夺了自由的这种失望情绪，对任何人、任何事都毫无裨益。幸好这种刁难没有再发生。总的来讲，只要能按时回家吃饭，我就能自由支配每天的时间。

假期使我得以避免把沉思默想的快乐和无聊混为一谈。在巴黎参观博物馆的时候，我有时假装观看。强作欣赏和由衷激动之间的区别，毫无疑问我是知道的。我也知道，要想深入了解事物的奥秘，首先必须全身心地投入。平常我的好奇心非常强烈，相信自己一旦了解就已掌握，匆匆一瞥就已了解。可是为了熟悉乡村的一隅，我一天又一天在低洼的路上游荡，一动不动地在一棵树下待上好几个钟头，于是我能感受到空气的微小颤动，感受到秋天的每一片云彩。

我很不情愿返回巴黎。我爬到阳台上，眼前看到的只有屋顶，天空缩小成了一条轨道，空气不再给人以芬芳和抚摩，与空无一物的空间一样模糊难辨。街上的嘈杂声对我毫无意义。我呆立在那里，心里空落落，眼里噙着泪水。

回到巴黎，我又得受大人们支配了，继续不加批判地接受他们对世界的解释。人们无法想象有比我所受的教育还更狭隘的教育。教科书、图书、课堂、交谈，一切都趋向于同一种说法，人们绝不让我听到，哪怕是远远地、哪怕是偷偷地听到另一种说法。

我像学习地理一样驯服地学习历史，而没有想到历史可以更多地展开讨论。很小的时候，在格雷万博物馆看到被扔给狮子的殉难者，看到玛丽–安托瓦内特高贵的蜡像，我激动不已。那些迫害基督徒、迫害边打毛衣边列席国民议会的平民妇女、迫害无套裤汉的历代皇帝，在我眼里成了最可憎的恶的象征。善是教会和法兰西。教会学校里教我了解历代教皇和宗教评议会。可是我更感兴趣的是我的国家的命运。我的国家的过去、现在和未来是家里许多谈话的内容。爸爸非常喜欢马德林①、勒诺特②、凡克-布伦塔诺③的著作。家里让我阅读了许多小说和历史故事、经过净化处理的卡莱特夫人④的整套回忆录。将近九岁的时候，我就为路易十七的不幸落过泪，钦佩过朱安党人的英雄主义。但是我很早就摒弃了君主制。权力靠继承，大部分时候落到一些低能儿手里，我觉得荒唐，由最有能力的人来进行统治，我觉得才正常。在我们国家，我知道不幸的是情况并非如此。噩运注定我们要由无耻之徒当领导人，因此，尽管法兰西在本质上高于其他所有国家，但它在世界上并没占据应有的地位。爸爸的一些朋友反对他的意见，主张把英国而不是德国视为不共戴天的敌人。但是他们的争论没有什么结果，便一致同意把一切外国的存在视为一种嘲弄和一种危险。作为威尔逊⑤的罪恶理想主义的受害者，其未来受到德国佬的粗暴的现实主义威胁，法国缺少一位铁腕领袖，因而正在走向失败。而且整个文明行将沉沦。我的正在吃老本的父亲，认定整个人类将毁灭。妈妈随声附和。有红祸，有黄祸：不久，一种新的野蛮将从大地边缘、从社会底层席卷而来，革命将使世界陷入混乱。父亲以令我懊丧的满腔激情预言这些灾难。他描绘成可怕色彩的未来，就是我的未来。我热爱生活，不能接受明天的生活变成无望的哀叹。一天，我

---

① Louis Madelin（1871—1956），法国历史学家。
② Théodore Gosselin（1855—1935）的笔名，法国期刊历史专栏作家。
③ Frantz Funck-Brentano（1862—1947），法国历史学家，对旧制度有深入研究。
④ Amélie-Césaire Carette（1839—1926），法国皇后欧仁妮的宫中女官。
⑤ Thomas Woodrow Wilson（1856—1924），美国政治家，1913—1921 年间担任美国总统。

不再听任毁灭性的言论和前景在我身边浩荡而过，而是想好了进行一次反击。我想："无论如何取得胜利的将是人。"按照父亲的说法，人们简直会以为一些无形的妖魔正准备把人类撕成碎片。不，在两个阵营里都有一些人相互对抗。但说到底，我想，占压倒优势的是大多数，不满的人是少数。如果幸福转手易主，那并非灾难，在我眼里，他者突然不再是绝对的恶；因为按理说，我看不出为什么要把据说属于我的利益看得比别人的利益重。我呼吸顺畅了。大地并没有处于危险之中。

是焦虑激励了我，我经过积极的寻找，发现了一条摆脱绝望的出路。我的安全和令我快慰的幻想，使我对社会问题无动于衷。我根本不想否定现有的秩序。

单单说所有权在我看来是一种神圣的权利还不够。像过去看待词和词所代表的东西一样，现在我觉得业主和其财产之间有着不可分割的联系。说"我的钱""我的妹妹""我的鼻子"在这三个例证中，都是肯定任何意志都无法摧毁的一种联系，因为这种联系超越一切成规而存在着。有人告诉我。为了修建通往乌泽什的铁路，国家征用了一些农民和城堡主的房地产。国家即使杀了他们，我也不会比对这更愤慨。梅里尼亚克绝对像祖父自己的生命一样是属于祖父的。

相反，我不承认一个原始的事实，即财富能构成某种权力，赋予某种价值。福音书鼓吹贫困。我对路易丝比对许多有钱的夫人要尊重得多。我堂姐玛德莱娜，不向推着小车来格里埃尔送面包的面包师傅说你好，我挺生气。"应该是他们先向我问好。"玛德莱娜声称。理论上我相信所有人之间的平等。在梅里尼亚克，有一个夏天我读了一本历史书，内容是主张由纳税人参加投票选举。我抬起头说道："阻止穷人投票是可耻的！"爸爸微微一笑，对我说，一个国家是财富的总和，正常情况下，应该由拥有财富的人来管理财富。

他最后引用基佐①的话对我说："发财致富吧！"爸爸的解释让我茫然不知所措。爸爸发财致富失败了。他是否认为人家剥夺了他的权利是理所当然的呢？我对此表示不满，所依据的正是他本人教给我的价值体系。他并不认为，一个人的素质是以其在银行里的账户来衡量的。他常常嘲笑"新富人"。按他的说法，精英是凭才智、文化涵养、正确的文字表达、良好的教育和健康的思想来确定的。当他以大部分选民愚昧无知为理由而反对普选时，我十分理解他：只有"开明"人士才有发言权。我信服下面这个得到被经验证明的真理充实的逻辑：知识是资产阶级的特权。下层的一些人成功地在知识方面有突出表现，但他们仍保留着某种"粗俗"。这些人一般是假才子。相反，凡是出身名门的人，身上都有点超凡脱俗的气质。说才能偶然与出身有关，这并不太令我反感，因为每个人的机遇是由上帝的旨意决定的。不管怎样，我觉得从道义上讲，这样一个事实不容置疑：我所属于的阶级远远胜过社会上其余各阶级。当我和妈妈去看望祖父的佃农们时，见到的是粪尿臭气熏天，屋内有鸡跑来跑去，十分肮脏，家具粗劣。我想这一切表现了佃农们心灵的粗俗。我看见他们在泥泞的田间劳作，满身的汗臭泥土味，从不欣赏和美的景色，根本不懂夕阳之美。他们不读书，没有理想。爸爸不怀恶意地说：这是一些"粗人"。他给我读戈宾诺的《人种不平等论》时，我立刻采纳了这种观念，即佃农们的头脑与我们的头脑不同。

我如此热爱乡村，以至于觉得农民的生活是幸福的。我如果见过工人的生活，就免不了要提出种种问题。可是我对工人的生活一无所知。莉莉姨妈在结婚之前无所事事，但关心慈善事业，有时带

---

① François Guizot（1787—1874），法国君主立宪派领袖，曾任外交大臣、首相，著有《欧洲文明史》和《法国文明史》。

我去给经过挑选的孩子们送玩具。在我看来，那些穷人并非不幸。有许多好心人向他们布施，圣味增爵会的修女们就是专门致力于救助穷人的。穷人之中有一些不满分子，那是一些在圣诞之夜用烤火鸡塞得饱饱的假穷人，不然就是酗酒的坏穷人。有几本书，包括狄更斯的一些作品和法国作家埃克托尔·马洛的《苦儿流浪记》，描写了一些艰难困苦的生活。那些煤矿工人的命运我觉得可怕，他们成天钻在暗无天日的坑道里，冒着瓦斯爆炸的危险。不过有人叫我放心，说时代变了，现在工人们活干得少多了，而钱挣得多多了。自从成立了工会组织，真正受压迫的，是老板们。工人们的待遇比我们好得多，不需要"描写"了，每个礼拜天他们也吃得上鸡肉了。在市场上，他们的妻子都买最好的鸡肉，而且还能买丝袜。工作的艰苦和居住条件差，他们已习惯，不会像我们一样感到难以忍受。他们的责难没有了贫困作为借口。父亲耸耸肩膀说："现在没有人饿死了！"是没有人饿死了，工人们之所以憎恨资产阶级，是因为他们意识到自己的优势。父亲说："欲望是一种可鄙的情感。"

有一次我偶然窥见到了贫困。路易丝与她的屋面工丈夫住在玛达姆街一间顶层的房间里。我从来没有踏进过七层的房子。那条狭窄得可怜的走廊，两边十一二扇一模一样的门，我见了心里不是滋味。路易丝那个小小的房间里面有一张铁床、一个摇篮、一张桌子，上面搁了一个炉子。她睡觉、做饭、吃饭都在这四壁之间。和一个男人生活在这四壁之间，整条走廊两边，一些人家挤住在同样狭小的房间里，憋闷得透不过气。我所生活的地方那种拥挤，资产者所过日子的单调乏味，已经让我感到压抑。我窥见了一个世界，那里的人们呼吸的空气中有一股油烟味，永远没有阳光照进那黑糊糊的地方，那里的生活等于缓慢的垂死。没过多久，路易丝失去了自己的孩子，我哭了好几个钟头。这是我头一回面对面看到了不幸。我想象路易丝待在她那个房间里的样子——失去了快乐，失去了孩子，失去了一切——如此的不幸都可能让大地爆炸。"这太不公平了！"我想。我想的不仅是死去的孩子，还有七层的那条走廊。我擦干了眼泪而没有对社会提出疑问。

我很难独立思考，因为人们教给我的那套价值体系既僵化又没有条理。父母如果相互争论，我可以使他们彼此对立。一种卓越的、严格的理论，应该能为我年轻的逻辑提供牢固的支撑点。我同时受到宗教的道德规范和父亲的国家主义的熏陶，因而陷入了矛盾之中，无论是母亲还是那些女老师，都不怀疑教皇是圣灵选中的。然而父亲不准教皇染指俗事；母亲和父亲的想法一样。利奥八世在通谕中谈论"社会问题"，因而背叛了自己的使命：庇护十世对社会问题只字不提因而成了圣人。因此我必须理解这种悖论：被上帝选中在人间代表上帝的人，不应该操心人间的事情。法兰西是天主教会的长女，她应该顺从自己的母亲。然而国家的价值准则先于天主教的道德准则。当有人在圣叙尔皮斯为"中欧挨饿的孩子们"募捐时，母亲气愤地拒绝给"德国佬"捐款。在任何情况下，爱国主义和对秩序的关心都比基督教的慈善重要。说谎就是冒犯上帝。可是爸爸公开说，亨利上校[①]作了一次假，其表现堪称一个诚实而伟大的人。杀人是犯罪，但不应该取消死刑，人们很早就教我学会决疑论的辨异，彻底区分上帝与恺撒，让每个人承担自己的责任。但恺撒总是胜过上帝，令我困惑不解，同时通过福音书的一节节经文和《震旦报》的一栏栏新闻去看世界，看法肯定模糊不清。我没有别的办法，只好低着头，只好仰仗权威的庇护。

---

① 在德雷福斯事件中写告发信的人。

我盲目地顺从权威。《法兰西行动》报和《新民主报》之间爆发了一场冲突。出售保王党报纸的人仗着人数上的优势，向马克·桑尼埃[1]的支持者发动攻击，拿一瓶瓶蓖麻油灌他们。爸爸和他和朋友们为这件事感到很开心。我从小就学会了取笑坏人的痛苦，也不多动脑筋想一想为什么，就凭着对爸爸的信任，认为开玩笑是很有趣的事情。我和莎莎沿圣伯努瓦街往上走时，很有兴致地提起这件事。莎莎板起面孔，反感地说："真叫人恶心！"我顿时语塞，狼狈不堪。至此我才明白，我是懵里懵懂拾了爸爸的牙慧，而自己头脑里空空如也。莎莎也表达了她家人的看法。在《犁沟报》被教会禁止之前，她父亲是该报社的人，现在仍然认为天主教徒负有社会责任，不接受莫拉斯[2]的理论。这无疑是一种协调一致的立场，一个十四岁的小女孩要了解情况只能这样。莎莎的义愤和她对暴力的厌恶是由衷的。我说起话来恰似学舌的鹦鹉，根本没有动脑子。莎莎的蔑视令我痛苦，但更让我不知所措的，是刚刚显示出来的她与我父亲之间的分歧。父亲耸耸肩膀，说莎莎只是个孩子。这个回答不能令我满意。我头一回不得不自己拿出主见。可是，我什么也不了解，什么主见也拿不出来。我从这件事得出的唯一结论是，我们可以与父亲有不同的看法，即使不能保证是真理。

　　是沃拉贝尔的《二次复辟的历史》使我倾向于自由主义。我用两个夏天读完了祖父书柜里的七册书。我为拿破仑的失败落了泪，并且痛恨君主制度、保守主义者和蒙昧主义。我希望由理性来治理人类，热烈拥护民主，因为我认为民主会确保所有人的平等权利和自由。我到此止步。

---

① Marc Sangnier（1873—1950），法国记者、政治家，《犁沟报》创办人。
② Charles Maurras（1868—1952），法国作家、记者、政治理论家、民族主义者、君主政体拥护者，因"二战"时期支持维希政权被判无期徒刑。

我对遥远的政治和社会问题，远远不如对自己的切身问题如道德、自己的内心生活和自己与上帝的关系等关心。我开始思索的正是这些问题。

造化对我谈论上帝。可是在我看来，对于人类生息的这个世界，上帝显然是完全陌生的。正如深居梵蒂冈的教皇，无需操心现世发生的事情，住在浩瀚天国的上帝，也没有必要过问人间世事的细节。我早就学会了区分上帝的权威和世俗的权威。我在班上的傲慢表现，我私下读的书，都与上帝无关。年复一年，我的虔诚与日俱增，同时不断净化。我鄙视平淡无味的道德说教，而重视绝对信仰。我祈祷、静思，试图让自己的心灵感觉上帝的存在。将近十二岁时，我想出了一些苦修方式：把自己反锁在我唯一的避难所洗手间里，用一块浮石在身上摩擦，直到摩擦出血来，还取下脖子上的金项链抽打自己。我这种热忱收效甚微。我那些虔敬的书里谈论了很多进步、迁升；灵魂在陡峭的小径上攀登，跨越重重障碍，有时还要穿越寸草不生的沙漠，而后上天的甘露给了他们抚慰。这是一次十足的冒险。实际上，就智力而言，我在掌握知识方面一天天进步，但从来没有感觉到自己接近了上帝。我企盼显圣，希望出神入化，在我心灵里或在我之外发生一点什么事情。可是什么也没有发生，我做的种种功课，最终全像是瞎胡闹。我鼓励自己要有耐心，指望有一天我会重新处于永恒的中心，不可思议地脱离了尘世。在这之前，我无拘无束地生活着，因为我的努力处于很高的精神境界，庸俗琐事不可能扰乱其宁静。

我的做法得到的是失望。自七岁以来，我每个月向马丁神甫忏悔两次，告诉他自己的心灵状态，责备自己领圣体时缺乏热忱，祈祷不专心，很少想到上帝。对这些小小的松懈，神甫的应对是高格调的训诫。一天，他抛开礼节，用亲切的口吻对我说道："我听说我们的小西蒙娜变了……不听话，爱吵闹，开始犟嘴了……今后应该注意这些事情。"我的面颊热辣辣的，恐惧地看着这个伪君子。过去这些年，我一直把他视为上帝的代表。他突然撩起教士长袍，露出虔婆的衬裙：原来他的教士长袍只不过是一种伪装，掩盖着一个靠流言蜚语过日子的长舌妇。我离开告解座，头都要气炸了，决心永远不再踏进这个地方。从此我觉得跪在马丁神甫面前，就像跪在"吓鸟雀的稻草人"面前一样令人反感。每当我在学校的走廊里瞥见他的黑袍时，我的心就怦怦乱跳，我就赶紧逃跑。他令我肉体上感到不舒服，似乎神甫的欺骗行为使我成了秽淫的同谋。

我猜想他一定很吃惊，但也许觉得自己受到职业秘密的约束，所以我没有听说他把我的变节告诉任何人，他没有试图对我进行解释。朝夕之间，决裂就完成了。

在这次事件中，上帝并未受到损害，但差一点就受到损害了。我之所以忙不迭地指责我的告解师，那是为了驱散那顷刻间使天空变得阴沉的可怕怀疑：上帝也许小心眼，像一个老虔婆一样爱找麻烦；上帝也许愚不可及！在神甫说话的时候，仿佛一只愚蠢的手抓住了我的后颈，按下我的头，让我的脸贴住地面；直到我离开人世，这只手想一直强迫我爬行，双眼被污泥和黑暗迷得什么也看不见，始终与真理、自由和一切快乐绝缘，活着无异于一种灾难和耻辱。

我挣脱了这只沉重的手，将憎恶集中在那个篡夺了上帝通灵者角色的叛徒身上。当我走出小教堂时，上帝又恢复了他那全能的威严，我勉强修补了苍天。我在圣叙尔皮斯教堂的拱门下徘徊，想寻找一位忏悔师，这位忏悔师应该不会以不纯净的人话，篡改从上天传来的信息。我先后试探了一位红棕色头发和一位棕色头发的忏悔师，成功地使棕色头发的忏悔师对我的心灵产生了兴趣。他给我指点了几个默想的主题，并借给我一本《禁欲主义和神秘主义神学概要》。可是，在空荡荡的大教堂里，我感觉不如在学校的小教堂里暖和。这位新忏悔师并非从我小时候就为我安排的，而是我自己有点盲目地选择的。他不是一位神甫，我不能完全依赖他。我评判、蔑视过一位神甫，因此在我眼里，任何神甫都不再是最高审判者。人世间没有任何人能不折不扣地代表上帝。我单独面对上帝，因此心灵深处存在一种不安：上帝是谁呢？确切地讲，他想要什么呢？他站在哪个阵营呢？

我父亲不信教，最伟大的作家、最优秀的思想家都像他一样奉行怀疑主义。总的来讲，上教堂的主要是妇女。我开始觉得下面这种情况不合常理和令人困惑；都说真理是女人的特权，而实际上男人无可争议地胜过女人。同时，我认为最严重的灾难莫过于失去信仰，我常常力图让自己确信能避免这种危险，相当深入地接受宗教教育，上护教理论课。对于针对神默示的真理的任何异议，我都会以巧妙的论据加以反驳。其实我并不掌握任何一条可以证明默示真理的论据。钟和钟匠的寓意不能令我信服。我对痛苦根本就是一无所知，不可能从中引出不利于上帝的论据，可是世界的和谐在我看来也并不十分明显。基督和众多圣人显示了超自然的力量，然而据我所知，《圣经》、福音书及圣迹、显灵，仅仅是由教会的权威确认的。爸爸常说："卢尔德的最大圣迹就是卢尔德本身。"宗教上的现象只有对信者有说服力，今天我不怀疑圣母身穿白蓝色长袍出现在贝尔纳黛特面前，明天我也许会怀疑。信教者承认存在这种循环论证，因为他们公开主张信仰要求圣宠。我并不认为上帝对我恶作剧，从来就拒绝给予我圣宠。但是我还是希望找到一个无可辩驳的证据。倒是找到了一个，它就是圣女贞德的声音。贞德是历史人物，父亲和母亲同样崇敬她。她可既不是说谎的人，也不是看到宗教幻象的人，怎能否认她的这个证据呢？她整个奇特的遭遇证实：上帝的声音对她说了话。这是科学地确认了的事实，我不清楚父亲是怎样设法回避了它的。

在梅里尼亚克的一天晚上，我像许多晚上一样趴在卧室的窗台上。牲口棚热烘烘的气味升向透明的空中。我的祈祷稍微加快了一点，然后又放慢了。整个白天，我一直在吃禁止吃的苹果，同时阅读一本巴尔扎克禁书中一个男人和一位悍妇奇特的爱情故事。在入睡之前，我总要给自己讲述一些奇妙的故事，使自己处于一种奇妙的状态。"这是罪孽。"我对自己说。不可能更长时间地遮遮掩掩，因为经常不断地阳奉阴违、说假话、胡思乱想都是不老实的行为。我将双手伸进桂樱清凉的叶丛中，聆听着汩汩的水声，明白没有什么能让我放弃尘世的快乐。"我不再信奉上帝。"我并不很惊愕地对自己说。这是明摆的事实。如果还信奉上帝，就不会乐于追求冒犯上帝的心灵快乐。较之于永恒，这个世界算不了什么；这个世界之所以重要，是因为我爱它。突然变得没有分量的是上帝。应该让上帝之名不再仅仅涵盖一种幻景。长期以来我对上帝的看法是纯洁化、理想化了的，以至于不知道他究竟是何面目，与尘世有何具体联系，甚至弄不清他是否存在。上帝的完美排斥他的真实性。所以当我注意到在我心里和天上上帝都不存在时，我几乎不感到惊讶。我并非为了摆脱一个碍手碍脚者而否认上帝的存在。相反，我发现上帝不再介入我的生活，因此我断定他不再为我而存在了。

我不可避免地要最终做这种了结。我过于极端，不可能生活在上帝的眼皮子底下，而对尘世既说是又说不。另一方面，我厌恶心术不正的不信教者突然变成圣人，肯定上帝却在生活中与上帝毫无干系。我想象不出与上天妥协的办法。我们拒绝上帝的尽管很少，但如果上帝存在，那就太多了；我们给予上帝的尽管很少，但如果上帝不存在，那就太多。对上帝的诚意吹毛求疵，对上帝的好恶百般挑剔，如此的要挟令我恶心。所以我不试图耍花招，一旦心里弄明白了，就立即作出决断。

父亲的怀疑主义为我开辟了道路。我不会单枪匹马地去大胆冒险。能够超越我的童年和性别，与我所仰慕的自由思想者们和谐相处，我甚至感到十分宽慰。圣女贞德听到的声音并不使我感到很困惑，倒是其他一些谜令我惊奇。不过宗教已经使我习惯了神秘。我更容易想象出一个没有创世者的世界，而不那么容易想象出一个为世界各种矛盾负责的创世者。我的不信神永远不会动摇。

然而宇宙的面貌改变了。在随后的日子里，我坐在那棵红山毛榉树或那些银白色的杨树下面，在极度不安之中不止一次感受到上天的空幻。过去，我处在一幅生动图画的中央，这幅图画的颜色和光线是上帝本人选定的，万物都在轻轻地歌唱着上帝的荣光。可是突然之间，一切都哑然无声了。多么寂静！地球在没有任何目光穿透的空间转动。我迷失在广袤无边的地球表面，迷失在太空之中，形单影只。形单影只：我头一回明白了这个词组可怕的涵义。形单影只：没有旁观者，没有交谈者，没有可求助的对象。我胸膛里的气息，我血管里的血液，我脑子里的胡思乱想，这一切都不是为了任何人而存在。我站起来，向大花园跑去，在妈妈和玛格丽特伯母之间的木豆树下坐下。我多么渴望听到人的声音啊！

我有了另一个发现。在巴黎的一天下午，我明白了人注定要死的。家里除了我没有任何人，我克制不住自己的绝望，又是喊叫，又是拍打红地毡。丧魂落魄地站起来之后，我问自己："其他人是怎样办的？我怎么办？"心灵受着恐惧的折磨，活上整整一辈子，我觉得根本办不到。我心里想，等到大限快到时，那时都已经三四十岁了。肯定会想："就是明天的事啦！"那怎么受得了？较之于死亡本身，我更害怕这种惊恐，那不久将至的劫数，万劫不复的劫数。

幸好，整个学年之中，这类心血来潮的冥想机会不多。我没有闲暇，也没有这份清静。至于我的日常生活，信仰的改变并没有使之改变。我发现上帝对我的行为没有任何影响，便不再信仰上帝。因此在我放弃上帝时，我的行为并没有什么变化。我想道德规范的必要性是来自上帝，但这种道德规范已经深深地铭刻在我心里，在我放弃信上帝之后，依然完好无损地留在心里。我不像母亲，她的权威是靠了神授的力量；我是出于敬重而赋予上帝的旨意神圣的性质。我继续服从上帝的旨意。责任感、功德心、性方面的禁忌，一切都保留了下来。

我不考虑向父亲开诚布公，那样会使他处于非常尴尬的境地。我独自守住自己的秘密，觉得这秘密沉甸甸的。有生以来头一回，我感觉到善与真不相吻合。我情不自禁地以别人的眼光，以母亲、莎莎、同学们甚至那些老小姐的眼光，以曾经的另一个我的眼光，看待我自己。前一年，哲学课堂上有一位高个子女同学，大家窃窃私语议论她"不信教"。但她学习好，又没有说不合时宜的话，所以学校没有开除她。可是，我在走廊里看见她的脸时，总有一种害怕的感觉，她那副呆滞无神的样子，比玻璃球假眼睛还让人感到不安。现在轮到我感觉自己是一匹害群之马了。使我的情况变得更为严重的是，我还装模作样，照样去做弥撒、领圣体，神情冷漠地吞下圣体饼。然而我知道，按照信众的看法，我是在亵渎圣物。掩盖罪过等于加倍犯罪。可是我怎么敢承认呢？人家会戳我的脊梁骨，把我赶出学校，使我失去莎莎的友谊。在妈妈心目中，这是多么严重的丑闻！我只能说谎。这不是无关痛痒的说谎，它将玷污我的一生。有时，尤其面对我钦佩的正直的莎莎时，我感觉它像一种耻辱压得我抬不起头来。我重新成了我无法驱除的魔法的受害者，因为我并没有做任何坏事，却觉得自己有罪。如果大人们判定我是个伪君子，一个蔑视宗教、奸诈而变态的孩子，我会觉得他们的判定既非常不公正，又有充分的理由。可以说我是以双重的方式生存着：为自己生存的方式和为别人生存的方式，二者之间没有任何共同之处。

有时，我感到自己被另眼相看、遭到诅咒和孤立，因而非常痛苦，希望重陷谬误。我需要把鲁林神甫借给我的《禁欲主义和神秘主义神学概要》还给他。我又去圣叙尔皮斯教堂，在神工架上跪下，承认我疏于圣事已有好几个月，因为我不再信教。神甫看到我手里的《概要》，权衡我从多么高的地方跌落了下来，大为惊骇，思量之后粗声粗气地问我："知道你犯了多么严重的罪吗？"我提出异议。他不相信我，嘱咐我多做祈祷。我决意作为一个被逐出教门的人生活下去。

这个时期我读了一本小说，它映现了我被放逐的情形。这本小说就是乔治·艾略特的《弗洛斯河上的磨坊》。它比过去读的《小妇人》给我的印象还深刻。我是躺在梅里尼亚克一片栗林的苔藓地上读的英文版本。棕色头发，热爱大自然、阅读和生活，太听从自己的本能，不能遵守周围的人都遵守的习俗，但对自己所喜爱一位兄弟的责备很敏感，麦琪·塔利弗像我一样被别人和自己所分裂。我在她身上认出了我自己。她与借书给她的那个年轻驼子的友谊，像乔与劳里的友谊一样令我激动。我希望她嫁给那个年轻驼子。可是这一回爱情又随着童年破灭了。麦琪爱上了一位表妹的未婚夫斯蒂芬，无意中征服了他。斯蒂芬使她的名誉受到损害，她出于对露西的忠诚而拒绝嫁给他。村里人原谅了被正当的婚礼认可的背信弃义。他们不能原谅麦琪为了良心的呼唤连面子都不顾。甚至她的兄弟也不赞成她。我只理解爱情加友谊。在我心目中，相互交换和一块讨论的书，会在一个男孩子和一个女孩子之间建立起永恒的联系。我理解不了麦琪为何被斯蒂芬吸引。不过既然她爱斯蒂芬，就不应该放弃他。麦琪遭到误解、诽谤和所有人的抛弃，躲进了旧磨坊，正是在这时我心里燃起了对她的爱怜。我哭她的死哭了好几个钟头。其他人谴责她，因为她比他们有价值。我像她一样，今后我认为自己的孤立并不是可耻的标志，而是选择的象征。我不会因为孤立而想死。透过这位女主人公，我把自己等同于其作者：总有一天，一位少女，另一个我本人，将用眼泪浸透一本讲述我自己的故事的小说。

我早就决定要一辈子致力于脑力劳动。莎莎耻笑我，用挑衅的口气说："像我妈一样生九个孩子，和写几本书一样有价值。"我看不出这两种命运之间共同的衡量标准。生几个孩子，孩子们又生孩子，就是没完没了无聊地重复老一套。学者、艺术家、作家、思想家创造另一种光明而快乐的世界，在那里一切都有存在的理由。我就是要去这个世界度过自己的岁月，决心在那里为自己开凿一个位置。放弃了天国，我在尘世的抱负就显露出来了：必须出人头地！躺在地上，我放眼望去，只见波浪般的草叶子，全都淹没在矮小的丛林里，全都不理会其他草叶子的存在。这种愚昧无知和漠不关心，这种无穷无尽的重复，无异于死亡。我抬头看那棵栗树，它俯瞰着周遭的景物，傲然独立。我将来要像这棵栗树。

我为什么选择写作呢？小时候，我从来没有认真看待自己的乱涂乱写。那时我所关心的是求知。我喜欢做法语作文，可是老师们说我文笔死板。我也觉得自己没有天赋。十五岁时，我在一位朋友的纪念册里写了自己最大的爱好和打算，用来展现我的个性特点。对"你打算以后做什么"这个问题，我干脆回答说："当著名作家。"平时触及自己特别喜欢的音乐家、自己特别喜欢的花，我总要拼凑出或多或少有点矫揉造作的见解。但是在这一点上我毫不犹豫：我渴望这个前途，并且不把其他任何前途放在心上。

头一个理由是作家们引起我的仰慕；我父亲把作家置于科学家、博学者和教授之上。我也深信作家至高无上。一位专家即使其姓名广为人知，但是他的作品也只能被为数很少的人接受。书大家都读，它们触动想象力和心灵，使它们的作者赢得最普遍和最深挚的荣誉。再者，作为女性，我觉得这些顶峰比那些准平原更易攀登；我最著名的一些姐妹都在文学方面享有盛誉。

其次，我一直有交流的兴趣。在那位朋友的纪念册里，作为自己最喜爱的消遣，我列举了阅读和交谈。我爱说话。一天之中凡是给我留下印象深刻的事情，我都要讲述或者试图讲述。我害怕黑夜，害怕遗忘。把自己看到、感觉到和喜欢上的事物，抛诸脑后，闭口不谈，会使我感到心疼。一道月光唤起了我的情思，我就希望有笔和纸，善于把此景此情描写出来。十五岁上，我就喜欢阅读书信集和私人日记，例如欧仁妮·德·盖兰①的日记，因为这些作品力图记住时间。我也明白，长篇小说、短篇小说、故事并非与生活不相干，而是以自己的方式表现生活。

我过去希望成为小学教师，那是因为我幻想有自己的事业和自己的目标，现在我觉得文学可以使我实现这一愿望。它会使我流芳百世而弥补失去的永恒；不再有上帝来爱我，但我将燃烧在千百万人的心里。写一本以我的生平滋养的作品，我将创造出一个全新的自己，说明我存在的理由。同时，我也将为人类尽责：有什么比书籍还更美好的礼物献给人类呢？我既关心自己，也关心他人；我接

---

① Eugénie de Guérin (1805—1848)，法国诗人莫里斯·德·盖兰的姐姐，在诗人去世后编辑并出版了他的日记。

受自己的"化身"，但不放弃普世的概念。这种设想兼顾了一切，满足了十五年间在我心里滋长起来的全部向往。

我一直赋予爱情崇高的价值。近十三岁时，我在继《圣诞之星》之后收到的《圣诞周报》里，读到一篇颇有教益的小小说，题为《尼侬-罗丝》。虔诚的尼侬爱安德烈，安德烈也爱她。但是，她的表妹泰莱丝两眼泪汪汪的，头发披散在睡衣上，向她吐露，她为安德烈相思得人都憔悴了。经过内心的斗争和祷告，尼侬作出自我牺牲，拒绝了安德烈的求婚；安德烈一气之下娶了泰莱丝。尼侬得到了报偿，与另一个很优秀的小伙子贝尔纳结了婚。这个故事令我反感。一位小说主人公可以错误判断自己所爱的对象或者自己的感情。一种错误的或者不完全的爱情，例如大卫·科波菲尔对他的未成年妻子的爱情，可以被真正的爱情取代。但是真正的爱情一旦在一个心灵里爆发，就无法取代。无论怎样大度、怎样克己，都不可能拒绝它。我和莎莎都因法加萨罗一本题为《丹尼尔·柯蒂斯》的小说而情怀激荡。丹尼尔是一位重要的政治人物，信奉天主教，与他所爱并且爱他的女人结了婚，他们相互之间非常理解，两颗心一起跳动，两个人所有想法都一致。真是天生的一对。然而，即使一种柏拉图式的友情，也引起了流言蜚语，几乎毁掉丹尼尔的前程，损害他所致力的事业。于是，两个人发誓"今生来世"都忠于他们的友谊，然后就永别了。我为此痛心和愤怒。前程和事业是抽象的。为了这些而宁可抛弃幸福和生活，我认为是荒唐的，是犯罪。这大概就是我对莎莎的友谊吧，这种友谊使我非常重视两个人的团结一致，我想，两个人一块发现世界，相互把它给予对方，因而以得天独厚的方式共同拥有它；同时，每一方又都从对方对自己的需要中，找到自己存在的决定性理由。抛弃爱情，在我看来就像一个人相信永生，而又对拯救自己的灵魂漠不关心一样荒谬。

我不想让这个世界上的任何幸福溜掉。放弃隐修院之后，我就开始幻想自己的爱情，并且不带反感地想到结婚。当母亲的想法依然与我毫不相干，莎莎见到皱巴巴的新生婴儿时那么着迷，真令我吃惊。不过，生活在自己选中的一个男人身边，对我不再是不可想象。父母的家不再是监牢，马上就离开它，我会丧魂落魄的。不过，我也不再把或然离开家看成是了不得的受苦，家庭的圈子有点让我透不过气来。我偶然得到邀请，去看了由伯恩斯坦①的《老家》改编的一部电影，颇为震撼，其原因就在这里。女主人公处于几个孩子和一个像马比耶先生一样令人厌恶的丈夫之间，感到无聊。绕在她手腕子上的一条沉重的链子象征着她被奴役。一位热情英俊的小伙子让她摆脱了家庭。少妇穿着粗布长袍，裸露着两条胳膊，头发在风中飘荡，与她的情人手牵着手，欢欣雀跃地穿过草地。他们笑逐颜开，抓起一把把干草往对方脸上扔，我仿佛闻到了那干草的气味，从来没有感受到、欣赏到、想象到这般如痴如醉的快乐。我不知道是什么波折使一个受伤害的女人返回老家，受到丈夫亲切的欢迎。她感到悔愧，发现自己那条钢链子变成了一个玫瑰花环。这个奇迹令我感到疑惑。那令我感到陌生的快乐的流露，让我赞叹不已。这快乐我现在无法名状，但将来有一天会令我心满意足。这就是自由，这就是欢畅。大人们愁眉苦脸受桎梏的状态使我感到恐惧，他们并未发生任何出乎意料的事情。他们唉声叹气地忍受着生活；在他们的生活里，一切都是事先决定的，谁也不需要作任何决定。伯恩斯坦的女主人公敢于采取行动，阳光照耀着她。有很长一段时间，当我回首自己走向成熟那些难以把握的岁月，眼前

---

① Henry Bernstein（1876—1953），法国剧作家。

就浮现出在草地嬉戏的一对情侣，对未来的憧憬令我情怀激荡。

我十五岁那年夏天，学年末与莎莎和其他几位同学去布洛涅森林里划过两三次船。在一条小径上，我看见一对年轻男女在我前面走，那年轻男子将手轻轻地搭在那女子的肩上。我突然激动起来，心想有一只这样亲切、几乎感觉不到重量的手搭在肩头，伴随你在生活中前行，该是多么温馨、多么亲切，从此再也不会孤独寂寞了。"两个结合在一起的人"，这句话引得我浮想联翩。无论是太近的妹妹还是太远的莎莎，都没能使我揣摩透这句话的真正含义。这之后，我在书房里看书的时候，常常会抬起头来问自己："我能遇到一个天生属于我的男人吗？"我所阅读的书里没有给我提供任何典型。马塞尔·蒂奈尔的女主人公爱蕾，我觉得她与我比较相近。"爱蕾，你这样的姑娘，天生是给英雄做伴侣的。"她父亲这样对她说。这个预言给我留下了深刻印象。可是，爱蕾最终所嫁的那个红头发、大胡子的传教士，多半令我反感。我并没有想我未来的丈夫必须具有任何明确的特点，相反却对我们的关系抱有明确的想法：我对他将怀有热烈的仰慕之情。在这方面像在其他方面一样，我所渴求的是势在必行。我所相中的男人，像莎莎相中的男人一样，必须一看就知道非他莫属，否则我会寻思：为什么是他而不是别人呢？这种疑惑与真正的爱情是不相容的。等到有一天一个男人以其才智、修养和威望征服了我，我就会坠入爱河。

在这一点上，莎莎不同意我的想法。她也认为爱情意味着相互尊重和情投意合。可是她说："如果一个男人敏感又有想象力，如果他是一位艺术家、一位诗人，那么即使他修养不高，甚至才智平庸，那又有什么要紧呢？""那样，两个人就不能做到无话不谈。"我提出异议，"一位画家、一位音乐家不能完全理解我，他就有一部分我看不透。我嘛，希望夫妻之间一切都相通，一方为另一方担任见证者的角色，即我过去让上帝担任的角色。除非你爱上了一个与自己不同的人。我只有遇到一个比我更完美，但和我一样、心心相印的男人，才会结婚。"

我为什么要求他比我更优秀呢？我根本不想在他身上寻找一个替代我父亲的人。我珍惜自己的独立，将从事一门职业，进行写作，拥有个人的生活，绝不把自己看成一个男人的伴侣，而是我们相互为伴。不过，我对我们夫妻的这种想法，间接地受到我过去对父亲的感情影响。我所受的教育、我的修养以及像我这种社会观都使我相信，女人低一等。莎莎对此抱怀疑态度，因为她喜欢她母亲远甚于喜欢马比耶先生。我的情况正相反，父亲的威望加强了我的这种看法。我的要求部分地建立在这种看法的基础之上。作为享有特权的人的之中一分子，起步的时候就享有很大的优势，如果一个男人不绝对比我更强，那么我就认为相对讲他是个弱者，要让我承认他与我平起平坐，他就必须超过我才成。

另一方面，我心里考虑自己，也考虑某个正在变得完美的人。我有着无止境地进步的雄心壮志；我所相中的人，从外表看要是一个十全十美的人，为了使他永远配得上我，从一开始我就要确保他具有现在还仅仅存在于我的憧憬中的优点。他一出现就成为我希望成为的那种人的楷模，因此他比我强。另外，我要注意不让我们之间拉开太大距离。我不能接受他的想法和工作我理解不了，那样我会为自己的不足感到难过。爱情应该是认可我，而不是限制我。我所想的情景好比一种攀登，我的同伴比我灵活一点、强壮一点，帮助我和他一道一段一段往上攀登。我的贪欲多于慷慨，希望得到而不是付出。如果要我拉着一个慢吞吞的人往前走，我会急死的。在这种情况下，宁愿独身而不要结婚。共同生活应该促进而不是阻碍我的基本追求：拥有世界。命中注定属于我的男人，不应低于我，

144

不应与我不同，也不要过分地高于我，能够确保我的存在，而又不失去他自己的权威。

两三年间，这种构想引导我的幻想。对这类幻想我给予了一定程度的重视。有一天我有点焦虑地问妹妹："我是否永远这么丑了？我是否还有机会变成一个相当漂亮的女人，会有人爱我吗？"宝贝蛋习惯了听爸爸说我是一个男人，根本不理解我的问题：她爱我，莎莎爱我，我担心什么呢？说实话，我并没有过分焦虑不安，学业、文学和我所管的种种事情，始终是我关注的中心。我对成年后的命运不如对即将到来的事情关心。

二年级末我十五岁半了，七月十四日随父母一块去维兰堡度假。阿丽丝姨婆过世了，我们住在蒂蒂特和雅克的母亲日耳曼娜家。雅克正在巴黎接受中学毕业会考的口试。我很喜欢蒂蒂特，她花容月貌，嘴唇丰润，从肤色可以看出气血旺盛。她与儿时的一位朋友，一个浓眉大眼很迷人的小伙子订了婚，正以不加掩饰的焦急心情等待结婚。有几个姨妈私下评论她与未婚夫的相处："真的急不可待了。"我到的那天晚饭后，我们两个去连接花园的槌球场遛弯儿。我们默默地在一条石凳上坐下，我们之间本来就没有多少话可说。她沉思了一会儿，好奇地盯住我问道："你真的有了学业就够了？你这样就幸福了，根本不指望别的东西了吗？"我摇摇头回答："对我来讲这就够了。"我说的是真话。在这个学年末，我看得最远的就是下一个学年，是必须成功的中学毕业会考。蒂蒂特叹口气，又陷入她那未婚妻的沉思之中。凭理性我觉得她有点幼稚无知，尽管我同情她。第二天雅克回来了，考试通过了，他容光焕发，十分满意。他领我去网球场，要我与他打几个球，把我打败了，大大方方地表示歉意，因为他利用我陪他练球。我知道他对我不是很感兴趣。我曾经听到他敬佩地谈论一些女孩子，她们一边作学士论文、一边打网球，还外出跳舞、讲究穿戴打扮。然而，他的轻视对我不起作用，我打球笨拙，我的粉红色绸裙做工粗糙，但我从不为这些感到惋惜。我比雅克喜欢的那些女同学强，这一点有一天他自己会发现。

过了不懂事的年龄，我不去怀念童年，而是转向未来。未来还相当遥远，不必为之惊惶，但它令我神往。像历年夏天一样的这年夏天，我陶醉于它的辉煌灿烂。我坐在水塘边一块灰色的花岗岩上面，那是我一年前在格里埃尔发现的。一间磨坊倒映在云影飘动的池塘里。我在阅读加斯东·布瓦西埃的《考古漫步》，心里想有一天我要去帕拉蒂诺山[①]上漫步。池塘水底的云影变成了玫瑰色，我站起身，但没有拿定主意离去，背靠榛子树的树篱。晚风吹拂着、抚弄着我，我尽情地领略着它的温柔和粗暴。榛子树低语着，我听得懂它们的话语。有人在等待我：我自己。这熠熠生辉的世界，躺在我的脚下，像一头熟悉的巨大野兽。我朝那位明天即将逝去而又在我的荣光中复活的少女微笑：没有任何人的一生，没有任何人一生的任何时刻，能信守令我这颗轻信的心疯狂的诺言。

九月末，我和妹妹应邀去默朗。妹妹最要好的朋友的父母在默朗有一座别墅。安娜-玛丽·让德隆属于一个人口众多、相当有钱、非常团结的家庭。在这个家庭里从来没有争吵，没有大声呵斥，有的只是微笑和相互关心。我又处在从我记忆中消失了的天堂里了：男孩子们带我们去塞纳河上泛舟；已二十岁的最大的女孩子，带我们乘出租车去韦尔农兜风。我们沿着俯瞰河流的峭壁上的公路行

---

① Palatino，古罗马建于其上的罗马七山丘之一。

驶。迷人的景色吸引着我，但更吸引我的是克洛蒂尔德的优雅。晚上她邀请我去她的房间，我们在一起聊天。她通过了中学毕业会考，看点书的同时正刻苦学习钢琴。她对我谈到对音乐、对斯韦特奇纳夫人、对她的家庭的热爱。她的书桌上放满纪念品：一捆捆备受珍爱的书信、大概记有个人日记的小本子、音乐会节目单、照片、她十八岁生日时母亲所画送给她的一幅水彩画。拥有一个属于自己的过去，我觉得特别值得羡慕，几乎像具有个性一样值得羡慕。她借给我几本书，对我平等相待，以姐姐般的关心给我一些忠告。我被她迷住了。我并不像钦佩莎莎一样钦佩她，她太高洁，不能像玛格丽特一样使我产生不可名状的欲望。不过我觉得她罗曼蒂克，从她身上我看到了我将要成为的那种姑娘的诱人形象。她把我们送回我们父母家，没等她拉上身后的门，我们就遭到一顿臭骂，因为我们把一支牙刷忘在默朗了！对照刚刚度过的平静的几天，重新陷入的这种尖酸刻薄的气氛，突然让我觉得透不过气来。头靠在门厅的衣柜上，我抽泣开了，妹妹也跟我一样。"真够劲，她们一回到家就哭！"父亲和母亲气鼓鼓地说。我头一回不得不承认，平常我总是默默忍受的叫喊、责骂、训斥，令我感到那么难过、不堪忍受。忍了好几个月的眼泪令我窒息。不知道妈妈是否已猜到我内心里开始摆脱她了。不过，我惹她生气，她常常对我发火，所以我想从克洛蒂尔德身上寻找一位安慰我的大姐姐。我相当经常地去她家。她漂亮的梳妆打扮、她卧室的精心布置、她的亲切态度、她的独立个性，都吸引着我。她带我去音乐会总是坐出租车——这是非常奢侈的——拿到节目单总是果断地勾出她所喜欢的节目，这令我赞赏。我们之间的关系令莎莎尤其是克洛蒂尔德的女朋友们惊讶。按照习惯，都是同年龄或相差将近一岁的女孩子相互交往。一天，我与丽丽·马比耶和另外几个大女孩子在克洛蒂尔德家喝茶。我感到不自在，交谈的乏味令我失望。还有克洛蒂尔德很虔诚，她几乎不可能充当我的领路人，因为我已不再信教。我估计她也会觉得我太年轻。她拉长了我们见面的间隔时间，我也不强求，过了几个礼拜我们就停止见面了。不久，她十分感伤地在父母包办下结了婚。

学年初，外公病倒了。他的事业彻底失败了。过去，他儿子设计了一个罐头盒样品，用一枚两个苏的硬币就能打开。他企图开发这项发明，可是专利被窃。他对竞争对手提出诉讼，但官司打输了。在他的谈话中不断重复出现一些令人不安的字眼，如偿于、票据、抵押等。有时我在他家吃午饭，一听到大门口有人按门铃，他就抬起一个手指头放在嘴唇边，弄得我们连大气都不敢出。他脸色发紫，目光呆滞无神。一天下午在家里他起身准备外出，含糊不清地问："我的雨伞在哪里？"我再见到他时，他坐在一把扶手椅里，一动不动，闭着双眼，移动起来很困难，成天处于半睡半醒状态，不时抬起眼皮，对外婆说："我有一个主意，一个好主意，我们要发财了。"他完全瘫痪了，再也离不开他那张带螺旋形立柱的大床，身上结满痂，散发着难闻的气味。外婆成天照顾他，同时打小孩子穿的毛衣。外公命中注定要不断遭遇大难，外婆只有听天由命的份儿。两个人年纪那样大，他们的不幸对我几乎没什么影响。

我比任何时候都更加卖力地学习。考试临近了，不久就能成为一名女大学生的希望激励着我。这是吉利的一年。我的脸变顺眼了，我的身体不再让我觉得别扭，我的秘密不再形成那么大的压力。我对莎莎的友谊不再是对我的一种折磨。我恢复了自信。再说，莎莎也变了，我不寻思为什么，具有讥讽意味的是，她变得爱沉思默想了，并开始喜欢上了缪塞、拉科代尔、肖邦。她仍然抨击她那个阶层的伪善，但不再谴责全人类。她对我不再冷嘲热讽。

在德西尔学校我们另成一伙。教会学校只修拉丁语系的语言。

马比耶先生希望他女儿接受科学方面的教育。我则喜欢难学的东西，爱好数学。来了一位替补教师，从二年级起教我们代数、三角和物理。夏欣小姐年轻、活跃、敬业，不把时间浪费在空谈道德方面。我们学习，不干无聊的事。她很喜欢我们。当莎莎有太长时间出神发呆时，她会亲切地问她："你去哪儿了，伊丽莎白？"莎莎愣一下，微微一笑。我们只有一对双胞胎学友总是愁眉苦脸的样子，几乎不说话。这些课堂上亲密无间的气氛我十分喜欢。拉丁语课我们获准跳一个年级，从二年级起就开始上高级班的课。与一年级学生的竞争使我处于紧张状态。中学毕业会考那天，当我回到往常的同学们之中没有了新鲜的刺激时，觉得特雷库尔神甫的知识单薄了点。他免不了常犯违背逻辑的错误。但这个酒糟鼻的胖男人，比那些小姐更思想开放，更开朗乐观。我们对他怀有好感，显然他对我们也有好感。我父母看到我们也说拉丁语系的其他语言，感到开心。将近一月份，我们开始学意大利语，很快就能读懂《爱的教育》和《我的囚室》了。莎莎学习德语。不过，我的英语老师不属于教会团体，而且对我表示友好，所以我上他的课挺愉快。相反，对历史老师龚特兰小姐啰啰嗦嗦的爱国说教我们都不耐烦，忍受不了，而勒热纳小姐则以其对文学的狭隘偏见令我们恼火。为了扩大视野，我们读很多书，相互展开讨论，在课堂上经常顽强地维护自己的观点。不知道勒热纳小姐是否足够敏锐，能够看透我。不过，现在她对我的不信任似乎远远超过了莎莎。

我们与几个同学结成了友谊，常常聚在一起打扑克、聊天，夏天每个星期六上午都去布拉尔街的一个露天网球场。这几个同学无论是对莎莎还是对我，都没有一个有什么重要价值。老实讲，德西尔学校年龄大的学生都缺乏吸引力。十一年的刻苦学习使我获得了一枚镀金的银质奖章。爸爸不很热心地同意出席颁奖会，晚上抱怨说在会上看到的尽是长得丑的姑娘。其实有些同学长相还是挺好看的。只不过，我们虽都穿着节日盛装，头饰却都朴实无华，缎子和塔夫绸或强烈或柔和的颜色，衬托得我们的脸全都暗淡无光。让父亲印象尤为深刻的，是这些少女忧郁的、受压抑的神态。对此我已经非常习惯，因此看到来了一个新成员，看到她那真正愉快的笑，我顿时目瞪口呆。这位新成员是国际高尔夫球冠军。她经常旅行，留一头短发，衬衫剪裁得很合身，穿着宽大的对褶裙，有着运动员的步伐，说话大声，毫不拘束，这一切表明她是在远离圣托马斯·阿奎那的地方长大的。她英语说得很地道，拉丁语也相当不错，能在十五岁参加中学毕业会考。高乃依和拉辛则令她厌倦。"文学让我头疼。"她对我说。我叫起来："哎！别这样说。""为什么不这样说？既然这是实情。"她的出现使自修室里沉闷的空气活跃起来。一些事情使她觉得无聊，另一些事情则让她喜欢。她的生活中有种种乐趣，她大概对未来也抱着某种期待。我的其他同学所表现出来的忧心忡忡，更多的不在于她们萎靡不振的外表，而是因为她们听天由命。通过中学毕业会考之后，她们将要上一些历史课和文学课，接受卢浮宫或红十字会的培训以及瓷器绘画、蜡染印花、装帧等方面的培训，从事某些慈善工作。大人会不时地带她们去听歌剧《卡门》，或者带她们去拿破仑墓前转一转，目的是让她们看一位小伙子，如果运气好，就能嫁给那位小伙子。马比耶家的大女儿就是这样生活的。她做饭、跳舞，给她父亲当秘书，给她的妹妹们缝衣服。她母亲带着她去见一个又一个小伙子。莎莎告诉我，她的一个姨妈宣扬"神圣的一见钟情"论：未婚夫妇在神甫面前互相说同意结为夫妻那个时刻，圣恩就降临到了他们头上，他们就相爱了。这种习俗使莎莎气愤。有一天，她宣称在她看来，一个为利益而结婚的女人和一个妓女没什么区别。人们曾经教育她，一位基督教女信徒应该尊重自己的肉体。如果为了门当户对或为了金钱，没有爱情而委身事人，那就是不尊重自己的肉体。莎莎的情绪那样激烈令我吃惊，仿佛她自己的肉体感受到了这种无耻的交易。对我来讲，这种问题根本不存在。我会自食其力，我将是自由的。可是在莎莎的那个圈子里，她要么结婚，要么出家当修女。人们说："独身不成志向。"她开始为未来而忧心忡忡。这是她失眠的原因吗？她睡不着，夜里常常起来，从头到脚擦科隆香水。为了提精神，早餐拿咖啡和白酒混在一起喝。她对我讲起她的这些过激行为，我才知道原来她有许多事情我并不了解。但是我鼓励她要挺住，她对我心存感激，因为我是她绝无仅有的盟友。我们共同厌恶许多事物，也有着渴求幸福的巨大愿望。

尽管我们有一些分歧，但对事物的反应往往一样。爸爸从他一位演员朋友那里，得到奥德翁剧院两张早场免费票，送给了我们。上演的是保罗·福尔的一出戏《查理六世》。我和莎莎没有大人陪伴，单独在一个包厢里坐下来时，心里非常高兴。三声锣响过，台上开演了一出黑色悲剧。查理失去了理智，第一幕末尾，他在台上游荡，惶恐不安，念着前言不搭后语的独白。我陷入了像他的疯狂一样孤独无助的焦虑之中。我看一眼莎莎，她脸色苍白。"如果再这样演，我们就走。"我提议道。她表示同意。幕布再拉开时，查理身着衬衫，在几个穿戴风帽无袖僧衣的蒙面汉手里挣扎。我们往外走。女引座员叫住我们："你们为什么走？""太可怕了。"我答道。她笑道："孩子们，这不是真的，这是演戏啊。"我们知道是演戏。我们没少见过恐怖场面。

我和莎莎的相互谅解、她对我的尊重，有助于我摆脱大人们，而以我自己的眼光看待自己。然而一件小事提醒我，我依然是多么依赖大人们的判断。这件事情的发生出乎意料，是正当我心安理得、无忧无虑的时候。

像每周一样，我认真地逐字逐句地做拉丁文翻译作业，把原文和译文写成两栏。然后就是要整理成"地道的法语译文"。凑巧的是，这篇文章我的拉丁文学课本里已有译文，译得极优美，我认为无与伦比。比较起来，我搜索枯肠想出的所有表达方式，都笨拙不堪。我没有犯任何译意上的错误，保证可以得到一个好分数，但我不计较分数。客体即每个句子自有其要求，务必完美。我讨厌用我自己搞出来的笨拙译文，取代课本里提供的理想范文。于是我一字一句地照抄了印出来的那一页文字。

学校从来不让我们单独与特雷库尔神甫在一起，总是有一位老师坐在窗子旁边一张小桌子前面监视我们。在神甫把我们的翻译作业本还给我们之前，老师把我们的分数登记在一本簿子里。这一职责现在交给了杜布瓦小姐。她是大学毕业生，按常规上一年我要上她的拉丁文课，但是莎莎和我都看不起她，而喜欢特雷库尔神甫。杜布瓦不喜欢我。我听见她在我背后指指点点，悄悄地但怒气冲冲地故作惊讶，最后写了一张纸条放在那摞本子上，交还给神甫。神甫擦了擦单片眼镜，看了纸条，和善地笑道："是的，西塞罗的这段话你们的课本里有译文，你们许多人注意到了。凡是最大限度保留了自己特色的学生，我给了他们最好的分数。"尽管神甫的声音充满宽容，但杜布瓦小姐的怒容和同学们不安的沉默，令我惶惶不安。或许是出于习惯，也许是出于随意和友好，神甫把我列为第一名，我得了十七分。没有一个人低于十二分。大概为了表明他并非偏袒，神甫要我逐字逐句解释一遍原文。我坚定了声音，有板有眼地作了解释。神甫向我表示祝贺，气氛缓和了。杜布瓦小姐没有敢要求大声念我的"地道的法语译文"。莎莎坐在我身边，根本没有看我的译文，她非常公正，我想她绝不会对我起疑心。但是下了课其他一些同学窃窃私语。杜布瓦小姐把我拉到一边，说她要告诉勒热纳小姐我不诚实。这样，我常常担心的情形终于出现了：秘密地但清清白白做的一件事情，一经披露出来都损害了我的名誉。我还是尊重勒热纳小姐的，一想到她看不起我，就感到痛苦。时间不可能逆转，我不可能重新再做。我永远洗不掉不白之冤！这我预感到了：真理可能是不公正的。整个晚上和夜里部分时间，我一直在自己冒失地跌入的陷阱里挣扎，无法挣脱。平时，我是用逃避、沉默、忘记来躲避困难。可是这一次，我决定斗争。为了消除显得我有过错的假象，必须说假话：我要说假话。我去办公室找勒热纳小姐，泪汪汪地对她发誓，我没有抄袭，我的译文里是无意识地借用了一些词语。我深信自己没做错任何事情，所以坦率、激烈地为自己辩护。可是，我的做法有些愚蠢：既然我是无辜的，就应该把自己的作业拿来作为物证，而我却满足于发誓。女校长不相信我，并且对我讲明她不相信我，然后不耐烦地说，这件事结束了。她没有教训我，没有对我说任何责备的话。这种冷漠本身和她干巴巴的语气让我明白，她对我没有丝毫好感。我还担心自己的错误会毁掉我在她心目中的印象，其实我早就没有任何东西可失去了。我恢复了平静。勒热纳小姐断然拒绝给予我尊重，我也不再希望得到她的尊重。

中学毕业会考前几个星期，我得到了不折不扣的快乐。天气很好，母亲允许我去卢森堡公园里学习。我坐在一片草地旁边或美第奇喷泉附近的英国式花园里。我依然留着垂及背部的长发，但缩起来压在一个无边扁平软帽里。表姐安妮经常把她穿旧的衣服送给我，这个夏天她送了我一条白色褶裙、一件蓝色印花布短上衣。配上一顶扁平窄檐草帽，我觉得自己颇有大姑娘派头了。我阅读法盖、布鲁内蒂埃、于勒·勒梅特等作家的作品，呼吸着草地的芬芳，感觉自己像那些懒洋洋地穿过公园的大学生一样自由自在。我出了公园大门，去奥德翁剧院的拱廊下闲逛。心情之激动就像十岁的时候在卡尔迪纳尔图书馆走廊里一样。书摊上有一排排精装书、切口烫金的书。我站在那里阅读两三个钟头，没有一个书贩来打扰我。所读的有阿纳托尔·法朗士、龚古尔兄弟、科莱特等人的作品，逮到什么读什么。我常常想，只要有书，我的幸福就有保障。

我获准夜里可以睡得晚一些。当爸爸去了"凡尔赛"（他每天晚上去那里打桥牌），妈妈和妹妹睡下了，我独自待在书房里。我俯身窗口，夜风送来花草的阵阵芬芳，远处橱窗熠熠生辉。我摘下父亲的观剧镜，褪下套子，像过去一样窥视不熟悉的种种生活。看到的情形平淡无奇并不要紧，我过去乃至现在依然被那个小小的、黑暗的舞台所吸引：那是黑暗中一间亮着灯的房间。我的目光从一个门面移到另一个门面，夜的温馨令我心旌摇荡，暗自说："不久我也要真正地生活了。"

我很愉快地参加考试。在索邦大学的阶梯教室，我接触的一些男孩子和女孩子，都是在我不熟悉的私立学校、教会学校或公立学校学习的。我摆脱了德西尔学校，来面对真实的世界。老师们都肯定我笔试考得很好，我接受口试时更是信心满满，觉得自己穿着有点太长的蓝色薄纱长裙显得有几分优雅呢！而对专门聚集在这里来评价我的优点的庄重的先生们，我找回了小时候的虚荣心。尤其是文学主考人使我得意扬扬，他用交谈的口气和我说话，问我是不是罗歇·德·波伏瓦的亲戚。我回答说这个姓名是一个笔名。他又拿龙萨[①]考问我；我一边炫耀自己的知识，一边欣赏那个探向我的睿智而沉思的头。这些高级人士，我渴望得到他们的称赞，现在我终

---

① Pierre de Ronsard (1524—1585)，法国文艺复兴时期最杰出、最多产的诗人。

于面对面看见了他们之中的一个！然而，拉丁语系语言考试时，主考人对我都是嘲讽的态度。"怎么，小姐！你在搜集文凭啊！"不知所措之余，我突然明白我的优异成绩可能遭人嘲笑，但我不在乎。我得到"好"的评语，那些小姐满意地将这个成绩记下来，向我表示祝贺。我父母喜笑颜开。总那样专断的雅克说过："至少得拿'好'的评语，或者根本不要评语。"这时他热情地向我表示恭喜，莎莎也被录取了。这段时间我关心她比关心自己少得多。

克洛蒂尔德和玛格丽特给我寄情意绵绵的信，可是妈妈有点让我扫兴，把信拆了拿来给我，还生动地给我复述信的内容。不过习俗根深蒂固，我没有表示异议，我们到了诺曼底的瓦洛兹，到几个思想非常正统的表兄弟家做客。我不喜欢这个庄园——打理得过分，没有低洼的路、没有树林子，草地有铁丝网围着。一天黄昏，我溜到一道篱笆下，躺在草地上。一个女人走过来，问我是不是病了。我回到大花园里，但待在那里觉得憋闷。父亲不在，妈妈与几位表兄弟一样虔诚地在领圣体，宣示着一样的准则，没有任何声音破坏他们完美的一致。他们当着我的面忘情地祈祷，迫使我不得不与他们一起默祷，不敢退避。我觉得自己受到了强制。我们乘汽车去鲁昂，下午参观了几家教堂。有许多教堂，每座教堂都使他们欣喜若狂。看到圣马克鲁教堂的齿饰石雕，大家兴奋到了极点："怎样的功夫！多么精细！"我沉默不语。"怎么！你不觉得这个美？"有人气愤地问我。我觉得这个既不美也不丑，我没有什么感觉。他们追问我。我咬紧牙不说话。我就是不肯让人家强行从我嘴里掏出话来。所有的目光都责备地盯住我硬是不肯说话的嘴。我愤怒、恼恨得差点掉眼泪。最后我表兄用和解的口气说，在我这种年龄，人的思想处于矛盾状态。这样我所受的折磨才结束。

到了利穆赞，我重新获得了渴望的自由。白天独自或者和妹妹一起玩，晚上欣然与家人一块玩麻将。我开始涉猎哲学，阅读塞尔蒂朗日神甫的《精神生活》和奥雷-拉普吕纳的《道德信念》。这两本书令我感到很无聊。

父亲从来没有对哲学产生过兴趣。我周围的人和莎莎周围的人一样，大家都对哲学存着疑问。"真遗憾！你这样会讲道理，现在人家要教你胡说八道了！"莎莎的一位叔叔对她说。然而，雅克对哲学感兴趣。在我心里，新事物总会激起希望。我迫不及待地盼望开学。

心理学、逻辑学、伦理学、玄学，特雷库尔神甫按每周四个钟头的课程安排教学计划。他仅仅评判我们的论说义，给我们念一篇范文，让我们背诵所学的教材里的课文。对于每个问题，作者即尊敬的神甫拉赫尔，简略地列举人类所犯的错误，按照圣托马斯的观点向我们传授真理。特雷库尔神甫也不会被微妙的问题难倒。为了驳斥唯心论，他用触觉的实在性对抗视觉可能产生的幻觉。他拍着桌子宣称："存在的就存在。"他指定我们阅读的书缺乏趣味，有里博的《专心》、古斯塔夫·勒庞的《乌合之众》、福耶的《观念与力量》。然而我很感兴趣，重新接触到了我在童年感到困惑的那些问题，只不过这些问题是由一些严肃的先生在书里阐述的。大人们的世界突然不再是理所当然，它有一个反面，有种种内情，令人生疑。如果更深入探究，还剩下什么呢？探究得并不深，但已经相当不寻常，在十二年的教条主义之后，一门学科提出种种问题，而且是向我提出这些问题。因为正是我，过去人们只是以陈词滥调对我谈论这一切，现在突然发现自己也牵涉进去了。我的意识来自何处？它从何处汲取力量？孔狄亚克[①]的雕像和我七岁时那件旧外衣一样，令我浮想联翩，简直头晕。我也惊愕不已地看见宇宙的坐标

---

① Etienne Bonnot de Condillac（1715—1780），法国哲学家、心理学家和逻辑学家，感觉主义的代表人物。

晃动起来。亨利·庞加莱关于空间、时间及限度的相对性的思辨，使我陷入无尽的沉思默想。他阐述人类穿越宇宙的那些文字令我激动不已：那仅是一闪之间，但那一闪是一切！那在黑暗中燃烧的大火的图景，我久久无法忘怀。

哲学尤其吸引我的，是我认为它直截了当地揭示本质。我从来不对细节感兴趣。我感知的多半是对事物总的感觉，而不是事物的特殊性。我更爱理解，而不是更爱观看。我总是希望认识一切。哲学满足了我的这种欲望，因为哲学所针对的是现实的整体，立刻处于现实的中心，为我揭示一种秩序、一种道理、一种必然，而不是向我展示一堆纷乱的、令人失望的事实或经验论的规律。科学、文学等其他所有学科，在我看来都是贫乏的亲族。

然而，日复一日，我们并没有学到多少东西。但是，由于莎莎和我坚持进行讨论，我们避免了无聊。有一场特别热烈的辩论，其主题一个是关于被称为柏拉图式爱情的，另一个是关于一般爱情的，一位女同学把特里斯坦和伊瑟算作柏拉图式恋人之列。莎莎大笑起来，以令整个班困惑的行家的口气说："柏拉图式恋人！特里斯坦和伊瑟！啊，不！"神甫最后鼓励我们要追求理智的婚姻，不要因为一位小伙子的领带好看就嫁给他。我们没有计较他的这句蠢话。但是我们并非总是这么随和。当一个话题引起我们的兴趣时，我们会顽强地进行争论。我们尊重许多事物，认为祖国、义务、善、恶这些字眼都有某种涵义，我们只是力求确定它们的涵义，而不试图损害任何东西。我们喜欢争辩。这就足以让人家指责我们有"坏思想"。勒热纳小姐旁听所有课程，宣称我们走在一条危险的道路上。年中，神甫把我们叫到一边，要求我们不要"变得冷酷无情"，否则我们最终会与那些小姐一样。她们都是圣洁的女人，但最好别步她们的后尘。神甫的好心令我感动，而他的迷乱令我惊讶。我让他放心，说我肯定不会加入教团。教团引起我的反感连莎莎也感到吃惊。她虽然对我们那些老师冷嘲热讽，但嘲讽中还是保留着对她们的感情。我有点生她的气，肯定地告诉她，我会毫无遗憾地离开她们。

我的中学生活结束了，行将开始别的事情。究竟是什么呢？我在《年鉴》里读到一篇讲演，令我浮想联翩，塞夫勒女子高等师范学校过去的一位女学生回忆往事，描写在学校的花园里，一些花容月貌、求知若渴的姑娘在月色下漫步，她们的话语与喷泉声相互交融。但母亲一向不喜欢塞夫勒。经过考虑，我不想跑到巴黎以外的地方去与一些女性去过幽居生活。那么，到底怎样决定呢？我担心任何选择中武断的成分。父亲已到知命之年而依然前途不保，心里不是滋味，所以希望我首先是要有保障。他要我做行政工作，有固定的工资，还有退休待遇。有人向他推荐巴黎文献学院。我与母亲去索邦大学悄悄地向一位小姐咨询。我沿着墙上展示有图书的走廊走去，两边是放满卡片箱的办公室。小时候我曾幻想过生活在这种知识的氛围之中，现在我觉得自己仿佛进入了最神圣的地方。那位小姐对我们描述了图书馆管理员职业美好的一面，也描述了困难的一面。想到要学习梵文，我就起了反感。博识多学对我吸引力不大。我所喜欢的，也许是继续学习哲学。我在一本杂志里读到一篇文章，是关于一位名叫赞塔小姐的女哲学家的。她获得了博士学位，在她的办公桌前拍了一张照片，表情严肃而安详。她与自己收养的一个年幼侄女生活在一起，因此她成功地协调了脑力劳动者的生活与女性种种敏感的要求。我多么希望有一天会有人写一些这样赞美我的事情！当时拥有中学、大学教师资格和哲学博士学位的女性屈指可数。我希望成为这样的先驱者中的一位。实际上，这些文凭能够为我开启的唯一职业是教育。我没有任何理由反对。父亲不反对这个打算，但是不肯让我去为做家庭教师而奔走：我应该在一所公立高中找一个职位。为什么不呢？这种选择既符合我的兴趣，也符合父亲谨慎的态度。母亲小心翼翼地把这些想法告诉我那些女老师，她们的面孔立刻冷若冰霜。她们竭尽毕生精力所反对的，就是世俗性质的教育，认为一个国家机构和一所公立学校几乎没有什么区别。她们还向我母亲解释说，哲学腐蚀人的灵魂，在索邦大学学上一年，我就会失去信仰和品德。妈妈不安起来。照爸爸的说法，传统学士学位能提供更多的就业门路，就像人家也许会允许莎莎考几个资格证书那样，因此我同意牺牲哲学去学文学，但坚持要去一所公立中学教书的决定。真可耻！十一年辛勤的培育、说教和道德灌输，临了我居然咬了喂养我的那只手！在我的教育者们眼里，我对自己的忘恩负义、卑鄙无耻、变节背叛抱着无所谓的态度，因为我被恶魔迷住了心窍。

七月份，我通过了基础数学和哲学考试。神甫讲课太少，我的论文本来有望得十六分，却仅仅得了十一分。不过我在理科的考试中捞了回来。口试那天晚上，父亲带我上"十点钟"剧院看了多兰、柯利纳、诺埃尔-诺埃尔的戏。我非常开心。终于告别了德西尔学校，我多么高兴！然而两三天后，我一个人留在家里，竟然莫名其妙地感到落寞。我呆立在前厅当间，一副茫茫然的样子，仿佛被带到另一个星球上，没有了家庭，没有了朋友，失去了联系，失去了希望。我的心死了，世界空落落的。这种空虚有朝一日还能填满吗？时间还会重新流动吗？

在有一点上，我所受的教育给我打下深深的烙印。我尽管读过不少书，但依然傻乎乎的。我十六岁左右，一位姨妈带我和妹妹去普莱叶尔电影院看放映电影。所有座位都有人占了，我们便站在过道上。我惊奇地觉得有人用手隔着我的呢大衣触摸我，我以为有人想偷我的手袋，便把它紧紧地挟在腋下。但那双手继续荒唐地在我身上摸来摸去。我不知道说什么，也不知道怎么办，只是一动不动。电影放完了。一个戴褐色瓜皮帽的男人奸笑着对他的一位朋友指指我，他那位朋友也笑起来。他们是在嘲笑我。为什么呢？我莫名其妙。

过了不久，有一个人——不记得是谁了——托我去圣叙尔皮斯附近一家宗教书店为少年之家买一个剧本。一位瘦瘦、穿黑色大褂的黄头发店员，礼貌地问我想买什么，然后向里面走去，并招呼我跟着他。我走过去，他撩起大褂，露出一个粉红色的东西。他脸上没有任何表情，我一时间愣住了，然后转身就走。这个店员的荒唐行为给我造成的困惑不安，还不如奥德翁剧院舞台上查理六世的疯狂表现所造成的那么严重。但这件事使我感觉到随时会意想不到地发生奇怪的事情。从此，每当我单独一人进入一家店里，或者与一个陌生男人在地铁站台上，总会感到惴惴不安。

我开始学哲学那年年初，马比耶太太说服了我妈让我去学跳舞。每周一次我和莎莎去一次沙龙，一些男孩子和女孩子在一位成年女士指挥下，按照节奏蹦蹦跳跳。去那里的时候，我穿一条针织蓝绸连衣裙，是我表姐安妮穿旧留下的，刚巧合我的身。任何化妆对我都是禁止的。在我们家族，只有堂姐玛德莱娜违犯这条禁令。她将近十六岁就开始把自己打扮得很娇艳。爸爸、妈妈、玛格丽特伯母都斥责她："玛德莱娜，你抹粉了！""没有呀，婶子，我向你保证。"玛德莱娜有点发音不清地回答说。我和大人们一块笑，弄虚作假总是好笑的。每天早晨大人们总要发难："别否认了，玛德莱娜，你抹了粉，这看得出来。"有一天——那时玛德莱娜十八九岁了——她生气地回答："说到底，为什么就不能抹呢？"她招供了，大人们胜利了。可是她的回答引起了我的思考。无论如何，我们的生活距原始状态很远。家里人断言："脂粉会损害皮肤。"可是我和妹妹看到伯母姨妈们的皮肤有那么多皱纹，常常私下里说，她们那么小心谨慎并没有什么效果啊。然而我并不想争辩。所以我去上舞蹈课时，穿着很不讲究，头发暗淡无光，脸蛋倒是红红的，鼻子油亮亮的。我根本不知道怎样打理自己的身体，甚至连游泳、骑自行车也不会。因此我像表演西班牙女郎那天一样不自然。但是我开始讨厌这个课还有另一个原因：当我的男舞伴把我搂在怀里，让我贴住他的胸膛时，我有一种奇怪的感觉，就像胃不舒服，可是又不那么容易忘怀。回到家里，我就扑倒在皮沙发上，莫名其妙地发呆，无精打采，简直想哭。我借口学习忙，中断了去上舞蹈课。

莎莎比我老练。她有一次对我说："一想到我们的母亲心安理得地看着我们跳舞，我就觉得她们真是头脑简单啊！"她揶揄她姐姐丽丽和几个大表姐，说："得啦！别对我说我们几个女孩子一块跳舞，与我们和几个表兄弟一块跳舞感觉一样快乐。"我相信她把跳舞的快乐和调情的快乐——对我来说异常模糊——联系起来了。我十二岁的时候，尽管无知，但还感到有欲望；到了十七岁，理论上知道的东西多了，却连内心纷扰也不知道辨别了。

不知道我这种单纯之中是否掺有杂念。无论如何，性让我心生恐惧。只有一个人即蒂蒂特让我模糊地预感到，肉体之爱可以自然地在快乐中体验。她的肉体很性感，但她并不因此而害羞，回忆她的结婚喜筵，她眼睛里流露出的欲望使她显得很漂亮。西蒙娜伯母暗示她与她的未婚夫"走得太远了"。妈妈为她辩解。我认为这种议论没有必要。结了婚也好没有结婚也好，他们这些优秀的年轻人相互拥抱并不令我反感，因为他们相爱。但是这绝无仅有的经验，不足以摧毁包围着我的禁忌。自去维莱海滨之后，我从来没有进过海滨浴场、游泳池和体操馆，以致把裸体和下流混为一谈。不仅如此，而且在我所生活的环境里，从来没有人敢于冲破习俗和惯例的束缚，毫无顾忌地表达自己的欲望或采取暴力行动。开化的大人们怎样在心里为本能赤裸裸的性欲和赤裸裸的享乐让出了位置？就在我学哲学的那一年，玛格丽特·德·泰利库尔告诉勒热纳小姐，她不久就要结婚了。她所嫁的是她父亲的合股人，有钱又有爵位，她从小就认识的，但年龄比她大得多。大家都向她道喜，她脸上洋溢着纯真的幸福。"结婚"两个字在我头脑里炸开了，我比过去听见一个同学在课堂上学狗叫还要惊愕万分。这样一位戴新旧手套和帽子、露出做作的微笑、神情严肃的未婚女子，怎么会让人联想到一个躺在一个男人怀里娇嫩而粉红的肉体呢？我没有见到过玛格丽特裸体的样子。但是她那长衬衫下和披散飘曳的头发下的肉体，是非常动人的。这种突然的不顾羞耻的近乎疯狂，要么是性欲疯狂短暂的发作，要么玛格丽特本来就不是那样一位很有教养、到处有家庭女老师陪同的姑娘。表面现象并非真实，人们教给我的世界整个儿是虚假的。我倾向于这种假设，可是我受骗上当的时间太长了。幻想抗拒怀疑。真实的玛格丽特固执地戴着帽子和手套。我一想起她半裸地暴露在一个男人的目光之下，就仿佛自己被卷进了一阵干热的非洲西蒙风，这阵风使道德和常识的全部准则蒸发得一干二净。

七月末我出发去度假。在假期中我发现了性生活新的一面：它既不是感官平静的快感，也不是心神不安的狂乱。在我看来它是一种放荡。

姑父莫里斯光吃色拉吃了两三年，患了胃癌，在可怕的痛苦中命归黄泉。姑妈和玛德莱娜哭他哭了好长时间。可是在她们的悲痛消除之后，格里埃尔的生活变得比过去快乐得多。罗贝尔可以不受约束地邀请他的朋友们来家里。利穆赞的乡绅子弟们刚刚发现了汽车，他们从方圆五十公里聚到一起去打猎和跳舞。这一年，罗贝尔正向一位年约二十五岁的美人儿大献殷勤；这位美人儿跑到邻镇来度假，显然是想嫁给罗贝尔。伊冯娜几乎每天都来格里埃尔。她炫耀自己五颜六色的衣裙、一头浓密的秀发和总挂在脸上不变的微笑。那微笑使我弄不清楚她到底是聋子还是傻子。一天下午，在一间掀掉了罩布的客厅里，她母亲开始弹奏钢琴，伊冯娜穿着安达卢西亚连衣裙一边摇动扇子，一边频送秋波，在一圈傻笑的年轻人中间跳起了西班牙舞。为了调情，大家在格里埃尔和附近频繁"聚会"。在这些聚会上我玩得非常开心。父母们全都不参加。大家可以无拘无束地欢笑作乐。法兰多拉舞、轮舞、"音乐椅子舞"等舞蹈，成了诸多娱乐之中的一种，不再使我感到厌烦。我甚至觉得我的一位正在结束医学学业的舞伴十分可爱。有一次在邻近的一个庄园里，我们玩了一个通宵直到黎明。我们在厨房里做了一个洋葱汤，然后驱车到达加尔冈山脚下，再弃车爬上山顶去观日出。我们还在一家小旅馆里喝咖啡。这是我的头一个不眠之夜。我在给莎莎的信里讲述了这些放荡行为。她似乎有点生气，因为我居然这般乐在其中，而妈妈居然能够容忍。无论是我还是妹妹的贞操都没有冒什么危险。他们都叫我们"两个小不点儿"，显然认为我们还不懂事，不擅长性诱惑。然而，他们的交谈充满影射和暗示，十分放肆，令我反感。玛德莱娜向我透露，这些晚上在小树林里和汽车里，发生过许多事情。姑娘们要小心在意地当姑娘。伊冯娜在这一点上疏于谨慎，罗贝尔的朋友们一个个先后都占她的便宜，而又客客气气告诉我表哥，结婚根本谈不上了。其他姑娘懂游戏规则，并且遵守规则，但这种谨慎并不妨碍她们纵情欢娱。大概这些欢娱不很正当，第二天那些顾虑多的姑娘便跑去忏悔，才让心灵恢复清静。我非常想弄明白，通过怎样的机理，两张嘴的接触会产生快感。我常常打量一个男孩子或一个女孩子的嘴唇而感到惊惶，就像过去面对地铁致命的铁轨或者面对一本危险的书一样。玛德莱娜的指教总有些古怪。她对我说，快感取决于每个人的兴趣。譬如她的女友妮妮就要求她的伙伴亲或者挠她的脚掌。我好奇又不安地寻思，我自己的身体是否也有隐蔽的源头，有一天会喷涌出意想不到的春情。

我丝毫不想做任何细小的尝试。玛德莱娜对我描述的风尚令我厌恶。我所想象的爱情与肉体没有多少关系，但我也不能接受肉体到爱情之外去寻求满足。我抱着这种不妥协的态度，走得不像我爸爸所工作的《法兰西杂志》社社长安托万·勒迪埃那样远。他在一本小说里勾画了一位的确真实的姑娘的动人肖像：这位姑娘有一次允许一个男人吻了她，事后不向她的未婚夫承认这种无耻行为，而是放弃了他。我觉得这个故事滑稽可笑。但是，当我的一位是将军女儿的同学不无忧郁地告诉我，她每次外出，总会有一个舞伴吻她，我就责备她为何任由人家吻。我觉得，把嘴唇给一个无关的人吻，是可悲的、不适宜的，总之是该受到谴责的。我这种假正经的理由之一，大概就是平常男性在处女们心里引起的夹杂着恐惧的反感。我尤其担心自己的感官和心血来潮。舞蹈课上感受到的不自在令我气恼，因为我不由自主地忍受着这种不自在。我不承认通过一次简单的接触、一次紧贴、一个搂抱，随便一个什么男人就能使我神魂颠倒。或许有一天我会晕倒在一个男人怀里；我会选择时机，以强烈的爱情解释自己的决定。与这种理性的自尊相叠合的，是我的教育铸造的神话。我珍惜这纯洁无瑕的圣体饼——我的心灵。我的记忆里有一些凌乱的形象，是被玷污的貂皮和被亵渎的百合花。快乐如果不因为情欲之火而升华，就会变成淫秽。另一方面我有些极端：要么想获得一切，要么什么也不要。我一旦爱，就爱一生一世，完完全全投入进去。包括我的肉体和我的心灵、我的头脑和我的过去。我拒不接受人家剩余的激情，拒不接受与爱不相干的享乐。老实说，我没有机会体验这些准则是否牢固可靠，因为没有任何勾引去试图动摇我的这些准则。

我的行为符合我所处和圈子里现行的道德，但是我接受这种道德是有重大保留的。我要求男人像女人一样，受到同样的法律约束。日耳曼娜姑妈在我父母面前含糊其词地抱怨说，雅克太老实听话。我父亲、大部分作家，总之人们普遍都对男孩子们的初次荒唐采取鼓励态度，认为时候一到，他们自然会娶自己那个阶层的一个年轻女子。暂时嘛，人们赞成他们与一些地位低的女孩子如轻佻漂亮的姑娘、年轻的女缝纫工、时髦小姐、学裁缝的女艺徒玩玩。这个习俗令我极其厌恶。人们常常对我说，地位低的阶层没有道德观念。因此，一个缝洗衣女工或卖花女的不端行为，在我看来非常自然，甚至不使我感到愤慨。那些处境艰难而被小说家欣然赋予最动人品质的年轻妇女，我对她们寄予同情。然而她们的爱情注定不会有好结果，说不定哪一天，她们的情人就会为了一位有地位的小姐而抛弃她们。我崇尚民主又浪漫。认为只要一个男人有钱，就可以允许他愚弄一颗心，这令我反感。另一方面，我为像我一样清白无辜的未婚妻感到义愤。我看不出有任何理由承认我的对象拥有我没有给予自己的权利。只有当他和我一样，为对方守身如玉，我们的爱情才是必要的、完全的。其次，性生活从本质上讲，也就是对所有人而言，应该是一件严肃的事情。否则我就不得不改变自己的态度。只是暂时我无法改变自己的态度，因而会陷入非常困惑的境地。不管公众的看法如何，我执意要求男女双方必须同样贞洁。

九月底我在一位同学家住了一个礼拜。莎莎曾几次邀请我去劳巴尔东。旅行的困难和我年纪太小，使这个计划流产了。现在我十七岁了，妈妈同意把我送上火车，让我从巴黎坐到茹瓦尼，主人到车站来接我。这是我头一回单独旅行。我将头发绾起来，戴了一顶灰色小毡帽。为自己的自由感到自豪，但也稍稍有点不安，每到一站，都悄悄地观察旅客。真不希望把自己关在一个格子间里，与一个陌生人面对面坐在一起。泰莱丝在站台上等我。这是一位郁郁寡欢的姑娘，失去了父亲，与母亲和五六个姐姐在一起过着凄惨的生活。她虔诚、多愁善感，用波浪形的白色薄纱装点她的卧室，引得莎莎露出了微笑。她对我相对的自由很是羡慕，我想在她心目中我象征着世间全部的欢乐。她在一座砖头砌的大古堡里度过夏天。古堡相当漂亮，但阴森森的，四周是茂密的森林。在参天古木之间，在种满葡萄的山丘之上，我发现了一个全新的秋天：它是紫色的、橙色的、红色的，而一切又都点染了金色。我们一边漫步，一边议论即将到来的开学。泰莱丝已获准和我一块上文学和拉丁语等几门课。我准备发奋学习。爸爸可能希望我同时学习文学和法律，因为法律“总是用得上的”。我在梅里尼亚克浏览过《民法典》，那次阅读令我气馁。相反，我的理科老师鼓动我尝试普通数学，这个建议合我的意，我在天主教学院攻读这项文凭。至于文学，在马比耶先生撺掇下，我们去达尼埃鲁夫人领导的讷伊学院上课。因此我们与索邦大学的关系被压缩到了最低限度。妈妈与达尼埃鲁夫人的主要合作者朗贝尔小姐谈过话。朗贝尔小姐说，如果继续发奋学习，我完全可以获取教师资格。我收到莎莎一封信，说勒热纳小姐给她母亲写过信，告诉她古希腊语和古拉丁语学起来非常可怕。马比耶太太回信说，对于一个年轻人的想象力，她感到担心的是浪漫主义的陷阱而并非现实主义。我们未来的文学教授罗贝尔·加利克是狂热的天主教徒，其神修毋庸置疑。他肯定地告诉马比耶太太，可以获得学士学位而不会遭天罚。这样我的希望可以变成现实了。这种生活展现在我面前，我仍然是与莎莎去共同经历。

一种新生活，一种别样的生活。我比头一回进学校前夕更加激动。躺在落叶之上，目光被葡萄园诱人的颜色晃得迷迷糊糊，我反复说着两个严肃的名词：学士学位、教师资格。所有障碍、所有墙壁全消失得无影无踪。我在广阔的天地里前进，穿越世界的真理。未来不再仅是一种希望，我已经触摸到它。学习四五年，然后就过上我用自己双手塑造的生活。我的人生将是一个美丽的故事，它将随着我的讲述而变得真实。

第三部分

从走上圣热娜薇耶芙图书馆的楼梯起，我就开始了自己的新生活，我进入专供女读者坐的区域，在一张大桌子前坐下。这张桌子像德西尔学校的桌子一样，铺着黑色单面仿皮漆布。我埋头阅读《人间喜剧》或者《一位名士的回忆录》。我对面坐着一位成年小姐，一顶画有鸟的宽大帽子遮住了脸，正在翻阅旧《政府公报》的合订本，一边低声自言自语，一边笑。那时，这间阅览室出入自由，许多怪人和半流浪者栖身在里面。他们自言自语，哼小调，啃面包头。有一个人头上戴顶纸帽子，来回踱步。我觉得自己已经远远离开德西尔学校的自习室，终于投身于繁华的人世之中。"成功啦，我成了大学生！"我愉快地想道。我穿了一件花格呢连衣裙，是我自己缲的边，崭新的，按我的身材剪裁的，我查阅目录，来来去去，忙得很哩。我觉得自己看上去妩媚动人。

这个学年的教学大纲上有卢克莱修①、尤维纳利斯②、《七日谈》③、狄德罗。如果我仍然像父母所希望的那样懵懂无知，冲击会猝不及防。这一点父母觉察到了。一天下午，我一个人待在书房里，母亲在我对面坐下来，犹豫片刻，脸一红说："有些事情你应该知道。"我也脸红起来，忙说："我知道。"她没有好奇地问我是怎么知道的。我们都松了口气，谈话到此为止。几天后，她把我叫到她的卧室里，有点尴尬地问我宗教方面怎么样了。我的心怦怦跳起来，回答说："唔，我有一段时间不信教了。"她脸色大变，说："我可怜的孩子！"说着关上房门，不让妹妹听到我们的谈话。她用恳求的语气简单提醒我上帝是存在的，然后无能为力地挥一下手，就不说话了，眼里噙满泪水。我遗憾给她造成了痛苦，但心头轻松了许多，终于可以无须掩饰地生活了。

一天傍晚，我一下公共汽车，就瞥见房子前面停放着雅克的汽车。雅克拥有一辆小小的汽车已有一段时间。我三步并作两步登上楼梯。雅克不如过去那么勤来看望我们了。我父母不能原谅他文学方面的兴趣，他大概对我父母的嘲笑有些恼火。父亲认为只有他青年时代的偶像才有才华。照他的说法，外国作家和现代作家之所以取得成功，全在于人们附庸风雅。他认为阿尔丰斯·都德远在狄更斯之上。有人对他谈俄国小说，他直耸肩膀。音乐学院的一个学生，与他一块在排练让诺一出名为《回归大地》的戏，一天晚上冲动地说："应该深深地向易卜生鞠躬！"父亲大笑道："是吗？ 我可不鞠躬！"外国的作品，无论是英国作品、斯拉夫语作品，还是北欧作品，统统烦人、艰涩、幼稚。至于前卫作家和前卫画家，他们都厚颜无耻地拿人类的愚蠢做文章。父亲欣赏某些青年作家的纯朴自然，他们包括加比·莫尔莱、弗雷斯奈、布朗夏尔、夏尔·布瓦耶等。可是他认为高波、杜兰、儒韦④的探索徒劳无益。他讨厌比

---

① Titus Lucretius Carus（约公元前93—约公元前50），拉丁诗人和哲学家，作有唯一的长诗《物性论》。
② Juvenal（55—约127），罗马最后也是最有影响的一位讽刺诗人。
③《七日谈》为法国女作家玛格丽特·瓦鲁瓦的短篇小说集，包括72篇短篇小说和故事，受薄伽丘《十日谈》之启发，题名为《七日谈》。
④ Copeau，Dullin，Jouvet，都是法国演员、导演，也是作家，都对舞台艺术进行探索。

托叶夫兄弟①那两个外国佬。凡是不赞同他的看法的人，他就把人家视为坏法国人。因此，雅克总是回避争论，总是滔滔不绝用甜言蜜语和我父亲开玩笑，笑嘻嘻地讨好母亲，但小心翼翼地什么也不谈论。这一点令我感到遗憾，因为每当他偶尔暴露自己的观点，所谈的事情都是我惊讶和感兴趣的。我不再觉得他自命不凡，他对世界、人类、绘画和文学，所知道的东西比我多得多。我真希望他让我分享他的感受。这天晚上像往常一样，他还是把我当成他的小表妹看待，但是他的声音和微笑是那样亲切，仅仅再见到他，我就感到非常高兴。我的头枕在枕头上，眼睛里涌出了热泪。"我哭了，就是说我爱上了。"我喜不自胜地想道。十七岁：我到了爱的年龄。

我隐约看到了一个迫使雅克看重我的办法。他认识在圣马利亚学院讲授法国文学课的罗贝尔·加利克。加利克创建并领导着一个称为"社会团队"的运动，其宗旨是要把文化传播到大众阶层。雅克是团队的成员之一，仰慕加利克。如果我能成功地让这位新老师赏识我，向雅克夸奖我的优点，雅克也许就不会再把我看成一个微不足道的学生了。加利克三十岁出头，金黄色的头发，有点秃顶，说话时声音活泼，略带奥弗涅口音。他讲解龙萨令我赞赏不已。我非常认真地写了第一篇论文，可是只有一位穿平民服上课的多明我会修女受到称赞。我和莎莎得了一个宽容分十一分，仅略略高于班上其他人。泰莱丝则落在我们后面很远。

圣马利亚学院的知识水平远远高于德西尔学校。朗贝尔小姐在高级班处于主宰地位，令我敬重。她年约三十五岁，已获得大中学哲学教师资格，一个黑黑的刘海使她的面部透露出顽强，一对眼睛很明亮，目光敏锐。可是我根本见不到她。我开始学希腊文，发现

---

① Madame Pitoeff，侨居法国的俄国导演和演出人，指导在法国演出的外国戏剧。

自己对拉丁文一无所知，老师们都瞧不起我。至于我的新同窗们，我觉得她们也不比过去那些同学更快乐。她们都免缴住宿费和学费。作为报偿，她们要负责中级班的教学和纪律。她们之中大部分已超过结婚年龄，酸楚地认定自己永远结不了婚了。争取将来有一种体面生活的唯一机会，就是要确保考试成功。她们心里时时挂虑着这个。我试图与她们之中的几个聊一聊，可是她们都和我没有什么话好说。

十一月份，我开始在天主教学院进修普通数学。女孩们坐在前排，男孩们坐在后排。我觉得所有学生都是一副迟钝的模样。索邦大学的文学课令我厌倦，老师们满足于用懒洋洋的声音重复他们过去在博士论文里所写的东西。福图纳·斯特罗维斯基讲述他本周看过的戏，他疲惫的热情让我兴奋不了多久。为了消遣，我便观察梯形教室里坐在我周围的男同学和女同学。有些同学引起我的好奇，吸引我。下了课，我甚至目送一位陌生的女同学很远，她的优雅和妩媚令我惊讶；她要把她那浮在嘴唇上的微笑献给谁呢？与这些陌生的生活只稍有接触，却重新体验到了孩提时代在拉斯帕耶大街阳台上私下感受到的那种莫名的幸福。只是我不敢同任何人交谈，也没有任何人和我交谈。

外公经过漫长的垂危状态，在秋末辞世了。妈妈披戴黑纱，也把我的衣服染成黑色。这身孝服使我变得难看、孤单，觉得它会使我永远是这副清苦的模样了，心里开始感受到了压力。圣米歇尔大街，男孩子和女孩子成群结队闲逛，笑声不断、上咖啡馆、戏院和电影院。我呢，整个白天阅读论文，翻译卡图卢斯的作品，晚上就做数学题。父母抛弃了以往的做法，不再引导我结婚，而引导我谋求一个职业，日复一日不断地让我服从这种考虑，根本谈不上让我没有他们陪同单独外出，也根本谈不上免去我干家务活儿。

一年过去了，这一年我的主要消遣是与我的几个女朋友的相会、聊天。现在除了莎莎，她们都使我厌烦。我参加过三四次她们在特雷库尔神甫主持下组织的学习讨论会，但讨论会沉闷无聊的气氛把我赶跑了。老同学们并没有很大改变，我也一样。但过去把我们联系在一起的，是我们共同的事业，即我们的学习。如今我们的生活各不相同了。我继续朝前走，继续成长，而她们为了适应待嫁姑娘的生活，一个个开始变得愚钝。我们各不相同的未来提前使我和她们分道扬镳了。

　　很快我就不得不承认，这一年并没有给我带来我所预期的东西。对新环境的不适应，割断了与过去的联系，仿佛失去了平衡，然而并没有发现任何新天地。直到此时，我一直凑合着生活在笼子里，但我知道总有一天，而且这天正不顾一切地越来越近，门是会打开的。现在我迈出了这道门，可是依然闭关自守。多么失望！再也没有任何明确的希望支撑我。这间囚牢没有铁窗，我找不到出口。出口也许有一个，在哪儿呢？我何时才能找到呢？每天晚上我下楼倒垃圾，一边把皮壳、灰烬、废纸扔进垃圾箱，一边叩问小院子上方的那一片天空。我驻足楼门口。橱窗熠熠生辉，汽车在街上行驶，行人往来如织，外面的夜生意盎然。我重上楼梯，反感地握紧被垃圾桶弄得有点发黏的拳头。等到父母去城里吃饭时，我和妹妹赶忙跑到街上，漫无目标地闲逛，竭力捕捉我们被排除在外的盛大欢乐场面的一个回声、一道反光。

　　我待在家里丝毫不再感到开心，所以更难忍受这种被幽囚的感觉。妈妈眼睛望着上天为我的灵魂祈祷。她为我在尘世间误入歧途而唉声叹气。我们之间的一切交流都断绝了。至少我知道她惶惶不安的理由。父亲的保留态度令我吃惊，对我的刺激大得多。他应该关心我的努力和进步，应该亲切地和我谈论我正在研究的作者，可是他表现出来的完全是漠不关心，甚至表现出某种敌意。我的堂妹让娜学习上天分不高，可是总是满面笑容，十分礼貌。父亲逢人就说他兄弟有一个很可爱的女儿，说罢连连叹气。我感到气恼，根本没有想到是误会将我们父女隔开，这误会将给我的青年时期造成压力。

在我这个阶层，当时大家认为一个姑娘进行深造不合时宜，从事一种职业更是掉价。我父亲自然是强烈的反女权主义者。我说过，他非常喜欢柯莱特·伊夫尔的小说，认为女人的位置是在家里和沙龙里。他的确欣赏柯莱特的风格、西蒙娜的表演，但像欣赏著名交际花的美貌一样，是隔着距离欣赏，不会在家里接待她们。战前，未来朝他微笑，他指望从事一种兴旺的职业，进行成功的投机，把我和妹妹两个人嫁到上流社会。他认为，一个女人要想在上流社会出类拔萃，不仅要求美貌、高雅，还要谈吐不俗、博览群书。因此，他为我在中小学取得的初步成功感到欣慰：从相貌上讲，我有希望；如果我又有知识和教养，肯定会在最优越的社会占据引人注目的位置。不过，父亲喜欢有才智的女人，但对女学者却没有任何兴趣。当他说"我的女儿们，你们别结婚，应该工作"时，他的话音含有苦涩的味道。我以为他是为我们感到惋惜。其实不是，从我们艰难的未来，他看到了自己的失落。他诅咒不公正的命运，因为这命运注定他有两个失去社会地位的女儿。

他顺从必然。战争过去了，毁了他，卷走了他的梦想、他的神话、他的依凭、他的希望。我以为他听天由命了，然而我错了。他不断对自己新的地位表示抗争。他特别赞赏良好的教育和优雅的举止。然而，当我和他一起在餐馆里、地铁里或火车上的时候，他说话很大声、手舞足蹈，对旁边的人的意见根本不在乎，实在令我难堪。他是要用这种赤裸裸的挑衅态度，表明自己与他们不是一类人。他坐头等车厢旅行的时候，表现得彬彬有礼，以显示自己出身高贵；坐三等车厢时，则无视礼仪的基本规则，以显示自己的高贵出身。几乎在所有地方，他都摆出既惊异又挑衅的派头，表示他的真正位置不是在那里。过去在战壕里，他当然与战友们说的是同样的语言，他曾经开心地告诉我们他的一位战友说："当波伏瓦说'他妈的'时，'他妈的'就成了一个高雅的字眼。"为了表示他高雅，他越来越经常说"他妈的"。现在他所交往的人，几乎都是他认为的"普通人"。他显得比普通人还要俗气。由于得不到同等人的认可，他便故意表现得乖戾，让比他低等的人摸不清他的底细。在罕见的情况下，譬如我们去看戏时，奥德翁剧院的朋友把他介绍给一位著名女演员时，他才重新表现出上流社会的全部风雅。但在其他时候，他刻意表现得粗鄙，以致最后除了他自己，别人不能不以为他真的粗鄙。

在家里，他哀叹时世艰难。每次母亲向他要钱作为家用，他总是大为光火；他尤其抱怨两个女儿使他作出的牺牲，让我们觉得自己是不知趣地强迫他给我们施加恩惠。他之所以那样迫不及待地责备我在不懂事的年龄显得不可爱，那是因为他对我已经怀有怨恨。是啊，我不仅仅是一个负担，而且会成为他失败的活生生的体现。他的朋友、他的兄弟和他姐姐的女儿都将成为贵夫人，而我不会。当然，我通过了中学毕业会考，我的成绩令他感到欣慰，令他自鸣得意，消除了他的顾虑，因为看来谋生对我来讲并不是一件难事。我不知道他的自鸣得意掺和着强烈的气恼。

"真遗憾西蒙娜不是男孩子，不然她可以上综合工科学校！"我经常听到父母表示这种遗憾。在他们眼里，一个综合工科学校毕业生很了不起。可是我的性别不允许他们有这么高的抱负，父亲谨慎地准备让我将来做行政工作。然而，他厌恶那些吃公家饭的公务员，所以不无懊丧地对我说："你嘛，将来至少有份退休金！"我选择了教师职业，使自己的情况变得更糟糕。他实际上是同意我的选择的，但远远不是从心底里表示赞同。他把所有教师都视为学究气的人。他在斯塔尼斯拉斯中学有一位同窗，名叫马塞尔·布特隆，是研究巴尔扎克的著名专家。他谈到此人总带着怜悯的神情。他觉得，耗尽自己的一生钻进故纸堆里去研究学问，极不值得。他对教师还怀有更过分的不满，因为教师属于曾经支持德雷福斯的危险派别，是知识分子。他们陶醉于自己的书本知识，固执于莫名其妙的清高和他们对普世价值的虚妄抱负，舍弃国家、种族、种姓、家族、祖国等具体的现实，而高谈阔论人权、和平主义、国际主义、社会主义，导致法兰西和文明正走向灭亡。我如果追求他们那种地位，岂不是要接受他们的观点。父亲目光敏锐，一下子就看出我可疑。后来我惊讶地发现，他不是谨慎地激励妹妹与我走同样的道路，而是宁愿让她选择一种艺术职业去碰运气。把两个女儿都推向敌人的阵营令他受不了。

明天我将背叛我的阶级，现在我已经背弃了我的性别。这一点父亲也是不甘心的，因为他崇拜女孩子，真正的女孩子。我堂妹让娜就是这种理想的化身，她现在仍然相信小孩子是从花椰菜里生出来的。父亲曾经试图让我保持愚昧无知的状态。过去他常说，我就是十八岁了，他还是要禁止我读诗人弗朗索瓦·科佩的故事集。现在他同意我什么都可以阅读。可是在他眼里，一个有阅历的姑娘，与维克多·玛格丽特最近在一本色情作品里所描写的毫无管束的姑娘，没有多大区别。哪怕我至少保全了他的面子呢！有一个出类拔萃的女儿，他也可以将就了，如果这个女能小心翼翼地避免变得奇异的话。可是连这个我也做不到。我过了不懂事的年龄，经常重新自我欣赏地照镜子；而在人多的场合，我的样子不起眼。我的女朋友们，包括莎莎，都怡然自得地扮演着上流社会的角色，在她们的母亲接待客人的日子，出面给客人们端茶，脸上挂着微笑，可爱地说一些毫无意义的话。我嘛，很难露出微笑，也不知道装出可爱、风趣甚至随和的样子。父母经常拿一些姑娘给我做榜样，她们在知识方面都出类拔萃，而且在沙龙里也都表现出色。我感到恼火，因为我知道这些姑娘的情况与我没有任何共同之处。她们学习是出于爱好，而我是职业性的。这一年我准备考文学、拉丁文和普通数学文凭，还学习希腊语。我自己制订了这个计划，困难让我开心。正是为了强制自己欣然付出这种努力，学习不应该代表我的生活中一种附带的东西，而应该是我生活的本身。对周围人们议论的事情我不感兴趣。我没有破坏性的想法，事实上我几乎对任何事情都没有想法，尽管我成天在训练自己思考、理解、批判、反躬自问，寻求明确的真理。这种认真的态度使我无法进行社交对话。

　　总之，我除了在考试中获得成功，在其余时间没有为父亲争过什么光。因此他对我的文凭看得极重，鼓励我多拿文凭。他这种强烈的要求使我相信，他为自己的女儿是一个有头脑的女人而自豪。其实相反，只有出色的成绩才能消除他所感到的尴尬。如果我同时读三个学士学位，我就会成为像伊瑠迪①那样的人，一种不能用通常标准来衡量的人；我的命运就不再反映家庭的衰落，而是一种天赋在命运奇特安排下的结果。

　　我当然不明白分裂着我父亲的矛盾，但很快就明白我自己处境的矛盾。我不折不扣地顺从他的意志，他似乎为此感到恼火。他让我务必好好学习，可是又责备我成天埋头在书本里。看到他那副愁

---

① Giaconio Inaudi (1867—1950)，意大利计算天才，极为擅长心算。

眉苦脸的样子，人家还以为我是违反了他的意愿而走上这条道路的呢，其实这条道路是他为我选择的。我弄不明白自己有何罪过，感到浑身不自在，心头积压着怨气。

我每周最开心的时刻，是上加利克的课。我越来越仰慕他。在圣马利亚学院，人们都说加利克在巴黎搞文学本来前程无量，但他没有任何个人野心，连论文都没有集中精力做完，而是全身心地投入"团队"的工作。他作为禁欲者生活在美丽城的一座平民楼里，相当经常地举行宣传报告会。在雅克介绍下，我获准和我母亲一起出席了这样一次报告会。雅克领着我们来到一排豪华的房间里，里面摆好了一排排金色靠背的红色椅子。他让我们坐下后，就去和一些人握手。他似乎认识所有人，多么让我羡慕！房间里挺热，我穿着孝服感到透不过气来，这里的人我一个也不认得。加利克出现了，我忘记了其他一切，甚至我自己。他那权威的声音征服了我。他对我们讲述，他二十岁的时候，在战壕里发现了一种消除了一切社会隔阂的友情所带来的快乐。停战之后他恢复了学业，但不愿失去这种友情带来的快乐。民众生活中的这种隔阂，将资产阶级的青年人和工人阶级的青年人分隔开，他觉得就像手足受到了戕害。另一方面，他认为所有人都有权享有文化。他相信利奥泰①在摩洛哥的一次演说中所表达的下述想法是真理：人与人之间除了各种各样的差别，总是存在一个共同点。在这个基础上，他决定在大学生和平民子弟之间创立一种交流方式，使大学生摆脱孤芳自赏，使平民子弟摆脱愚昧无知。让两部分人学会相互了解和相互热爱，从而共同致力于促成各阶级的调和。"由仇恨引起的斗争不可能产生社会进

---

① Louis-Hubert-Gonzalve Lyautey（1854—1934），法国国务活动家、军人、法国元帅，曾任摩洛哥总督。

步，"加利克在掌声中肯定地说，"社会进步只能通过友谊去实现。"他让几个同学参与他的计划，帮助他在勒伊组建了第一个文化中心。他们争取到了支持和赞助，运动发展壮大了，现在在全法国拥有约一万男女青年成员，一千二百名教师成员。加利克本人是一位坚定不移的天主教徒，但没给自己确定任何宗教使命。他的合作者之中有一些不信教的人。他认为人类应该在人道方面互相帮助。最后，他用响亮的声音说："只要善待老百姓，老百姓就是善良的。资产阶级拒绝向老百姓伸出手，将犯一个严重的错误，其后果将落到它自己头上。"

我如饥似渴地听着这些话，这些话并不扰乱我的世界，丝毫不会导致我对自己的不满，但听起来绝对给人耳目一新之感。诚然，我周围的人们都提倡忠诚，但规定以家庭圈子为限。出了家庭圈子，别人就不是自家人了。加利克扫除了这些界限。世间只存在一个巨大的共同体，其所有成员皆是我的兄弟。消除所有界限和所有隔离，走出我的阶级，抛开我的皮囊——这个口号激励着我。我想象不出，除了给予人类知识和美，还有什么办法能为人类提供更有效的服务。我打算报名参加团队，我特别赞赏地注视着加利克提供的榜样。我终于遇到了这样一个男人，他不是被动地接受一种命运，而是选择自己的人生。他的生存有目的、有意义，代表了一种思想，是这种思想美好的必然结果。这张谦逊的脸，带着生动但并不灿烂的微笑，这是一张英雄的脸，一张超乎常人的脸。

我回到家里，头脑兴奋，在门厅里脱掉大衣。摘下头上黑色的帽子时，我突然愣住了，两眼盯住地毡上那些磨坏的线，听到自己心里一个声音急切地说："我的一生必须尽责，我一生中的一切都必须尽责！"令我愕然的是，有一点显而易见：无穷无尽的任务在等待着我，我责无旁贷；如果我允许自己有一点点浪费，就是背弃自己的使命，损害人类。"一切都将尽责！"我嗓子发紧地自言自语。这是庄严的誓言。我这样发誓时心情非常激动，等于面对天地，义无反顾地拿自己的未来为这一誓言担保。

我从来都不愿意浪费时间，然而我责备自己过去生活得懵里懵懂。今后我要仔细地利用每一刻时间。我睡得少了，梳洗马马虎虎，根本不再照镜子，只是简单地刷刷牙，从来不清洗指甲；不允许自己看无聊的书、无益地闲聊，不允许自己有任何娱乐。要不是母亲反对，连每周六早晨打网球我也放弃了。吃饭的时候我也拿本书，不是学希腊语动词，就是寻求一个问题的解答。父亲生气了，但我充耳不闻，他厌倦了，便由着我。母亲接待朋友时，我硬是不肯去客厅里。有时母亲发火了，我才让步，但屁股坐在椅子边上，咬住嘴唇一声不吭，一副气鼓鼓的样子。母亲没辙了，只好赶快打发我走。在家里，在亲人们中间，大家都对我不修边幅、沉默寡言、不讲礼貌表示吃惊。我很快被视为怪物。

毫无疑问，我采取这种态度在很大程度上是因为怨恨。父母觉得我不合他们的意，我干脆让自己变得讨厌。母亲让我穿着不要讲究，父亲则责备我穿着不像样子，我成了一个邋遢鬼。他们不想理解我，我就陷入了沉默和怪僻，希望自己完全让人看不透，同时自己设法排遣无聊。我生性不懂得顺从，把天生的朴素推到极致，使之成为自己的一种爱好。既然失去了快乐，我便选择了禁欲。但我不是无精打采地挨过单调乏味的每一天，而是朝前走去，默默无言，目光凝视，奔向一个看不见的目标。我让学习弄得自己困顿不堪，疲劳使我感到充实。我的过分努力也有积极意义。长期以来我决意摆脱可怕的日常平庸。加利克的榜样使这种希望变成了一种意志。我不肯再忍耐，迫不及待地踏上英雄主义的道路。

每次见到加利克，我的愿望就变得更加坚定。我坐在泰莱丝和莎莎之间，嘴唇发干，等待着他出现的时刻。两个伙伴漠不关心的态度令我吃惊，我觉得所有人都该心潮澎湃。莎莎对加利克的尊重不是毫无保留的。她对他总是迟到感到不快。"准时是国王的礼数。"一天她在黑板上写道。加利克一坐下来，就在讲台下面架起二郎腿，露出浅紫色的吊袜带。莎莎批评这种放任。我不理解她为何如此吹毛求疵，但感到庆幸：如果有另一个女孩子像我一样崇敬欣赏我的这位英雄说的话和微笑，我会忍受不了。我希望了解他的一切。我的童年训练了我沉思默想的技巧。我运用这种技巧，按照从他那儿听到的某个字眼，试着猜度他的内心世界。但是我研究他所依据的线索有限，仅仅是他所讲的课和他有点仓促地发表在《青年杂志》上的评论文章。而且我往往太无知，不知道怎样利用这些材料。有一位加利克经常引用的作家，就是贝玑①。这个贝玑是何许人？一天下午，他笑一下对自己的大胆表示歉意，然后悄悄说出的那个姓纪德的人又是何许人？课后，他总是进入朗贝尔小姐的办公室，他们一起谈论什么？我有一天是否也配与加利克平等地谈一谈呢？我幻想能有一两次。"像你一样的女孩子，爱蕾，天生要成为英雄的伴侣的。"我穿过圣叙尔皮斯广场时，这个遥远的预言蓦然闪烁在潮乎乎的暮色中。马塞尔·蒂奈尔是否为我占了卜？爱蕾先是为一位懒散而富有的年轻诗人动了心，后来被一位情感高尚、年龄比她大得多的使徒的德行征服了。如今在我眼里，加利克的优点使雅克的魅力黯然失色。我际遇了自己的命运吗？我只是怯生生地把玩一下这种预兆。加利克已经结婚，这令人扫兴。我只不过希望稍许为他存在而已。我加倍努力赢得他的尊重，我成功了。一篇关

---

① Charles Peguy (1873—1914)，法国诗人、哲学家。

于龙萨的论文、对一首《致艾莱娜的十四行诗》的注释、关于达朗贝尔的一堂课，受到令人陶醉的赞扬。我在班上名列前茅，紧随我之后的是莎莎。加利克鼓励我们三月份的考期一到就报名参加文学结业文凭考试。

莎莎并没有估量我对加利克的仰慕整个儿有多么强烈，只是认为我对他的仰慕太过分。她学习上比较节制，很少外出，把很多时间花在家庭上，没有偏离常规。我狂热地响应的这种呼唤没有触动她，我有点脱离她了。她在巴斯克地区过完圣诞节之后，奇怪地变得冷漠了，课照样听，但目光暗淡无神，不再笑，很少说话，对自己的生活漠不关心，我对自己生活的关心竟没有引起她的任何共鸣。"我的全部欲望就是睡觉，睡着永远不要醒来。"有一天她对我说。我没太重视她这句话，莎莎常常经历悲观的危机，她这次所经历的危机我以为是源于她对未来的担忧。这个学年对她而言只是一种缓冲。她所担心的命运临近了，我可能觉得她既没有力量抗争，也没有力量屈从，所以希望永远睡着，不再忧虑。我心里责备她自认失败，觉得这种情绪已经意味着放弃。而她那一方面，则从我的乐观情绪看到了我轻易地适应现有秩序的证据。我们两个都脱离社会，莎莎是因为绝望，我则是因为狂热的希望。我们的孤独感无助于我们的团结。相反，我们隐隐约约地互不信任，我们之间的沉默日益加深。

至于我妹妹，她这一年倒是挺顺利，中学毕业会考成绩出色，在德西尔学校大家都对她友好，她有了自己喜欢的新朋友。她不太为我担心。我估计不久的将来，她也会成为一位心安理得的少妇。"宝贝蛋嘛，咱们让她出嫁。"父母很有把握地说。我仍然喜欢跟她在一起，但不管怎样，她只是个孩子，我什么也不告诉她。

有一个人可能帮助我，就是雅克，我否认了自己有一夜过早落下的热泪。不，我不爱他；我就是爱，也不会爱他。不过我渴望他的友谊。一天我在他父母家吃晚饭，入席之前我们在客厅里耽搁了一会，说一些无关紧要的事。母亲语气生硬地提醒我要守规矩。"对不起，"雅克微微一笑对她说："我们在谈论夏尔·莫拉的《内心的音乐》。"我闷闷不乐地喝自己的汤。怎么让他知道我不再嘲笑自己不理解的事物？如果他向我介绍他所喜欢的诗和书，我会洗耳恭听。"我们在谈论《内心的音乐》……"我心里常常重复这句话，体味着他的伤感，那里面透露出一点点希望的余味。

三月份，我引人注目地获得了文学结业文凭。加利克向我祝贺。朗贝尔小姐把我叫到她办公室，打量、端详着我，说我前途无量。几天之后，雅克来家里吃晚饭，大家快要散去时，他把我拉到一旁说："我前天见到加利克，大家都在谈论你。"他对我的学习和我的打算认真地问了几个问题。"明天上午我开汽车带你去布洛涅森林里兜兜风。"最后他出乎意料地说。我心里很不平静！我成功啦，雅克对我感兴趣了！这是一个春光明媚的上午，啊，我单独和雅克坐着汽车沿湖岸行驶。他满面春风地说："你喜欢急刹车吗？"话音刚落，我的脸便朝挡风玻璃撞去。在我们这种年龄，居然还可以体验孩提时代的快乐！我们一同回忆童年：维兰堡、《大众天文学》、《老查理》和我捡的马口铁罐头盒。"我让你跑了多少路啊，我可怜的西蒙娜！"他愉快地对我说。我用断断续续的句子，试图给他讲我的困难、我的问题。他严肃地摇摇头。将近十一点，他让我在布拉尔街的网球场前面下车，狡黠地笑一笑，说："你知道，人嘛，即使获得了学士学位，还是可以很好相处的。"好相处的人、很好相处、被意中人所接受，这是最大的提升。我迈着胜利的步伐穿过网球场。某种事情发生了，某种事情开始了。"我刚去了布洛涅森林。"我自豪地向我的女友们宣布，非常兴奋、前言不搭后语地讲述着我的兜风。莎莎以怀疑的眼神打量着我，问道："你今天上午怎么啦？"我感到幸福。

随后那周，雅克来我们家敲门时，我父母外出了。在这种情况下，往常他与我妹妹和我开一会儿玩笑，就会离开，可是这一回他留了下来。他给我们朗诵了一首科克托①的诗，给了我一些阅读方面的建议，列举了一堆我从来没听说过的人名，特别向我推荐了一本我想似乎题目叫《大个子莫尔》的小说。"明天上我家来，我借给你几本书。"他离开时对我说道。

接待我的是老女管家艾丽莎，她说："雅克不在家，不过他在他卧室里留下了要交给的东西。"雅克写了一张字条："请原谅，我的老朋友西蒙娜，这几本书你拿去吧！"我看见他书桌上有十来本颜色像酸味糖包装纸一样鲜艳的书：几本浅黄绿色的蒙泰朗的作品、一本覆盆子红的科克托的作品，几本柠檬黄的巴雷斯的作品，还有几本克洛岱尔和瓦莱里的，都是雪白的底子衬托出鲜红的颜色。通过透明的纸我反复念那些书名：《波托马克河》《人间食粮》《给马利亚报信》《剑影下的天堂》《论血、快感和死亡》。有许多书我已经接触过，但这些不属于一般的书。我期待有不同寻常的新发现。可是一本本翻开一看，我几乎感到吃惊，里面尽是轻易可以看懂的通常词语。

但是这些书并没令我失望，而是让我困惑、惊叹、心荡神驰。除了我指出过的个别例外，通常我把文学作品视为文物，怀着或多或少的兴趣进行探索，有时还欣赏，但它们与我无关。突然，一些有血有肉的人，嘴巴附在我耳边，对我谈论起他们自己和我来了，表达种种向往和不平，正是我不知道如何表达却明白的不平。我把

---

① Jean Cocteau (1889—1963)，20 世纪法国艺术家，兼擅诗歌、小说、戏剧、电影、小品文、芭蕾舞剧以及绘画。

圣热纳薇耶芙图书馆劫掠一空：我阅读纪德、克洛岱尔、雅姆，头脑兴奋，太阳穴发涨，激动得透不过气来。我把雅克书架上的书都读完了，又去"图书友人之家"借阅，阿德丽安娜·莫尼埃穿着棕色呢长袍端坐在那里。我太贪婪，对只给借阅两本书不满足，偷偷地拿了五六本塞进书包。困难的是阅读完之后把它放回书架，我害怕不能悉数归还。天气晴朗时，我跑到卢森堡公园，在阳光下看书，兴奋地绕着喷水池转悠，心里默念着自己喜欢的句子。我常常坐在天主教学院的自修室里看书，这家学院离我家只有几步路，为我提供了一个安静的去处。在那里我坐在一张黑色的课桌前面，处在虔诚的大学生和穿长裙的神学院学生中间，热泪盈眶地阅读雅克最喜欢的那本小说，它的题目不叫《大个子莫尔》，而是《大个子莫林》①。我像过去沉浸在祈祷之中一样沉浸在阅读之中。文学在我的生活中占据了宗教曾经占据的位置。它渗透了我的整个生活，改变了它的面貌。我所喜爱的书籍成了一部《圣经》，向我提供忠告和帮助。我抄录很长的段落，熟记一些新的感恩歌、新的祈祷文，一些圣诗、格言和预言。我背诵这些神圣的片断，净化自己生活的每时每刻。我的激情、眼泪和希望同样真诚，词语、韵律、诗句和诗节并不为我充当掩饰，而是默默地拯救我不能向任何人诉说的所有这些内心遭遇。它们在我与存在于某处、触摸不到的知音之间，创造一种和谐一致。我不是经历自己个人卑微的历史，而是置身于一部伟大的精神史诗之中。数月之间，我从文学中汲取着养料，这是当时我能够深入的唯一的实际。

父母皱眉头。母亲把书分成两类：严肃作品和小说。在她眼里，阅读小说即使不是有罪的也是无聊的消遣，她斥责我阅读莫里

① *Le Grand Meaulnes*，法国作家阿兰-傅尼埃的名作，也有译为《大个儿摩尔纳》。

亚克、拉迪盖、季洛杜、拉尔博、普鲁斯特等作家的作品是浪费时间，不如用这些时间去了解俾路支、朗巴尔亲王夫人①、鳗的生活习性、女人的灵魂或金字塔的秘密。父亲瞄了一眼我最喜欢的作家，断定他们都自命不凡、晦涩难懂、标新立异、堕落颓废、伤风败俗。他严厉责备雅克尤其不该把马塞尔·阿尔兰的小说《艾蒂安》借给我。父母已经没有办法审查我该读什么书，但是他们常常为此生气，大发雷霆。对这些攻击我也感到恼火。我们之间酝酿的冲突日益激化。

我的童年时代和少年时代顺利地度过了。年复一年，我始终认识自己。但突然之间，我觉得自己的人生刚刚出现了一个决定性的断裂。对德西尔学校、神甫和我的同学，我记忆犹新，可是对于几个月前还是一个文静的中学生的我，根本无法理解了。现在我对自己心灵的状态比对外部世界要关心得多。我开始记日记，并在说明中写道："不管什么人如果偷看了这些日记，我永远不会原谅他。他的做法是一种丑恶行为。请重视这一警告，尽管我的郑重其事看似有点可笑。"我还小心翼翼地把这本日记藏起来，不让别人看到。在日记里，我照抄了我最喜欢的书里的一些段落，同时反躬自问、自我剖析、庆幸自己的变化。我究竟发生了什么变化呢？我的日记并没有讲清楚，很多事情在其中没有提到，因为我还没有足够的时间距离。然而，重读这些日记，有些事实一目了然。

"我孤独。人总是孤独的。我会永远孤独。"在这本日记里，从头到尾我都看到一再重复的这句话。这我从来没有想到过。"我完全变了。"有时我自豪地这样想。从自己的变化中，我看到了有一天

---

① La princesse de Lamballe，法国王后玛丽-安托瓦内特的亲密女伴。

188

大家都将承认的一种优势的保证。我与一个叛逆者没有任何共同之处。我想成为一个不平常的人，做一些不平常的事，永远不停地继续我一生下来就开始了的进步。因此我必须摒弃旧例，打破常规。我相信不脱离资产阶级而超越资产者的平庸是可以做到的。资产阶级对普世价值观的虔信我想是真诚的。我想我有权清算传统、习俗、成见和一切特性，以便弘扬理性、美、善和进步。如果我的一生能获得成功，干成一番给人类增光的事业，我将像赞塔小姐一样，被人们接受和赞赏。我突然发现自己大错特错：人们远远谈不上赞赏我，连接受我都谈不上；人们不仅不给我编织花环，还根本容不下我。我陷入了焦虑，因为我明白人们不仅指责我现在的态度，更指责我为之奋斗的未来。这种排斥将不会停止。我没想到存在一些与我阶层不同的阶层，这里或那里会有几个人从群众里脱颖而出。可是这些人我几乎没有机会遇到一个，即使与一两个人结下了友谊，也不能给我遭到放逐的痛苦带来安慰。我一直受到疼爱、关怀、器重，希望有人爱我；我的命运的严峻令我害怕。

我是通过父亲知道自己命运严峻的。我本来指望得到他的支持、同情和赞赏，可是这些他都不肯给予我，令我深感失望。在我雄心勃勃的目标和他忧心忡忡的怀疑之间，有着很大的距离。他的道德准则要求看重习俗；至于个人，他们在世间除了避免烦恼和尽可能地享受生活，不需要做任何事情。父亲经常重复说应该有一个理想。他虽然讨厌意大利人，但同时又羡慕他们，因为墨索里尼给他们提供了一种理想。然而他没有给我指出任何理想。鉴于他的年龄和处境，我觉得他的态度是正常的，觉得他也许能理解我的态度。在许多问题上如国际联盟、左翼联盟、摩洛哥战争等，我没有任何看法，赞同他对我所说的一切。我们的分歧在我看来一点也不严重，所以起初我没有做任何努力缩小我们的分歧。

父亲把阿纳托尔·法朗士视为这个世纪最伟大的作家。假期末他让我读《红百合》和《诸神渴了》。我表现得很不热心。他硬要我读，在我十八岁生日时送了我一套四卷本的《文学人生》。法朗士的享乐主义令我气愤。他从艺术里只寻求自私的快乐。"多么低俗！"我想道。我也瞧不起莫泊桑的小说之平庸，而父亲将它们视为杰作。我礼貌地说出自己的看法，他却大为恼火。他觉得我的厌恶态度是对许多事物提出质疑。当我抨击某些传统时，他就更严肃地发火了。每年整个家族要在一个或另一个堂姐妹家聚会几次，吃午饭或晚饭，我总是不耐烦地忍受。我断言，重要的是感情，而不是婚姻和血缘关系的巧合。父亲崇尚家族，开始认为我没心没肺。我不同意他的婚姻观。他倒不像马比耶夫妇那么古板，在婚姻里给爱情留了相当宽松的位置。但是我不把爱情和友谊分开，而他看不出这两种情感有任何共同之处。我不能接受夫妻两个之中一个"欺骗"另一个，如果彼此不再适合，那就应该分手。我感到气愤的是，父亲允许丈夫"偷鸡摸狗"。从不关心政治的角度讲，我不是女权主义者，不在乎选举权。但在我眼里，男人和女人在人格上是平等的，我要求他们要严格地相互尊重。父亲对女性的态度对我是一种伤害。总的来讲，资产阶级轻浮的偷情、恋爱和通奸令我恶心。伯父加斯东带我与妹妹和堂姐去看米兰达的一出无伤大雅的轻歌剧：《热辣辣》。回来之后我表示强烈反感，使父母感到非常意外，因为我阅读纪德和普鲁斯特时都十分泰然自若。通常的性道德观令我愤慨的，包括其纵容的一面和严厉的一面。我读一则社会新闻时惊愕地了解到，堕胎是一种犯罪行为。在我身体里发生的事情只与我自己有关，任何理由都不能让我松口。

我们的分歧相当迅速地加剧。如果父亲表现得宽容些，我本来可以接受我这样一位父亲。我还什么也不是，正在决定我将成为什么样的人，为此采纳了一些与他相反的看法和兴趣，这就使得他认为我是存心否定他。另一方面，我的倾向是什么，他看得比我清楚得多。我拒绝精英赖以出人头地的等级制度、价值观和虚套子。我认为，我的批评只不过是要使精英摆脱长辈毫无意义的庇荫。事实上意味着摆脱这种关系。我觉得只有个人才是真实的、重要的。最终我不可避免地喜欢整个社会胜过喜欢我的阶级。总之敌对是由我挑起的。但是我没有意识到为什么父亲和他身边的人都谴责我。我跌进了一个陷阱。资产阶级让我深信它的利益与人类的利益分不开。我以为能够与资产阶级和睦相处，掌握对所有人都有价值的真理。可是当我要接近真理时，它却起来反对我。我感到"痛苦，目瞪口呆，晕头转向"。是谁愚弄了我？为什么、怎样愚弄了我？不管怎样，我是不公正的受害者，我的怨恨情绪渐渐演变成了反抗。

谁也不接受本来的我，谁也不爱我。我决计要好好爱自己，来弥补这种被遗弃。过去我自我感觉不错，但很少想到要了解自己；今后我打算剖析自己、审视自己、观察自己。在日记里，我与自己对话。我进入了一个世界，那里的新鲜事物令我惊愕不已。我明白了悲伤与忧郁、从容与冷漠的区别所在，明白了心灵的犹豫和狂热、重大的舍弃引起的反响，希望暗暗的絮语。我情怀激荡，就像晚上在蓝色的山丘后面仰望变幻莫测的夜空。我既是景物又是目光，我仅仅靠自己和为自己而存在。我庆幸放逐把我驱赶到了如此强烈的快乐之中；我看不起那些不懂得这种快乐的人，惊愕自己居然没有这种快乐而生活了那么长时间。

然而我坚持自己的决定：服务。我在日记里对勒南提出异议：伟人自己并非目的本身，他只有促进人类普遍的知识和道德水平的提高，才能为自己正名。天主教教义让我相信，不要把任何个人，哪怕是最不幸的人，看成是无关紧要的；所有人都同样有权实现我所称的永恒的本质。我的道路已经明确地确定：完善自我、充实自我，在一部能帮助其他人生活的作品里表现自我。

我已经觉得应该把我正在体验孤独的感受传达给其他人。四月份，我写了一本小说开头的数页。我化名艾丽雅娜，与几个表兄弟、表姐妹在一个公园里散步，在草地里抓到一只金龟子。"给我们看。"大家都说。我小心戒备地将手握起来。大家非要看不可，我挣脱他们就跑，他们在后面追。我气喘吁吁，心怦怦乱跳，便钻进了树林子，摆脱了他们，低声哭起来。不一会儿我揩干眼泪，自言自语："永远不让任何人看到。"然后慢慢回到家里。"她觉得自己足够坚强，能顶住所有攻打和示好，保护她唯一的财产，一直紧握她的手。"

这则寓言表达了我最不容易摆脱的心病：防备别人、保护自己，因为父母不是责备我，就是要求我信任他们。母亲经常对我说，她遭受过外婆的冷漠，希望成为她两个女儿的朋友。可是她怎么能够和我促膝谈心呢？在她眼里，我是一个濒危的灵魂，一个要拯救的灵魂，是一件东西。她的信念之坚定使她不可能作出丝毫让步。她盘问我，并不是为了在我们之间寻求谅解的基础，那是在探察。每当她问我一个问题，我总觉得她是通过一个锁孔在窥视我。仅仅她申明对我拥有权利这一点就令我寒心。她把这种做法的失败归咎于我，想方设法制伏我的反抗，办法就是对我表示关心，可是她的关心使我的反抗更强烈。她恼火地说："西蒙娜宁愿把身子脱光，也不肯把藏在心里的想法讲出来。"的确，我异常沉默。甚至与父亲，我也放弃争论。我没有任何机会影响他的看法，我的理由都在一堵墙上撞得粉碎。他一劳永逸、像母亲一样彻底地断定是我错了，甚至不再试图说服我，只是伺机挑我的错。最没有危害的交谈也隐藏着陷阱，父母把我的话按他们特有的方式表达出来，把与我的想法没有任何共同之处的想法归咎于我。我一直挣扎着反抗语言的压迫，现在常常暗自重复巴雷斯这句话："为什么让词语这样生硬而明确地来曲解我们复杂的思想？"我一张开嘴，就立刻克制住自己，被重新禁闭在这个世界里。我花了好些年才逃出这个世界。在那里每样东西都毫无疑义有自己的名称、自己的位置、自己的作用；在那里恨与爱、善与恶像黑与白一样分明；在那里一切都事先分好类、编好目录，都被了解、被理解，被不可改变地作了评判。这个世界有着峭拔的山脊，处在无法逃避的光线照射之下，没有任何疑虑的阴影掠过它上空。我宁愿保持沉默。只是父母不能将就，认为我忘恩负义。其实我远不像父亲想象的那样无情无义，因此感到伤心，晚上常常躺在床上哭泣，甚至会当着他们的面号啕大哭。他们感到不快，变本加厉地指责我是白眼狼。我想出一个防卫的办法：以缓和的方式回答他们，说假话。但又不甘心这样做，觉得是背叛自己。我决定"说真话，不拐弯抹角，不加解释"。这样既可避免伪装自己的想法，也可避免把自己的想法告诉他们。不过这样做不怎么机灵，会激怒父母，而又无法平息他们的好奇心。实际上不存在什么解决办法，我无计可施。父母既无法忍受我对他们说的话，也无法忍受我的沉默。我冒险对他们解释几句，他们会惊得目瞪口呆。"你把生活看偏了，生活并没有这么复杂。"母亲说。可是，我如果退避不予理睬，父亲又会哀叹我完全没了感情，只会耍心眼。他们议论要把我送到国外去，四处征求意见，显得慌乱不安。我尝试硬着头皮顶住，鼓励自己不要怕指责、不要怕嘲笑，也不要怕被误解。别人对我有什么看法，别人的看法有没有根据，都不要紧。一旦抱定这种无所谓的态度，不想笑我也笑得出来，别人怎么议论我都怡然自得。不过这样我觉得自己与别人决绝了。我看镜子里别人眼里的那个人，那不是我，我不在，到处都不在，到哪里去找回我呢？我精神迷惘。"活着就得说谎。"我沮丧地说。按理说，我没有任何理由反对说谎。可是实际上，不停地给自己制作假面具是很累人的。有时我觉得自己就要精疲力竭了，就要甘心重新变得与别人一样了。

这个想法把我吓坏了，尤其因为现在我见他们对我表示敌视，就用敌视对待他们。过去我决心不要像他们一样时，感到对他们还是敬爱的，并不抱敌意。可是现在，他们讨厌我身上有别于他们而我自己最珍视的东西。我从怜悯变成了愤怒，他们多么自信真理在他们一边！他们拒绝任何改变、任何异议，对一切问题都持否定态度。为了理解世界，为了找到自我，我必须逃避他们。

我本来相信自己是在一条胜利的道路上前进，可是突然发现自己卷进了一场斗争，这令我张皇失措。我感觉受到冲击，好久才镇定下来。无论如何，文学帮助我从困境中振作了起来，感到自豪。"家庭，我憎恨你！家庭隔绝，门关闭了。"梅纳克^①的诅咒让我相信，我对家庭感到厌倦时，就在为一桩神圣的事业服务。阅读巴雷斯早期的作品让我了解到，"自由人"不可避免地要引起"野蛮人"的憎恨，他首先应该反击他们。我不是默默地忍受不幸，而是在勇敢地战斗。

巴雷斯、纪德、瓦莱里、克洛岱尔，我对新一代作家充满敬慕。我狂热地阅读年龄比我大的年轻作家的所有小说和散文。我从他们身上认出了我自己，这是正常的，因为我们在同一条船上。他们像我一样是资产者，像我一样感到不自在。战争毁掉了他们的安全感，而没有使他们脱离自己的阶级；他们反抗，但仅仅是反抗他们的父母、反抗家庭和传统。战争期间他们被迫听信的谎言令他们

---

① Ménalque，纪德《人间食粮》中的人物。

恶心，他们要求有权正视事物，知道事物的真相。不过他们根本没有想要颠覆社会，而局限于仔细研究自己心灵的状态，主张"真诚地对待自己"。他们摒弃陈词滥调、老生常谈，拒绝他们看到已溃败的古代道德，但并不试图创立另一种道德。他们更倾向于断言不应该为任何事情作出牺牲，强烈地表示不安。一切赶潮流的青年人都感到不安。一九二五年封斋节期间，桑松神甫在巴黎圣母院布道，就提到"人类的不安"。由于厌恶旧道德，最大胆的人甚至对善与恶也提出质疑，而赞赏陀思妥耶夫斯基笔下"魔鬼附身的人"。陀思妥耶夫斯基成了他们的偶像之一。某些人倡导自傲的唯美主义，另一些人则归附于非道德主义。

我恰恰与这些失去常态的富家子弟处于同样的情形：我脱离了自己所属的阶级，向何处去呢？不可能降格到"低下阶层"。人们能够也应该帮助他们往高处走。可是现在在日记里，我对阿纳托尔·法朗士的享乐主义和"挤在电影院里"的工人的唯物主义同样厌恶。由于在世间没有任何适合我的位置，我就愉快地打算永远不在任何地方驻足。我心怀不安。至于真诚，我自小就向往。在我周围，大家都谴责说谎话，但都小心翼翼地避免讲真话。今天我之所以如此难以开口说话，是因为我厌恶像周围的人那样说假话。我以不亚于别人的热情接受非道德主义。当然我不赞成在利益驱使下去偷盗，也不赞成追求淫乐的床笫之欢。但是，如果他们没有动机，而是出于绝望和反抗——当然是假设的——我会毫不犹豫容忍一切罪过，包括强奸和暗杀。作恶，这是拒绝给体面人当任何帮凶最激进的方式。

拒绝空话、拒绝伪善、拒绝舒适，这种否定的态度，文学将之表现为积极的伦理。它把我们的不安变成一种寻求：我们寻求救赎。我们否定了我们的阶级，是为了居住在上帝心里。"罪孽是上帝网开一面之处。"斯塔尼斯拉斯·菲梅在《我们的波德莱尔》里写道。因此，非道德主义不仅是对社会的挑战，而且使人可以到达上帝那里。信教的人和不信教的人都乐于用这个称号；依前者所想，指的是一个难以接近的存在；依后者所想，指的是一种令人晕头转向的不存在。二者没有多大区别，我容易把克洛岱尔和纪德搞混。在他们两个人笔下，就资产阶级社会而言，上帝被定义为他者，凡是属于他者的，表示都是上帝的某种东西。贝玑笔下圣女贞德心灵的空虚，侵蚀着维约莱娜①的麻风病，我从中认出了折磨纳塔奈尔②的渴望。一种非凡的牺牲和一桩没有动机的罪行之间，并没有很大距离。我从茜妮③身上看到拉夫卡迪奥④的妹妹。重要的是脱离人世，那样就接近永恒了。

少数年轻作家如拉蒙·费尔南德斯、让·普雷沃等，离开了这些神秘主义的道路，试图建立一种新人道主义。我不跟他们走。然而去年，我赞成上天的沉默，充满激情地阅读了亨利·庞加莱的作品。我喜欢在人世间，而人道主义——除非是革命者，可《法兰西杂志》里谈到的人不是革命者——意味着可以达到普世而仍然是资产者。然而我刚刚突然注意到，这样一种希望是一种诱饵。从今往后，我只会给予我的智力生活一种相对价值，因为它在使我获得所有人的尊重方面失败了。我祈求不屈的坚韧，使我能够不理会其他人的评价。我躲进"深藏不露的自我"之中，决定我的存在要服从于这个自我。

这种变化使我用新的眼光看待未来："我将有一个幸福、丰

---

① Violaine，克洛岱尔《给马利亚报信》里虚构的人物。
② Nathanaël，纪德《人间食粮》里虚构的人物。
③ Sygne，克洛岱尔《人质》里虚构的人物。
④ Lafcadio，纪德《梵蒂冈地窖》里虚构的人物。

富、光辉的人生。"十五岁时我就这样想。我决计："我将满足于一个丰富的人生。"我觉得服务于人类仍然是重要的，但我不期望人类承认我，因为对我而言别人的看法不再重要。这种放弃使我付出的代价甚少，因为荣耀其实只不过是未来一种不可靠的幻象。相反，幸福我曾经享受过，而且一直希望得到，我不会甘心让幸福轻易地从我身边溜掉。我之所以下此决心，是因为我觉得我已被彻底拒绝于幸福门外。我认为幸福与爱情、友谊、亲情是不可分的。我投身于"不可避免要孤独地"从事的一种事业。为了重新获得幸福，就得走回头路，就得丧失。我宣布一切幸福本身就是一种丧失。怎样调和幸福和不安呢？我喜欢大个子莫林、阿丽莎、维约莱娜和马塞尔·阿尔兰笔下的莫尼克。我将以他们为榜样。作为补偿，并非不允许得到快乐；快乐常常降临到我头上。这个季度，我洒了很多眼泪，但也经历了一些非常值得赞叹的事情。

尽管文学结业考试已通过，但我并未考虑不再上加利克的课，每周六下午我依然坐在他对面听讲。我的热情未减。我觉得，如果没有值得仰慕的人，这世间就不宜居住了。有时我不与莎莎或泰莱丝一块从讷伊回来，就步行回家。我沿着格兰德-阿尔梅街往上走，醉心于一种在当时仅仅包含有限危险的游戏：不停地笔直穿过星形广场。我大步穿过香榭丽舍大街上来来往往的人群，心里想着那个与众不同的人。他住在一个陌生的、几乎有些异国情调的街区：美丽城。他没有"心事"，但睡不着觉。他找到了自己的道路，但没有家庭、没有职业、没有例行公事，他的时光里没有多余的东西：他单身一人，自由自在，从早到晚都在行动、在发光、在燃烧。我多么想效法他！我唤醒自己心中的"团队精神"，怀着爱心打量所有行人。当我在卢森堡公园里看书时，如果有一个人在我的凳子上坐下并想和我攀谈，我会热心地答话。过去父母不准许我与不认识的女孩子一块玩，而我喜欢打破老的禁忌。偶然与"大众阶层的人"打交道时，我特别高兴，觉得这是实践加利克的教导。他的存在照亮着我的每一天。

然而，我由此得到的快乐不久就渗入了忧虑。我仍然听他讲巴尔扎克、讲雨果。老实说我是在竭力延长一个已经消逝的过去。我仍是他的听众，但不再是他的学生：我不再属于他的生活。"过几个星期，我甚至再也见不着他了！"我心里想，我已经失去了他。我从来不曾失去过任何珍贵的东西。什么东西要和我分手，我总是事先就放弃了。这一次我是被迫的，我进行反抗。"不，"我说，"我不愿意。"可是，我的意愿不起任何作用。如何抗争呢？我告知加利克，我要报名参加"团队"，他对我表示祝贺。可是他几乎不管妇女组的事。也许下一年我就根本见不到他了。这个想法真让我受不了，于是我便胡思乱想起来。我是否有勇气对他说，给他写信，告诉他彻底见不着他了我没法活？我寻思，如果我敢这么做，会怎么样？我不敢。"开学的时候我能够再见到他的。"这个希望使我平静了些。而后，我一方面尽力把加利克留在我的生活里，另一方面又听任他落到次要的位置。雅克的分量越来越大。加利克成了一个遥远的偶像，而雅克关心我的种种问题，能与他谈天说地我感到温馨。我很快就明白，雅克重新占据了我心中的首要位置。

这时我宁愿暗暗吃惊而不想弄明白，并不试图确定雅克处于什么位置，也不想弄清楚他究竟如何。只是如今我才有点条理地重新整理他的故事。

雅克的祖父娶了我外公的妹妹——我那位上唇汗毛特别浓、给《模范娃娃》杂志写文章的姨婆。他祖父这个人野心勃勃又好赌，疯狂地进行投机，结果破了产。连襟俩为了利益问题无情地吵翻了。外公尽管自己一次又一次破产，在我称雅克为未婚夫那会儿，却气壮如牛地宣布："我的外孙女绝不会有一个将来嫁到赖纪永家。"埃内斯特·赖纪永去世时，那个彩绘玻璃制造厂还好好的。不过家里人说，那个可怜的夏洛如果不是过早地死于那次可怕的事故，可能最终也会把它弄得倒闭。他像他的父亲一样胆子太大，不理智地相信命运。是我姨妈日耳曼娜的弟弟负责管理那家公司，直到他的外甥长大成人。他管理公司非常小心谨慎。与赖纪永父子相反，弗兰丁父子是乡下人，眼光狭隘，满足于蝇头微利。

雅克两岁丧父。他长得像父亲，像他一样有一双明亮的眼睛，一张好吃的嘴和一副机灵相。他祖母赖纪永爱他爱得不得了，他刚会说话就把他当成小家长，赋予他保护蒂蒂特和小妈妈的责任。他呢，也严肃地担当起这个角色，他姐姐和母亲都奉承他。可是日耳曼娜姨妈守了五年寡之后，与生活在维兰堡的一位公务员再婚了，定居在那里并生了一个儿子。起初她把两个大孩子带在身边，后来顾及他们的学业，就让蒂蒂特去瓦尔东学校、雅克去斯塔尼斯拉斯学校半寄宿。姐弟俩住蒙帕纳斯大街那套房子，由老艾丽莎监护。这样被抛弃，雅克怎么忍受下来了呢？很少有孩子像这个被废黜、被放逐、被抛弃的小贵族一样，被蛮横地逼得装模作样。他对自己的继父和同母异父弟弟与对他的母亲和姐姐一样，都现出一副笑眯眯有感情的样子。未来将会证明——那是很久以后——他只有对蒂蒂特的感情是真的。他大概不会承认自己心怀怨恨。但是，他粗暴地对待他的外婆，对母亲方面的家庭总是表现出近乎敌意的鄙视，那绝非偶然。被刻在门面上和绚丽多彩、熠熠生辉的彩绘玻璃上的赖纪永这个姓氏，在他眼里像一个徽章那样光辉夺目。但是他之所以如此炫耀这个姓氏，是想通过只承认父系方面的飞黄腾达，来对他母亲进行报复。

他想在家里替代英年早逝的父亲没有成功，作为补偿，便公开要求自己的继承权。八岁上，他不甘心忍受舅父的临时监护，宣称自己是家里的唯一主人。这就是为什么他年纪轻轻就一副威风凛凛的样子。有谁知道，他在那寂寞的顶楼里可能忍受了怎样的不幸、怎样的嫉妒、怎样的怨恨、怎样的恐惧。在那顶楼里，往昔的尘垢预示着他的未来。他的狂妄、镇静、自吹自擂，肯定掩饰着严重的惶恐。

一个孩子就是一个造反者。他想要像男子汉一样懂道理。他不需要去争得自由，而是需要对抗自由，把父亲在世时告诉他们的准则和禁令，强制自己遵循。他精力旺盛、无拘无束、肆无忌惮，在学校里就常常乱喊乱叫。他笑着让我看他的记分册里的一条意见，指责他"用西班牙语发出各种怪叫"。他不装出一副模范小男孩的模样。他装出的是一副成年人的模样，正是成年人的成熟使他可以违反过于小孩子气的纪律。十二岁的时候，他在家里即兴表演一出不大看得懂的滑稽戏，提倡基于利害关系的婚姻，令观众大为惊讶。他饰演一个小伙子的角色，拒绝娶一位贫穷的姑娘为妻。"我之所以建立一个家庭，就是为了确保我的孩子们能过上舒适富裕的生活。"他解释说。在少年时代，他从来没有对现有的秩序提出过质疑。他怎么会反抗他孤单一人在虚无之上维护的那个幽灵？作为一个好儿子和热心的兄弟，他忠于一个阴间的声音给他指出的路线。他对资产阶级的规章制度表现得十分遵守。有一次在谈到加利克时他对我说："这是个不错的人，不过他应该结婚并且有一个职业。""为什么？""一个男人应该有一个职业。"他自己把将来的职责放在心上，上装饰艺术课和法律课，在底层那几间散发着积年尘垢味的办公室里开始学做生意。生意和法律使他不胜其烦，相反他喜欢画图画，学会了木雕。他对绘画非常感兴趣，不过没有可能致力于绘画。他那位对美术一窍不通的舅父治理公司有力，雅克的任务与任何小老板的任务不会有多大差别，但能够重拾父亲和祖父大胆的目标，他已经感到安慰。他酝酿了一些大计划，不满足于乡间本堂神甫这样一小批买主。赖纪永彩绘玻璃将以其艺术质量令世界吃惊，他的制造厂将成为一间上规模的企业。他母亲和他的家人都感到不安。"最好把生意交给他舅舅管理，"我父亲说，"他准会把公司搞破产。"因为他的热情有点让人生疑：他十八岁时这副严肃样子非常像他八岁时表现出的严肃样子，是为了不让人觉得他在儿戏。他过分遵循惯例，仿佛他并不属于他所依仗并且生下来就属于的社会等级。这是因为他替代父亲的企图事实上遭到了失败。他只听从自己的声音，但他的声音缺乏权威。他特别小心翼翼地避免否定自己所具有的智慧，绝不让它深藏不露。他与他张扬地扮演的角色——赖纪永之子根本不相符。

我觉察到了这个缺陷，断定雅克采取了我觉得可行的唯一态度：一边唉声叹气一边求索。他的激昂无法让我相信他有雄心壮志，同样他冷静的声音也无法让我相信他已听天由命。他远远不属于稳重的那类人，甚至拒绝反对墨守成规的方便条件。他厌倦的撇嘴、犹疑的目光、他借给我的书、他半遮半掩的吐露隐情，一切都让我相信，他是面向一个不确定的彼岸生活着。他喜欢大个子莫林，也让我喜欢上了这个人物。我把他们两个等同起来了。从雅克身上我看到了"不安"的精确化身。

我相当经常地和家人一起去蒙帕纳斯大街雅克家里吃晚饭。我不讨厌这些晚上的聚会。与我身边的其他人相反，日耳曼娜姨妈和蒂蒂特不认为我变成了怪物。在这套我自小就熟悉的半明半暗的大

201

房子里坐在她们身边，我的生命的经络重新连接起来了，我再也不觉得自己被另眼相看和遭到放逐。我与雅克有短暂的私下交谈，建立了彼此间的默契。我父母对此并无恶意的看法。他们对雅克的感情模棱两可，怪他几乎不再上家里来，关心我甚于关心他们。他们还指责雅克忘恩负义。然而，雅克肯定有舒适的生活条件。如果我嫁给他，对一个没有嫁妆的姑娘来讲，那是多么幸运！母亲每次提到他的名字，总露出十分诡秘的微笑。我感到恼火的是，父母居然把在一致拒绝市侩眼光基础上的谅解，变成了一种市侩做法。然而，我与雅克的友谊被视为是正当的，父母允许我和他单独见面，我觉得这挺方便。

　　我一般是在下午将近黄昏时去按那座楼的门铃，径直上楼去那套房子里。雅克露出殷勤的微笑欢迎我。"不打扰你吗？""你从来不打扰我。""你怎么样？""每次见到你，我总是很好。"他的亲切让我心里暖烘烘的。他把我领进那条长长的中世纪式的走廊；他把自己的办公桌安置在走廊里。走廊总是不明亮，一扇彩画大玻璃窗妨碍采光。我喜欢这种半明半暗，喜欢那些大箱子和厚重的木头柜子。他让我在一张包深红色天鹅绒的沙发上坐下，自己踱着方步，嘴角叼一支卷烟，略略眯缝起双眼，仿佛在烟圈中寻找自己的思路。我把向他借的书还给他，他又另外借给我几本。他给我朗诵马拉美、拉福格①、弗兰西斯·雅姆、马克斯·雅各布等诗人的作品。"你要对她进行现代文学启蒙吗？"父亲半讥讽半冷淡地问他。"没有任何事情比这让我感到更愉快。"雅克回答。他把这个任务放在心上。"不管怎样，我让你了解了一些美好的东西！"有时他自豪地对我说。他对我进行引导非常谨慎。"喜欢《爱人》，太好了！"

---

① Jules Laforgue（1860—1887），法国印象派诗人，抒情讽刺诗大师，"自由诗体"创始人之一。

当我把雅克·里维埃①的这本小说还给他时，他这样说。我们很少进行更深入的议论。他讨厌啰嗦。当我要求他说明时，他常常引用科克托的话："这就像铁路事故一样，可以感觉得到，但是说不清楚。"他让我去乌尔苏拉会②电影制片厂——上午与我母亲一块去——看一部前卫电影，或者去剧团看杜兰的最新演出时，只是简单地说一句："这个不应该错过。"有时，他细致地向我描述一个细节，如画布角上一道黄色的光、银幕上一只正张开的手等。他的声音听起来那样认真又那样开心，使人联想到无限。不管怎样，他还是给了我一些宝贵的提示，例如让我懂得怎样欣赏毕加索的一幅画。他让我惊讶得目瞪口呆，因为他不看署名，就能分辨出布拉克③或马蒂斯④的一幅作品。在我看来他像有魔法。他向我显示的这些新东西令我震惊。我有点觉得这些都是他的作品，或多或少把科克托的《俄耳甫斯》、毕加索的《丑角》、勒内·克莱尔的《幕间休息》看成是他创作的。

实际上他在做什么呢？他有什么打算，有什么考虑？他工作干得不多，喜欢夜里飙车穿越巴黎，偶尔去拉丁区的啤酒馆和蒙帕纳斯酒吧。他对我把酒吧描述成神奇的地方，那里总要发生点什么事情。可是他对自己的生活并不十分满意。他在走廊里踱着方步，抚弄着他那头漂亮的栗黄色头发，满面笑容地向我吐露道："我复杂得可怕！被自己错综复杂的想法搞得晕头转向。"有一回他很不高兴地对我说："你看，我必须做的事情，是要信仰某种东西！""难道活着还不够吗？"我问他，"我就信仰生命。"他摇摇头说："什么也

---

① Jacques Rivière (1886—1925)，法国作家，其小说《爱人》出版于 1922 年。
② 乌尔苏拉会为天主教女修会。
③ Georges Braque (1882—1963)，法国画家、雕塑家。
④ Henri Matisse (1869—1954)，法国画家、雕塑家。

不信仰，活着就不那么容易。"然后他就换别的话题。他心里要说的话每次只吐露一句半句，我也不强求。与莎莎在一起，我们的交谈从来不触及实质；与雅克在一起，我们的交谈如果接近了实质，也是以非常谨慎的方式，我觉得这倒是正常的。我知道他有个朋友，叫吕西安·廖库尔，是里昂一位大银行家的儿子。两个人经常在一起整夜聊天，从蒙帕纳斯大街到波纳街你送我、我送你，有时廖库尔就睡在那张红沙发上。这个小伙子遇到过科克托，并且向杜兰透露过写一个剧本的打算。他出版过一本诗集，由雅克用木刻画加的插图。这种优势令我折服。雅克在他的生活余暇给了我一个位置，我认为自己已经很幸运了。他对我说，他一般与女人合不来，他爱自己的姐姐，但觉得她太多愁善感。像我们这样，男孩和女孩能在一起聊天，的确不寻常。

我不时稍许对他谈到我自己，他呢，就给我一些忠告。"要尽量表现得透明。"他对我说。他告诫我要接受生活的单调平常，并且引用魏尔伦①的话："平凡的生活，要干的工作繁杂而简单。"我并不完全同意，但重要的是他听我讲话，能理解我、鼓励我，在短暂的时间里帮助我摆脱孤独寂寞。

我相信他巴不得我更加亲密地融入他的生活。他让我看他的朋友们的信，想让我认识他们。一天下午我陪他去隆尚看赛马。有一回他表示想带我去看俄罗斯芭蕾舞团的演出。妈妈断然拒绝："西蒙娜晚上不一个人外出。"并非她怀疑我的操守。晚饭前我可以单独和雅克在家里待几个钟头，但是晚饭之后，如果没有父母在场驱除邪魔，一切地方都变成了邪恶的场所。因此我与雅克的友谊，仅限于言犹未尽的交谈，加上长时间的沉默以及大声朗读。

----

① Paul Verlaine（1844—1896），法国诗人，代表作品有《绿》等。

这个学期结束了。我通过了数学和拉丁语考试。时间过得快，考试成绩好，令人愉快。当然，对严密科学和死语言，我并没有什么兴趣。朗贝尔小姐建议我重拾最初的计划。在圣马利亚学院，哲学课由她讲授，我当她的学生她会很高兴，她肯定我会很容易取得教师资格。我父母不反对。对这个决定我也很满意。

尽管最近这些星期，加利克的形象有点淡薄了，但当我在圣马利亚学院一条阴暗的走廊里和他告别时，还是感到黯然神伤。我还要听他一回课。他在圣日耳曼大街一间会议厅举行一场报告会，参加作报告的有亨利·马西和马比耶先生。马比耶最后一个发言，话语从他的大胡子间流出来显得磕磕绊绊，他整个发言期间莎莎尴尬得双颊通红。我目不转睛地望着加利克，感觉到母亲困惑的目光落在我身上，但甚至不打算控制自己。这张即将永远消失的面孔铭记在我的心里。这存在如此完整，这消失如此彻底，二者之间似乎不可能有任何通路。马比耶先生发言完了，几个演说者离开了讲台。木已成舟。

我还不愿意撒手。一天早上，我搭上地铁，在一个陌生的地方下了车。这地方这么远，感觉就像走私越过了国境线：我到了美丽城。我沿着加利克住的那条大街走去。我知道他住的是几号楼，贴着墙根走过去。如果他发现了我，我会羞愧得晕过去。我在他住的房子前面停留了一会儿，仰望那临街的灰暗的砖墙和那道他每天早晚出入的门，然后继续走我的路，打量街旁的商店、咖啡馆和广场中心花园。所有这些加利克都很熟悉，以至于熟视无睹。我来这里寻找什么呢？不管怎样，我一无所获地回到家里。

雅克嘛，我肯定十月份能再见到他，因此与他说再见时一点也不难过。他刚刚法律考试吃了败仗，有点垂头丧气。他最后的握手和最后的微笑充满热情，令我激动。离开他之后，我不安地寻思，他是否会把我的平静当成冷淡。这个想法令我气恼。他给了我那么多。我想到的不完全是那些书、画和电影，更多的是当我对他谈到我自己时他那柔情的目光。我突然想到必须感谢，一口气给他写了一封短信。我的笔在信封上面停住了。雅克最看重廉耻心。作为神秘的暗示他微微一笑，从科克托提供的版本中，给我引述了歌德的这句话："我爱你，这与你有关吗？"我这样不加掩饰地吐露感情，他是否会认为不谨慎？他是否会自言自语地嘀咕："这与我有关吗？"然而，如果我的信能使他稍许振作精神，不寄出去那就是怯懦。我犹豫不决，担心遭到嘲笑，正是这嘲笑使我童年时代变得木讷。不过我不想再像小孩一样行事，便赶忙加了一句附言："也许你会觉得我可笑吧，不过我如果永远没有勇气面对嘲笑，那我就会瞧不起自己。"我把信投入了邮筒。

玛格丽特伯母和加斯东伯父与他们的孩子在柯特雷温泉疗养，邀请我和妹妹去与他们一块疗养。早一年，能见到山我会欣喜若狂。如今，我钻进了自我之中，外部世界不能让我动心了。再说，我与大自然有过非常亲密的关系，不忍心在这里看到它降到度假消遣的水平。人们把大自然割裂成一片片提供给我，而不让我有必要的闲情去接近它。既然不能投身于大自然，我便一无所获。冷杉和山涧激流都沉默不语。我们在加瓦尼竞技场和戈布湖游玩，堂妹让娜拍了一些照片，而我看到的只像透明幕布上一些乏味的画面。一如街道两旁建的那些难看的宾馆，装修得再豪华也白搭，丝毫不能分散我的痛苦。

因为我不幸。加利克永远消失了。我与雅克究竟怎么样了呢？我信里告诉了他我在柯特雷的地址。他显然希望他的回信不落到我以外的其他人手里，所以他会往这里写信，或者根本不写。他没有回信。我每天去宾馆办公室四十六号格子里查看十来次。什么也没有。为什么？我是在相互信任和无忧无虑中感受我们的友谊的。现在我寻思：对他来讲我算什么？他觉得我的信幼稚？或者不合时宜？还是他干脆把我忘了？真折磨人！我真希望能够慢慢地平静下来！可是我一刻也不得安宁。我与宝贝蛋和让娜睡在同一个房间，外出总是三个人一起，我成天要控制住自己，可是总不断有声音传进我耳朵里。在莱耶尔，晚上在宾馆的沙龙里，大家围坐在一起，面前一杯巧克力，伯母和伯父闲聊着。正值假期，他们看书，谈论所看的书，说："写得还挺好，但有些啰嗦。"或者说："有些啰嗦，但写得还挺好。"有的人现出沉思的目光，用洞察入微的口气说："这有点奇怪。"或者用更严厉的口气说："是有点特别。"我等待夜里去哭泣。第二天还是没有信来；我又等待夜晚降临，气鼓鼓的，焦虑不安。一天早晨，我在房间里号啕大哭起来，不记得我当时是怎样使我那吓坏了的可怜伯母安下心来的。

在回到梅里尼亚克之前，我们在卢尔德停留了两天。我受到一次冲击，碰到一批奄奄一息、缺胳膊少腿和甲状腺肿大的人。面对这惨不忍睹的场面，我突然意识到，人间并非只讲心境。人有肉体，遭受着肉体的痛苦。我跟在一队人后面，对他们大声唱的圣歌和这些欢乐的善男信女身上的酸臭味，全都麻木不仁；我对自己的悠然自得感到羞愧，眼前这难以言状的苦难比什么都真实。我倒是隐约地羡慕起莎莎来了。她在朝圣期间为病人洗碗碟。要全心全意，忘掉自我。可是那又怎样？为了什么？在这里不幸乔装打扮成滑稽可笑的希望，没有任何意义，不能让我幡然悔悟。我在恐惧中挨过了几天，然后重新开始操心自己的事情。

我度过了一个艰难的假期，在栗树林里踯躅、哭泣，感到自己在这世界上绝对孤苦伶仃。这一年，妹妹也将我视同陌路。我挑衅性的严肃刻苦态度惹恼了父母。他们不信任地观察着我，翻阅我带回家的书，然后他们两个以及玛格丽特伯母一块议论。"这不健康，偏离了正道。这不对头。"他们常常说。他们这样做，就像他们议论我的心情或者猜测我脑子里想什么一样，同样伤害我。他们比在巴黎有更多空闲，所以不像以前那样有耐心忍受我的沉默。我也任性，有两三次乱发脾气，把事情搞得一团糟。尽管我努力改进，还是非常容易受到责难。当母亲摇着头说："这当然不行。"我就气不打一处来。可是如果我成功地使一个花招，她却叹口气说："这好一些啦！"真气人。我依恋父母，在这里我们曾经那样亲密无间，现在我们之间的误解使我比在巴黎更感到痛苦。此外我也无所事事，只弄到很少几本书。对康德的一项研究使我热衷于纯粹理性批判，而纯粹理性批判使我更加坚定地不接受上帝。从柏格森关于"社会的我和深层的我"的理论中，我兴奋地辨认出了自己的体验。但是哲学家客观的声音不像我喜爱读的作家的声音，能给予我同样的鼓舞。我再也感觉不到自己周围存在亲如手足的人。我唯一求助的，就是我的个人日记。当我在日记里反复讲述了我的烦恼和忧愁之后，我又开始忧愁地烦恼起来。

在格里埃尔的一天夜里，我刚在一张宽大的乡下床上躺下，就禁不住焦虑万分。我曾经担心会死，竟至潸然泪下、连声叫喊。可是这一次更糟糕，生命已经倾覆于虚无之中，万物俱灭，此时此刻只剩下一种异常强烈的恐惧。我犹豫着是否去敲母亲的房门，声称我病了，好听到人声。但我终于还是睡着了，对这次发作保留了一个心惊胆战的回忆。

回到梅里尼亚克，我考虑写作。我喜欢文学甚于喜欢哲学。如果有人预言我会成为一个柏格森那样的哲学家，我是不会完全满意的。我不想以那种深奥的口气讲话，那种口气我听到了也无动于衷。我渴望写作的是一部"内心生活的小说"。我想传播我的感受。我犹豫不决，似乎觉得心里"有一堆事情要说"，但明白写作是一门艺术，自己对此并不在行。不过我还是记下了好几个小说题目，最终下定了决心。我构思了自己的第一部作品。这是一个未遂的私奔故事。女主人公与我同龄，十八岁，与家人一起在一座乡间别墅度假，一位按习俗与她相爱的未婚夫，要到这里来与她相会。直到此时，她对平淡无奇的生活感到满意。可是突然她发现了"别的东西"。一位天才的音乐家让她看到了真正的价值：艺术、真诚、不安于现状。她发觉自己过去是生活在假象之中，内心产生了一种激情，一种不曾有过的欲望。音乐家走了。未婚夫来了。她在二层楼的卧室里听到欢迎的喧哗声。她踌躇起来：她刚刚隐约看到的东西，她是保全呢，还是失去？她没有这个勇气。她走下楼梯，满面笑容地进到其他人正在等候她的客厅里。我对这个故事的价值不抱幻想。这是头一回我把自己的体验整理成句子，而且乐于把它写出来。

我给加利克寄了一封学生给老师的短信，他回寄给了我一张老师给学生的小明信片。我不再很想念他。他以自己的榜样激励我脱离自己的阶层和过去。我注定孑然一身，所以跟着他追求英雄主义。这是一条坎坷的道路，我当然希望这种注定会消除。雅克的友谊带来了这种希望。当我躺在欧石楠丛中，徘徊在低洼的道路上时，回想的是雅克的模样。雅克没有回复我的信，但时间冲淡了我的失望。他亲切的微笑、我们之间的默契、我在他身边度过的温馨时刻，这些往事的回忆掩盖了我的失望。我厌倦了哭泣，幻想我点亮了灯，往红沙发上一坐。这是在自己家里。我端详着雅克。他是我的。毫无疑问，我爱他。他为什么会不爱我呢？我开始拟订幸福的计划。我之所以放弃，是因为我觉得自己无缘得到它，可是一旦觉得有可能，我又开始渴望。

雅克漂亮，一种孩子式的肉感的漂亮，然而他从来没有引起我任何冲动，也没有引起我丝毫欲望。我在日记里有点惊异地记述道：每当雅克有温柔的表示时，我心里有某种东西就缩了回去。这也许是我弄错了吧。我所记述的情况至少意味着，我在想象中保持着距离。我一直把雅克视为一位有点疏远的大哥。家里无论敌视也好欢迎也好，他倒是不停地对我们表示关心。大概正因为如此吧，我对雅克所产生的感情都是对一位天使的。

其实这种感情的性质全在于我们无法改变的表亲关系，所以我立刻把它归结为表兄妹之间的感情。我曾经强烈责备乔和麦琪背叛了他们的童年。我想我爱雅克就实现了自己的命运。我经常对自己讲我们过去的订婚，还有他送给我的那块彩绘玻璃。我庆幸我们在少年时代分开了，这样我才获得了重逢这种非常开心的快乐。显然，这段温馨的情缘是在天上登记的。

实际上，我之所以相信这是天数，是因为我从中看到了我所有困难的理想解决办法，尽管这一点我没有明确表达出来。我厌恶资产阶级的陈规陋习，但同时保留着对在黑、红色书房里度过的夜晚的怀念，那时我没有想到我有一天会离开父母。赖纪永家，那套铺着厚厚的化纤地毯的漂亮房子，那间明亮的客厅，那条阴暗的走廊，对我来讲已经算得上一个家。我在雅克身边看书，心里想着"我们两个"，就像过去念叨着"我们一家四口"一样。他母亲和他姐姐会亲切地待我，我父母也会重新变得温和，我将重新成为大家都爱的女孩，将在这个集体中重新占据我的位置，而离开这个集体我就只能面对流亡了。而我什么也不会放弃。在雅克身边，幸福绝不会是一个梦；我温馨的日子将一天接一天，我们将天天继续我们的追求；我们将相互迷恋，但绝不迷失，被共同的忧患联结在一起。这样我就能在心灵的宁静中而不是在心灵的痛苦中，实现自我拯救。在眼泪流尽、穷极无聊之时，我一下子把自己一辈子的赌注押在了这次机会上。我兴奋地盼望开学，在火车上，我的心怦怦直跳。

我重新来到那套铺着褪色地毡的房子里时，突然清醒过来了。我没有在雅克家落脚，而是返回了自己家里。我要在这四壁之间度过这一年。我展望一眼随后的日月：多么空虚！昔日的友谊、同窗之情和快乐，我彻底抛弃了。我失去了加利克，雅克嘛，充其量每个月只能见到两三次，没有任何可能指望他比过去给予我更多的东西。我又一次感受到清醒过来后的颓唐，看不到任何值得高兴的东西。晚上，我要倾倒所有的垃圾，还有疲劳和无聊。在寂静的栗树林里，去年支撑着我的狂热已彻底消失。一切行将重新开始，除了使我忍受了一切的那种疯狂。

我如此惊恐，想立刻跑到雅克那里，因为只有他能帮助我。我父母对他的感情，我说过，模棱两可。这天早晨，母亲不准我去看他，猛烈攻击他和他对我施加的影响。我还不敢违抗，也不敢真正说谎。我把自己的打算告诉了母亲，晚上又向她汇报自己每天所做的事情。我驯服了，但气得尤其是愁得透不过气来。我热切地盼望这次相会盼望了好几个礼拜，可是母亲的一次心血来潮就让它告吹了！我不寒而栗地明白了自己的依附地位。他们不仅判处我流亡，而且不让我自由地与无情的命运斗争。我所行、所做、所言统统受到监视。他们窥伺我的思想，一句话就能让我最珍视的计划付诸东流，剥夺我的一切手段。这一年过去了，我勉强将就了自己的命运，因为我身上发生的重大变化让我惊愕。现在这段遭遇结束了，我又陷入了孤苦无望。我变得与从前不一样，我周围的世界也应该与从前不一样。一个什么样的世界呢？我究竟希望什么呢？对此我甚至无法想象。这种被动状态令我绝望。我只有等待。等待多长时间？三四年吗？当你年届十八，这可太长了。这三四年，我如果被脚镣手铐束缚在监狱里度过，出来时依旧孑然一身，没有爱情，心灰意冷，一无所有。兴许我会去外省教哲学吧：这对我有什么好处呢？写作？我在梅里尼亚克的尝试徒劳无益。如果我还是老样子，因循守旧、碌碌无为，就永远不能进步，永远不能写成一部作品。是的，那就会天地一团漆黑。平生头一回，我真的觉得活着不如死了好。

过了一个礼拜，我才得到去看雅克的许可。到了雅克家门前，我感到惊惶失措。他是我的唯一希望，可是我对他的情况一无所知，除了知道他没给我回信。他是被打动了还是生气了？他会怎样迎接我？我半死不活地围着那几座房子转了一两圈。嵌在墙壁里的那个门铃令我害怕，它像我小时候不小心把手指伸进去的那个黑洞一样，给人以不会伤人的错觉。我按了按钮。像往常一样，门自动开了，我上了楼梯。雅克微笑着迎接我，我在红沙发上坐下。他递给我一封写给我的信说："你看吧，我没有寄出，因为我希望这个只有我们两个知道。"他满脸红到了耳根。我打开信。作为提示，他写道："这与你有关吗？"他对我不怕讥笑表示祝贺，告诉我"在温暖而孤独的下午"他常常想我。他也对我提出忠告："你如果更有人情味，就不会那么引起周围人的反感；再说这样才更棒，我要说才更值得自豪……""幸福的奥秘和艺术的极致，是像所有人一样生活，又不像任何人。"他最后问了这样一句话："你愿意把我当做朋友吗？"我心里升起一轮巨大的太阳。接着雅克断断续续地说着。暮色降临，"这样不行，"他对我说，"这完全不行。"他陷入了困境，非常烦恼。他曾经相信自己是一个体面的人，现在不再相信了，而蔑视自己，不知道拿自己怎么办。我聆听着他这番话，被他的谦卑所感动，为他的信任所陶醉，而他的沮丧令我心情沉重。我离开他时，心里像燃着一团火。我在一条凳子上坐下，抚摩着、端详着他刚刚送给我的礼物：一张漂亮的厚纸，上面有细细的线，画满紫色的音符。他的一些忠告令我愕然：我并不觉得自己没有人情味，并不故意引起别人反感；像所有人一样生活，这对我没有任何诱惑力。不过他为我谱写的华彩乐段，还是令我感动。我反复看了十遍开头那句话："这与你有关系吗？"这显然意味着，雅克比他一向表现出来的更珍惜我。但另一个明摆着的事实也不得不承认：他并不爱我，否则他不会如此消沉。我迅速拿定主意。我的错误显而易见：爱和担心不可能是一回事。雅克让我回到了现实：灯下促膝谈心、丁香花和玫瑰花不适合我们。我们太清醒、太苛求，不可能在爱情的虚假安全中高枕无忧。雅克永远不会停止焦虑的追求。他绝望到了极点，反过来变得厌恶自己了。我应该效法他，走同样坎坷的道路。我呼唤阿丽莎和维约莱娜来救助我，因为我陷入了自暴自弃。"我不会爱其他任何人，但我们之间相爱是不可能的。"我这样决断。我并不否认这个假期间我强制自己接受的信念：雅克是我的命数。但是我把自己的命运和他的命运联系在一起的理由，排除了他会给我带来幸福。我在他的生活里有某种作用：那可不是促使他停滞不前，而是要帮助他克服气馁，继续他的追求。我立刻行动起来，又给他写了一封信，建议他从最优秀的作家的作品中汲取活着的理由。

他不给我回信实属正常，既然我们两个都希望我们的友谊"只有我们两个知道"。然而我感到苦恼。一次在他家里吃晚饭，整个晚上我窥伺着他一个默契的眼神，可是什么也没等到。他比平常还过分地装出滑稽的样子。"你没完没了地装疯卖傻。"他母亲笑着对他说。他显得那样无忧无虑，对我显得那样漠不关心，我想这一回我准失算了。他恼火地阅读了我没好脸子地硬塞给他的论文。"痛苦啊，痛苦的晚上，他的假面具非常严实掩盖他的脸……我恨不得把心呕吐出来。"第二天上午我在日记里这样写道。我决计躲起来，忘掉他。可是八天后我妈从他家里得到消息，告诉我雅克考试又失败了，他似乎很痛苦，最好去看看他。我立刻准备了安慰宽心的话，跑了过去。他果然一副沮丧的样子，倒在一把扶手椅里，胡子没刮，领口敞开，想强露笑颜都没做到。他感谢我给他写了信，但似乎不是发自心底。他一再对我说，他毫无用处，是个废物。他整个夏天过得稀里糊涂，把一切弄得一团糟。他厌恶自己。我鼓励他，但言不由衷。我离开时，他低声对我说："谢谢你来。"口气诚挚，令我感动。但我回到家里还是挺垂头丧气的。这一回我无法用高尚的色彩描绘雅克的惊慌不安了。我不知道他这个夏天到底干了什么，但我往最坏处设想，譬如赌博、酗酒等，就是笼统地称为淫乐的那一套。他肯定有辩辞，但我觉得失望的是不得不原谅他。我记起我十五岁时给自己编织爱慕的伟大梦想，伤心地拿它与我对雅克的感情进行比较。不，我并不仰慕他。也许任何仰慕都是受骗上当；也许在所有心灵深处所能找到的，只是一种不可靠的狂欢；也许两个心灵之间唯一可能的联系是同情。这种悲观情绪不足以使我振作起来。

我们随后的见面使我陷入了新的困惑。他恢复了常态，发出笑声，审慎地谈到一些理智的打算。"有一天我会结婚的。"他说。这句短短的话令我心烦意乱。这是无心之言还是有心之言？如果是有心之言，那是一种许诺还是一种警告？我之外的另一个女人成为他的妻子，那是我无法忍受的。然而我发觉嫁给他的想法又令我反感。整个夏天我一直抱着这种想法，而现在当我父母热切盼望这桩婚事时，我却想逃避。我从中看到的不再是自己的拯救，而是自己的失落。好几天我一直生活在恐惧之中。

我再去雅克家里时，他与一些朋友在一起。他一一向我介绍他的朋友们，然后继续他们之间的交谈，谈论的是酒吧和酒吧男招待、金钱上的烦恼和听不明白的男女私通之类。我感到高兴的是，我的到来没有扰乱他们的交谈。然而他们的交谈令我沮丧。雅克让我等他把朋友送到车上。我瘫倒在红沙发上，极度烦躁，啜泣起来，直到雅克回来，才恢复平静。他换了一副表情，话语中透露出真挚的柔情。"你知道，像你我之间这种友谊很不寻常啊。"他对我说。他和我下楼到了拉斯帕耶大街上。在陈列着日裔画家藤田嗣治一幅白色画作的橱窗前，我们停了好大一会儿。第二天他就出发去了维兰堡，他要在那里待三个星期。我宽慰地想，在整个这段时间，这个温馨的黄昏将作为最后的回忆一直陪伴着我。

然而我的烦躁不安并没有平复，我再也不明白自己是怎么回事，有时雅克就是一切，另一些时候他又绝对什么也不是。令我吃惊的是我有时感觉到的"对他那种恨"。我寻思："为什么只有在期待、懊悔和怜悯中，我才感受到柔情的巨大冲动？"一想到我们彼此相爱我就不知所措。如果我对他的欲望麻木，我就会觉得自己精力衰竭了。然而我注意到："我需要他，但不是需要见到他。"我不再像去年那样感到兴奋，我们的交谈令我意志消沉。我宁愿远远地想念他，而不想和他面对面。

他走了三周之后，有一次我穿过索邦大学的广场时，看见他的汽车停在阿库尔咖啡馆的露天座旁。多么意外！我知道他的生活并不与我日夜相伴，我们谈起这一点时总是闪烁其词，我一直处于边缘。可是我真心认为，在我们的交谈中，他总是流露出自己最真实的一面，可是这辆停放在便道边的小汽车，却对我显示了相反的一面。此时此刻、每时每刻，雅克实实在在地存在着，不过是为其他人，而不是为我。我们频繁地一周周、一月月小心翼翼地相会，有什么作用呢？一天晚上他上我家来了，显得很可爱，可是我非常失望。为什么？我越来越弄不明白了。他母亲和他姐姐暂住在巴黎，我再也无法单独见到他。我觉得我们在玩捉迷藏，也许我们最终会永远不再相会。我爱他还是不爱？他爱我吗？母亲一再半认真半开玩笑地告诉我，他曾经对他母亲说："西蒙娜嘛，她很漂亮，遗憾的是，弗朗索瓦丝姨妈给她穿得太难看了。"这个批评不是针对我的，我记住了他喜欢我的长相。他才十九岁，学业尚未完成，还要服兵役。谈到婚姻时他只是含糊地暗示，这是正常的。这种保留态度并不说明他接待的热情、他的微笑和手的按压是装模作样。他在给我的信中写道："这与你有关吗？"这一年日耳曼娜姨妈和蒂蒂特对我的亲切态度中，都有一种串通一气的意味：他的家庭和我的家庭一样，似乎都把我们看成已经许配了。可是，他究竟是怎么想的呢？有时他显得那样无动于衷！十一月底我们在一家餐馆与他父母和我父母一块吃晚饭。他谈天说地，还开玩笑。他的在场非常好地掩饰了他的心不在焉。我被这种假模假式给弄得晕头转向。这天夜里我哭了半夜。

几天后我平生头一回看到一个人过世：我伯父加斯东因肠梗阻突然死了。他弥留了整整一夜。玛格丽特伯母一直握住他的手和他说话，他已经听不见。他的孩子都守在床头，我父母、妹妹和我也一样。他喘着气，呕吐出一些黑糊糊的东西。他停止呼吸后，下巴便耷拉着了，家人便在他头上缠了一条绷带。我从没见落过泪的父亲呜咽起来。我的绝望之强烈令所有人和我自己感到意外。我很爱我伯父，也珍惜我们清晨在梅里尼亚克打猎的回忆。我很爱我堂妹让娜，一想到她成了没有父亲的孤儿，我就不寒而栗。可是无论我的怀念还是我的同情，都无法解释这两天使我痛苦不堪的骚动。我无法忍受伯父临死之前投向伯母的那呆滞的目光，它显示一切已经无法挽回。"无法挽回""无可补救"这类词在我头脑里震响，使我头痛欲裂；同时另一个词在回响："不可避免"。我将来可能也会在我长久所爱的男人眼睛里看到那种目光。

是雅克来安慰我。看到我痛苦不堪的眼神，他显得非常激动，对我异常亲切，我不由得擦干了眼泪。一次在他外祖母弗兰丁夫人家吃晚饭时，老太太随便对我说了一句："你如果不干活儿，你就不是你了。"雅克温柔地看着我说："我希望她还是她。"我立刻想："我怀疑错了，他是爱我的。"第二周我在他家吃晚饭，在简短的个别交谈中，他告诉我他已经摆脱烦恼，但担心自己正在资产阶级化。随后饭一吃完，他立刻离去了。我为他编造离去的种种理由，但没有一条能令我信服。他如果眷恋我，是不会离去的。他是否深深地眷恋着某种东西？我觉得他显然心猿意马、三心二意，沉迷于庸俗的友情和低俗的烦恼，对折磨着我的问题根本不关心，思想上缺乏信念。我重新陷入了惶惶不安。"我有时不是对他反感吗，难道不能彻底摆脱他？我爱他，强烈地爱他，却不知道他是否为我而生。"

事实上，雅克和我之间有许多不同之处。仲秋时节，我在描绘自己的肖像时，首先记述的是我的认真："一种刻苦的、不折不扣的认真，我不知道其理由何在，但崇奉为压倒性的需要。"自孩提时代起，我一直表现得固执、极端，并引以为豪。其他人在信仰、怀疑、欲望或计划等问题上大都半途而废。我就瞧不起他们那种不冷不热的态度。我无论对待自己的情感、想法还是所做的事情，都是一贯到底。我决不轻易做任何事情，正如幼年时代我就希望，自己生活中的一切都有需要证明是合理的。我知道这种固执使我失去了某些优点，但根本谈不上放弃它。我的认真就是"整个我"，而我非常珍惜自己。

我并不责怪雅克随随便便、不合常理、含糊其词，我觉得他比我更懂艺术，更敏感、更憨直、更有天分。有时我复活特阿真尼和欧福里翁的神话，准备把他具有的优雅置于我的长处之上。过去在莎莎身上我找不到任何可批评的地方，可是雅克的某些特点使我觉得别扭，例如"他对形式的兴趣，他不分对象表现得过分热情，他有点装腔作势的轻蔑态度"等。他缺乏深沉、缺乏韧性，有时我感到更为严重的是，他缺乏真诚。我会为他的回避态度感到恼火，甚至怀疑他故意以怀疑作借口，避免任何努力。他自然自艾什么也不信，我就竭力给他提出一些目标。我觉得致力于自我培养和自我丰富是令人激动的事情。我正是从这个意义上理解纪德的这句格言："把自己变成一个不可替代的人。"可是只要我提醒雅克，他就耸肩膀，说："为了这个嘛，只要躺下睡着就成啦。"我督促他写作，肯定他只要愿意，准能写出好书。"有什么用呢？"他回答我说。那么制图、绘画呢？他有这方面的天赋。他还是回答我："有什么用呢？"我的所有建议，他都以这短短五个字加以应付。"雅克固执地要在绝对中建设。他可能经常阅读康德的著作。循着这个方向，他将一事无成。"一天，我天真地这样记述道。然而，我感觉到雅克的态度与形而上学毫无关系，平常我对它评价严厉，因为我不喜欢懒惰，也不喜欢冒失，不喜欢见异思迁。在他那方面，我感到我的诚意常常使他恼火。友谊可以应付这些分歧，但这些分歧使共同生活的前景令人生畏。

如果我只是注意到我们两个是性格不合，我也不会这样不安。可是我发现这还牵涉别的东西，牵涉我们的生活目标。在他说出结婚两个字那一天，我深思熟虑地归纳了我们之间的分歧："他能享受美好的东西就满足了，接受豪华和安逸的生活，喜欢幸福。我呢，需要一种无法满足的生活，需要行动、需要努力、需要实现；我要

218

有一个追求的目标，要有必须战胜的困难，要有等待完成的事业。我天生不崇尚豪华，绝不会满足于令他满足的东西。"

赖纪永家的豪华没有任何异乎寻常之处，我实际上拒绝的东西，我责备雅克接受的东西，是资产阶级的地位。我们的谅解是建立在一种误解的基础上，这种误解正是我心烦意乱的原因。在我眼里，雅克正在逃离他的阶级，因为他惶惑不安。我并不明白，惶惑不安正是资产阶级的这一代人试图自我补偿的方式。然而我感觉到，一旦婚姻使他摆脱了惶惑不安，雅克就与他的年轻老板和家长的角色完全吻合了。实际上，他的全部希望，就是有一天能够满怀信心地担当起他的出身所赋予他的角色。他指望靠结婚——就像帕斯卡指望靠圣水——来帮他获得他所缺乏的信仰。这个我还没有了然于胸。不过我明白，他是把结婚视为解决办法，而不是视为起点。谈不上共同攀上顶峰。如果我成了赖纪永夫人，那么我就必定要负责维持一个"封闭的家庭"。也许这与我个人的向往并非绝对不可调和吧？我本来对调和就抱有疑虑，这方面的调和尤其让我觉得危险。等到与雅克共同生活时，我就很难在他面前维护我自己，因为他的虚无主义已经感染了我。我强调自己明显的爱好和意愿，以此拒绝他的虚无主义，往往获得成功。然而在泄气的时候，我就倾向于认为他有道理。在他的影响下，为了讨好他，难道我不会听任自己牺牲构成"我的价值"的一切吗？我反抗这种损害自己的做法。这就是为什么整个去年冬天我对雅克的爱情那样痛苦。或者他糟蹋自己，离开我而陷入迷惘，使我感到痛苦；或者他从"资产阶级化"之中寻求平衡，这种资产阶级化本应使他接近我，但我从中看到的却是失落。我不能在他思想混乱的状态下跟随他，不愿和他安于一种我所蔑视的秩序。我们两个谁也不信奉传统价值准则。不过我决心去发现或创造另外的价值准则，而他在传统价值准则之外什么也看不见。他摇摆于放任和消沉之间，他所听从的智慧是附和的智慧；他不考虑改变生活，而是适应生活。可我寻求的是超越。

我常常感到我们彼此互不相容，懊恼地想："幸福、生活，就是他！啊！幸福、生活，应该是一切！"然而，我下不了决心将雅克从我心里赶走。他出发去周游法国一个月，拜访神甫和教堂，设法推销赖纪永牌彩绘玻璃。正值冬季，天气寒冷。我又开始渴望有他在身边的温暖、平静的爱情和一个属于我们、属于我的家。我不再给自己提种种问题，而是阅读莫里亚克的《与青春告别》，熟记了其中一些沉闷、冗长的段落，走在街上独自默诵。

我之所以迷恋这爱情，是因为我在犹豫之中始终对雅克保持着一种激烈的感情。他富有魅力、迷人，他那反复无常但真心实意的殷勤，搅乱过不只一颗芳心。我的心是不设防的，一个语调、一个眼神，足以使我感激涕零。雅克不再令我赞赏，现在我要理解书和画，再也用不着他了。但是他的信任和他的近乎自卑打动了我。所有其他人，知识狭隘的青年人，老成持重的成年人，都认为自己无所不知，当他们说"我不明白！"时，那绝不是承认他们错了。我多么感激雅克这种拿不准的态度！我愿意帮助他，就像他过去帮助我一样。我比过去还更加觉得有一种契约把我和他联系在一起，按照这种契约拯救他比拯救我更为迫切。我坚定地相信这种命定，尤其因为我不认识任何一个可以说上两句话的男人，无论是年轻的还是年老的。如果雅克不是为我而生的，那么就没有任何男人是为我而生的，就又得回到我觉得苦不堪言的孤独之中。

我重新钟情于雅克的时候，重新树立了他的偶像："一切我感到来自雅克的东西，在我心目中都像一种游戏，都缺乏勇气，都显得怯弱——而后我才看出他对我所说的话的真意。"他的怀疑态度表明他头脑清醒；实际上，当我用人类目标可悲的相对性来掩饰自己时，是我缺乏勇气。他敢于承认没有任何目标值得付出努力。他经常在酒吧里浪费自己的时间吗？他是在那里躲避绝望，而且在那里他有时还感受到诗意。不要责备他浪费，而应该欣赏他挥霍：他就像他喜欢引述的那位国王图勒，那位国王为了能够叹息一声，而把自己最美丽的金杯扔进了海里。如此高雅的举动我可做不到，我不能不承认其难能可贵。我相信有一天，雅克会将这样的高雅举动表现在一部作品里。他并没有让我完全泄气：他不时告诉我他想出了一个挺棒的题目。应该有耐心，应该相信他。这样我就从失望中产生了艰难地振作起来的热情。

我如此顽强的主要理由，是除了这爱之外，还有我的生活令人绝望地空虚和没有意义。雅克仅仅是雅克，但是离开了，他就成了一切，成了我所不拥有的一切。是他给了我快乐，也给了我痛苦，而唯有我的痛苦之强烈，才能让我摆脱我所陷入的无聊的烦恼。

十月初，莎莎回到了巴黎。她剪短了她那头漂亮的黑发，新发式讨人喜欢地显示出了她那张有点瘦削的脸。她的穿着是圣托马斯·阿奎那式样的，舒适，尽管不讲究，头上总戴着钟形小帽，一直压到眉毛，而且常常戴手套。我与她重逢的那一天，我们是在塞纳河的河堤和杜伊勒利王宫花园里度过的。她样子显得严肃，甚至有点忧伤——现在这是她习惯的表情了。她告诉我她父亲的地位发生了变化。马比耶先生希冀的国家铁路总工程师的职位，给了拉乌尔·多特里。他一气之下，接受了雪铁龙公司早先向他提出的建议。他将赚很多钱。马比耶一家将搬进贝利街一套豪华公寓。他们买了一辆汽车，势必外出和接待客人比从前多得多。莎莎看上去并不为此感到高兴，不耐烦地对我谈到这种强加到她头上的社交生活。我明白她去参加人家的婚礼、葬礼、洗礼、初领圣体仪式、饮茶、午餐、慈善拍卖、订婚点心、家庭聚会和舞会时，并不感到由衷的高兴。她仍然像过去那样严厉地看待她的阶层，甚至感受到来自本阶层更大的压力。放假之前我借给了她几本书，她告诉我那几本书使她思考了很多。《大个子莫林》她读了三遍，从来没有一本小说使她如此心潮起伏。我觉得她突然离我很近了，也对她稍许谈到我自己。在许多问题上，她与我想的完全是同样的事情。"我找回了莎莎！"天色向晚我们告别时，我欣喜地想道。

我们养成了习惯，每到星期天早晨总一块散步。无论在她家里还是在我家里，我们想促膝交谈都不大可能，我们又完全没有上咖啡馆的习惯。"所有这些人在里面干什么？难道他们没有家吗？"一次经过摄政咖啡馆门口时，莎莎这样问我。因此我们去卢森堡公园的小径上或香榭丽舍大街闲逛。天气晴好时，我们就坐在草地边的铁椅子上。我们在阿德丽安娜·莫尼埃借书处借了同样几本书，饶有兴趣地阅读着阿兰·傅尼埃和雅克·里维埃的通信录。我们谈论、议论我们的日常生活。莎莎与马比耶太太之间遇到了问题，马比耶太太责怪她花在学习、看书和音乐方面的时间太多，而忽略了"她的社会责任"。莎莎喜欢看的书让她觉得可疑，令她感到不安。莎莎像从前一样敬爱母亲，不忍心给她增添痛苦。"然而有些东西我不想放弃！"莎莎用焦虑的口气对我说。她担心将来会发生更严重的冲突。丽丽时不时地与一个又一个男人见面，她已经二十三岁，最终总算嫁了出去。于是，家里就考虑嫁莎莎了。"我不会听凭摆布的，"她对我说，"可是这样我不得不和妈妈争吵！"除了没有对她谈到雅克和我在宗教方面的变化，我也对她谈了许多事情。与雅克一块吃过晚饭后的那一夜，我是在眼泪中度过的，第二天感到自己无法独自挨到晚上，便去敲莎莎家的门，在她面前一坐下，我就号啕大哭起来。莎莎惊愕不已，我便把一切都告诉了她。

照习惯，每天最明亮的时候，我总钻在学习里面。这一年朗贝尔小姐讲授逻辑学课和哲学史课。我首先攻读这两门课的文凭。重新学哲学令我感到高兴。我仍然像小时候一样，对自己存在于这世界上感到奇怪：这世界是从哪儿来的？它要向哪儿去呢？我常常痴心地这样寻思，在日记本里也这样叩问。我觉得自己"受到一种魔术手法的愚弄，这种魔术手法的技巧虽然幼稚，但让人揣摩不透"。我希望即使不能把它揭穿，也要对它严密防范。由于我所掌握的全部知识就是特雷库尔教授的那点东西，因此我便开始对笛卡儿和斯宾诺莎的体系进行艰难的探索。这两个体系有时把我带到一个很高的无限的境界，我瞥见大地在自己脚下宛如一个蚁穴，就连文学也变成了毫无意义的嗡嗡声。有时，我在哲学里又只看到一些笨拙地堆砌在一起的东西，与现实毫不沾边。我研究康德。康德让我相信，谁也不会对我亮出底牌。他的批判在我看来是那样中肯，我很高兴马上就理解了，于是不再伤心。然而，如果这种批判对我连宇宙和我自己都解释不清楚，我就不知道我还能有求于哲学什么了。对于我事先就不服的学说，我的兴趣有限。我写了一篇关于"笛卡儿著作中本体论的表现"的论文，朗贝尔小姐认为平庸。然而她决定关心我，让我受宠若惊。在她讲授逻辑学的课堂上，我开心地打量她：她总是蓝色的长外衣，朴素但讲究。我觉得她那热情而又冷淡的目光有点乏味，但是她的微笑总是让我感到意外，使她那副严肃的面孔变成一副有血有肉的面孔。据说她在战争中失掉了未婚夫，经历了这次哀痛之后，她就厌世了。她引起人们的迷恋，有人甚至指责她滥用自己的巨大影响，一些女大学生出于对她的爱，加入她在达尼埃鲁夫人身边领导的宗教团体"第三会"。在引诱了这些年轻心灵之后，她却躲避他们的崇敬。可这并不重要。在我看来，仅仅会思考或仅仅会生活是不够的。得到我完全尊重的，仅仅是"思考自己生活"的人。然而，朗贝尔小姐并不是在"生活"。她讲课、为论文忙活，我觉得这种生活十分枯燥乏味。不过，我喜欢在她那间像她的长外衣和眼睛一样的蓝色办公室里坐一坐。她办公桌上的一个水晶玻璃花瓶里，总是有一枝玫瑰色的茶花。她向我推荐一些书，借给我《西方的诱惑》，作者是一个当时并不出名的青年人，名叫安德烈·马尔罗。她一个劲地盘问我本人的情况，但并不让我感受到惊吓。我放弃了信仰这件事，她轻易地接受了。我对她谈到许多事情和我的爱情。她是否认为人应该顺应爱情和幸福呢？"西蒙娜，你认为一个女人能够脱离爱情和婚姻而自我完善吗？"她焦虑地看着我问道。毫无疑问，她也有自己的问题，但作出这种暗示，这是绝无仅有的一次。她的角色是帮助我解决我的问题。我听从她，但没有多大信心。我不能忘记，她尽管小心谨慎，但把希望寄托于上天。不过，我感激她这样热情地关心我，她的信任对我是一种鼓舞。

七月份我报名参加了"社会团队"，妇女分部的领导人——一个脸色发紫的胖女人，让我领导美丽城队。十月初她召集了一次"负责人"会议，向我们作指示。我在这次会议上遇到的姑娘，遗憾地都像我过去在德西尔学校的女同学。我有两个合作伙伴，一个负责教英语，另一个负责教体操。她们两个都接近三十岁了，可是晚上没有父母陪同从来不外出。我们小组设在一个社会救助中心。这个中心由一位高个子、褐色头发的姑娘管理，她相当漂亮，年约二十五岁，名叫苏珊娜·布瓦格，对我友好。不过，这些新活动很不令我满意。每周一个晚上，我给一些小女学徒讲解两个钟头巴尔扎克或维克多·雨果，借给她们书，和她们交谈。她们来的人相当多，也来得相当勤，但主要是为了互相见面，当然也是为了与救助中心保持良好关系，因为救助中心为她们提供更实惠的服务。中心也接纳了一队男人。娱乐活动、舞会相当经常地使男孩和女孩聚在一起。跳舞、调情及有关的一切活动，远比学习小组更吸引他们。我觉得这挺正常。我的学生整天在缝纫车间或时装车间里工作。人们教给她们的知识毫无条理，既与她们的经验不沾边，又对她们毫无用处。我看让她们阅读《悲惨世界》或《高老头》倒并无不妥。不过加利克如果认为我能给她们带来修养，他就错了。我讨厌遵循训示，去对她们谈论人类的伟大或痛苦的价值；我觉得这样无异于对她们的嘲讽。至于友谊，加利克在这方面也愚弄了我。救助中心的气氛相当快乐，但是在美丽城的年轻人与像我一样来这里的年轻人之间，既谈不上什么亲密关系，也没有什么相互交流。大家在一起消磨时间，如此而已。我的幻想的破灭殃及了加利克。他来举行了一次讲座，那天晚上的大部分时间，我是与苏珊娜·布瓦格和他一块度过的。我曾经热切盼望成年之后有一天能与他平等交谈。可是这次交谈让我觉得枯燥乏味。他翻来覆去地谈同样几点看法：应该用友谊取代仇恨；不应该考虑政党、工会和革命，而应该考虑行业、家庭和地区；问题是要拯救每个人身上的人类价值。我心不在焉地听他谈论。我对他的仰慕和对他的事业的信念同时消失殆尽。不久苏珊娜·布瓦格请我给贝尔克的病人上函授课，我接受了。我觉得这工作虽然不起眼却有效果。然而总的来讲，我认为这种活动是一种令人失望的解决办法。人们找一些骗人的借口，表明自己是竭诚为他人服务。我并不认为这种活动所采取的形式，可以不同于我所谴责的形式。我虽然预感到团队中有一个骗局，但还是成了受害者。我以为与"大众"进行了真正的接触，觉得"大众"真诚、尊重他人，准备与特权者合作。这次弄虚作假的经历，只增加了我的无知。

　　就个人而言，团队令我最看重的，是它让我在家庭外面度过晚饭后的时间。我与妹妹恢复了十分亲密的关系。我对她谈论爱情、友谊、幸福以及她面临的陷阱、快乐和内心生活的美妙之处。她阅读弗兰西斯·雅姆、阿兰-傅尼埃的作品。相反我与父母的关系都却没有改善。他们如果意识到他们的态度对我的影响有多大，想必会从心底里感到难过。可是他们并没有意识到。他们把我的兴趣和看法视为对理性和他们本人的挑衅，时刻予以反击，往往还求助于他们的朋友。他们异口同声地揭露现代艺术家们的江湖骗术、公众的追赶时髦、法兰西和文明的衰落。在如此大张挞伐之时，所有目光都怒视着我。弗兰绍先生非常健谈，醉心文学，是几本自费印刷小说的作者，一天晚上讥讽地问我觉得马克斯·雅各布《摇掷骰子的杯子》美在何处。"唔！"我冷淡地回答，"第一眼不容易看透。"大家哈哈大笑。我承认我克制住了自己。在这种情况下我没有别的选择，要么卖弄学问，要么粗暴对待。我竭力不对挑衅作出反应，可是我父母对我这样装死仍不放过。深信我受到不良影响，他们怀疑地盘问我："你那个朗贝尔小姐到底有什么特别？"我父亲这样问道。他责怪我没有家庭观念，对外人比对家里人还喜欢。母亲原则上赞同对自己所选择的朋友可以比对远亲更喜欢，但认为我对莎莎的感情太过分。我在莎莎家突然哭起来那一次，我告诉母亲我去看莎莎了："我去莎莎家了。""你星期天已经见过她了，"母亲说，"你没有必要时时刻刻泡在她家里！"随后是一顿长时间的训斥。另一个冲突的原因，是我所读的书。母亲不能容忍，翻阅一下让-里夏尔·布洛克[1]的《库尔德斯坦之夜》，脸都变白了，向所有人诉说我让她操心，向我爸、向马比耶太太、向我的伯母姨妈、向我的堂姐妹表姐妹，向所有人诉说。我没有办法顺从，我感到周围的人都

—————

[1] Jean-Richard Block（1884—1947），法国散文家、小说家、剧作家。

不信任我。每天晚饭后还有每个星期天的时间，对我来讲多么漫长！母亲说我卧室里的壁炉不能生火，我只好在客厅里支一张桥牌桌，因为客厅里的蝾螈炉生着，而门通常是敞开的。母亲进进出出，走来走去，俯到我肩头上问："你在干什么？这是本什么书？"她身体健壮，有消耗不尽的精力，是个典型的乐天派，不是唱就是笑或者开玩笑，试图凭她一个人恢复爸爸不是每天晚上离开我们时的那种热闹快乐的气氛、那种人人开心的气氛。她要求我配合她，如果我不活跃，她就会不安起来："你在想什么？你怎么啦？为什么现出这副样子？当然喽，对你娘，你是啥也不想说的……"等她上床睡了，我的心太累，没法享受这间歇了。我多想只要能去看场电影！我往地毯上一躺，手里拿本书，头脑昏昏沉沉，往往就要睡着了，只好去床上睡觉，心里乱糟糟的。早晨一醒来就觉得烦，一天天愁眉苦脸地挨日子。书也让我反感，我谈得太多了，它们重复来重复去，都是老一套，没有给我带来新的希望。我宁愿去塞纳街或波埃蒂街的画廊里消磨时光，画能激发我的想象力。我试图忘掉自我，有时沉迷于夕阳的余晖之中，望着淡绿色的草地旁边不起眼的黄色菊花被映得金光闪闪。当路灯灯光把卡鲁泽尔的树木枝叶映得像歌剧院的剧院的布景时，我正聆听着喷泉的声音。我并不缺乏情趣，一道阳光就足以使我热血奔涌。可是正值秋季，秋雨蒙蒙，我难得有开朗心情，而且很快阴霾四起。无聊回来了，绝望接踵而至。如此过去的这一年一开头就不好，我本来打算融入世界，可是人家把我关进了笼子，然后将我放逐了。我经过消极的努力，即与过去和我的阶层决裂，才算摆脱困境。我也有重大发现，即发现了加利克、雅克的友谊和书籍。我对前途又充满了信心，高高地翱翔在天空，飞向可歌可泣的未来。摔得多惨！重新来过，未来就是今天，所有诺言都应该立刻兑现。应该服务。服务于什么？服务于谁？我读了很多书，思考了很多，学到了很多东西，我准备好了，我有丰富的知识，但没有任何人对我提出任何要求。我觉得生活非常充实，为了响应生活无穷无尽的召唤，我狂热地力图运用我的一切。可是，我空空如也，没有任何声音恳求我。我觉得自己有力量搬起整个大地，可是找不到一颗可以搬动的石子。我的幻想顿时破灭了："我太好高骛远啦！"放弃荣誉和幸福是不够的，我甚至不再要求我的一生富有成果，不再要求任何东西。我痛苦地了解到"存在的枯燥乏味"。我为了谋求一个职业而学习。可是职业是一种手段，追求什么目的呢？结婚吗，为什么结婚？抚育孩子像批改作业一样，都是没有用的老一套。雅克说得对：有什么用呢？人们都甘心碌碌无为地生活，我不行。朗贝尔小姐和我母亲一样打发着死气沉沉的日子，满足于忙忙碌碌。"我呢，希望有一种异乎寻常的要求，不让我有时间关注任何事情！"可是我没有受到这样的要求，情急之下，把自己特殊的个例视为了普遍的情形。"没有任何东西需要我，没有任何东西需要任何人，因为没有任何东西需要存在。"

因此我在自己身上重新发现了这种"新的世纪病"。它是马塞尔·阿尔兰刊在《新法兰西杂志》上一篇引起巨大反响的文章中揭示的。他阐释道："我们这一代人失去了上帝而得不到慰藉，我们苦恼地发现，在上帝之外只存在要操劳的事情。"我几个月前读到这篇文章，颇感兴趣且并不感到困惑。没有上帝我感觉挺好，有时我用上帝之名，那是为了表明在我眼里有着完美光辉的一种虚无。现在还是这样，我根本不希望上帝存在。我甚至觉得，就算我信奉上帝，也会讨厌他。在上帝了如指掌的道路上摸索前进，情绪受上帝恩宠摆布，被上帝无懈可击的裁判弄得目瞪口呆，我的生存只能是一场愚不可及、毫无意义的考验。任何诡辩都无法让我确信，全能的上帝需要我受苦受难。或者，这其实只是愚弄人。过去，当大人抱着傲慢的态度，开心地把我的生活变成幼稚的滑稽戏时，我愤怒得直发抖。如今，我还是会愤怒地拒绝让自己充当上帝的仿效者。如果我在天上也发现，柔弱与严酷、心血来潮与虚假的必然性（这种必然性自我出生以来一直压抑着我）令人发指地结合在一起，那么我绝不会企盼升天，而宁愿选择下地狱。上帝目光里闪烁着狡黠的慈悲，却偷走了我的大地、我的生命，偷走了别人和我自己。我把从上帝手里拯救自己，视为一次重大机会。

那么，为什么我一再说"一切都是虚妄"呢？实际上，我感到痛苦，是因为被从童年的天堂里赶了出来，而又没有在大人那里找到一个位置。我踞于绝对之中，居高临下地俯视着排斥我的这个世界。现在，我如果要做事、要创作一部作品、要自我表达，就必须从绝对之中下来。可是，我的藐视已然使这个世界化为乌有，我看到自己周围全是虚无。应该承认，我还没有任何发现。爱情、行动、文学作品等等，我仅仅是在头脑里转动着一些概念。我抽象地质疑一些抽象的可能性，从而推断出现实可悲地没有任何意义。我希望牢牢地抓住某种东西。受了这种强烈的不确定的欲望的蒙骗，我把它与无止境的欲望混为一谈。

如果我想到了自己狭隘、无知到了何等地步，我的知识贫乏、无能为力也不会令我如此不安。会有一项任务需要我，就是了解信息。说不定很快就有其他一些任务需要我去完成。可是糟糕透顶的是，人被囚在没有铁窗的牢房里，甚至意识不到有障碍物遮住了地平线；我在浓雾中飘泊，还以为浓雾是透明的。那些我不掌握的东西，我连它们的存在也没有瞥见。

对历史我不感兴趣，除了沃拉贝尔关于二次复辟那本书，人们让我阅读的回忆录、记叙文、编年史，在我看来全都像龚特兰小姐讲授的课一样，只是一些没有什么意义的趣闻轶事。而眼下所发生的事情，也不大值得我更多地注意。父亲和他的朋友不厌其烦地谈论政治，可我知道一切都是曲直颠倒的，我根本不想去蹚这浑水。令他们激动不已的那些问题，如使法郎恢复坚挺、撤出莱茵河地区、国际联盟的乌托邦等，在我看来与家务事和金钱方面的烦恼，属于同一类问题，都与我不相干。雅克、莎莎也都不关心，朗贝尔小姐从来不谈论，《新法兰西杂志》的作家——我几乎不阅读其他作家的作品——都不触及这些问题，除了德里欧·拉罗舍尔有时会触及，但用的是我无法理解的语言。在俄国可能发生了一些事情，但那很遥远。在社会问题上，团队搞乱了我的思想，而哲学对之不屑一顾。在索邦大学，我的老师压根儿不知道黑格尔和马克思。布兰斯维克[①]在他那本厚厚的关于"西方意识的演进"的著作里，仅仅用了三页讲述马克思，而且是把他与最默默无闻的反动思想家之中的一个相提并论。他给我们讲授科学思想史，可是没有人给我们讲述人类的遭遇。人类在世间催赶的没有尾巴和脑袋的巫魔，可能引起专家的好奇，但不值得哲学家去关心。总之，当哲学家明白他什么也不知道，而且没有什么值得知道时，他就知道了一切。这就是为什么我在一月份写下了这句话："我知道一切，我绕着万事万物走了一圈。"我所归附的主观唯心论，使世界不再深奥和奇特。即使在想象中，我也没有找到任何可以抓住不放的实在的东西，这不足为怪。

一切事情，包括我自己的状况、雅克的影响、人们教我的意识形态和当代文学等凑到一起，使我认识到世事的缺陷。大部分作家反复表达"我们的不安"，诱导我清醒地绝望。我把这种虚无主义推到了极端。一切宗教、一切道德，包括"自我崇拜"，都是骗

[①] Léon Brunschvicg (1869—1944)，法国批判唯心主义哲学家。

局。我认为——不无道理地——过去我得意扬扬保持的狂热是假的。我放弃了纪德和巴雷斯。在任何计划中，我都看到一种逃避，在工作中看到一种又一种同样毫无意义的消遣。莫里亚克的一位年轻主人公认为，他所得到的友谊和快乐就像一些"树枝"，摇摇晃晃地把他支撑在虚无之上。我借用他这句话。人可以抓住树枝，但条件是不把相对和绝对、失败和胜利混为一谈。我评价他人所根据的是这样的标准：在我看来，只有那些不弄虚作假、正视侵蚀着一切的这种虚无的人才存在；其他人都不存在。我凭理性把阁员、院士、受勋的先生，总之所有达官贵人，都看成野蛮人。一个作家应该受到诅咒，一切成功都引起怀疑，我寻思写作这件事本身是否就无隙可乘。只有台斯特先生①的沉默，我觉得才尊严地表达了人类彻底的绝望。我以上帝不存在为名，复原上帝的存在启示我的弃世理想。可是这种苦行不再通向任何救赎。总而言之，最干净利落的态度是自尽。我同意这个说法，并且欣赏形而上学意义上的自尽。然而我自己不考虑求助于这个办法。我太怕死。有时一个人待在家里，我会像十五岁时那样挣扎，浑身发抖、两手沁汗、精神失常，大喊大叫："我不想死！"

死亡已经折磨着我。由于我还未曾投身于任何事业，时间分解成没完没了地相互否定的时刻；我可不甘心"这种多重的、零碎的死亡"。我成页地抄录叔本华、巴雷斯的作品和诺阿耶夫人的一些诗。由于看不到活着的理由，我觉得死亡尤其可怕。

然后我极为强烈地热爱生命。很少一点东西就足以使我对生命、对自己充满信心，譬如贝尔克的某位学生的一封来信、美丽城一位女艺徒的微笑、讷伊一位女同学的知心话、莎莎的一个眼神、

---

① Monsieur Teste，法国诗人保尔·瓦莱里笔下的人物，1896 年瓦莱里出版了《与台斯特先生促膝夜谈》。

一声谢谢、一句温柔话等等。只要感觉到自己有用或者有人爱，眼前就豁然开朗，便重新抱有希望："被人爱、被人欣赏，成为必不可少的。成为一个人物。"我越来越确信自己"有一大堆事情要讲出来"，我一定要把它们讲出来。十九岁生日那天，我在索邦大学图书馆里写了一段长长的对话，其中交替的两个声音都是我的声音：一个声音说一切皆空，表示反感和厌倦；另一个声音断言存在是美好的，即使无所作为。从一天到另一天，从一个钟头到另一个钟头，我忽而颓丧，忽而得意扬扬。可是在整个秋天和整个冬天，支配着我情绪的，是忧虑有一天重新看到自己"被生活打败"。

这些摇摆、这些怀疑都要让我疯了，烦恼都要闷死我了，我的心情非常糟糕。我凭着自己年轻、身体好而猛地扑进了不幸之中。这精神上的痛苦像肉体上的痛苦一样残酷地折磨着我。我在巴黎乱走，一走就是好几公里，被泪水模糊的目光在陌生的景物上移动，走得肚子都饿瘪了，便进到一家糕点店，买一个甜圆面包吃，一边自我解嘲地背诵海涅的这句话："不管你怎样哭天抹泪，最后总要擤鼻涕。"在塞纳河河堤上，我泪眼迷离地背诵拉福格的诗句安慰自己：

> 心爱的，错过了时机，我心已伤透
> 不想抱怨你了，不过我哭了这样久……

我喜欢感受眼睛的灼热。可是有时候，我的所有武器都从手里跌落了，我便躲到一座教学楼的侧道上去静静地哭泣，心情沮丧，把头埋在双手里，被揪心的黑暗压迫得透不过气来。

雅克一月底回到巴黎，第二天就来按我家的门铃。十九岁生日时，父母给我照了一些照片，雅克来向我要了一张。他的声音从来没有显得这样温柔。八天后我去敲他家的门时，禁不住有些哆嗦，因为我担心他突然旧态复萌。我们的见面使我万分欣喜。他已开始写一本小说，题目是《年轻的资产者》。他对我说："我很大程度上是为你写的。"他还说打算把这本书题献给我："我把这个视为一种义务。"我好几天生活在兴奋之中。随后的一个礼拜，我对他谈到我自己，告诉他我的烦恼，我觉得生活已经没有任何意义。"没有必要想那么多，"他严肃地对我说，"应该老老实实地过好日子。"过了一会儿他补充说："应该谦虚地承认，不能一个人凑合着过日子，为另一个人生活比较容易。"他对我笑一笑："出路是两个人一块搞利己主义。"

我暗自回味着这句话和那一笑。我不再怀疑：雅克爱我；我们将结婚。可是显然出了什么问题，我的幸福持续不了三天。雅克又来到我家，晚饭后我们一起过得很愉快，可是他一走，我就瘫倒了："我有一切条件幸福，可是我想死！生活在那里，窥伺着我，就要扑向我们。我害怕，我孤单一人，我将永远孤单一人……如果我能逃跑多好——逃到哪儿去呢？哪儿都行。一次大灾难将把我们卷走。"结婚对雅克而言，显然是安排一种归宿，可是我不想安排归宿，不想这么快。我还斗争了一个月。有时我相信，我可以在雅克身边生活而不改变自己，而后我又心惊胆战起来："把我禁闭在别人的界线之内！这种束缚我、不让我自由的爱情，多么可怕啊！""渴望中断这种联系，忘却，开始另一种生活……""还不到时候，我还不想这样彻底牺牲我自己。"然而我对雅克有着强烈的爱的冲动，只在短暂的瞬间清醒地承认："他注定不是我的。"我宁愿宣称自己天生与爱情和幸福无缘。在日记里我不同寻常地谈到这一点，作为一劳永逸建立的资料，我可以自行决定拒绝还是接受，但是无权改变其内容。我不是想："我越来越不相信我与雅克一起能幸福。"而是写道："我越来越害怕幸福。""面对要还是不要幸福的困境。""我最爱他的时候，正是我更讨厌我对他的爱情的时候。"我担心我的柔情会使我成为他的妻子，我强烈地拒绝等待着未来的赖纪永太太的生活。

雅克那方面则是反复无常。他对我露出迷人的微笑，说："有些人是无法取代的。"同时用充满激情的目光注视着我。他要求我不久再来看他，却冷淡地接待我。三月初他病了，我好几次去看他，床前总是有叔伯、姨婶、奶奶。有一回他对我说："你明天来，咱们安静地聊聊。"那天下午我向蒙帕纳斯大街走出时，比以往还激动。我买了一朵紫罗兰想别在长外衣的翻领上，但别不稳，因为着急惊慌把手袋也丢了，虽然里面没有什么要紧的东西，赶到雅克家我还是神经紧张。我想了很长时间，盼望在他那间半明半暗的房间两个人倾心地谈一谈。可是，我看到他不是一个人，吕西安·廖库尔坐在他的床旁边。吕西安我已经见过，是一个风度翩翩的小伙子，潇洒大方、善于辞令。他们两个继续谈他们的，如他们经常去的酒吧，在那里经常见到的人，还谈他们下周外出的打算。我觉得自己非常讨人嫌，因为我没有钱，晚上不外出，只是一个大学小女生，没有能力真正参与雅克的生活。而且他心情不好，表现得冷嘲热讽，几乎咄咄逼人。我赶紧逃之夭夭，他对我说再见，明显地现出一副满意的神情。我怒火中烧，对他满心憎恨。他有什么了不起? 不亚于他的人多着呢。我把他当成大个子莫林那样的人真是错了。他朝三暮四、自私自利，只想着寻开心。我怒气冲冲沿着一条条大街走着，决心让我的生活与他的生活一刀两断。第二天我才平静下来，但决计从现在开始很长时间不踏进他家的门。我说到做到，有六个多礼拜没有再见他。

哲学既没有为我开启天空，也没有让我扎根大地。不过最初的困难克服之后，一月份我当真对哲学产生了兴趣。我阅读柏格森、柏拉图、叔本华、莱布尼兹①和阿默兰②的作品，更热诚地阅读尼采的作品。让我感兴趣的有一大堆问题：如科学的价值、生命、物质、时间、艺术等等。我并没有认定什么学说。至少我知道自己不接受亚里士多德、托马斯·阿奎那、马利丹，也不接受经验论和唯物论。我大体上赞成批判唯心论，就像布兰斯维克对我们阐释的那样，不过在很多问题上，他的阐释还不能令我满足。我重拾对文学的兴趣。圣米歇尔大街的皮卡德书店慷慨地对大学生开放。我去那里翻阅各种前卫杂志；当时这类杂志大量地产生又大量地消失。我阅读布勒东、阿拉贡；超现实主义征服了我。不安于现状，久而久之也没啥意思，我更喜欢极端的彻底否定。摧毁艺术、道德、语言，彻底越轨，绝望到自杀，这些过火行为令我着迷。

我希望谈论这些事情，希望与一些和雅克相反、说话爽快的人谈论任何事情。我极想设法结识一些人。在圣马利亚学院，我渴求同学对我说知心话，可是显然找不到一个我感兴趣的同学。我感兴趣得多的，是去美丽城与苏珊娜·布瓦格聊天。她有着剪得齐齐的栗色头发、一个宽大的前额、一双很明亮的蓝色眼睛，整个人透露出一种顽强的个性。她是我前面谈过的救助中心的主任，靠这个工作谋生。她的年龄、她的独立、她的责任心和她的权威，使她具有一定的影响。她信教，可是她向我透露，她与上帝的关系并不那么融洽。在文学方面，我们的兴趣差不多一样。我满意地注意到，她并没有被团队或一般的行动蒙骗住。她向我吐露，她想生活，而不想昏昏欲睡；她同样热切渴望的是，在这个世界上除了麻醉药还碰

① Gottfried Wilhelm Leibniz (1646—1716)，德国自然科学家、数学家、哲学家。
② Octave Hamelin (1856—1907)，法国哲学家。

到别的东西。由于我们两个身体好、胃口好，我们看破一切的交谈不仅没有使我意气消沉，反而使我精神振作。离开她之后，我快步走遍绍蒙山冈公园。苏珊娜和我一样，希望找到自己在这个世界上的真正位置。她去贝尔克会见一位女圣人之类的人，那女人把自己的一生献给了卧床不起的病人。回来后她坚定地对我说："追随圣人并非我的道路。"初春，她对团队里一位年轻而虔诚的合作者一见钟情；他们决定结为夫妻。当时的情况迫使他们不得不等待两年。"不过人一相爱，时间就不在话下了。"苏珊娜·布瓦格对我说。她容光焕发。几个礼拜后，她告诉我她和未婚夫吹了，弄得我目瞪口呆。他们之间肉体的诱惑力太强烈，小伙子被他们亲吻的热烈程度吓坏了。他要求苏珊娜以离开他来保证贞洁，他们要隔着距离相互等待。她宁愿作个了结。我觉得这件事挺怪的，一直不得要领。不过苏珊娜的失望令我感动，我觉得她为克服失望情绪所做的努力哀婉动人。

我在索邦大学接触的大学生，包括女学生和男学生，都不值一提。他们一出动就是成帮结伙，笑得太响，对什么都不感兴趣，而且以此自鸣得意。然而，在哲学史课堂上，我注意到一位小伙子，他有一双蓝色而神情严肃的眼睛，年龄比我大得多，身穿黑色衣服，头戴黑色毡帽，不和任何人说话，只和一位娇小的褐发姑娘说话，而且经常对她微笑。一天他在图书馆翻译恩格斯的一些书信，与他坐在同一张桌子的几个学生喧哗起来。他两眼闪闪发光，用短促的声音十分威严地要求保持肃静，那几个人立刻噤若寒蝉。"这是一个好样的！"我感受颇深地想道。我终于能和他说话了，每当那位娇小的褐发姑娘不在时，我们就聊起来。有一次我和他一块在圣米歇尔大街走了几步，晚上我问妹妹她是否认为我的行为不得当。妹妹叫我放心，我便再接再厉。皮埃尔·诺迪埃与哲学组关系密切。属于这个组的人有莫朗日、弗里德曼、亨利·勒费弗尔、波利泽等。靠了他们之中一个人的父亲——一位富有的银行家的资助，他们创办了一份杂志。但是他们的资金提供者被一篇反对摩洛哥战争的文章激怒了，取消了对他们的资助。不久，杂志换了一个刊名后复刊，是为《思想》杂志。皮埃尔·诺迪埃给我带来了两期。这是我头一回与左翼知识分子接触。然而我并没有感到不自在。我辨认出了那个时期的文学让我习惯的语言。这些年轻人也谈论灵魂、拯救、快乐、永恒。他们说思想应该是"有血有肉的、具体的"，可是他们表达思想的语言却是抽象的。照他们的说法，哲学无异于革命，哲学寄托着人类唯一的希望。不过当时波利泽认为，"就真理而言，历史唯物主义与革命并非不可分离"；他相信唯心主义的思想，但必须具体地理解它的整体，而不能停留在抽象阶段。他们感兴趣的首先是思想的变化；经济和政治在他们眼里仅仅起次要作用。他们谴责资本主义，因为资本主义毁掉了人"存在的意义"；他们认为通过亚洲和非洲各国人民的起义，"历史支持了理智"。弗里德曼把资产阶级青年人的意识形态、他们对不安于现状和不受约束的渴求，批得体无完肤，不过只是代之以一种神秘主义。是要让人类恢复"自己永恒的那部分"。他们既不从需要的角度，也不从工作的角度考虑生活，而是赋予生活浪漫主义的价值观。"有不同的生活，我们的爱情奔向生活。"弗里德曼这样写道。波利泽用一句引起轰动的话给生活下定义："在克里姆林宫的挂毯上蹭灭烟头的水兵得意、粗犷的生活，让你们害怕，你们都不愿意听到谈论它，然而那就是生活！"他们离超现实主义不远了，恰恰有许多超现实主义者正转而赞成革命。革命也吸引我，但仅仅是从其否定的观念上讲。我开始希望人们把这个社会彻底搞乱，不过对这个社会我并不比以前更理解，所以对世界上正在发生的重大事件无动于衷。所有报纸，甚至包括《老实人》报，都用通栏的版面报道中国刚爆发的革命，而我则漠不关心。

然而，我与诺迪埃的交谈使我的思想开始开阔起来。我向他提许多问题，他都欣然回答。我觉得这些交谈对我大有裨益，不禁忧伤地自问：我为什么就没有缘分爱上这样一个男人呢？他在思想上和学习上都与我兴趣一致，我从头脑到心灵都依恋着他。将近五月底他在索邦大学的院子里和我告别时，我惆怅万分。他启程去了澳大利亚。他在那里找到了一个职位，娇小的褐发姑娘随他一块去。他握住我的手，神情凝重地对我说："我祝你好事连连。"

三月初，我很成功地通过了哲学史考试。借此机会，我认识了一群左翼大学生。他们要求我在一份请愿书上签名：保尔·彭库尔提交了一份军事法令草案，发布动员妇女入伍令。对此《欧罗巴》杂志发动了一场抗议运动。我感到很为难：男女平等我是拥护的；危险当前，难道不应该不惜一切保卫国家？我读了法令草案之后说："啊，这是十足的民族主义。"散发请愿书的那个肥胖、秃顶的小伙子冷笑道："要弄清民族主义是不是好！"啊，这个问题我倒从来没问过自己，不知道如何回答。有人对我说，这项法令会把人们的觉悟普遍调动起来，这让我下了决心：思想自由嘛，无论怎样，都是神圣的；再说其他人都签了名，我也签。在事关要求特赦萨柯和万泽蒂[①]时，我没有轻易表态，因为这两个人的名字我都没听说过，可是有人肯定他们是无辜的。不管怎样，我是不赞成死刑的。

我的政治活动到此为止，我的思想依然模糊不清。我知道一件

[①] 美国的一起引起极大争议的案件。意大利移民工人萨柯和万泽蒂在没有足够证据的情况下，被控在一起抢劫案中杀死工厂出纳员和保安，由陪审团裁定有罪，判处他们死刑，社会党提出异议，世界各地举行抗议示威。

事情：我厌恶极右派。一天下午，一小撮大声嚷嚷的人闯进索邦大学图书馆喊道："把外国佬和犹太人赶出去！"他们手里拿着粗棍棒，撵走了几个棕色皮肤的学生。暴力和这种愚蠢的耀武扬威，使我又气又怕。我厌恶因循守旧、厌恶蒙昧主义，我希望人们受理性支配。正因为如此，我对左派感兴趣。不过凡是标签我都不喜欢，我不喜欢人被分成类。我有好几个同窗是社会党人。这个名词我听了不舒服。一个社会党人不可能是一个不安分的人，他追求的是世俗而有限的目标。凭理性我讨厌这种节制。共产党人的主义对我吸引力更大。但是我怀疑他们像修道院修士一样教条、刻板。然而将近五月份，我与阿兰①过去的一位学生结下了友谊，他是共产党人。这种联系在当时并不使人惊讶。他对我称赞阿兰所授的课，阐述他的思想，借给我他的书。他也介绍我认识了罗曼·罗兰，于是我转而坚决赞成和平主义。马勒对其他许多东西感兴趣，如绘画、电影、戏剧甚至杂耍歌舞。他的眼睛里和声音里流露出火一样的热情，我喜欢和他闲聊，吃惊地记下了这句话："我发现人可以是聪明的，同时又对政治感兴趣。"实际上，就理论而言他对政治并不大了解，没有传授我什么东西。我继续使社会问题从属于形而上学和伦理：关心人类的福祉有什么用呢，如果人类没有理由存在的话？

这种固执妨碍了我从与西蒙娜·韦伊②的相会中受益。韦伊在准备巴黎高等师范学校录取考试的同时，在索邦大学与我攻读同样几项学位。她的聪明给带她来的很大名声和她的奇装异服，使我对

① Emile-Auguste Chartier（1868—1951），法国哲学家、教育家、散文家。以阿兰的笔名闻名于世。
② Simone Weil（1909—1943），法国女神秘主义者、社会哲学家，第二次世界大战期间法国抵抗运动的积极参加者。

她感到好奇。她经常在索邦大学的院子里溜达，身边陪伴着阿兰过去的一帮学生，总是上衣的一个口袋里揣着一期《自由谈》，另一个口袋里揣着一份《人道报》。中国刚遭受一场大饥荒的打击。有人告诉我，韦伊知道这个消息后号啕大哭起来。她流的这些眼泪比她在哲学上表现出的才华，更令我肃然起敬。我羡慕一颗能为全世界感动的心。有一天我接触了她。不记得交谈是如何开始的了。她用斩钉截铁的口气宣称，如今世界上唯一重要的事情，就是进行革命，使所有人都有饭吃。我以同样断然的口气反驳说，现在的问题不是要使人们幸福，而是要使人们找到生存的意义。她打量着我说："看得出来，你从来没挨过饿。"我们的交往到此止步。我知道她把我归入了小资产阶级唯灵论者，心里生气，就像过去莉特小姐说我兴趣幼稚时，我心里生气一样。我觉得我摆脱了自己的阶级，我只愿意是我，而不是别的什么人。

我不太知道我为什么与布朗舍特·韦斯交往。她个子矮小，胖乎乎的，充满自负的脸上转动着一双不怀好意的眼睛。但是她谈到哲学时的能言善辩令我目瞪口呆。她常常把形而上学的思辨和胡说八道糅合到一起，说起来总是滔滔不绝。我以为这说明她聪明。"不通过无限，有限的方式是无法相互沟通的。"她对我说，"人的一切爱都有罪。"她借着无限的要求贬低她认识的所有人。通过她，我开心地了解到我们那些惹人注目的老师和同学都有什么野心、怪癖、缺点和恶习。"我有普鲁斯特笔下的看门人的心灵。"她得意地说。她不无轻率地责备我保持着对绝对的信念。"我嘛，创造我自己的价值标准。"她说。哪些标准呢？提到这个，她始终含糊其词。她最看重自己的内心生活，这一点我赞同。她对财富不屑一顾，我也一样。可是她向我说明，为了避免考虑金钱，就必须有足够的钱，她也许会接受一桩建立在利益基础之上的婚姻。这令我愤慨。

我发现她有一种古怪的自恋癖；她有着柔细鬈发，精心打扮，自诩为克拉拉·德·埃雷柏兹^①。不管怎样，我非常渴望与人交换想法，所以相当经常与她见面。

我绝无仅有的真正朋友依然是莎莎。她母亲，唉！开始不以好眼光看我了。是在我影响下，莎莎对学习的喜欢胜过家庭生活。我借给她一些引起纷纷议论的书。马比耶夫人非常厌恶莫里亚克，觉得他对资产阶级家庭的描绘就像是对她个人的侮辱。她怀疑克洛岱尔，而莎莎喜欢这位作家，因为他帮助她使天和地保持了和谐。"你最好读教父^②的作品。"马比耶太太没好气地说。她好几回来我家向我母亲抱怨，对莎莎并不隐讳她希望我们见面不要那么频繁。莎莎坚持住了。我们的友谊是她不愿放弃的东西之一。我们时常见面，两个人一块学习希腊语，一块去听音乐会、参观绘画展览。有时她坐到钢琴前给我弹奏肖邦和德彪西的作品。我们常常一块散步。一天下午，她得到我母亲不情愿的同意，带我去一家理发店为我剪了头发。这一次我并没有得到什么便宜，妈妈因为是被迫同意的而迁怒于我，拒绝我想把头发做成波浪形的奢求。莎莎在劳巴尔东度复活节假期时，从那里给我寄了一封信，使我打心底里激动不已。她在信中说："自十五岁以来，我精神上一直处于极大的孤独之中，痛苦地感到自己形单影孤，没有希望。是你打破了我的孤独。"尽管如此，她此时还是陷入了可怕的消沉状态。"我从来没有把自己弄得这么郁闷过。"她写道。她还说："我在生活中过分把目光转向过去，无法摆脱对童年往事的赞叹。"这一次我还是没有细细思量。我认为人不情愿变成大人是自然的。

不再见雅克我倒是轻松了许多，因为我不再折磨自己了。初春

<hr />

① 法国诗人弗兰西斯·雅姆诗中的人物。
② 指早期基督教会历史上的宗教作家和宣教师的统称。

的阳光照得周身的血液热乎乎的。我继续勤奋地学习，同时决定消遣消遣。下午经常去看电影，经常去于尔叙利纳、老鸽子棚电影院和拉丁区电影院。拉丁区电影院在先贤祠后面，一间小小的放映厅，木头座位，乐池里只有一架钢琴；座位票价不贵，这里重放近几年最优秀的影片。我在那里看了《淘金记》①和卓别林的其他许多影片。有些晚上，妈妈陪我和妹妹去看戏。我看了儒韦导演的《大海》，米歇尔·西蒙就是在这部影片里出道的；还看了杜兰的《幸福的喜剧》、比托叶夫女士②的《圣女贞德》。我总是在几天前就期待着这些外出，它们使我的整个星期焕发光彩。从我对这些外出的看重，可以衡量出头两个季度那种刻苦使我多么压抑。白天我去参观画展，久久地在卢浮宫的画廊里游荡。我在巴黎城里漫步，观看一切，但没有哭。我喜欢晚上，吃过晚饭后，一个人独自下到地铁站，乘车到达城市另一头的绍蒙山冈公园。在那里可以感受绿色和潮湿的气息。我常常步行回家。在夏佩尔大街，看到一些妇女在地面地铁站的钢架屋顶下进行夜间巡逻；一些男人摇摇晃晃地从灯火辉煌的酒馆里出来；电影院三角楣上的海报招徕着观众。我周围的世界是一个巨大的模糊不清的存在。我大步走着，这世界浓重的气息轻拂着我。我想不管怎样，生活还是蛮有意思的。

我的雄心壮志被重新激活了。尽管有友谊和不确定的爱情，我一直感到很孤独。没有人了解和整个儿爱我这样一个人。我想，没有人在我眼里称得上、也永远不可能称得上"选定的，完满的"。与其继续为此痛苦，毋宁让我重新表现得傲气十足。我的孤家寡人，显示了我的优越感。我不再怀疑：我是一个人才，我要干大

---

① 《淘金记》是美国电影喜剧演员卓别林演的一部重要影片。
② Ludmilla Pitoëff（1895—1951），从俄国移居法国的电影导演和演员。

事。我酝酿了一些小说主题。一天上午在索邦大学图书馆，我没译拉丁文，而是着手写"我的书"。要准备六月份的考试，我缺少时间。不过屈指算来，下一年我会有闲暇，我决心不再等待，要写成属于我的作品："写成一部作品，我要在里面讲述一切，一切。"我这样决定。我在日记里经常强调这"讲述一切"的意愿，而这意愿与贫乏的阅历形成奇特的反差。哲学加强了我从整体角度抓住事物本质和根本的倾向。由于是在抽象中进行思维，我以为自己决定性地发现了世界的真实。我明明怀疑这种真实超过我所了解的东西，但可能性很小。我高于其他人的地方，就是我不会让任何东西逃过我的眼睛。我的作品将从这种异于常人的独到之处获得它的价值。

有时我会产生顾虑，提醒自己一切都是虚荣，但我不在乎。在想象的与雅克的对话中，我拒绝他"有什么用呢"的说法。我只有此生可活，我要让此生成功，谁都休想阻止我，雅克也休想。我不会放弃绝对的观点。不过既然在这方面一切都失败了，我决计不再为此操心。我很喜欢拉尼奥①的这句话："我只有自己的绝对绝望的支持。"一旦这种绝望得到确认，而我既然要继续生存下去，所以必须在世上尽可能地设法应付，就是说做我喜欢做的事情。

我这么容易就放弃了雅克，这让我有点吃惊，不过事实上我丝毫不想念他。四月底母亲告诉我，雅克对再也见不到我了觉得奇怪。于是我去按他家的门铃，可是没有发生任何事情。我觉得这种感情不再是爱情，它甚至使我感到有点不快。"我甚至不再希望看到他。我所能做的，就是让他别来烦我，哪怕他非常单纯。"他不再写他的书，他永远写不出来。"我觉得我在糟蹋自己。"他高傲地对

---

① Jules Lagneau（1851—1894），法国哲学家。

我说。一次乘汽车兜风，我们的交谈让我觉得他的确为自己感到难堪，于是我又接近他了。我想毕竟不能把这种前后不一致归咎于他，生活本身就是前后不一致的：它把我们投向一些目标，而让我看到的却是虚无。我严厉自责。"他比他的生活好。"我暗自断言。可是，我担心他的生活最终会浸染他。有时我心头闪过一种预感："一想到你我就难受；我不知道为什么你人生悲惨。"

六月的考期临近了。我准备好了，但被学习搞得很疲劳，要放松放松。我头一次采取升级行动：借口参加美丽城的一次慈善义演，从母亲那里索取到一次午夜回家许可和二十法郎。我买了一张顶层楼座票，观看一场俄罗斯芭蕾舞演出。二十年后当我突然在凌晨两点钟一个人处在时代广场中央时，其惊喜莫名之状也不及那天晚上在萨拉·伯恩哈特剧院的顶层。绸缎、皮毛、钻石、香水，我下面那些叽里呱啦说话的观众，个个珠光宝气。当我与父母或者与马比耶夫妇一起外出时，有一层无法穿越的薄膜阻隔在世界和我之间。而现在，我沉浸在夜间一个盛大的欢乐场面之中，以往我只能悄悄地仰望它映照在夜空的闪光。现在我悄无声息地溜进去，所有我认识的人和与我擦肩而过但并不认识的人，谁也没有发现我。我觉得自己无影无踪、无处不在：我是一个精灵。这天晚上演出索盖[1]的《母猫》、普罗科菲耶夫[2]的《钢步》和不知是谁的《海神尼普顿的凯旋》。布景、服装、音乐、舞蹈，一切都令我惊喜。我想五年来我没有这样惊叹过。

我重新开始。我不知道是运用什么蒙骗手段，我弄到了一点钱。不管怎样，我还是用团队作借口。我又去了两次俄罗斯芭蕾舞

---

① Henri Sauguet（1901—1989），法国作曲家。
② Sergey Prokofiev（1891—1953），苏联作曲家。

剧院。我惊讶地听到一些穿黑服的先生用科克托的词，演唱斯特拉文斯基①的《俄狄浦斯王》。马勒对我谈论过达米娅②白皙的胳膊和她的嗓音，我去巴比诺音乐厅听她唱歌。说唱艺人、歌手、杂技演员，对我而言全都耳目一新，我全都鼓掌喝彩。

　　考期之前那些天和各次考试之间，我的同学之中有些人，其中包括让·马勒、布朗舍特·韦斯，一边等待考试结果，一边在索邦大学院子里消磨时间，打球、猜字谜和中国式问答猜谜游戏，说长道短，窃窃私语。我也加入这一伙人之中。可是我觉得自己与这些学生中大部分人十分疏远，他们的放荡不羁令我害怕。理论上讲我对一切道德败坏已习以为常，但实际上还是非常正经，听到有人说某男与某女"在一起"，我立刻就紧张起来。布朗舍特·韦斯指着一位有名的高师学生，向我透露他就挺放荡，我惊讶得直哆嗦。那些无拘无束的女生，唉！尤其那些生活放荡的女生，真是令我发指。我承认这种反应只能从我所受的教育来解释，但我无意克制这种反应，粗俗的玩笑、脏话、自由放任、不良举止，这些都使我反感。其实，我对韦斯引荐我加入的小圈子也没有好感。韦斯是交际高手，认识几位出身名门的高师学生，他们对学校里衣冠不整之风不满，个个故作高雅。他们邀请我去一些面包店后间饮茶，因为他们不上咖啡馆，无论如何是不会带女孩子去的。我引起他们的兴趣，因而沾沾自喜，不过立刻自责不该渴慕这种虚荣。我把他们归入不开化的一类人，因为他们感兴趣的只有政治、社会成功和未来的职业。我们在一块饮茶，就像在沙龙里一样，交谈没有多少兴

① Igor Fedorovitch Stravinsky（1882—1971），20 世纪最伟大的作曲家之一，原为俄罗斯人，后移居西欧，常住在法国巴黎，最后移居美国，常住在好莱坞。
② Damia（1889—1978），法国女歌唱家。

味，总是游移于卖弄学问和社交俗套之间。

一天下午在索邦大学院子里，不知谈论什么话题时，我反驳了一个长着阴沉沉一张长脸的小伙子。他吃惊地打量着我，说他无话可答。从此之后，他每天都来多菲娜门，继续这场对话。他叫米歇尔·里斯曼，正在完成文科预备班二年级的学业。他父亲是官方艺术界的一个重要人物。米歇尔自称是纪德的门徒，崇拜美，醉心于文学，正在完成一部不长的小说。我表示非常赞赏超现实主义，使他很气愤。我觉得他这个人守旧而烦人，不过在他那副沉思的丑态背后，也许隐藏着一个灵魂吧。再说他鼓励我写作，我需要鼓励。他非常客气地用艺术字体给我写了一封信，建议我们假期里相互通信，我接受了。布朗舍特·韦斯和我也同意相互写信。她邀请我下午去她家吃点心。我在克莱贝尔大街一套豪华的公寓里吃着奶油草莓馅饼。布朗舍特借给我维尔哈伦①和弗兰西斯·雅姆的文集，都是皮封面的精装本。

我在哀叹所有目标的虚荣中度过了这一年，不过还是顽强地追求自己的目标。我通过了普通哲学考试。成绩单上西蒙娜·韦伊名列前茅，我紧随其后，而在一位名叫让·普拉德勒的高师学生前面。我也获得了希腊语文凭。朗贝尔小姐大喜，我父母笑了。在索邦大学、在家里，大家都祝贺我。我喜笑颜开。这些成绩证明了我对自己的好评，确保了我的前程。我非常看重这些成绩，无论如何都不愿意放弃的。然而我没有忘记任何成功都掩盖着一种放弃，竟然莫名其妙地哭泣起来，怒气冲冲地重复着马丁·杜·加尔笔下雅克·蒂博说的那句话："他们让我落到这步田地！"人们迫使我落到了一个有天分的女大学生这种角色，一个出类拔萃的人，而我本是

---

① Emile Verhaeren（1855—1916），用法语写作的比利时诗人。

上帝可悲可叹的虚无！我的眼泪显然包含着双重性。然而我相信这些眼泪不是单纯的作态。透过安排得满满的岁末的喧闹，我却苦涩地感到心灵的空虚。我继续热烈地渴求着那另一种东西：我不知道如何给它下定义，因为我不肯把适合于它的唯一名称赋予它——幸福。

让·普拉德勒笑着对我说，他为被两个女孩子超过而感到窝囊，想了解我。他请我通过布朗舍特·韦斯认识的一个男同学把他介绍给我。他年纪比我小一点，作为走读生已经在高等师范学校学习了一年。他也有着名门阔少的派头，但丝毫没有装得一本正经。一张脸开朗、相当英俊，目光柔和，有着大学生特有的笑声，对人爽直、愉快。他立刻博得了我的好感。半个月后，我去看入学考试的结果时，在乌尔姆街遇到了他。我与里斯曼等几个参加考试的人成了同学。他领我进到高等师范学校花园里。在一个索邦大学的女学生眼里，这是一个相当引人入胜的地方。我一边与他闲聊，一边观察这个胜地。第二天上午，我与普拉德勒又在这里会面。我们旁听了几场哲学口试，然后我与他去卢森堡公园散步。正是假期，我的所有朋友、几乎他的所有朋友，都已经离开巴黎。我们习惯了每天在一位王后的石头雕像前会面。我从来没有不准时赴约，总是一丝不苟的。我饶有兴趣地看着他笑容可掬、装出诚惶诚恐的样子赶来，对他的迟到几乎心生了几分感激。

普拉德勒一副深思的样子洗耳恭听，答话显然很严肃。我真是好运气！于是迫不及待地向他展示自己的内心，挑衅地对他谈起那些"不开化的人"。他不肯随声附和，令我感到意外。他自幼丧父，与母亲和妹妹相处融洽，不像我一样厌恶"封闭的家庭"。他不讨厌出入社交场合，有机会就去跳舞。"为什么不呢？"他天真地问我，令我无言以对。我的善恶二元论使少数精英与不配存在的芸芸众生相对立。而照普拉德勒的说法，所有人都有点善，也有点恶：人与人之间并没有那么多区别。他责备我严厉，但他的宽容也令我不快。除了这个，我们有许多共同点。他像我一样是在宗教的熏陶下长大的，如今不再信教，但基督教的伦理在他身上打下了烙印。在高师，他被列入"激进的天主教徒"。他拒绝他的同学粗俗的举止、淫秽的歌曲、下流的玩笑、粗暴、放荡、心灵和感官的放纵。他和我差不多喜欢同样的书，偏爱克洛岱尔，有些轻视普鲁斯特并认为他"不重要"。他借给我《乌布工》[1]。我只是勉强欣赏这部作品，因为里面并没有再现，即使十分遥远地困扰着我的烦恼。对我而言尤为重要的，是他焦虑不安地探求着真理，相信哲学有一天会把真理揭示在他面前。关于这个问题，我们坚持不懈地争论了半个月。他说我过于匆忙地选择了绝望，我则责备他抓住虚幻的希望不放。所有体系都是蹩脚的，我把它们一一拆毁；他呢，对每一个都让步，但对人的理性抱有信心。

　　实际上他并不这么理性，远比我更怀念失去的信仰，认为我们对天主教还研究得不够透彻，没有权利把它抛弃，应该重新进行这一研究。我反驳说，我们对佛教的了解更少，为什么抱着有利于我们的母教的这种偏见？他用批评的目光瞪我一眼，指责我对寻求真理比对真理本身还更感兴趣。由于我骨子里非常固执，可是表面又很容易受别人的影响，所以他的这些指责，加上朗贝尔小姐和苏珊娜·布瓦格曾经谨慎地对我提出的许多批评，为我提供了一个焦躁不安的理由。我去见一位名叫波丁的神甫。这位神甫连雅克对我谈到他时也带几分敬重，是专门挽救沉沦的知识分子的。我手里刚巧

---

[1] 法国剧作家雅里（Alfred Jarry，1873—1907）的一部剧情怪诞不经的作品。

拿了邦达①的书，神甫一开口就爽利地对邦达抨击了一通，对此我倒是无所谓。接着我们模棱两可地交谈了几句。我离开了他，对自己事先就知道出于虚荣的这种做法感到羞愧，因为我知道自己不信教的态度比磐石还坚定。

我很快发现，尽管我们意气相投，普拉德勒和我之间还是有不小的距离。从他纯粹属于思想的不安之中，我看不出像自己这样心灵的痛苦。我认为他是"不复杂、不神秘的一个乖学生"。鉴于他的严肃态度和哲学方面的才华，我对他比对雅克更尊重。但雅克有普拉德勒不具备的某种东西。独自在卢森堡公园里的小径上散步时，我想总而言之，他们两个之中任一个想娶我为妻都不可能，他们谁也不适合我。使我还依恋着雅克的东西，是把他从他的阶层割裂开的一条断层。可是在一条断层之上什么也建筑不了，而我要构建一种思想、一部作品。普拉德勒像我一样是知识分子，但是他仍然适应他的阶级、他的生活，衷心接受资产阶级社会。我既然能将就雅克的虚无主义，也就不能不将就他微笑的乐观主义。再说，他们俩出于不同的原因，对我都有点害怕。"他们会娶一个我这样的妻子吗？"我带着几分忧伤地自问道，那时我还没有把爱情和婚姻区分开。"我非常肯定，根本不存在真正能代表一切、理解一切的人，根本不存在骨子里就是一位兄弟、就等于我自己的人。"把我与其他人分开的，是唯独我身上具有的某种刚烈禀性。与普拉德勒这么一对照，我更加确信自己注定是孤独的。

然而，如果仅仅切实地就友谊而言，我们相处是很融洽的。我欣赏他对真理的热爱以及他一丝不苟的态度。他不把情感和思想混为一谈；从他公正客观的目光里我明白了，我往往以情绪取代思

---

① Julien Benda（1867—1956），法国小说家和哲学家，反对柏格森的哲学直观主义。

想。他迫使我思考、归纳；我不再自夸知道一切，相反，"我无知，无知！不仅不会回答问题，连任何可取的提问方式都不会"。我决定不再自欺欺人，请普拉德勒帮助我力戒说假话。可以说他是"我活生生的良知"。我决心在随后的岁月里竭力求索真理。"我将奋不顾身地工作，直至找到真理。"普拉德勒帮了我一个大忙，重新激起了我对哲学的兴趣，而且可能帮了我一个更大的忙，让我重新学会快乐起来，因为我不认识任何快乐的人。世界的重担他承担起来那样轻松愉快，我也就不再被压得抬不起头来了。早晨在卢森堡公园，蔚蓝的天空，碧绿如茵的草地，阳光照耀，如同最晴朗的日子。"此时，枝叶繁茂，又多是新生，完全遮盖住了下面的深渊。"这意味着，我快乐地活着，忘却了那些不着边际的苦恼。有一天普拉德勒送我回家时，母亲遇到了我们。我向她介绍普拉德勒，母亲喜欢他：因为他讨人喜欢。我们的友谊得到了认可。

莎莎成功地获得了希腊语文凭，出发去了劳巴尔东。七月底，我收到她一封信，让我读了喘不过气来。她非常不快乐，向我诉说了其中原因。她终于向我讲述了她和我相伴度过的青春期的经历，而我对此懵然无知。二十五年前，他父亲的一位忠于巴斯克传统的表兄，去了阿根廷碰运气，在那里发了大财。在莎莎十一岁的时候，此人回到了距劳巴尔东半公里的旧房。他结了婚，有了一个小男孩子。那男孩"孤独、忧郁、不合群"，对莎莎产生了强烈的友谊。他父母把他送进了西班牙一所中学当寄宿生。放假时，两个孩子重逢，一块骑马兜风，这莎莎倒是曾经两眼闪闪发光地向我提到过。他们十五岁那年，发现彼此爱上了对方。孤单单生活在异国他乡的安德烈，在这世界上只有莎莎；而莎莎觉得自己长得丑、不受宠爱、遭人冷眼，投进了他的怀抱。两个人大着胆子接吻，如胶似

250

漆地融合为一体。此后每个礼拜两个人都相互写信；物理课上，在乐天的特雷库尔神甫眼皮子底下，莎莎心心念念相思的，就是安德烈。莎莎的父母与安德烈的父母——比前者有钱得多——闹翻了。两个孩子相互友好，双方的父母并没有阻挠，可是当他们发现孩子长大了时，便出面干涉了。允许两个孩子将来结婚，根本是不可能的事情。于是马比耶太太决定要求他们不要再见面。"一九二六年元旦假期里，"莎莎在给我的信中写，"我在这里只待了一天，为的是再见安德烈一面，告诉他我们之间一切都完了。可是，我对他说最无情的话也徒然，无法阻止他看出我多么钟爱他，这次决裂的会面反而使我们比任何时候都更亲密了。"稍后面一点莎莎补充道："家里人强迫我与安德烈断绝关系时，我痛不欲生，好几次差点自杀了。记得有一天晚上，看见地铁驶过来，我险些扑到列车底下。我已经没有一丁点儿生存下去的欲望。"自那时以来，已经过了一年半，莎莎没有再见到安德烈，他们也没有相互写信。这回她来到劳巴尔东，不期遇到了他。"在一年零八个月中，我们彼此音信全无，两人天各一方，现在突然重逢，不禁有些不知所措，几乎感到痛苦。伴随他和我两个如此不相般配的人的感情而来的一切痛苦、一切牺牲，我非常清楚地了然于心，可是我不能不按照我的行为方式处事，不能放弃我整个青年时代的梦想，不能放弃这么多珍贵的回忆，不能背弃一个需要我的人。安德烈和我双方的家庭，根本不希望看到这类接近。十月份他去了阿根廷，要在那里待上一年，然后返回法国服兵役。因此，我们面前还有许多困难，还要分隔很长一段时间。总之，如果我们的计划得以实现，我们至少要在南美洲生活十来年。你看，这一切可有点渺茫。今天晚上我要和妈妈谈这件事。两年前她斩钉截铁地说了不，一想到要和她谈，我事先就心里直打鼓。我深深爱着妈妈，看到我给她造成这么大的痛苦，违背她的意愿行事，我心里比什么都难受。小时候，我在祷告时总是祈求，永远不要有任何人因为我而承受痛苦。唉！这个愿望真难实现啊！"

这封信我反复读了十遍，嗓子发紧。现在我才明白莎莎十五岁时身上发生的变化，她那副魂不守舍的样子，她那种浪漫的情怀，还有她对爱情那种异乎寻常的洞察力。她已经懂得倾尽满腔热血去爱。当人们声称特里斯坦和伊瑟之间的爱情是"柏拉图式的爱情"时，难怪她会发笑；难怪买卖婚姻会使她感到毛骨悚然。我太不了解她啦！莎莎常常说："我希望永远沉睡不醒。"而我居然毫不在意！然而我知道，人说出这句话，心里该是多么暗淡无光。想象着莎莎冷静地戴上了帽子和手套，站在地铁站站台边缘，用失神的双眼盯住铁轨，我实在无法忍受。

几天后，我收到第二封信。与马比耶太太的谈话很不顺利。马比耶太太再度禁止莎莎与表兄见面。莎莎是非常虔诚的基督徒，不敢违抗母亲。但是，这个禁令让她觉得极端残酷，因为此时此刻，横隔在她和她所爱的小伙子之间只有半公里路程。比这一切更使她备受折磨的，是想到他是因为她而痛苦，而她日日夜夜一门心思地思念着他。这种不幸超过我曾经感受的一切，令我惶悚。这一年，我终于去巴斯克地区和莎莎一块度过了三周假期。这是早就讲定了的，我急于赶到她身边。

抵达梅里尼亚克时，我感觉到"一年半以来从未有过的平静"。将雅克和普拉德勒进行比较，雅克仍然处于不利的地位，我毫不宽容地想他的过去："啊！他那种浮浅、那种不严肃，在酒吧间里、桥牌桌旁和金钱方面那些不愉快的事！……他身上有着另一个人身上少有的某些东西，但也有着某种可怜而平庸的东西。"我疏远了他，程度刚好地依恋普拉德勒，为的是让普拉德勒的存在给我的日子带来光明，却不至于因为他的不在而变得暗淡无光。我和普拉德勒经常通信，我也写信给里斯曼、布朗舍特·韦斯、朗贝尔小姐、苏珊娜·布瓦格和莎莎。我在阁楼的天窗下摆了一张桌子，晚上借着油灯的亮光，把自己的情感倾吐在一页页纸上。多亏我所收到的信，尤其是普拉德勒的信，我才不感到孤独。我与妹妹也有长时间的交谈，她刚刚参加了高中毕业会考的哲学考试，整个这一年我们彼此十分接近。除了我的宗教态度，我任何事情都不对妹妹隐瞒。雅克在她眼里和在我眼里威望一样高，她也接受了我关于雅克的神话。她像我一样讨厌德西尔学校，讨厌她的大部分同学，讨厌我们周围人的偏见。她愉快地加入了与"不开化的人"的对抗。可能因为她的童年比我的童年不愉快得多，所以她比我更大胆地反对强加在我们身上种种束缚。"说起来真荒唐，"一天晚上，她困惑地对我说，"妈妈拆开我所收到的信，让我感到不愉快，连阅读的兴趣也没有了。"我对她说我也一样，这种做法令我感到不舒服。我们互相勉励要勇敢面对，毕竟我们是十七岁和十九岁的人了。我们请求母亲不要再检查我们的信件。母亲回答说，她有责任关心我们的心灵。不过她最终还是让步了。这是一个重大的胜利。

总的来讲，我与父母的关系稍许有所缓和。我过着平静的日子，一方面攻读哲学，一方面考虑写作。但有些犹豫，未下决心。普拉德勒让我确信，首要的任务是求索真理，文学不会使我偏离这个方向吗？我的做法没有矛盾吗？我想表达一切的虚妄，可是作家以此写成一本书，就会暴露出绝望。所以最好效法台斯特先生，保持沉默。我也担心，如果写作，会情不自禁地汲汲于成就、名望这些我嗤之以鼻的东西。这些莫名其妙的顾虑，对我压力没有大到让我不得不止步。我写信征求了好几位朋友的意见，一如我所希望的，他们都鼓励我。我开始写一部鸿篇巨制的小说，其中的女主人公体验了我的全部经历，在"真正的生活"面前清醒过来，开始与周围的人发生冲突，而后把一切，包括行动、爱情、知识，都辛酸地尝试了一遍。我根本不知道这个故事如何收场，因为我没有时间，只好半途而废。

这时我收到的莎莎的信与她七月份的来信调子不一样了。她告诉我，她发觉自己在这两年间理智上成长了很多；她成熟了，改变了。在与安德烈短暂的会见中，她得到的印象是他没有变化，依然很少年意气，而且有点粗野。她开始寻思，她的忠贞不渝，是不是"固执于人们不愿意看到化为乌有的幻想，是不是缺乏真诚和勇气"。她可能过分沉湎于《大个子莫林》的影响了。"我从这本书里汲取了一种爱情，汲取了对毫无现实基础的幻想的一种顶礼膜拜，因而深深地迷失，找不到我自己了。"她肯定并不后悔爱上了表兄："十五岁上体验的这种情感，是我对生存的真正醒悟。从开始恋爱之日起，我便明白了许许多多事物，几乎不再觉得任何事荒谬。"可是她不得不承认，从一九二六年一月份决裂开始，她是"仗着意愿和想象力"，人为地延续着那个过去。不管怎样，安德烈要去阿根廷一年，等他回来，才是作决定的时候。暂时嘛，她懒得去寻思。她过了一个异常凡俗而不安的假期，起初感到疲惫，但是现在，她在给我的信中写道："我只想寻开心。"

这句话令我惊讶，回信中我用带点责备的口气指了出来。莎莎赶紧为自己辩解：她知道寻开心无济于事。她信中写道："最近有人组织了一次大规模的远足，与一些朋友去巴斯克地区。我呢，非常需要单独待着，便拿斧头砍伤了自己的脚，逃避这次远足。结果我在一张长椅上躺了八天，得到别人一些怜悯的话。不过我至少获得了一点清静，可以不说话，不去寻开心。"

我感叹不已。我知道人到绝望时，会怎样渴望清静，渴望"可以不说话"。但是我绝不会有勇气砍伤自己的脚。不，莎莎既没有泄气，也没有听天由命。她心里暗暗憋着一股狠劲，使我有点害怕。可不能轻率地对待她的任何一句话，因为她比我还更不会随便说话。如果不是激起她说，她甚至连这件事也绝口不提。

　　我再也不想有任何事情对她闭口不谈，向她承认我放弃了宗教信仰，她回答说她料到了。这一年之中，她也经历了一场宗教信仰的危机。"当我把信仰与自己童年时代的修行进行比较，把天主教的教义与自己的新思想进行比较时，发现这两种不同范畴的思想之间，有某种不相称、某种不协调，令我会感到晕头转向。是克洛岱尔大大地救助了我，他对我的恩德我无法一一历数。我信仰宗教，仍然像六岁的时候，用心去信仰远远超过用智慧去信仰，而且完全放弃了理智。神学方面的讨论在我看来几乎总是荒唐可笑的。我尤其觉得，对我们来讲，上帝非常不可思议，而且深藏不露，他赐予我们的对他的信仰，是一种超自然的天赋，是他给予我们恩典。所以对那些被剥夺了这一恩典的人，我只能表示深切的同情。我相信当他们真诚地渴求真理时，真理总有一天会被他们找到的。""再说，"她补充道，"信仰并不会带来满足；信教和不信教，同样难以获得心灵的宁静。这种心灵的宁静，只有来世才可望获得。"正因为这样，莎莎不仅接受现在这个样子的我，而且小心翼翼地不流露出丝毫的优越感。如果说在天上有一线希望在为她闪耀着，她照样会在世间和我一块在黑暗中摸索，我们依然继续并肩前行。

　　九月十日，我愉快地出发去劳巴尔东，清晨在乌泽什上火车，坐到波尔多下，因为正如我在给莎莎的信中所写的："我不能在经过莫里亚克的故乡时，不下车看一看。"平生头一回，我只身一人在一座陌生的城市里漫步。这里有一条大河，河边的码头笼罩在雾中，梧桐树已经透露出秋意。狭窄的街道上，阳光和阴影相映成趣；宽阔的林荫道通向广场。我心醉神迷，怡然陶然，感觉自己轻飘飘的，像一个气泡飘浮在空中。在公园里红艳艳的美人蕉花坛间，我做着不安分的少女梦。经人指点，我在图尔尼林荫道旁喝了一杯巧克力，又去火车站旁一家叫做小玛格里的餐馆里吃午饭。我还从来不曾没有父母的陪伴独自进过餐馆。然后，一列火车载着我沿着一条笔直的铁路，风驰电掣般驶去，铁路两旁是望不到头的松树。我喜欢火车。我把头伸出车窗外，任凭煤屑扑打着脸，发誓绝不和其他旅客一样，老老实实地挤在闷热的车厢格子间里。

抵达目的地时已近黄昏。劳巴尔东的大花园远不如梅里尼亚克的大花园美，但这里碧绿的葡萄藤爬满瓦盖的屋顶，我觉得别有情趣。莎莎把我领进卧室，是供我与她和热娜薇耶芙·德·布雷维尔同住的。这个热娜薇耶芙是一位青春、乖巧、娇小的姑娘，马比耶太太喜欢得不得了。我在卧室里单独待了一会儿，打开行李，又洗了把脸。底层传来碗碟碰撞和小孩子喧闹的声音。初来乍到有点不自在，我在房间里转圈子。我注意到独脚小圆桌上有一个黑色仿皮封面小本子，信手翻开，只见写着："西蒙娜·德·波伏瓦明天到。老实说我并不为此高兴，因为坦率讲我不喜欢她。"我愣住了，领略到一种前所未有的、不愉快的感受，从来没有想到会有人对我抱强烈的反感。热娜薇耶芙眼里的敌对者的脸竟是我的脸，它有点让我害怕。我没有来得及多想，因为有人敲门：是马比耶太太。"我想和你谈谈，我的小西蒙娜。"她对我说。她的声音如此温柔令我感到意外，因为她好长时间不怎么对我露出笑脸了。她神情尴尬地摸了摸扣住她绒项饰的浮雕玉石，问我莎莎是否把事情告诉了我。我回答说莎莎告诉了我。她似乎不知道自己女儿感情变化了，开始向我解释她为何反对女儿的这段私情。因为安德烈的父母反对这桩婚姻，而且他们属于很有钱且放荡而粗俗的阶层，根本不适合莎莎；莎莎必须彻底忘掉她的那位表兄。马比耶太太指望我帮助说服她女儿。我讨厌她强迫我与她串通一气，然而她的恳求使我动了心。为了恳求我与她联合，她想必付出了不小的代价。我含糊其词地答应尽力而为。

莎莎事先告诉了我，我一到达，这里就会接二连三地举行野餐、茶会、小型跳舞晚会。这家人交好甚广，成群的表亲、朋友上家里来吃午饭，喝下午茶、打网球、玩桥牌。不然就由马比耶太太、丽丽或莎莎开着雪铁龙汽车，带我们去邻近的乡绅家跳舞。附近的镇子里经常有联欢会。我观看巴斯克回力球赛，观看战战兢兢、脸色发青的年轻农民把帽徽别进瘦骨嶙峋的牛的皮肤里。有时，尖尖的牛角挑破他们漂亮的白色长裤，引得大家一阵哄笑。晚餐后，有人弹奏钢琴，全家人和着音乐合唱。也有做游戏的，如猜字谜和限韵作诗。家务活儿常占去整个上午：摘花、扎花束，尤其是烧菜做饭。丽丽、莎莎和贝贝尔制作水果蛋糕、四合糕、油酥饼、松甜面包，以备下午茶用。她们帮助母亲和奶奶，把成吨的水果、蔬菜装进缸里。总是有要剥的豌豆，要切成丝的四季豆，要去壳的胡桃，要去核的李子。准备食物变成了一件让人喘不过气来、精疲力竭的工作。

我几乎见不到莎莎，感到有点烦闷。尽管缺乏心理辨别力，但我明白马比耶一家人以及他们的朋友对我不信任。我穿着马虎，不修边幅，不懂对年老的夫人行屈膝礼，动作和笑不讲究分寸。我没有钱，正准备工作，这就已经让人侧目了；更有甚者，我将进入公立中学当老师。他们这些人世世代代都是反对世俗教育的。在他们眼里，我是在为自己谋求一个不光彩的前途。我尽量不说话，管束住自己，可是白搭，我的每一句话，甚至我的沉默，都与他们不协调。马比耶太太强装和蔼可亲；马比耶先生和拉里维埃老太太礼貌地装作没看见我。这家的长子刚刚进了神学院；贝贝尔想谋求一个宗教职位。他们甚少顾及我。我使年龄最小的几个孩子隐约感到惊异，换言之，他们隐约地对我有所非议。丽丽不掩饰她的责难。她是其他人的典范，完全适应其所处的环境，对一切都应付自如。可是我只要问一句话，她就发火。十五六岁上，有一次在马比耶家吃午饭，我把自己寻思的问题大声说了出来：既然人天生都一样，为什么西红柿或鲱鱼吃到每个人嘴里，味道却会不同呢？丽丽马上嘲笑我。现在我不会天真地想到什么说什么了，但是我的迟疑也足以刺激她。一天下午在花园里，大家议论妇女选举权问题。所有人都认为按逻辑，马比耶太太比一个干粗活的醉汉更有权参加选举。可是丽丽从可靠的消息来源获悉，在不少糟糕的社区，妇女比男人更"红色"。如果让妇女参加投票，就会把好事搞糟。这个论据似乎具有决定意义。我一言不发。可是在众口一词的赞成声中，我的沉默具有颠覆性。

马比耶夫妇几乎每天都要与表亲杜穆兰·德·拉巴泰特夫妇见面。杜穆兰夫妇的女儿迪迪娜与丽丽关系密切。家里有三个男孩子：亨利是财政稽核员，满脸横肉，生活放荡，野心勃勃；埃德加是骑兵军官；克萨维耶是神学院学生，年方二十，是唯一引人注目的，人长得清秀，有一双沉思的眼睛，大家说他患有"意志缺失症"，因而令家人担忧。星期天早晨，他沮丧地坐在一张扶手椅里，要仔细地思量很长时间，好确定自己是否去做弥撒，导致他经常去不成。他常阅读，又多思，与周围的人形成对比。我问莎莎为什么与他没有丝毫亲近感。莎莎十分困窘地说："这我从没想过。在我们家这是不可能的事，家人不会理解的。"不过她对克萨维耶抱有好感。在一次交谈中，丽丽和迪迪娜现出惊讶的样

258

子，也许是故作惊讶，相互问道：明白事理的人怎么会对上帝的存在提出异议？丽丽盯住我的双眼，谈论钟和钟表匠的关系。我违心地决计说出康德的名字。克萨维耶支持我，说："啊！瞧，这就是不学哲学的好处，可以满足于这类论据！"丽丽和迪迪娜吃了败仗。

在劳巴尔东争论得最多的话题，是使"法兰西行动"和教会争吵的冲突。马比耶家的人坚决要求所有天主教徒服从教皇。拉巴泰特家的人，除了克萨维耶不发表意见之外，则都站在莫拉和都德一边。我听着他们激烈的争论，觉得自己置身事外，心里感到很不是滋味。我在日记里声称，在我眼里许多人"不存在"。实际上，一旦这许多人存在，任何一个都是重要的。我从日记里摘取这段话："面对克萨维耶·杜穆兰突然感到绝望。非常清楚地感觉到他们与我之间的距离和他们企图困扰我的诡辩。"我已经想不起这次发作的借口，那显然是秘而不宣的，但意思很清楚：我不是心悦诚服地承认与其他人不一样，或被他们公开或不那么公开地当做害群之马。莎莎爱她的家，我也爱自己的家，过去依然沉重地压在我心头。再说我的童年是很幸福的，因此不可能轻易地让心里产生憎恶甚至敌意。我不知道怎样对付恶意，保护自己。

莎莎的友谊本来可以帮助我顶住，如果我们能聊一聊的话，可是晚上有第三者在。所以我一躺下，就设法入睡。热娜薇耶芙以为我睡着了，引得莎莎和她进行了长时间的交谈。她自问她对母亲是否表现得够乖，有时她对母亲表现得不耐烦，这是不是很不好。莎莎爱答不理地回答她。不过，尽管她没怎么与热娜薇耶芙倾心交谈，那些絮叨还是有损她的形象，她成了与我不相干的人。我难过地想，不管怎样她还是相信上帝，相信她母亲和她的职责的，而我呢，又落得很孤单了。

幸好，莎莎相当快地为我们安排了一次促膝交谈。她猜到我的心思了吗？她谨慎但毫不含糊地声明，她对热娜薇耶芙的好感很有限。热娜薇耶芙把她视为亲密朋友，但她并没有把热娜薇耶芙视为真正的朋友。我松了口气。再说热娜薇耶芙很快就离开了，假期也过了不少时间，社交活动乱哄哄的场面也少了。莎莎属于我了。一天夜里，等全家人都睡着了之后，我们往马达普兰白纹布长衬衫上披一条披肩，就下楼到了花园里，坐在一棵松树下聊了好长时间。莎莎现在肯定不再爱她的表兄了。她详细地对我讲述了他们的爱情。这时我才知道，我的童年和我丝毫没有意识到的那种严重的被遗弃感，是怎么回事。"而我爱你。"我对她说。她非常惊讶，向我承认，我在她的友情等级划分中，只占有一个不确定的位置；不过，所有位置中也没有一个有分量。夜空中，一轮古老的月亮正无精打采奄奄一息，我们却在谈论往昔的事情。我们两颗童心的愚钝使我们感到忧伤。莎莎显得很不平静，因为她给我造成了痛苦，因为她忽视了我。我呢？直到今天才对她说这些事情，而这些事情已经不那么真切，我对她也不再比一切更珍惜，所以心里未免感到酸楚。然而这些懊悔之中，还是有一些柔情可以分享。我们从来没有这样亲近。我在这里小住的最后几天过得很愉快。我们坐在书房里闲聊，身边摆着路易·维伊奥全集、蒙塔朗贝尔① 全集和《两个世界》杂志的合订本；我们在满是尘土、弥漫着无花果刺鼻气味的路上闲聊，谈论着弗兰西斯·雅姆、拉福格、拉迪盖和我们自己。我给莎莎念了几页我的小说，对话令她吃惊，但她鼓励我继续念下去。她说她也喜欢以后写作，我鼓励她写。我离开那天，她一直把我送到蒙－德－马尔桑上火车。我们坐在凳子上吃又干又凉的小煎蛋

---

① Charles Forbes René de Montalembert (1810—1870)，法国演说家、政治家和历史学家。

卷。我们分手时并不忧伤，因为不久后我们会在巴黎再见面。

我正处于相信书信解释效果的年龄。我在劳巴尔东给母亲写信，恳求她相信我，向她保证不久我就会成为一个有作为的人。她亲切地给我回了信。当我回到雷恩街那套公寓里时，我一下子失去了勇气，还得在这套房子里度过三年！但是最后一个学期给我留下了温馨的回忆，我激励自己要乐观。朗贝尔小姐希望我帮她部分地减轻圣马利亚学院中学毕业班的负担，让我代替她上心理学课。我接受了，一方面想赚点钱，另一方面想练习教书。我打算四月份完成哲学学士学业，六月份完成文学学士学业。这两项毕业证书考试不要费很多力气，我还会有时间写作、看书、深入研究重大问题。我订了一个广泛的学习计划和详细的作息时间表，怀着孩子般的兴趣对未来作了精心筹划，几乎恢复了以前每到十月份开学时那种乖孩子的兴奋。我急于再见到索邦大学的同学，穿过巴黎时，从讷伊到雷恩街，从雷恩街到美丽城，一直用平静的目光打量着人行道旁一小堆一小堆的落叶。

我去雅克家，向他陈述我的计划。人应该贡献一生去探索为什么活着，在得出结论之前，永远不要把任何东西看成是已经给定的，而要通过爱的行动和不断更新的意愿去建立自己的价值观。雅克善意地听我陈述，但摇了摇头说："这可能是无法承受得了的。"由于我坚持，他笑了笑问我："你不觉得这对于二十岁的人来讲很难理解吗？"他希望他的生活在一段时间内依然是一场冒险的大赌博。随后几天里，我时而觉得他说得对，时而又觉得他说得不对。我确定自己是爱他的，而后又确定自己显然不爱他。我感到气恼，此后两个月没有再见他。

我和普拉德勒沿着布洛涅森林湖畔漫步。我们观秋景，观天鹅，观游人划船。我们重新按各自的思路进行争论，但热情降低了。我很依恋普拉德勒，可是他那副样子一点都看不出焦虑不安！他安稳的态度刺伤了我。里斯曼让我看他的小说，我觉得写得幼稚；我给他念了我的几页小说，他感到非常厌烦。让·马勒总对我谈论阿兰，苏珊娜·布瓦格总对我谈论自己的心事，朗贝尔小姐总对我谈论上帝。我妹妹刚刚进了一所实用艺术学校，在那里很不愉快，常常哭泣。莎莎用行动表示顺从，花数小时的时间去百货公司挑选样品。厌烦重新向我袭来，接踵而至的是孤独感。过去，当我在卢森堡公园里，对自己说我命中注定会孤独时，那时空气中有那么多快乐的因子，我并不太激动；可是如今透过这秋天的雾，未来让我忐忑不安。我不会爱上任何人，没有一个人伟大得足够我爱他，我不会得到家庭的温暖。我将在乡下的一个房间里度过青春年华，只是上课的时候才出门；多么枯燥乏味啊！我甚至不再希望能与任何人真正相互理解。我的朋友没有一个会毫无保留地接受我：为我祈祷的莎莎不会，觉得我太不可理解的雅克不会，对我总焦躁不安和认死理而感到遗憾的普拉德勒也不会。把他们吓住的，是我极端的固执，是我对这种平庸的生存的拒绝（而他们是以这种或那种方式接受的），以及我为摆脱这种生存状态而疯狂付出的努力。我试图给自己找一个理由，声称："我与其他人不一样，这我认了。"与其他人分隔开，我与世界就再也没有联系了：世界成了一台与我无关的戏。我相继放弃了荣誉、幸福、服务他人，现在我连生活的兴趣都没有了。有时，我完全失去了现实感：街道、汽车、行人只是川流不息的影子，而我是飘浮在它们之中的一个无名之物。有时，我会既自豪又恐惧地对自己说我疯了：顽固的孤独与疯狂之间没有多大距离。我有许多理由精神失常。两年来，我在一个陷阱里挣扎，找不到出口，不停地撞着无形的障碍物，最后把头都撞晕了，始终两手空空。为了掩饰自己的失望，我一方面肯定说我将拥有一切，另一方面又说一切全都一文不值，这样矛盾地把自己搞得稀里糊涂。尤其我身体很棒，洋溢着青春，却把自己关在家里，泡在图书馆里。我消耗不掉的精力不断释放出来，在我的头脑里和心里形成无用的旋风。

人世对我不再有任何意义，我处在"生活之外"，甚至不再想写作，一切可怕的虚妄又掐住了我的咽喉。不过我受够了，头年冬天我洒了太多的泪，我给自己虚构了一个希望。在完全超脱的时刻，宇宙似乎缩小成了一个幻觉的游戏，我的自我在其中消失了，继续存在的是某种不灭的、永恒的东西。我觉得，我的置之度外虚幻地显示一种并非不可企及的存在。我所想的并非基督信众的上帝。天主教越来越不令我喜欢。不过我还是受到朗贝尔小姐、普拉德勒的影响，他们肯定能够触及本质，我阅读柏罗丁①的作品和神秘主义心理学的论著。我寻思在理性的限度之外，某些探索能否让我达到绝对，达到那个抽象的所在，从那里我让荒凉的世界变成尘埃，而寻求完满。为什么不能有一种绝对信仰呢？"我要接触上帝或成为上帝。"我声称。整个这一年，我时不时地沉迷于这种狂热状态。

然而，我对自己感到厌倦了。几乎停止了记日记。只顾忙碌。无论在讷伊还是在美丽城，我与我的学生相处得倒很融洽。教师这个职业令我开心。在索邦大学，没有人上社会学课和心理学课，这说明我们觉得这两门课非常枯燥乏味。我只去看乔治·杜马每星期日或每星期二上午的示范，那是由几个疯子参与，在圣安娜医院为我们进行的。几个有怪癖的人、妄想狂者、早发性痴呆者在台上列

---

① Plotinus（205—270），又译普罗提诺，公元3世纪具有宗教天资的伟大哲人，将罗马帝国时复苏的柏拉图主义改造成为新柏拉图主义。

队而行，杜马并不给我们讲这些人的经历及他们的冲突，甚至似乎没有想到这些人脑子里发生的事情。他仅限于向我们示范，这些人的异常正是按照他在自己的论文里所提出的模式形成的。他很善于通过他的问题引起他所预期的反应，他那张蜡黄的老脸狡黠的表情是那样富有感染力，引得我们情不自禁地发笑，觉得精神病似乎是一种异乎寻常的粗俗玩笑。从这种角度看，精神病甚至令我着迷哩。谵妄患者、有幻觉者、痴愚者、过度兴奋者、受折磨者、有顽念者，这些人互不相同。

我也去听让·巴吕兹的讲座，他是关于《圣十字若望》的一篇受到尊重的论文的作者，以东拉西扯的闲谈方式论述所有重大问题。他的皮肤和须发呈炭黑色，一双眼睛在黑暗里闪着幽暗的光。每周他的声音颤抖着从沉默的深渊里挣脱出来，预告下周将给我们荡气回肠的启迪。某些门外汉经常去听的这些课，而高师学生却都不屑于去听。经常去听课的门外汉之中有勒内·多马尔和罗杰·瓦扬。他们给一些前卫刊物写文章；前者被认为是一个思想深邃的人，后者被认为是一个非常睿智的人。瓦扬喜欢刺激别人，他的外貌本身就令人惊异。从侧面看他脸上光滑的皮肤紧绷得都像要裂开了似的，从正面看只见到一个喉结。他厌倦的表情说明他青春不再，看上去像被魔法般的春药恢复了青春的一个老头儿。人们经常看见他和一个年轻女人在一起，他总是漫不经心地搂着那女人的脖子，向人家介绍说："我女人。"我在《大竞赛》杂志里读到他攻击一位中士的一篇激烈的抨击性文章。那位中士发现一个士兵与一头母猪交媾而惩罚了他。瓦扬为所有男人包括平民和军人，要求人兽交媾的权利。我陷入了沉思。我有着大胆的想象力，但是我说过，现实很容易让我受到惊吓。我不想与多马尔和瓦扬接触，他们也不知道我。

我只结交了一位新朋友，她就是丽莎·凯马德克，圣马利亚学院正在攻读哲学学士学位的一位寄宿生。这是一位瘦弱娇小的布列塔尼姑娘，一张脸透露出机灵活泼但有点男孩子气，头发剪得很短。她讨厌讷伊那所学校和朗贝尔小姐的神秘主义。她信奉上帝，但把声称热爱上帝的人看成吹牛皮或冒充高雅的人，说："怎么能热爱自己不了解的人呢？"我喜欢她，可是她那有点尖刻的怀疑主义不能给我的生活增添乐趣。我继续写我的小说，同时着手为巴吕兹写一篇很长的关于"人格"的论文，把我的知识和无知来一次汇总。我每周去听一场音乐会，单独去或与莎莎一块去，芭蕾舞剧《春之祭》两次令我激动不已。但总的来讲，我几乎对任何东西都不再迷恋。我阅读里维埃和傅尼埃《通信录》第二卷时感到懊恼，他们年轻时的激情消失在琐细的操劳、敌意和尖酸刻薄之中。我寻思同样的沉沦是否也在等待着我。

　　我重登雅克的门。他在走廊里迈着方步，依然是过去的动作和微笑，重现过去的情景。此后我常来。他发议论，滔滔不绝；半明半暗的空间弥漫着烟雾，蓝色的烟圈中萦绕着绚丽多彩的词语。在某个地方，在陌生的地方，我们会遇到与所有其他人不一样的人，会看到发生一些事情，一些有趣的、有点悲惨的、有时很美好的事情。什么事情？身后门一关上，话语就消失了。一周之后，我再次在他亮晶晶的眸子里瞥见了冒险的行迹。冒险、逃逸、伟大的起点，也许其中就有得救之道！这就是马克·夏杜纳在《瓦斯科》里提出的得救之道。这本书在这年冬天大获成功，我阅读它时像阅读《大个子莫林》一样兴奋。雅克未曾跨越过大洋，可是许多年轻小说家其中包括苏波，声称人们可以不离开巴黎而进行不同寻常的旅行。他们提到雅克经常去消磨夜晚时光的那些酒吧令人情怀激荡的诗意。我又开始爱雅克了。我在漠不关心中，甚至在蔑视中走得太远了，这种爱情的回归让我感到惊讶。然而我想我能解释得清楚。首先，过去沉重地压在我心头；我爱雅克在很大程度上是因为我爱过他。其次我厌倦了心如槁木、处于绝望之中，又产生了对柔情和安全的渴望。雅克对我表现出不再虚假的殷勤，花钱大方，让我开心。但这一切不足以使我回到他身边，起着大得多的决定作用的，是他一直浑身不自在、不适应，心里没有把握。在他身边，我不像在所有接受生活的人身边那样显得不合流俗。在我看来，没有什么比拒绝生活还更重要。我认定他和我是同一举人，便重新把自己的命运和他的命运联系在一起。不过这并没有带来多大安慰。我知道我们是多么不同，我不再指望爱情会使我摆脱孤独。我觉得这与其说是自由地奔向幸福，不如说是忍受命运的安排。我用一段忧伤的话庆祝自己的二十岁生日：“我不去澳洲，我不重蹈圣十字若望的覆辙。没有什么可悲伤的，一切都在预料中。早发性痴呆也许是一种了结。如果我尝试活下去呢？可是我是德西尔学校培育出来的。”

这种“冒险而无益的”生活，雅克和年轻的小说家都夸耀说很有吸引力，我也很希望尝试。可是怎样把意外引进我的日常生活呢？妹妹和我越来越难避开母亲的监视，去外面消磨晚上的时间。妹妹晚上常去“大茅屋”绘画，这倒是个好借口；我也找到了一个托词。用我在讷伊赚的钱，我们去香榭丽舍大街戏园子去看先锋派戏剧，或者到巴黎游乐场的过道上听莫里斯·谢瓦里埃唱歌。我们在街上漫步，一边谈论我们的生活和人生。看不见但无处不在的奇遇总是与我们擦肩而过。这种放浪令我们开心，可惜我们不能时常这样做。我继续忍受着日常的单调乏味：“啊！醒来时的沮丧，没有欲望、没有爱情的生活，岁月蹉跎，白驹过隙，可怕的烦闷。不能再这样下去了！我想要什么？我能做什么？什么也不想要，什么也不能做。我的书呢？虚荣心。哲学呢？我已经厌腻了。爱情呢？太累啦。然而，我才二十岁，我渴望生活！"

不能继续这样了。没有继续这样。我重新写我的书，攻读哲学，谈恋爱。而后情况又重新开始这样了："仍然是这种似乎找不到出路的冲突！强烈意识到我的能力、我高于他们所有人的地方、我能干成什么事；感觉到做这些事情完全没有用！不，不能继续这样了。"

还是继续这样。总之，也许永远会继续这样。像一座发疯的钟，我疯狂地在麻木不仁和失去理智的快乐之间摇摆。夜里我攀登圣心教堂的台阶，眺望巴黎这个虚幻的绿洲在空间的荒漠中闪烁。我热泪纵横，因为这是那样地美，却又毫无用处。我重新下到比特小区狭窄的街上，望着所有灯光笑。我跌落在冷漠当中；我振作起来又找回了宁静。我精疲力竭。

友谊越来越令我失望。布朗舍特·韦斯与我反目了，我根本不明白是为什么。朝夕之间，她就不理我了；我写信要求她作出解释，她也不回答。我知道她把我当成阴谋家看待，指责我对她嫉妒得不得了，以至于用牙齿咬坏了她借给我的精装书的封面。我与里斯曼的关系也变得冷淡了。他邀请我去他家。在一间摆满艺术品的宽敞的客厅里，我见到了让·巴吕兹和他那位写了一本秘传学说著述的弟弟约瑟夫，还见到了一位著名雕刻家，其作品歪曲了巴黎的形象；此外还有几位学院派人物。大家的交谈令我懊丧。里斯曼本人的美学观和多愁善感令我腻烦。其他人，我很喜欢、非常喜欢的那些人，我爱的那一位，他们都不理解我，都不令我满意，他们的存在，甚至他们的在场，解答不了任何问题。

很久以前孤独就把我推向了傲慢。我完全昏了头。巴吕兹赞不绝口地把论文交还给我。他下课后接待了我，他有气无力的声音流露出希望：我的论文显示了一部有分量的作品的端倪。我为之振奋。"我肯定会比他们所有人攀登得更高。自傲吗？如果我没有才华，那是自傲；可是我有才华，就像我有时相信的那样，就像我有时肯定的——这正是自知之明。"我平静地这样写道。第二天我看了卓别林的影片《马戏团》。从影院出来，我到杜伊勒利花园里散步，一轮橙红色的太阳在淡蓝色的天空旋转，映红了卢浮宫的玻璃窗。我记起往昔的黄昏，突然被自己很久以前大喊大叫提出的要求惊醒了：我应该写我的作品。这个打算一点也不新鲜了。然而，由于我渴望发生一些事情，却从来什么也没发生，所以我把自己心情的激动视为一件大事。我再次对天和地发出庄严的誓愿：以后无论在什么情况下，都没有任何事情能阻止我写我的书。我再也不会质疑这个决定。我决心从今以后要快乐，要得到快乐。

又一个春天开始了。我通过伦理学和心理学文凭考试。想到要埋头于语言学，我就非常反感，所以放弃了修语言学。父亲感到丧气。他觉得我同时得到两个学士学位才风光。可是我不再是十几岁的孩子，没有动摇。我灵机一动：我最后一个学期有空闲，为什么不立即开始准备文凭考试呢？那时候并不禁止在同一学年既申报文凭考试，又申报教师资格考试。如果我充分地提前准备文凭考试，那么到开学的时候，我就能够顺利地在结束文凭考试的同时，准备教师资格会考。这样，从现在起的一年半之内，我就可以结束索邦大学的学业，告别家庭，获得自由，开始干别的事情啦！我毫不犹豫。我去征求布兰斯维克先生的意见，他看不出这个计划有任何障碍，因为我已经拥有学科合格证书和相当多的希腊语和拉丁语知识。他建议我研究"莱布尼兹概念"。我接受了他的建议。

然而孤独继续戕害我。四月初我孤独得更厉害了。让·普拉德勒去了索莱斯姆，与几个同学一块度过几天。他回来后第二天，我在"书友社"见到了他；我们两个都是该社会员。在最大的房间里，穿着修女长袍的阿德丽安娜·莫尼埃正在接待法尔格、让·普雷沃、乔伊斯等几位知名作家。里边的几个小房间里一直没有人。我们在小凳子上坐下闲聊。普拉德勒话语间有点迟疑，告诉我他在索莱斯姆领了圣体。他看到几个同学走到圣台旁，顿时有一种被放逐、遭排斥和遗弃的感觉。第二天做完忏悔之后，陪同学们来到圣台旁时，他便决定要信教了。我听着他的叙述，嗓子发紧，感觉自己遭到了遗弃、排斥和背叛。雅克在蒙帕纳斯酒吧里找到避难所，普拉德勒在圣体面前找到了避难所，我身边绝对没有人了。当天夜里我为被抛弃哭了。

两天后父亲去格里埃尔，想去看他姐姐，不过我不记得为了什么。火车头的呻吟与漆黑的夜色中发红的烟，使我想起生离死别时摧肝裂胆的感觉。"我和你一起去。"我说。父母反对，说我连牙刷都没有，不过最后我还是坚持这个突发的奇想。整个旅途我把头探在车窗外，那夜色和晚风令我如痴似醉。我从来没见过春天的乡村。我漫步于樱草、报春花、风铃草丛中，为我的童年、人生和死别情怀激荡。死亡的恐惧没有离开我，这让我不习惯，我还为此瑟瑟发抖，还会害怕得直哭。相比之下，此时此刻生存在这里这一事实，有时会闪烁着耀眼的光芒。在这几天里，大自然的寂寥常常使我陷入恐惧或沉浸在快乐之中。我深入更远的地方。在这些草地上和这人迹罕至的树林里，我想我接触了我所向往的超人类的现实。我跪下来摘一朵花，突然感到被钉在了地上，被天的重量压得无法动弹：这是一种使我感受到永恒的焦虑或狂喜。我返回巴黎，深信自己体验了神秘主义的经验，试图重新体验。我读过关于《圣十字若望》的一段话："为了去你不认识的地方，必须经过你不认识的地方。"把这句话颠倒过来，我在我的道路的黑暗中，看到我正走向完结的标记。我深入自己内心的最深处，带着自己登上能纵览一切的绝顶。这些胡思乱想包含着真诚。我如此之深地陷入了孤独，有时完全成了这个世界的局外人；这个世界以其稀奇古怪令我目瞪口呆。所有东西、所有面孔包括我自己，都不再有意义，而由于我什么也认不出来了，所以我禁不住想象自己达到了未知的境界。我极度沾沾自喜地维持着这种状态。不过我不想骗自己，便去请教普拉德勒和朗贝尔小姐怎么看。普拉德勒很干脆："这没有好处。"朗贝尔小姐比较委婉："这是一种玄想的直觉。"我的结论是：我们不能把人生建立在光怪陆离的幻觉之上，因此我不再追寻了。

我继续忙碌着。现在我获得了学士学位，可以进入维克多-库辛图书馆了。这所图书馆位于索邦大学最僻静的一隅，里面有大量的哲学藏书，几乎无人问津。我白天都在里面度过。我坚持不懈地写小说，阅读莱布尼兹的作品和对教师资格会考有用的书。晚上被学习弄得头昏脑涨了，我就懒洋洋地待在卧室里。如果我可以去外面自由自在地溜达，我会为自己没有离开尘世而感到慰藉。我多么想沉浸在夜生活之中，听爵士乐，与人们摩肩接踵！可是，不行，我被幽禁在家里！我感到透不过气来，我消耗着自己，真想往墙上一头撞死。

雅克即将动身赴阿尔及利亚，去服一年半兵役。我常见到他，他比任何时候都热情，对我谈了很多他的朋友的事。我知道廖库尔与一个名叫奥尔加的年轻女子有私情。雅克对我绘声绘色地描述这两个人那么罗曼蒂克的恋情，使得我头一回怀着同情看待一对男女非法的结合。他还提到另一个美貌非凡的女人，这个女人名叫玛格达，希望与我结识。"这件事让我们付出了相当大代价呢。"雅克对我说。玛格达属于那种夜晚在酒吧里见到会令人神魂颠倒的尤物。

我倒没有寻思她在雅克的生活里扮演了什么角色。我什么也不寻思。现在我肯定雅克珍惜我，我可以快乐地生活在他身边，害怕我们分开。我几乎不去想分开的事，因为它促成我们彼此亲近，使我感到如此幸福。

雅克出发之前八天，我在他家里吃晚饭。饭后他的朋友里凯·布勒松来找他。雅克提出带我去和他们一块看电影《全体船员》。母亲对雅克根本没提"结婚"二字感到窝火，完全不再赞成我们之间保持友谊，拒绝雅克的提议。我坚持要去，加之姨妈为我说情，鉴于当时的情形，母亲经不住哄劝勉强同意了。

我们并没有去电影院。雅克带我进了于伊仁斯街的斯特力克斯酒吧。这是他习惯来的地方。我坐在里凯和他之间的一个高脚圆凳上。他直呼名字叫侍者米歇尔给我一杯干马天尼。我从来没有进过咖啡馆，现在却在一个夜晚坐在了一家酒吧里，而且是与两个小伙子。对我来说，这的确异乎寻常。那色彩柔和或鲜艳的酒瓶子，装着橄榄或咸杏仁的碗，那些小圆桌，都令我觉得新奇；最令我意外的是，对这里的一切雅克已习以为常。我很快喝掉了我那杯酒。由于我从来滴酒不沾，连葡萄酒也没沾过，也不喜欢，所以我很快就感到飘飘然了。我直呼侍者米歇尔的名字，做滑稽动作。雅克和里凯坐在另一张桌子边掷骰子，装作不认识我。我和顾客搭讪，他们都是北欧的青年人，都挺文静的。他们之中的一个递给我第二杯干马天尼，雅克朝我使了个眼色，我把这杯酒倒在了柜台后面。为了表现得不同凡响，我砸碎了两三个玻璃杯。雅克笑着，我飘飘欲仙。我们去维京人酒吧。走在街上，我让雅克挎着我的右胳膊，让里凯挎着我的左胳膊。但左边那个不存在，只有与雅克亲密的肌肤接触让我觉得妙不可言，这象征着我们两个心灵融合到了一起。他教我掷骰子，帮我叫一杯掺很少杜松子的鸡尾酒。我多情地接受他的细心关照。时间不再存在。当我在罗同德咖啡馆柜台前喝了一杯绿色的薄荷糖水时，已经是深夜两点了。我周围旋转着来自另一个世界的一张张面孔；每个十字路口都有奇迹发生。我觉得有一种难分难解的同谋关系把我和雅克拴在了一起，仿佛我们一起杀了人或者徒步穿越了撒哈拉沙漠。

他把我送到雷恩街七十一号门前。我有家里的钥匙。但是父母在等我，母亲眼泪汪汪，父亲严肃地板着面孔。他们刚才去了蒙帕纳斯大街，母亲大喊大叫，直到我姨妈出现在一个窗口。姨妈述她女儿，指责雅克损害她女儿的名誉。我解释说我们看完《全体船员》后，到罗同德咖啡馆喝了一杯奶油咖啡。可是父母还是平静不下来。尽管感觉比往常麻木一点，我也哭哭啼啼，还浑身抽动。雅克约我第二天在塞莱克露天咖啡座见面。他看到我哭红的眼睛，加之听过他母亲讲述的情况，所以他目光里比任何时候都更充满柔情，辩白说他并没有对我不尊重。"这是更难得的尊重。"他对我说。我觉得自己比昨夜饮酒行乐时还更紧密地与他融合在一起。四天后我们告别时，我问他离开巴黎是否很难过，他回答说："我尤其不想和你说再见。"他开车送我到索邦大学。我下了车。我们相互端详了很长时间。他用乱了方寸的声音说："那么，我就再也见不到你了吗？"他开动了汽车。我留在人行道旁，不知所措。最近经历的事情给了我力量，不把时间当回事，心里说："明年见。"接着便去读莱布尼兹的著作。

"如果你什么时候想出去兜一下风，就招呼里凯一声。"雅克对我说过。我捎一张便条给年轻的布勒松。一天晚上将近六点钟，我们便又在斯特力克斯见面了。我们谈雅克，他崇敬佩服雅克。酒吧间没有什么顾客，所以没什么事发生。另一个晚上我去罗同德酒吧喝杯开胃酒，也没有发生什么事情。几个年轻人在闲谈，样子显得拘谨。没有刷油漆的木头桌子、诺曼底式的椅子、红白相间的窗帘，看上去并不比一间糕点店后间更神秘。然而，当我要为我喝的一杯雪利酒付钱时，红头发的胖侍者却不收。这件事——我始终没弄清楚——我暗暗觉得几乎不可思议，倒是鼓励了我。从此我总设法早离开家，晚到救助中心，每晚去美丽城上课之前，总进维京人酒吧待上一个钟头。有一回我喝了两杯鸡尾酒，喝得太多，到了地铁里全吐了，推开中心的门时，两腿发抖，脑门上全是冷汗。大家以为我病了，扶我到一张长沙发上躺下，还说我勇气可嘉。堂姐玛德莱娜来巴黎逗留几天，我立刻抓住这个机会。她二十三岁了，一天晚上母亲允许我们两个单独去看戏。实际上我们密谋去了不良场所。事情差点儿穿帮，因为临出门时，玛德莱娜开心地往我面颊上抹了点胭脂。我觉得好看，母亲却非叫我擦掉不可，我表示抗议。母亲大概看到是魔鬼在我脸上留下了脚印，便像驱魔一样给了我一记耳光，我才咬着牙听凭她擦掉。母亲还是让我出去，表姐和我两个便朝蒙马特那边走去。我们在霓虹灯招牌的亮光下徘徊了很久，拿不定主意去哪里好。我们误进了两家酒吧，都昏暗得像乳品店，最后来到勒比克街一间非常小的低级酒吧间。有几个浪荡侍者在等顾客，其中两个到我们的桌子边坐下，对我们闯进来感到吃惊，因为我们显然不是他们要物色的那种女人。我们两个在那里哈欠连连地待了好一会儿。我感到揪心的厌恶。

然而我不思改弦易辙。我对父母说，美丽城中心准备七月十四日举行一次娱乐晚会，我让学生排练一出喜剧，每周需要花上几个晚上的时间。我把喝酒花掉的钱说成是为团队花掉了。我通常是去蒙帕纳斯大街的骑师酒吧。雅克曾对我提起过这地方。我喜欢那墙壁上五颜六色的招贴画，上面叠印着谢瓦里埃的草帽、卓别林的皮鞋和葛丽泰·嘉宝的微笑。我喜欢那些亮晶晶的酒瓶子、彩色的小旗和烟草、烈酒的气味，喜欢那里的说话声、笑声和萨克斯管演奏的声音。那里的女人令我眼花缭乱。在我的词典里找不到字眼来形容她们的衣裙的料子和头发的颜色；我想象不出在什么商店能买到她们那种薄如蝉翼的长筒丝袜、那种薄底浅口皮鞋和她们所抹的口红。我听见她们和男人为过夜讨价还价，商量她们如何款待他们。我的想象力反应不过来，它仿佛被卡住了。尤其开始的时候，在我眼里周围并不是一些活生生的人，而是一幅幅寓意画：不安、无所谓、迟钝、绝望，可能也有才华，肯定还有一张张不同的脸上表现出来的罪孽。我一直相信，罪孽是上帝张开的伤口。我坐在高脚圆凳上，就像小时候跪在圣体台前一样虔诚，接触的是同样的存在，只是爵士音乐代替了管风琴弹奏的乐曲。我等待着意外事件的发生，就像过去盼望狂喜的到来。雅克对我说过："在酒吧里，你随便做些什么都行，肯定会有事情发生。"我就随便做些什么。如果有一位顾客进来，头上戴着帽子，我就喊："帽子！"伸手抓起他的帽子抛到空中。我在这里碰碎一个玻璃杯，那里碰碎一个玻璃杯；我高谈阔论，和店里的常客打招呼，天真地试图愚弄他们，声称自己是模特儿或妓女。可是凭我的旧衣裙、粗线长袜、平底鞋子、没涂脂抹粉的脸，我骗不了任何人。"你没有那种味道。"一位戴玳瑁框眼镜的跛子对我说。"你是中产阶层的一个小女子，想装成波希米亚女郎。"一个写连载小说的鹰钩鼻男人这样给我下结论。我表示他们说得不对。跛子在一张纸条上画了个什么。"瞧，这就是干交际花这一行的应该做的和听凭别人做的。"我故作镇静，说："这画得很糟。""画得挺像的。"他说着拉开裤子前面的拉链，这回我掉转眼睛看别处说："我对这个不感兴趣。"他们都笑了。小说家说："哎！一位真正的妓女会打量一眼，然后说：'没有什么好炫耀的！’”借着酒意，我冷冷地忍受了这些淫秽的话。再说，他们也没有继续打扰我。有时会有人请我喝一杯，或者邀请我跳舞，仅此而已。显然我打消了他们想入非非的念头。

这类外出找乐子，我妹妹参加了好几回。为了显示出不正经的派头，她歪戴着帽子，把腿架得老高。我们大声说话，嘻嘻哈哈冷嘲热讽。或者我们先后进酒吧，假装互不相识，故意装出吵架的样子，相互揪头发，尖声谩骂。这种表演如果能使观众惊愕片刻，我们就感到高兴。

晚上待在家里，我忍受不了卧室里的清静，便又试验神秘主义的做法。一天夜里，我敦促上帝，如果他存在就表示他存在。上帝保持缄默。从此之后我就再也不跟他说话。实际上，他不存在我很高兴。如果在人世间上演的这场戏已经在永恒中有了结局，那反倒令我讨厌了。

不管怎样，现在世间有一个我感到自在的地方了。骑师酒吧成了我熟悉的地方，在这里常常再见到熟面孔，我越来越喜欢这里。只需一杯鸡尾酒，就足以化解我的孤独：所有人都是兄弟，我们大家彼此了解，大家彼此相爱，再也不存在疑问、遗憾、盼望。现在让我感到充实。我跳舞，人家的胳膊搂着我，我的身体感到怡然、感到放松，这比我处于亢奋状态更轻松、更平静。我不再像十六岁时那样反感，一只陌生的手会让我的颈背感受一种柔情似的温暖和惬意。我对自己身边这些人一点也不了解，不过这没有什么关系。我虽然感到生疏，但觉得终于接触到了自由。过去我对与一个小伙子并肩在街上行走犹豫不决，自那时以来我已有进步，敢于轻松地挑战习俗和权威了。酒吧和舞厅对我的吸引力，在很大程度来自它们不正当的性质。母亲是绝不会同意我去这种地方的；父亲在这种地方看见我会觉得丢脸，而普拉德勒会感到伤心。我呢，知道自己无法无天时，感到非常满意。

我渐渐胆子大起来，不在乎在街上与人攀谈、与陌生人一块上小酒馆。一天晚上，我上了一辆在大街上紧跟着我的汽车，司机提议："咱们去鲁滨逊兜一圈怎么样？"这个人长得一点也不好看。半夜三更的，如果他把我撂在离巴黎十公里的地方，那我怎么办呢？但是我有我的原则："经历危险，什么也不要拒绝。"纪德、里维埃、超现实主义者和雅克都这样说。"好吧。"我回答说。在巴士底广场一家咖啡馆露天座，我们沉闷地喝了几杯鸡尾酒。再上车之后，那人轻碰我的膝盖，我赶紧挪开。"怎么啦？你随便搭人家的车，连碰你一下都不行？"他的声音都变了。他停下车，试图拥吻我。我逃跑了，只听见他在我背后谩骂。我赶上了末班地铁。我知道自己是侥幸脱了险，然而庆幸自己做了一件的确非理性的事情。

又一个晚上，在克利希大街的一个露天游乐场，我和一个脸上有一道粉红色瘢痕的小流氓一块玩小型足球，还玩了气枪射击。每次他都坚持由他付钱。他给我介绍一位朋友，并请我喝一杯牛奶咖啡。我看到最后一班公共汽车就要开动了，对他说声再见，就跑了去，正要跳上站台，他们赶上了我，抓住我的肩头说："这可不够意思！"售票员手按在铃上，犹豫了一会儿，然后将车门把手一拉，车子就开动了。我怒不可遏。两个男孩要让我知道是我错了，不能不打招呼撂下人就走。我们讲和了，他们坚持要步行送我回家。我特意向他们说明，他们不要对我抱任何企图，但他们还是坚持。到了卡塞特街和雷恩街拐角处，脸上有伤疤的小流氓搂住了我的腰说："咱们什么时候再见？""你愿意什么时候都行。"我胆怯地回答。他试图吻我，我挣扎着。出现了四个骑自行车的警察，我不敢喊他们，不过要吻我的小子放开了我，我们朝我家走了几步。巡逻

276

的警察过去后，那小子又扯住我的手："你是不会来赴约的，你想让我白跑路！我可不喜欢这样！非教训你一下不可。"他那副样子很凶，要打我或猛吻我的嘴。说不清我最害怕的是挨打还是被吻。这时他的朋友插嘴说："算了吧！事情是可以解决的。他发这么大火，是因为你让他花了钱。这就是问题所在。"我把手袋里的钱全掏了出来。"我不在乎钱！"对方说，"我是要教训一下她。"不过他最后还是拿去了我的钱：十五法郎。"还不够去找一个女人呢！"他悻悻然地说。我回到家里，仍心有余悸。

这个学年结束了。苏珊娜·布瓦格去摩洛哥她一位姐姐家过了几个月，在那里遇到了她的终身伴侣。婚礼的午宴在郊区的一个大花园里举行。新郎讨人喜欢，新娘苏珊娜喜笑颜开。我觉得幸福真是迷人。我也没有感到不快乐，虽然雅克不在身边，他对我确定无疑的爱使我心境平静，再也不会受到相遇时的冲突和偶然的坏情绪搅扰。我与妹妹、莎莎、丽莎、普拉德勒去布洛涅森林划船。我的朋友聚会时都相处融洽，我对自己与他们每个人相处都不完全融洽的遗憾也就少了些。普拉德勒向我介绍了他高师的一位同学，他对之敬重有加。这位同学是在索莱斯姆促使他领圣体的人之一，名叫皮埃尔·克莱劳，赞赏《法兰西行动》报，小小的个子，黑不溜秋，活像一只蟋蟀。他应该在下一年参加哲学教师资格会考，因此我和他将是同窗。他显示出一副高傲、自信的硬汉模样，我打算开学之后尝试一下，摸清他这具皮囊里面究竟隐藏了什么。我与他和普拉德勒去索邦大学看会考口试进行的情况。大家拥挤着都想听雷蒙·阿隆的课，所有人都预言他在哲学方面将前程无量。也有人指给我看在精神病学方面崭露头角的达尼埃尔·拉加什。出乎一般人的预料，让-保罗·萨特笔试没有通过。我觉得考试挺难，但不失勇气，要尽心竭力。不过，从现在起一年之内就可见分晓，我觉得自己已经自由了。我也觉得找找乐子、散散心、换换新鲜空气，对我很有好处。我恢复了心理平衡，甚至不再记日记了。我在写给莎莎的信中说："我一心渴望与世界越来越密切的接触，并且渴望在一部作品里描述这个世界。"抵达利穆赞时，我心情非常好，而且还收到雅克的一封信。他对我谈到阿尔及利亚城市比斯克拉、那里矮小的驴子、日晕和夏天；他回忆我们的相会，称之为"我当时唯一毕恭毕敬的时刻"；他许诺"明年把事情办好"。妹妹理解这类隐语的素养比我差一些，问我最后一句话是什么意思，我得意地回答："意思是我们将结婚。"

多美的夏天！再也没有眼泪，再也没有孤独的感伤，再也没有书信激起的风暴。乡间使我心旷神怡，像五岁和十二岁时那样，天空整个儿是蔚蓝的，现在我知道忍冬的香味预示着什么，朝露意味着什么。行走在低洼的道路上，穿过开花的荞麦地，走过扎人的欧石楠和灯芯草丛时，我重新体味到过去程度不同的种种难过和快乐。我和妹妹频繁地出来散步，常常穿着衬裙跳进韦泽尔河黝黑的水里沐浴，然后躺在散发着薄荷味的草地上把身体晾干。妹妹画画，我看书。消遣也不妨碍我看书。父母与在附近一座古堡里避暑的老朋友联系上了。那对老朋友有三个长大了的儿子，都是英俊的小伙子，打算将来从事律师职业。我们时常与他们一块打网球，每次我都玩得很开心。他们的母亲委婉提醒我们的母亲，他们只接受有嫁妆的姑娘做儿媳。这引得我们大笑不止，因为我们尊重这几个规矩的小伙子，但根本不贪图他们什么。

这一年我又被邀请去劳巴尔东。母亲欣然同意我在波尔多与普拉德勒会面。他在这个地区度假。这是令人心情舒畅的一天。显然，普拉德勒对我很重要。莎莎更重要。我兴高采烈地在劳巴尔东下了车。

　　莎莎取得了罕见的成绩，六月份第一次参加考试就获得了语言学合格证书。然而这一年她在学业上只花了很少时间。她母亲越来越专横地要求她待在家里帮忙。马比耶太太把节俭视为首要美德。认为像糕点、果酱、台布一类织物、衣裙、大衣等可以在家里制作的东西，去商店里购买就是缺德。时令季节，她经常早晨六点钟就和几个女儿去阿勒中央菜市场，买便宜的水果和蔬菜。当马比耶家的女孩子要换新装时，莎莎就得去十几家商店寻觅，从每家商店带回来一束样品，让马比耶太太从料子的质地和价格上进行比较。经过长时间商议，莎莎再去商店里买挑选中的布料。这些任务，加上马比耶先生高升之后倍增的社交活动的差事，忙得莎莎疲惫不堪。她无法让自己信服，奔走于沙龙和大商店之间，就是忠实地遵循了福音书的训诫。也许她作为基督徒的义务就是服从母亲吧。可是在阅读一本关于罗亚尔港的书时，尼科尔的一句话深深地触动了她，因为那句话暗示，服从也可能是恶魔的陷阱。甘心让自己变得卑微和愚钝，难道不是违背上帝的旨意吗？怎样确切地理解上帝的旨意呢？她担心，如果相信自己的判断，她会犯自高自大的过错；如果屈服于外来的压力，她又会犯胆小懦弱的过错。这种疑虑加剧了长期以来撕裂着她内心的冲突：她爱自己的母亲，但也喜欢母亲不喜欢的许多东西。她常常忧愁地对我引述拉米兹[①]的一句话："我所喜爱的东西彼此并不喜爱。"未来没有任何慰藉的东西。马比耶太太斩钉截铁地拒绝让莎莎考取一张文凭，担心女儿成为知识分子。爱情嘛，莎莎不再希望能遇得到。在我周围的人之中，也有出于爱慕——挺罕见——而结婚的，我表姐蒂蒂特就是一例。可是马比耶

────────────

① Charles-Ferdinand Ramuz（1878—1947），用法语写作的瑞士作家。

太太说："波伏瓦家的人都是出格的人。"莎莎比我牢固得多地归属了观念正统的中产阶层，在这个阶层，所有婚姻都是家庭包办的。然而所有这些被动地接受结婚的年轻人，都是令人沮丧的平庸之辈。莎莎热爱生活。因此一种没有快乐的生活前景，有时使她完全失去了活下去的愿望。像年幼的时候一样，她会用反常的行动来保护自己，反对她那个阶层虚伪的理想主义。看了儒韦在《大海》里饰演的醉汉角色，她便声称爱上了他，把他的剧照贴在床的上方墙壁上。冷嘲热讽、冷酷无情、怀疑主义这些东西立刻在她心里产生了共鸣。假期开始的时候她寄给我一封信，向我吐露她有时幻想彻底抛弃这个世界。"在精神上和物质上热爱生活的时刻过去之后，我觉得这一切都是虚妄的，所以突然感到所有事物和所有人都在离开我。我对整个世界完全漠不关心，形同自己已经死了一样。弃绝自我、弃绝一切，修道士的这种弃绝，就是试图在这个世界开始一种超尘世的生活。如果知道这种弃绝对我有多么大的诱惑力！我时常想，在束缚中寻觅真正自由的这种愿望，正是神召的征兆。另外一些时候，生活和事物重新完全接纳了我，以至于我觉得修道院的生活无异于自我戕戮，并非上帝要求于我的。但是不管应该走什么道路，我都无法像你一样全身心地奔向生活；就是在生活得最带劲的时候，我还是感受到虚无的滋味。"

这封信有点把我吓坏了。莎莎在信中反复对我说，我不信教不会导致我们分道扬镳。可是，万一她进了修道院，我就失去了她，她也失去了自己。

到达的当天晚上我就感到失望，因为我不是与莎莎，而是与斯蒂法·阿夫迪科维奇小姐住一个房间。后者是一位波兰籍大学生，受雇在假期当家庭教师的，照顾马比耶家三个最小的孩子。我稍觉宽慰的是，她人挺可爱。莎莎在给我的信里颇有好感地谈到她。她有一头金色秀发，一双碧眼既带倦色又含着笑，一张嘴显得热烈，整个人有一种异乎寻常的诱惑力，一种我都不知道如何不失礼貌地加以形容的诱惑力：性感。她飘逸的薄袍，露出秀色可餐的双肩。晚上，她往钢琴前一坐，用乌克兰语唱情歌，显得风情万种，使莎莎和我为之着迷，而使其他人反感。夜里见她不穿睡衣而是穿睡袍就寝，我不免瞠目结舌。她立刻向我敞开心扉，滔滔不绝地谈起了自己的心事。她父亲在利沃夫拥有一家大糖果厂。她呢，一边学习，一边为争取乌克兰独立而斗争，还蹲过几天班房。为了完成学业，她离开了家，在柏林待过两三年，然后来到了巴黎，在索邦大学上课，生活费由父母寄给她。她想利用假期，深入一个法国家庭，与之密切接触，结果令她大为吃惊。第二天我了解到，尽管她受过非常好的教育，还是令有身份的人看不顺眼：她优雅、女性味十足，与她比较起来，莎莎及其朋友还有我，都显得像年轻的修女。下午，她开心地为在场的每个人算命，其中包括克萨维耶·杜穆兰。她不在乎他穿着道袍，悄悄地和他调情；克萨维耶对她的调情并非无动于衷，而是频频报以微笑。她为他算了一大卦，预言他不久将遇到自己的心上人。母亲、姐姐都大为恼火。马比耶太太背后指责斯蒂法不安分，说："此外，我肯定她已经不是真正的姑娘了。"她指责莎莎过分亲近这个外国姑娘。

至于我嘛，我寻思马比耶太太为什么同意邀请我来，大概是为了不与她女儿发生正面冲突吧。她严密防范，让莎莎无法与我单独倾谈。莎莎每天上午都在厨房里忙活儿，在贝贝尔或玛特的帮助下，用羊皮纸给果酱瓶贴标签。看到她白白浪费掉整个小时的时间，我真心疼。白天她没有一分钟时间是单独待着的。马比耶太太频繁地接待客人、频繁地外出拜访，希望最终能给开始超过结婚年龄的丽丽找个婆家。"这是最后一年我为你操心了，为了给你物色对象，我花的钱够多啦，现在轮到你妹妹了。"在一次有斯蒂法在场的晚餐席上，她当众这样说。已经有理工大学的一些学生向马比耶太太透露口风，他们很愿意娶她的第二个女儿。我想，久而久之莎莎是否会被说服，把成家当做她这个基督徒的职责？我不能接受她去过愚昧的修道院生活，同样不能接受她忍气吞声地同意一桩死气沉沉的婚姻。

我抵达几天之后，在阿杜尔河畔有过一次大型野餐会，当地所有体面的家庭都参加了。莎莎把她的粉红色柞丝绸连衣裙借给我，她自己穿一件白绸连衣裙，系一根绿色腰带，佩戴一条玉石项链。她人瘦了，经常头疼，睡眠不好。为了掩饰苍白的脸色，她往面颊上抹了两块圆圆的胭脂。尽管化了妆，她还是显得不水灵。我喜欢她这张脸，看到她殷勤地把脸伸给所有人，我心里就难过。她过分自在地扮演着社交女郎的角色。我们提前到了。渐渐地，人们络绎而至。莎莎的每个微笑，她的每个屈膝礼，都刺痛着我的心。我和其他人一块忙碌，把台布铺在草地上，把成包的餐具和食物解开，我摇动着一架制作冰淇淋的机器把手。斯蒂法把我拉到一旁，请我给她解释莱布尼兹体系。在一个钟头里，我忘掉了愁烦。可是这一天后面的时间显得漫长而沉闷。冻鸡蛋、圆锥蛋卷冰淇淋、花色肉冻、船形糕点、糖果、肉冻、馅饼、野味肉冻、煨肉、罐装牛奶、糖渍水果、圆面包、奶油水果馅饼、杏仁奶油饼：所有太太都热心地履行了她们的社交职责。大家狼吞虎咽地吃着，并不愉快地笑着，没有信心地交谈着，似乎没有什么人感到开心。时近黄昏，马比耶太太问我是否知道莎莎去哪儿了。她立刻去找莎莎，我跟她一块去找。我们找到莎莎在阿杜尔河的一个瀑布下戏水。她裹了一件罗登厚呢大衣当浴衣。马比耶太太呵斥她，但一边呵斥一边笑。她不会为鸡毛蒜皮的小事滥用自己的权威。我明白莎莎需要清静，需要强烈的感觉，需要在经历了这个腻味的下午之后，净化一下身心。我放心了。她还没有准备沉沦于老太婆那种知足的昏睡之中。

然而，我了解到，她母亲对她保持着巨大的影响。马比耶太太对她的孩子实行一种灵活的策略：在他们还很小的时候，她愉快、宽容地对待他们；等他们长大一些的时候，小事情她放手不管，可一旦涉及重要事情，她的权威绝不容冒犯。在适当的时机，她会表现得充满活力和一定程度的魅力，对第二个女儿始终表现得特别温柔。这个女儿被她的微笑征服了，对母亲的爱和尊敬麻痹了她的反抗意识。然而有一天晚上她奋起反抗了。正吃着晚饭，马比耶太太用尖酸刻薄的口气说："我就不明白一个信教的人怎么会和不信教的人往来。"我焦急不安地感觉到，我的脸腾地一下子红了。莎莎气愤地反驳说："谁也没有权利评判别人。上帝通过他所选择的道路引导人。""我并不是评判谁，"马比耶太太冷冷地说，"我们应该为迷路的灵魂祈祷，而不要听凭他们感染我们。"莎莎压住了怒火，这让我放心了。但是我感到劳巴尔东的气氛比去年还要充满敌意。后来在巴黎，斯蒂法告诉我，马比耶家的孩子都讥笑我穿得差，他们也讥笑那天莎莎没有说明理由，把她的一条连衣裙借给我穿。我没有自尊心，不太会察言观色；我还毫不在乎地忍受着其他许多侮辱。然而有时我会心情沉重。斯蒂法受好奇心驱使去卢尔德看看，我更感到孤单。一天晚饭后，莎莎在钢琴前坐下弹奏肖邦的曲子，弹奏得很好。我打量她那头乌发，中间由一条白得动人的头路均匀地分开。我暗自说，她弹奏的是一首充满激情的曲子，表达了她真实的内心。可是，有这位母亲和这整个家庭横隔在我们之间，也许有一天她会否定自己的想法，我会失去她。暂时嘛，不管怎样，她还没有受到伤害。我感到非常痛苦，不得不起身离开客厅，眼泪汪汪地去睡觉。房门开了，莎莎来到我床前，俯身亲我。我们的友谊向来严肃有余，她的这个动作令我心花怒放。

斯蒂法从卢尔德回来了，为几个小孩子带回来一大盒水果香糖。"你很客气，小姐，"马比耶太太冷冰冰地说，"不过这笔开销你本可以给自己省下来，孩子们不需要你的糖果。"我们两个在一起咬牙切齿数落了一顿莎莎的家庭和这个家庭的朋友，这才感到心头轻松了点儿。此外，这一年我在这里小住的最后几天，比开头几天气氛缓和了一些。我不知道莎莎是否与她母亲交换了意见，抑或是她运用了巧妙的策略，我终于和她单独见了面。我们再次进行长时间的散步和聊天。她对我谈起普鲁斯特，她对普鲁斯特的理解比我深刻得多。她说在阅读普鲁斯特的过程中，她产生了强烈的写作欲望。她向我保证，明年不会再让日常琐事弄得晕头转向了，她要看书，我们可以一块交谈。我有一个想法她很感兴趣：星期日早晨我们将一块去打网球；我们包括莎莎、我妹妹、我自己、让·普拉德勒、皮埃尔·克莱劳和他们的朋友之中的某个人。

莎莎和我差不多在所有方面都相互理解。在不信教的人心目中，只要不损害他人，她认为任何行为都无可指责。莎莎接受纪德的非道德主义，罪过不会引起她的愤慨。她无法想象人们可以崇拜上帝，同时又故意违犯上帝的戒律。我则觉得这种态度是合乎逻辑的，也与我的态度相吻合。别人做任何事情我都允许，不过对我本人，对于我亲近的人尤其对雅克，我继续实行基督教的道德标准。一天听到斯蒂法大笑对我说："上帝！莎莎真天真！"我心里很不是滋味。斯蒂法曾经声称，即使在天主教徒的圈子里，也没有一个男青年保持童贞直到结婚。莎莎表示抗议说："人只要有信仰，就会按信仰生活。"斯蒂法说："看看杜穆兰家你那些表兄弟吧。""怎么，对呀，"莎莎回答，"他们每个星期天都领圣体。我向你担保，他们不会接受在犯了死罪的状态下活着。"斯蒂法没有坚持，但她告诉我，在她常去的蒙帕纳斯，她好几次碰到亨利和埃德加与不三不四的人在一起："再说，只要看看他们的模样就明白了。"他们的确不像唱诗班的孩子。我想到雅克，他有一副完全不同的模样，完全是另一种气质，不可想象他会粗俗地花天酒地。然而，斯蒂法在让我看到莎莎的天真的同时，也对我自己的经历提出质疑。在她看来，上酒吧、咖啡馆是很寻常的事情；我则是偷偷地去猎奇，她肯定是从很不同的角度看待这件事的。我明白，我看人是看人家让人看的面目，而没有想到除了这副公开的面目，他们还有一副真实的面目。斯蒂法告诉我，这个文明社会有种种内幕。这次谈话令我不安。

这一年，莎莎没有同我一块去蒙-德-马尔桑。我利用两趟火车之间的时间在那里散步，一边想念她。我决心竭尽全力进行斗争，使生命在她身上战胜死亡。

第四部分

这次开学与以往不同。我决定准备参加考试，最终逃离三年来我在里面转来转去的迷宫，开始迈步走向未来。今后我的每一天都有了意义，引导我走向最终的解脱。事业上的困难激励着我，再也不可能去胡思乱想、自寻烦恼了。现在我既然有事可做了，海阔天高，够我施展抱负了。我摆脱了不安、绝望和一切忧伤。"在这本日记里所记的，再也不是带悲剧色彩的议论，而仅仅是每天发生的事情。"我觉得，经过艰苦的学习，我真正的人生开始了，我愉快地投入这真正的人生。

十月份索邦大学正放假，我每天去国家图书馆。我得到允许不回家吃午饭，而是买一些面包、熟肉酱去王宫花园里吃，边吃边观赏最后的玫瑰花凋谢。坐在凳子上的几个挖土工人，啃着大块的三明治，喝着红酒。如果下毛毛雨，我就进到比亚阿咖啡馆躲避，与正在吃盒饭的泥瓦匠待在一起。我庆幸逃避了家中那种正规的用餐。还食物以其本质特性，我觉得是向自由迈出了一步。我回到图书馆，研读相对论，兴趣很高。我不时打量一眼其他读者，满意地仰靠在自己的靠背椅里。在这些学者、科学家、研究者和思想家之中，我有自己的一席之地。我完全没有了被我的阶层抛弃的感觉。

是我离开了它，进入了社会。在这里我看到的正是这个社会的缩影，所有追求真理的睿智之士跨越时空，在这里相互沟通。我也参与了人类为求知、理解和自我表达所做的努力，投入了一项伟大的集体事业，永远摆脱了孤独。多么了不起的胜利！我重新开始工作。六点差一刻，看门人郑重其事地宣布：“先生们，马上就要关门了。”每次从书本里钻出来，重新看到那些商店、灯光、行人和在法兰西剧院旁边卖紫罗兰的侏儒，总不免有种惊异之感。我慢步走着，沉浸在傍晚和归途的凄凉之中。

我回巴黎后没几天，斯蒂法就回来了，此后她经常来国家图书馆阅读歌德和尼采的作品。她总面带微笑、左顾右盼，太讨男人喜欢，对男人太感兴趣，无法专心读书；刚刚坐下，又把大衣往肩上一披，跑到外面找调情的对象去了。那些人之中有德语应试生、普鲁士大学生、罗马尼亚博士。我和她一块吃午饭，她尽管并不富裕，还常常在一家糕点店请我吃蛋糕，或者在波卡迪咖啡馆请我喝一杯浓香咖啡。六点钟我们在林荫大道上散步，更多的时候是去她的住所喝茶。她在圣叙尔皮斯街一家旅馆里住一个湛蓝的小房间。她在墙上挂了塞尚、雷诺阿、格列柯等几位著名画家作品的复制品，还挂了一位想学绘画的西班牙朋友的素描画。我喜欢她的毛皮衣领的柔软、她的无边小软帽、她的裙子、她洒的香水、她的喁喁私语和表示亲热的动作。我与我的朋友如莎莎、雅克、普拉德勒的关系，始终非常严肃。而斯蒂法在街上总挽着我的胳膊，看电影时总握住我的手，为了一句话动不动就会亲我一下。她对我讲许多事情，她热衷于尼采，对马比耶太太感到气愤，并嘲笑自己的那些情人。她模仿得惟妙惟肖，把自己讲述的事情分成一些小滑稽段子，让我听了很开心。

她正在清除旧宗教感情的底子。在卢尔德，她作了忏悔并且领了圣体。在巴黎，她在邦马舍百货公司买弥撒小书，在圣叙尔皮斯一座小教堂里跪下来，试着进行祈祷，可是并没有得到回应。她在教堂前面徘徊了一个钟头，拿不定主意是再进去还是离开。她双手抄在背后，双眉紧锁，忧心忡忡地在房间里踱来踱去。她是那样激情澎湃地模仿这次危机，我不得不怀疑这危机是否有那么严重。实际上，斯蒂法视为神圣顶礼膜拜的，是思想、艺术、天才。没有天才，她就欣赏智力和才能。每当发现一个"引人注目"的男人时，她就会想办法结识他，竭力"插上一脚"。"这才是永恒的女性。"她对我解释说。较之于调情，她更喜欢有关知识的交谈和友情。每周她在丁香园咖啡馆与一帮乌克兰人讨论几个钟头，那帮乌克兰人在巴黎从事泛泛的研究或新闻工作。她每天都要与她的西班牙男朋友见面。这个男朋友她认识几年了，曾向她求婚。我在她房间里碰到过他好几次。他名字叫费尔南多，和她住在同一家旅馆。他属于四百年前在西班牙遭到迫害和驱逐的犹太人家族的后裔，生于君士坦丁堡，在柏林求过学。他过早地秃了顶，显得圆头圆脸，谈到他"贵族出身"时带着几分罗曼蒂克，但也会冷嘲热讽，对我颇为友好。斯蒂法欣赏的，是他身无分文还能想办法学习绘画，她赞同他的所有观点。他们是坚定的国际主义者、和平主义者，甚至是实现一个乌托邦世界的革命者。她之所以犹豫不决是否嫁给他，是因为她珍惜自己的自由。

我介绍他们认识了我妹妹，他们立刻接受了她；我还介绍他们认识了我的朋友。普拉德勒摔断了腿，十月份我在卢森堡公园的平台上见到他时，他还有点跛。斯蒂法觉得他太斯文，而她的健谈使他不知所措。斯蒂法与丽莎相处得好一些。丽莎现在住在一栋窗户朝向小卢森堡公园的学生公寓里。她靠代课维持生活，手头十分拮据。她正在准备考科学合格证书和关于曼恩·德·比朗^①的文凭，但没有考虑什么时候报名参加教师资格考试。她体质太弱。"我这可怜的脑袋！"她常常双手捧住她那剪短发的小脑袋这样说，"想想我只能依靠它，一切只能指望它取得！真令人难以承受，要不了多久它就会衰竭了。"她无论对曼恩·德·比朗、哲学还是她自己，都不感兴趣。"我真不明白你们有什么兴致来看我！"她苦笑一下说道。她倒不使我觉得厌烦，因为她从来不说空话，她的怀疑态度使得她目光敏锐。

我和斯蒂法经常谈起莎莎。莎莎延长了在劳巴尔东逗留的时间，我从巴黎给她寄了《忠贞的仙女》和其他几本书。斯蒂法告诉我马比耶太太曾经大发雷霆说："我憎恨知识分子！"莎莎开始让她严重不安了，因为要把撮合好的一桩婚事强迫她接受不容易。马比耶太太后悔不该让她上索邦大学读书，觉得现在刻不容缓的是要重新控制住这个女儿，非常希望让她摆脱我的影响。莎莎写信告诉我，她公开了我们打网球的计划，她母亲大为光火，"她宣布她不接受索邦大学的这种风尚，绝不让我去参加一个二十岁的小女生组织的网球队，与她连家庭出身都没有摸清的一些男青年在一起。我唐突地把这一切告诉你，是很想让你知道我时时面对的这种精神状态，但出于基督教要顺从的考虑，我又不能不尊重。可是今天我神经紧张得都想哭。我喜欢的事情却互不相容。在道德准则的借口下，我听到一些令我反感的事情……我讥讽地表示愿意签一纸协议，承诺我绝不嫁给普拉德勒·克莱劳，也不嫁给他们的任何一个朋友，可是这没能使妈妈平静下来。"在随后的一封信里，为了让她与"索邦"彻底断绝关系，她母亲决定要打发她到柏林去过冬天。她对我说，就像过去，乡间的家庭为了阻止一段不像话或麻烦

---

① Maine de Brian（1766—1824），法国政治家、经验主义哲学家和多产作家。

的私情，把他们的儿子送到南美洲去一样。

我从来没有像最近几个星期这样给莎莎写吐露感情的信；她也从来没有像现在直爽地向我倾吐感情。然而当她十月中旬回到巴黎时，我们的友谊却变得不太妙。相隔两地时，她一个劲地对我讲她的困难、她的反抗，令我觉得自己是她的盟友。可是实际上，她态度暧昧：她始终保持着对她母亲的全部尊敬、全部爱，她与那个圈子休戚相关。我再也无法接受这种左右逢源的态度。我估量了马比耶太太的敌对态度，明白在我们分别所属的两个阵营之间，任何妥协都是不可能的。抱"正统观念"的人想消灭知识分子，反之亦然。莎莎下不了决心站到我一边，与竭力要消灭我的敌对方妥协，因此我怨她。她担心强加给她的柏林之行，心里痛苦，我以不与她分忧表示我对她的怨恨。我所显示出的愉快心情，使她感到困惑。我装得与斯蒂法非常亲密，两个人一唱一和，感情洋溢地谈笑风生。我们说的话常常令莎莎觉得刺耳，听到斯蒂法说人越聪明就越会成为国际主义者，她直皱眉头。作为对我们这些"波兰女生"的举止的反应，她生硬地摆出一副"地道的法国女青年"的样子，这令我加倍担心：也许她最终会站到敌人那边去。我再也不敢非常随便地和她交谈，而宁愿与普拉德勒、丽莎、我妹妹、斯蒂法一块去看她，和她面对面交谈。她肯定感觉到了我们之间的这种距离，另外动身的准备工作也使她无暇旁顾。十一月初我们没有多大信心地相互说了再见。

大学开学了。我跳了一级，所以新同学之中除了克莱劳，我一个也不认识，他们之中没有一个业余爱好者，没有一个应卯的，全都像我一样，是竞赛的牲口。我觉得他们一张张脸都令人厌恶，个个都一副神气活现的样子。我决定无视他们，在学习上继续快马加鞭。我在索邦大学和高等师范学校上与教师资格相关的所有课程，还按时间表去圣热娜薇耶芙、维克多-库辛或国家图书馆进行研究，晚上看小说或外出。我老大不小了，很快就要离开父母了，所以这一年他们允许我晚上不时单独或与朋友一块去看戏。我看了曼雷的《海星》及于尔叙利纳影院、二十八号摄影棚和拉丁区电影院的所有片子，还看过布里吉特·赫尔姆、道格拉斯·范朋克、巴斯特·基顿的所有片子。我还常去卡特小剧院。在斯蒂法的影响下，我不再像过去那样不修边幅。她对我说：那个德国的教师资格应试者责怪我钻在书本里过日子。二十岁就装扮成女学者，未免太早了；长此以往，我会变丑的。她表示了抗议，而且生气了，不希望自己最要好的朋友被看成一个长得难看的女才子。她肯定地对我说，我身材方面有潜质，强调我应该加以利用。我开始经常光顾发廊，颇有兴致地去买了一顶帽子，做了一件连衣裙，又找回了一些朋友。朗贝尔小姐不再让我感兴趣。苏珊娜·布瓦格跟随丈夫去了摩洛哥。但再见到里斯曼我还是很愉快，我对让·马勒重新产生了好感。他现在是圣日耳曼中学的辅导教师，同时在巴吕兹指导下准备一个学位考试。克莱劳经常来国家图书馆。普拉德勒敬重他，让我相信他才高八斗。他是天主教徒、托马斯·阿奎那主义者和莫拉的门徒。由于他对我说话时总是直视我的眼睛，而且总用斩钉截铁般的口气，给我留下很深的印象，所以我寻思自己是否低估了圣托马斯·阿奎那和莫拉。我仍然不喜欢他们的理论，但想知道，人们如果采用了他们的理论，会怎样看世界，又怎样感觉自己。克莱劳令我好奇。他肯定我会获得教师资格。"看来你做的所有事情都能获得成功。"他对我说。我十分沾沾自喜。斯蒂法也勉励我："你将有一个美好的人生。你总会得到你想要的东西。"因此我勇往直前。对自己的星宿满怀信心，对自己十分满意。这是一个美丽的秋天，我从书本上抬头起来时，庆幸天空如此柔媚。

在此期间，为了确保我不是钻在图书馆里的书呆子，我想起雅克，在日记里成页地记述他，给他写信，但没寄给他而是自己保存。十一月初我见到他母亲。她显得很亲切，告诉我，雅克恳切地向她询问"巴黎他唯一感兴趣的人"的消息。她在对我说这些话时，还会心地对我笑了笑。

我学习刻苦，也不忘消遣，找回了心理平衡。回想起夏天的那些荒唐事，还有几分惊讶。我曾经整晚整晚泡在里面的酒吧和跳舞厅，现在只引起我的厌恶，甚至某种恐惧。这种贞洁的反感与我过去的放纵异曲同工：尽管我抱着理性主义，肉体方面的事始终是我的禁忌。

"你真理性主义！"斯蒂法常常这样说我。她小心翼翼地注意不吓着我。一天，费尔南多指着房间墙上一幅裸体女人素描，狡黠地对我说："这是斯蒂法在摆姿势。"我失去了常态，斯蒂法愠怒地瞪他一眼："别乱讲！"费尔南多连忙承认他是开玩笑。我压根儿就没有想过斯蒂法会证实马比耶太太的这个判断："这已经不是一个真正的姑娘。"然而她试图委婉地向我透露一点："我告诉你，亲爱的，肉体的爱情十分重要，尤其对男人而言……"一天晚上出了戏院之后，我们看到克利希广场聚集着很多人。一个警察刚刚抓住了一个斯文的矮个子年轻人。他的帽子滚到了水沟里，他脸色苍白，挣扎着，围观的人骂他："拉皮条的坏家伙！"我觉得自己就要昏倒在便道上，拉了斯蒂法就跑。大街上的灯光、嘈杂声、涂脂抹粉的女人，一切都使我想大喊大叫。"怎么啦，西蒙娜，这就是生活呀！"斯蒂法语气庄重地对我说，男人们并非圣人。当然，这一切有点"令人厌恶"，可这是事实，甚至对所有人都很重要。她对我讲了许多趣闻作为例子。我态度僵硬，但不时真诚地努力反思：我哪来的这么些反感、这么些成见呢？难道是天主教给我留下了如此强烈的贞洁癖，只要一听到提及肉体方面的事情，就感到难以言状的难受？我想到阿兰·傅尼埃笔下的科隆贝，她由于不肯在贞洁上妥协而投水自尽。这也许是自尊吧？

当然，我并没有声称要无限地固守童贞。但是我深信在婚床上可以做贞洁弥撒：一种真正的高尚爱情、肉体的拥抱，在意中人的怀里纯洁的姑娘愉快地变成清清白白的少妇。我喜欢弗兰西斯·雅姆，因为他把快感描绘成单纯的色彩，就像激流之水；我尤其喜欢克洛岱尔，因为他赞美肉体里美妙敏感心灵的存在。于勒·罗曼《肉体的上帝》，我没有读完就扔下了，因为在这本书里，肉体的快感没作为精神的体现加以描绘。我对莫里亚克的《基督徒的痛苦》感到愤慨，在由《新法兰西杂志》发表的这篇作品里，肉体在一个人身上显得得意扬扬，在另一个身上则十分屈辱，但这两者都占有了太重要的位置。克莱劳令我气愤，他在回答《文学新闻》报的一项调查时，揭露"肉体的毫无价值及其悲剧性的霸占权"；尼赞和他的妻子也令我气愤，他们要求夫妻间彻底性放纵。

我像十七岁的时候一样为自己的反感进行辩护：如果肉体听从头脑和心灵的支配，就一切顺理成章；不应该本末倒置。但是既然罗曼的主人公都是唯意志论者，而尼赞夫妇为放纵辩护，这个论据就难以成立了。况且，我十七岁时合理地装正经，与经常使我不知所措的那种神秘的"恐惧"毫不相干。我并不感觉直接受到威胁；有时会有一阵阵骚动传遍我的全身，那是在骑师酒吧、在某些舞伴的搂抱中，或者在梅里尼亚克，妹妹和我紧搂在一起躺在景观园草地上的时候。不过这类眩晕对我来讲是愉快的，我与自己的身体相处和谐；出于好奇，出于性意识，我渴望发现其根源和奥秘。我不带惧怕甚至焦急地盼望自己成为妇人的时刻。我间接地，即通过雅克，觉得自己有问题。如果肉体之爱仅仅是一种纯洁的游戏，就没有任何理由拒绝；那么我们的交谈与他和其他女人愉快热烈的勾搭比较起来，应该就没有什么分量了。我赞赏我们的关系之高尚、纯洁。事实上我们的关系并不完满，平淡乏味、干巴巴的；雅克对我表示的尊重属于最传统的道德；我降到了受钟爱的小表妹忘恩负义的角色。这个少女与一个阅历丰富的男人之间，有着多大的距离啊！我不情愿屈居于这种低人一等的角色，还不如在放荡中染上污点，那样就可望看到雅克有所提防，否则他不会引起我的嫉妒，而只会引起我的怜悯。我宁愿必须原谅他的缺点，而不愿意远离他的快乐。然而这种前景也令我害怕。我向往我们的心灵透明地融合在一起。如果他犯了见不得人的错误，那么他与我就无缘了，过去无缘，甚至将来也无缘。因为我们的故事从一开始就步入了歧路，永远再也不会与我为我们想象的故事相吻合。"我不愿意生活除了服从我自己的意志还要服从别人的意志。"我在日记中写道。我想这是我的焦虑的深刻含义。对整个现实我几乎全然无知。在我周围，现实被习俗和礼仪掩盖；这些陈规陋习令我不胜其烦，但又不尝试从根本上抓住生活，相反却逃避到云霄之中，只对思想和心灵感兴趣；性的闯入打破了这种超凡入圣的状态，突然将欲望和骚动令人生畏地整个儿暴露在我面前。在克利希广场我受到冲击，因为我感觉到拉皮条者的非法交易与警察的粗暴态度之间，有着密切的联系。这关系到的不是我，而是这个世界。如果人人都有着欲壑难填而又不堪重负的肉体，那么世界就完全不是我想象的那样了。贫困、犯罪、压迫、战争，我隐约看到了可怕的前景。

　　十一月中旬，我回到了蒙帕纳斯。学习、聊天、看电影，这种生活方式突然令我厌倦了。这就是生活吗？是我在这样生活吗？有眼泪、有狂热、有历险、有诗意、有爱情：一种充满激情的生活。我不愿沉沦。这天晚上，我要和妹妹一块去"欧佛尔"。我在圆顶咖啡馆找到她，带她去骑师酒吧。像教徒摆脱了精神空虚的危机后沉浸在焚香和蜡烛的气味中一样，我再次沉浸在烈酒和烟草的气雾之中。我们很快感到酒劲上了头，故态复萌，相互大声对骂，还有点你推我搡。我希望更厉害地撕裂自己的心灵，便带妹妹去斯特力克斯酒吧。我们在那里见到了小个子布勒松和他一位四十来岁的朋友。那个上了年纪的男人与宝贝蛋调情，送给她一束紫罗兰。我则和里凯攀谈，他对我热烈赞扬雅克。"他遇到一些沉重的打击，"里凯对我说，"但总能振作起来。"他告诉我雅克的软弱隐藏着怎样的力量，他的夸夸其谈中有着怎样的真诚，正如他善于在饮两杯鸡尾酒之间谈论严重而痛苦的事情，他以怎样清醒的头脑权衡一切的虚妄。"雅克永远不会幸福。"他赞赏地总结道。我的心抽紧了，问道："如果有人给予他一切呢？""那会使他感受到屈辱。"害怕和希望又哽住了我的嗓子。在沿着拉斯帕耶大街回家时，我一直把脸埋在紫罗兰里哭泣。

我喜欢眼泪、希望和担心。第二天，克莱劳盯住我的眼睛对我说："你将写一篇关于斯宾诺莎的论文。生活中只有这个：结婚，还有写论文喽。"我不以为然。从事一个职业和结婚，是两种不同方式的认输。普拉德勒同意我的看法，工作也可能是一种毒品。我衷心感谢雅克，他的影子使我摆脱了呆头呆脑死读书的状态。索邦大学我的某些同学，在知识方面也许比他更有才华，可是那又有什么。克莱劳和普拉德勒的未来，我觉得事先就勾画好了；雅克和他的朋友的人生，在我看来就像一系列的赌博：也许他们最终会毁了自己或者误了自己一生。我宁愿这样冒险，而不愿四平八稳。

一个月期间，我带斯蒂法、费尔南多和他们的朋友之中一位利用闲暇学日语的记者，每周上一两次斯特力克斯。我也带我妹妹、丽莎和马勒去。也不知道我哪里弄来的钱，因为这一年我没再讲课。也许是从母亲每天给我的五法郎午餐费里省出来的吧，反正是这里抠一点那里抠一点。不管怎样，我是按照这些聚会的开销安排我的预算。在皮卡德书店翻阅阿兰的《关于柏拉图的十一章》一书，发现其价格相当于八杯鸡尾酒的钱，太贵了。斯蒂法装扮成酒吧女招待，帮助米歇尔招待顾客，用四种语言与他们开玩笑，还哼唱乌克兰小调。我与里凯和他的朋友谈论季洛杜、纪德、电影、生活、女人、男人、友谊和爱情。我们吵吵闹闹返回圣叙尔皮斯。第二天记述道："妙不可言的晚上！"记述中穿插了一些调子不同的插话。里凯曾对我这样谈过雅克："有一天他头脑一热会结婚；也许他会成为一个好父亲，但还是会怀念冒险的生活。"这些预言并没有太扰乱我心灵的平静。真正令我感到不安的是，三年之间雅克过着与里凯差不多同样的生活。里凯谈起女人时的轻浮态度令我发指，那么我能够相信雅克依然是大个子莫林的一个兄弟吗？我非常怀疑。毕竟，我把他想象成这个样子是未经他证实的，因为我开始寻思，我想象中他的形象也许根本不像他。我不甘心。"这让我感到痛苦。我对雅克的想象让我痛苦。"总之，如果工作是一种麻醉剂，烈酒和游戏也好不到哪里去。我的位置既不是在酒吧里，也不是在图书馆里。那么在哪里呢？显然只有在文学里，我能看到得救的希望。我正在酝酿一部新小说。在这部小说里我将写两个冲突中的主人公：女主人公是我，男主人公像雅克，带着他"强烈的傲慢和破坏的疯狂"。我仍然感到不自在。一天晚上，我瞥见里凯和廖库尔及其女友，即我觉得很高雅的奥尔加，坐在斯特力克斯酒吧的一个角落里。他正在议论他们刚刚收到的一封信：是雅克寄来的。他们正在给雅克写一张明信片。我不免寻思："为什么雅克给他们写信，却从来不给我写？"我在大街上整整逛了一个下午，心里充满绝望，后来含着泪躲进了一家电影院。

第二天，与我父母关系很好的普拉德勒在我家吃晚饭，然后我们一块去拉丁区电影院。走到苏弗洛街，我突然提出他不如陪我去骑师酒吧。他不太热情地答应了。我们在一张桌子旁坐下，俨然是正经顾客。我边饮着加柠檬汁的杜松子酒，边开始向他介绍雅克是何许人。过去我很少对他谈到雅克，只是匆忙提过几句。他谨慎地听着，显然感到不自在。我问他，我出入这种地方，他是否认为我不像话？不，但他个人觉得这种地方令人沮丧。我想这是因为他没有经受过绝对的孤独和绝望，而这正是一切放纵的根源。然而，坐在他旁边，隔着距离看我过去经常去里边放纵的吧台，我以一种新眼光看待那舞厅了，因为他那中肯的目光使舞厅失去了全部诗意。我带他来这里，也许是为了听他大声说出我低声对自己说的话："我来这里干什么？"不管怎样，我立刻赞同他的意见，甚至把严厉的锋芒转向雅克：为什么他浪费时间在酒吧里麻醉自己？我与放纵一刀两断。父母要去阿拉住几天，我不想一起去。我拒绝跟斯蒂法去蒙帕纳斯，甚至恼火地拒绝了她的央求。我待在火炉边的一角，阅读梅雷迪斯的作品。

我不再究问雅克的过去。说到底，就算他犯过一些错误，世界的面目也没有因此而改变。现在我甚至几乎不再关心他。他沉默得过分。这种沉默最终像是敌意了。到了十一月末，他外祖母弗兰丁夫人告诉我一些他的消息时，我听了感到无所谓。不过我一向不喜欢放弃任何东西，估计等他回来后我的爱情会死灰复燃。

我继续勤奋地学习，每天要花九到十个钟头在书本上。一月份，我去让松-德赛义中学实习，由一位十分和蔼可亲的老先生罗德立盖斯监督。他是人权同盟的主席，一九四〇年德国入侵法国时自杀。和我一同实习的同学有梅洛-庞蒂和列维-斯特劳斯。这两个人我都有点熟。前者一直引起我一种朦胧的好感；后者总板着面孔，令我有点局促不安。不过他表演得很巧妙，当他面无表情、用平淡的语调向我们的听众讲述情欲的疯狂时，我觉得他很滑稽。有些上午天气阴沉，面对四十个似乎对感情生活毫不在乎的中学生论述感情生活，我觉得可笑；天气晴朗的日子，我对自己所讲的东西感兴趣，觉得在某些学生的眼睛里捕捉到了智慧的闪光。我记起过去我贴着斯塔尼斯拉斯中学的围墙走过时的激动心情。那时，一个男生班在我看来是那样遥不可及！现在我在这里，站在讲台上讲课。我觉得世界上再也没有任何东西是遥不可及的。

当然我并不因为是女人而感到遗憾，相反我从中得到很大满足。我所受的教育让我确信女性在智力上低一等，与我同性别的许多人同意这种看法。"一个女人至少要经过五六次失败，才有望通过教师资格考试。"已经遭到两次失败的鲁兰小姐这样对我说。这种先天的劣势使得我的历次成功和男生比较起来，愈加显出难得的光彩夺目。我只要与他们平分秋色，就显得出类拔萃了。事实上，我还没有遇到任何一个令我刮目相看的男生。展现在我面前的前程和他们的同样广阔。他们不具有任何优势，也不声称具有什么优势。他们对待我并不显示出优越感，甚至显得特别亲切，因为他们不把我视为竞争对手。在考试中，女生和男生是按同样的标准打分的，但女生总是被额外录取，不会与男生争名额。正因为这样，我的一篇关于柏拉图的述评，受到我的同学尤其是让·伊波利特的赞扬，他们私下里的任何想法都削弱不了这种赞扬。获得了他们的尊重我感到自豪。他们的善意使我得以避免采取挑战态度；后来美国女人采取的挑战态度就令我恼火。从一开始男人就是我的伙伴而非敌手。我一点也不嫉妒他们，我的地位特别，在我看来是得天独厚。一天晚上，普拉德勒邀他最要好的一些朋友及其姐妹去他家。我妹妹陪我同去。所有姑娘躲进了普拉德勒妹妹的房间里，我则与小伙子待在一起。

然而我并不否认我的女性特征。这天晚上，妹妹和我精心打扮了一番。我穿一身红绸缎衣服，妹妹一身蓝色绸缎。实际上我们的打扮很不高明，但其他女孩子也不比我们出色。我曾在蒙帕纳斯碰到一些高雅的美女。她们的生活与我的生活太不相同，我也不会因此感到自惭形秽。不过，如果有空闲且口袋里又有钱，那就什么也阻止不了我模仿她们。我没有忘记雅克说过我长得漂亮，斯蒂法、费尔南多也说我很有希望。就这副模样，我经常照镜子，怡然自得。在同样条件下，我并不觉得自己不如其他女人幸运，对其他女人没有任何怨气，没有一门心思地想着如何蔑视她们。在许多方面，我觉得莎莎、我妹妹、斯蒂法甚至丽莎要高于我的男性朋友，她们比他们更敏感、更慷慨，更具有幻想、落泪和爱的天赋。我自鸣得意于我兼有"一颗女人的心和一个男人的头脑"。我仍然觉得自己是独一无二的。

使这种狂妄有所减弱的——至少我希望如此——是我特别喜欢我在自己心里引起的感觉，是我对别人比对自己的形象感兴趣得多。当我在使自己与世隔绝的陷阱里挣扎时，我觉得自己与朋友分开了，他们都对我爱莫能助。现在，我重新争取到的前途，亦即我们共同的前途，把我与他们联系在一起了；我重新看到这种充满希望的生活，正是体现在他们身上。我的心为他们之中的一个、另一个，为他们所有人跳动。我心里永远装着他们。

感情上我难舍难分的首先是我妹妹。她现在在卡塞特街一所她中意的学校里上广告艺术课。在学校组织的一次联欢活动中，她装扮成牧羊女，唱了几首古老的法兰西歌曲，我觉得她光彩夺目。有时她出去参加晚会回来，一头金色秀发，红红的面颊，一袭蓝色珠罗纱连衣裙，显得那样活泼，使我们的卧室四壁生辉。我们经常一块去参观画展、巴黎秋季美术展览会和卢浮宫。晚上她去蒙马特一间画室作画，我常常去那里找她。我们穿过巴黎，继续着我们从牙牙学语时期便开始的交谈，躺到床上入睡之前还在谈，第二天我们俩单独在一起时又接着谈。我所结交的友谊，我赞赏什么、迷恋什么，都让她分享。我对任何人都不如对她爱恋，只有雅克被虔诚地算作例外。她对我太亲近，无法帮助我生活，可是没有她，我觉得我的生活会索然无味。当我陷入悲观情绪时，我想过如果雅克死了，我就自杀。可是如果妹妹消失了，我甚至不需要自杀就会死去的。

　　丽莎一个女朋友也没有，总是有空闲，我常常和她在一起待好长时间。十一月份一个下雨的上午，下了课她要我陪她去她的住所。我想回家做功课，没有答应。到了美第奇广场，我就要上公共汽车时，她用一种怪怪的口气对我说："好吧。那么星期四我再把我要对你讲的事情告诉你吧。"我竖起了耳朵说："立刻告诉我。"她拉着我进入卢森堡公园。潮湿的小径上一个人也没有。"你可别传出去，这太可笑了，"她说着犹豫起来，"是这样：我想和普拉德勒结婚！"她说道。我靠在草地旁的一根铁丝上，惊愕地望着她。"他非常讨我喜欢，"她说，"没有任何人比他更讨我喜欢！"他们都准备考理科证书，一起上一些哲学课。当我们成群结队外出时，我根本没有觉察出他们之间有什么特别。不过，我知道普拉德勒以他的媚眼和迷人的微笑，很能勾引女孩子。我通过克莱劳了解到，他的同学的姐妹之中，至少有两个对他相思得人憔悴。在阒然无人的公园里，站在滴着水珠的树底下，丽莎对我讲述着她对生活产生的新兴趣，讲了一个钟头。身穿一件磨损的大衣的她，显得多么柔弱啊！我觉得她有一张讨人喜欢的脸，头上那顶小帽子像一朵花的萼，不过我怀疑普拉德勒是否会为她略显枯涩的柔媚动心。当天晚上，斯蒂法向我提起，有一次我们正在议论丽莎的孤独和忧愁时，普拉德勒漠不关心地转移了话题。我试探普拉德勒。他刚参加一个婚礼回来，我们发生了一点争论：他认为这类仪式颇吸引人，我认为把私事公开展示令人恶心。我问他是否有意也考虑自己的婚事。"模模糊糊考虑过。"他回答说。但是他几乎不抱希望会坠入爱河爱上一个女人。他过于专一地依恋他母亲，甚至在友谊方面，也自责有点薄情寡义。我对他谈到我有满腔感情控制不住，不禁热泪盈眶的情形。他摇摇头说："这也未免夸张。"他从来不夸张。我忽然想到他也许不容易爱上。无论如何，丽莎在他心目中算不了什么。丽莎愁眉不展地对我说，在索邦大学，普拉德勒没有对她表现出任何兴趣。那天将近黄昏，我们在罗同德咖啡馆待了很长时间，谈论爱情和我们的爱情。舞池里飘上来阵阵爵士乐，幽暗处传来阵阵窃窃私语声。"我习惯了忍受不幸，"丽莎对我说，"天生就是这样。"她从来没有得到过她希望得到的东西。"然而，只要能把那个头捧在我手里，我也就释然啦，永远释然啦。"她想去殖民地找个工作，去西贡或者去塔那那利佛。

与斯蒂法在一起我总是很开心。每次我去她房间里，费尔南多往往在那里。在她调柑香鸡尾酒时，费尔南多拿他临摹的苏蒂纳和塞尚的作品给我看。他这些画虽然还不够纯熟，我还是喜欢的，而且我也欣赏他不顾物质方面的困难，毕生投入绘画。有时我们三个一块外出。我们兴致勃勃地观看夏尔·杜兰演出的《沃尔普尼》，在巴蒂剧院和香榭丽舍喜剧院严肃地观看冈蒂永的《出发》。上午一下课，斯蒂法就邀请我去克纳姆吃午饭，我们听着音乐品尝波兰菜肴。她征求我的意见：她是否应该嫁给费尔南多。我回答说应该。我从来没有见过一个男人和一个女人如此心心相印。他们是完全符合我理想的一对伴侣。她还犹豫不决：世界上有那么多"引人注目"的男人！这个字眼有点令我恼火。我几乎没有觉得那些罗马尼亚人和保加利亚人有什么吸引人的地方，而斯蒂法却与他们玩性别角逐。有时我的沙文主义苏醒过来。我们与一位德国学生在设于图书馆里的餐馆共进午餐。那位德国学生有着金黄色的头发，脸上照例有一块刀疤，以报复的口气谈论着他的国家的伟大。我突然想："也许有一天他会和雅克、普拉德勒拼杀的。"我恨不得离开餐桌。

然而，我与那位匈牙利记者建立了友谊，他十二月底突然出现在斯蒂法的生活中。他个头很高、很笨重，宽大的脸盘上，一张黏糊糊的嘴显得似笑非笑。他经常得意地谈起他那在布达佩斯最大剧院当老板的养父。他正在写一篇关于法国音乐戏剧的论文，热烈赞美法国文化，赞扬斯塔尔夫人和夏尔·莫拉。除了匈牙利，他把所有中欧国家尤其巴尔干国家，都视为不开化的国家。看到斯蒂法与一个罗马尼亚人交谈，他就火冒三丈。他容易发火，发起火来双手发抖，右脚抽筋似的跺地板，说话结巴。这种不能自制的表现令我感到不舒服。同样令我恼火的，是他那张阔嘴总是颠来倒去说出高雅、优美、细腻这几个词。他并不蠢，我常常好奇地听他发表对各种文化和文明的看法。不过总的来讲，我不大欣赏他说的话。他为此生气。有一天他用既恼怒又伤心的口气对我说："如果你知道我用匈牙利语说话是多么风趣！"当他试图哄骗我，要我为他向斯蒂法说合时，我就撵他走。"这不理智！"他愤恨地说，"所有姑娘，当她们的一个女友有了私情，都喜欢撮合。"我不客气地回答，他对斯蒂法的爱没有感动我，因为他怀着一种占有和控制的自私欲望。再说我怀疑他是否可靠：他准备与斯蒂法一起构建他的生活吗？他嘴唇哆嗦着说："有人给你一尊萨克森小瓷雕像，你会把它扔到地上，看看它是否会摔碎吗？"我不向班迪——斯蒂法这样称呼他——隐瞒，在这件事情上我是费尔南多的盟友。"我讨厌那个费尔南多！"班迪对我说，"首先因为他是犹太人！"我感到愤慨。

斯蒂法对他多有抱怨。她觉得他相当出色，有意搭上线，可是他追得太紧。这个机会让我注意到，正像她说的一样我太天真。一天晚上，我与让·马勒去香榭丽舍剧院看波德雷卡首次来巴黎演出的《短笛》。我瞥见斯蒂法被班迪搂得很紧而不反抗。马勒深爱斯蒂法，把她的双眼比作一头打了吗啡针的老虎的眼睛。他建议去向她问好。匈牙利人连忙避开了，斯蒂法毫不尴尬地对我微笑。我明白了，她对待自己的追随者并不像我想象的那样认真。我觉得这是一种不忠的表现，心里怪罪她，因为我对调情一窍不通。因此当她决定嫁给费尔南多时，我十分高兴。班迪找她大吵大闹，不顾她的一切禁令，把她堵在她房间里。过一阵他才平静下来。斯蒂法不再来国家图书馆。班迪还请我去波卡迪喝咖啡，但不再对我提起她。

此后他作为一家匈牙利报社的记者生活在法国。十年后，战争爆发那天晚上，我在圆顶咖啡馆碰到他。他即将在第二天加入由外国志愿者组成的兵团。他托付给我一件他十分珍惜的东西——一个玻璃的圆形大挂钟。他向我承认他是犹太人、私生子，而且有性怪癖：只喜欢体重一百公斤以上的女人。在他一生中，斯蒂法是个例外，尽管她身材矮小，他希望她凭着自己的才智，给他一种高大的印象。战争吞没了他，他再也没有回来问我要回大挂钟。

莎莎从柏林给我写了一些长信，我摘要地念给斯蒂法和普拉德勒听。她离开巴黎时叫德国人"德国鬼子"，是怀着强烈的恐惧踏上敌国土地的。"我到达弗罗贝尔招待所时狼狈不堪，本来期望有一家女士住的客栈，找到的却是一家杂七杂八的旅客住的旅店，里面尽是肥胖的德国鬼子，倒都还挺体面的。女招待把我领进房间，交给我一串钥匙。恰如斯蒂法事先告诉我的那样，有带穿衣镜的衣柜钥匙、房间钥匙、我住的这栋楼的钥匙，还有车马出入的大门钥匙；最后这把钥匙是供凌晨四点钟之后返回旅店用的。旅途劳累不堪，加之一切完全由自己做主，而柏林那样大，弄得我晕头转向，没有勇气下楼去用晚餐，一头倒在一张没有床单、毯子只有一条压脚被的奇怪的床上，泪水淋湿了枕头。我睡了十三个钟头，起床后去一家天主教小堂做弥撒，带着好奇满街瞎溜达，到了中午时分感觉总算好多了。自此之后越来越习惯，但许多时候，对我的家、对你、对巴黎失去理智的思念就像一阵剧烈的疼痛，突然抓住我的心。不过柏林的生活我喜欢，与任何人交往都没有困难，我觉得我要在这里度过的三个月，将是最有意思的三个月。"在只由外交使团构成的法国侨民之中，她找不到门路。在柏林只有三个法国大学生，莎莎来到德国度过一学期而想上课，人们无不感到惊奇。"领事在一封为我写给一位德国教授的推荐信里，结尾用了一句令我开心的话：'谨请您热情鼓励马比耶小姐如此引人注目的主动精神。'好像我飞越了北极似的！"因此，莎莎很快决定与本地人交往。"星期三，在一个完全出乎意料的人的陪同下，我领略了柏林的戏院。请想象一下吧——斯蒂法会这样说——将近六点钟，我看到旅店的经理胖老头波拉克先生走到我面前，笑容可掬地对我说：'可爱的法国小姐，今晚上和我一块去看戏愿意吗？'起初我有点目瞪口呆，向他问了戏的道德内容，又打量老波拉克先生那副严肃、高尚的样子，才决定接受。八点钟我们在柏林的街上快步走着，一边像老朋友一样闲聊。每当要为什么东西付钱时，这个胖德国佬总是很有风度地说：'你是我的客人，不要你付钱。'第三次幕间休息，一杯咖啡使他来了精神，他对我说他妻子从来不肯陪他来看戏，和他完全没有相同的爱好，结婚三十五年来从来没有想过让他高兴，除了两年前他病得快要死时。'可是人不能总病得要死啊。'他用德语对我说。我非常开心，觉得这个胖波拉克先生比正在演出的《名誉》中的苏德曼还滑稽。这出戏是具有小仲马风格的主题剧。出了特里阿农剧院，为了结束这个典型德国式的晚上，我的这位德国佬非要去吃腌酸菜和红肠不可！"

一想到马比耶太太流放莎莎而不允许她参加男女混合网球队，我和斯蒂法就笑起来。现在莎莎竟在晚上独自和一个男人外出，而这个男人还是一个外国人，一个德国鬼子！尽管莎莎询问过那出戏的道德内容。不过，据她随后的来信说，她很快就变得活跃了。她去大学听课、听音乐会、看戏、参观博物馆，还与一些大学生和斯蒂法的一个朋友建立了友谊。斯蒂法那个朋友叫汉斯·米勒，斯蒂法把他的地址告诉了她。起初汉斯觉得她太一本正经，便笑着对她说："你戴着轧光羊皮手套接触生活！"她听了觉得很伤自尊心，便决定摘掉手套。

"我见到这么多新的人、新的阶层、新的地方，而且都彼此如此互不相同，所以我觉得自己的成见都可鄙地消失了，我再也不确切地知道自己是否曾经属于一个阶层，一个什么样的阶层。一天上午我在大使馆与外交界的知名人士，与衣着华丽的巴西和阿根廷大使夫人共进午餐；到了晚上，则是一个人去阿施恩格吃晚饭。这是一家十分大众化的餐馆，与一位胖职员或者与一位希腊也许是中国大学生肘头靠肘头坐着。我不让自己局限于任何一帮人，任何愚蠢的理由都不能突然阻止我做自己感兴趣的事情。没有什么是不可能的或不可接受的。我惊奇地、满怀信心地接受新的每一天给我带来的意想不到的新鲜东西。起初我前怕狼后怕虎，问人家什么事情'做得'或'做不得'。人家微笑着回答我：'每个人都做自己想做的事情。'这个忠告让我受益匪浅。现在我比一个波兰女大学生还自由放任，白天黑夜不管什么时候都单独外出，和汉斯·米勒去听音乐会，和他散步直到凌晨一点。他似乎觉得这再自然不过，使本来感到吃惊的我倒觉得不好意思了。"她的思想也在改变，她的沙文主义正在消失。"在这里最让我惊愕的，是和平主义，尤其是所有普通的德国人对法国的友好。有一天在电影院我看到一部和平主义的电影，反映战争的恐怖场面，所有观众都为之鼓掌。去年这里好像放映过《拿破仑》获得了巨大成功，乐队演奏了《马赛曲》。某一天晚上在环球电影公司放映厅，掌声经久不息，乐队在全场的欢呼声中连奏了三次。在离开巴黎前，如果有人对我说我可以无拘无束地与一个德国人谈论战争，我会吓一跳。一天，汉斯·米勒对我谈到他当俘虏那个时期，最后他说：'也许那时你太小，不记得了。那个时期太可怕了，对双方来讲，那个时期都不该重新开始。'又有一次我对他谈到《西格弗里德和利穆赞人》，说他对这本书会感兴趣的，他问我（德语的词能更有力地表达他的想法）：'这本书是关于政治的还是关于人类的？人们对我们谈国家、种族谈得够多了，还是给我们谈一谈普通人吧。'我觉得这类想法在德国青年中很普遍。"

汉斯·米勒在巴黎待了一周。他和斯蒂法一块外出，对她说他的女朋友到了德国后改变了。他受到马比耶夫妇的冷遇，对莎莎和这个家庭其他成员被一条鸿沟分隔感到惊讶。莎莎也越来越意识到了这一点。她在信中对我说，她母亲来柏林看她，当她看到火车窗口母亲的脸时，她都哭了。可是一想到返回自己家，她心里就发怵。丽丽终于接受了一位综合工科学校毕业生的求婚，据汉斯·米勒说，那个家现在忙翻了天。"我感觉得到，在家里所有人都一门心思忙着发请柬，收贺信、礼物，挑选结婚戒指、嫁妆、伴娘衣服的颜色（我想我什么也没遗漏）。这种准备婚礼的大忙乱，使我没有了多少回去的愿望，对这一切我开始感到很不习惯了！在这里我的确过着美好的、有趣的生活……当我考虑回去时，心里感觉到的主要是和你重逢的巨大快乐。但是我得向你承认，重新开始我三个月前的那种生活，真让我感到害怕。我们阶层大部分人生活中那种颇值得尊重的形式主义，已变得让我无法忍受，尤其无法忍受是因为记得不很久之前，我思想上还不知不觉地充满了那种形式主义。我担心一旦回到那种环境里，就会恢复那种精神状态。"

我不知道马比耶太太是否明白，她女儿在柏林的暂住并没有产生她所预期的结果。无论如何，她准备把女儿重新控制在手里。在我母亲陪宝贝蛋参加的一个晚会上，她碰到我母亲时，说话态度生硬。我母亲提到斯蒂法这个名字，她说："我不认识斯蒂法，我认识的是阿夫迪科维奇小姐，当过我孩子的家庭教师。"她又补充说："你爱怎样教养西蒙娜那是你的事。我嘛，有不同的准则。"她抱怨我对她女儿的影响，最后说："幸好莎莎非常爱我。"

这年冬天流感侵袭整个巴黎，莎莎回巴黎时，我卧病在床。她坐在我的床头，给我描述着柏林、歌剧院、音乐会和博物馆等。她长胖了，脸色也红润了。斯蒂法和普拉德勒像我一样，对她的变化感到惊讶。我对她说十月份她表现的矜持曾令我不安。她叫我放心，说她已经脱胎换骨。她不仅思想上产生了很大变化，不再沉思默想死亡和憧憬修道院，而且活力四射。她希望姐姐的出嫁会使她的生存变得容易一些，但也同情丽丽的命运："这是你最后的机会。"马比耶太太这样对丽丽说。丽丽跑出去向她所有的女朋友征求意见。"接受吧。"认命的年轻妻子和嫁不出去的单身姑娘众口一词地这样建议她。莎莎听到这对未婚夫妻的交谈，心都抽紧了。然而不太明白为什么，现在她肯定自己不会受到这种前途的威胁了。暂时嘛，她准备认真学习小提琴，大量阅读，加强修养。她打算翻译斯蒂芬·茨威格①的一本小说。她母亲不敢过分粗暴地重新剥夺她的自由，允许她与我一起外出过两三次。我们去听了由俄国歌剧团演出的歌剧《伊戈尔王公》②。我们看了阿尔·乔尔森③演的第一部电影《爵士乐歌手》，还出席了"力量"集团组织的一次活动，其间放映了热尔曼娜·迪拉克④的几部电影，然后就无声电影和有声电影进行了热烈讨论。下午我在国家图书馆钻研时，往往感到有一只戴手套的手搁到了我肩头：莎莎戴着粉红色的钟形毡帽正对我微笑呢。我们便去喝一杯咖啡或溜达一圈。可惜她去了巴约讷，要在那里待一个月，陪她一位生病的表妹。

我很想念她。报上说巴黎十五年来没有遭遇过如此的严寒。塞纳河上漂着冰块。我不再出去散步，学习太紧张。我就要获得学位，正在为一位名叫拉波特的教授写一篇关于休谟和康德的论文，从上午九点到下午六点一直坐在国家图书馆里我的椅子上，中午只花差不多半个钟头吃自己带的三明治，下午有时会打瞌睡，甚至会睡着。晚上在家里，我还试图阅读歌德、塞万提斯、契诃夫、斯特林堡的作品。可是我头疼，有时甚至困倦得想哭。显然，照索邦大学的搞法，哲学一点也不令人欣慰。布雷耶所开的有关斯多葛学派的课倒是蛮精彩，但是布兰斯维克讲的总是老一套，而拉波特把所有体系都批得体无完肤，只有休谟体系除外。他是我们最年轻的教授，蓄着小胡子，系着白腿套，在街上跟踪女人，有一次不当心竟

---

① Stefan Zweig（1881—1942），奥地利作家。
② 伊戈尔王公是基辅罗斯文学的杰作《伊戈尔远征记》中的主人公，该歌剧源自这部作品。
③ Al Johnson（1886—1950），俄国出生的美国歌星和电影演员。
④ Germaine Dulac（1882—1942），法国电影剧作家。

上前与自己的一个女学生搭讪。他把我的论文发还给我，打了一个及格分，写了一个嘲讽的评语，说我喜欢康德甚于休谟。他叫我去他家，博斯凯大道一套很漂亮的公寓，对我谈我的作业。他说我：“颇有才气，但很缺乏兼容性。文笔晦涩，貌似深刻——就哲学方面的表达而言如此！”他批评他的所有同事，尤其是布兰斯维克。老一辈大师他一带而过。古代哲学家吗？尽是些蠢材。斯宾诺莎？一个怪物。康德？伪君子。只剩下休谟。我表示异议，说休谟没有解决任何实际问题。他耸耸肩回答，“实际没有问题要解决。”不。在哲学中不应该看到一种消遣，人们有权更喜欢其他消遣。“总之，只不过是一种习俗吧？”我说道。“啊！不，小姐，这回你夸大其词了。”他突然生气地说。然后补充道：“我知道，怀疑主义不时髦。当然，你去找一种比我的学说更乐观的学说吧。”他把我送到门口，“很高兴！你肯定能通过教师资格考试。”最后他令人恶心地说。他的话也许更有裨益，但不像让·巴吕兹的预言那样鼓舞人心。

　　我试图表示反对。可是斯蒂法已经在准备嫁妆，购置家用器具，我几乎见不到她。我妹妹闷闷不乐，丽莎显得绝望，克莱劳神情冷淡，普拉德勒总是他那副老样子。马勒的文凭考砸了。我试图关心鲁兰小姐和其他几位同学，但没做到。整个下午。我在卢浮宫的画廊里进行一次伟大的旅行，从亚述到埃及，从埃及到希腊。出来后，我身处巴黎一个潮湿的黄昏。我徘徊踯躅，没有思想、没有爱情。我蔑视自己，遥远地想起雅克，好像想起一份失去的骄傲。从摩洛哥回来的苏珊娜·布瓦格，在一套明亮、不引人注目地带有外国情调的房间里接待了我。她有人爱，充满幸福，我羡慕她。最令我心情沉重的是我觉得自己衰颓了。“我感到自己失去了非常多，但最糟糕的是，我竟不为此感到痛苦……我颓唐消沉，沉迷于眼前的日常事务和幻想。我整个人没有任何担当，不留恋任何思想、任何感情。曾长期使我依恋那么多事物的这条纽带，竟是这样狭窄、这样无情，而又这样牵动人心。我克制地关心一切：啊！我理性得甚至不对自己的生存感到焦虑。我死抱着这种希望：这种状况是暂时的。四个月之后摆脱了考试，我会重新对生活感兴趣，将开始写我的书。可是，我多么希望有一种外来的救助：'希望一种新的感情、一次奇遇，无论什么，只要是别的就行！'"

　　酒吧的诗意走了味。不过在国家图书馆或索邦大学待了一天之后，我再也忍受不了把自己闷在家里。去什么地方呢？我重新在蒙帕纳斯闲逛起来，一天晚上与丽莎一起，后来与费尔南多和斯蒂法。我妹妹与她一个同学交了朋友，那是一个十七岁的姑娘，灵活、大胆，她母亲开一家糖果店。大家叫她若若。她外出十分自由自在。我经常在多姆咖啡馆找到她们。一天晚上，我们决定去骑师酒吧对面新开张的丛林酒吧，但钱不够。"没关系，"若若说，"你去那里等我们吧，我们去想办法。"我进入那家酒吧，在里面找个座位坐下。宝贝蛋和若若坐在大街边一只凳子上大声哀叹："真想不到，我们只差二十法郎！"一位行人动了容。我不知道她们对那人说了什么，不过一会儿她们就坐在了我身旁，面前摆上了杜松子调柠檬汁鸡尾酒。若若善于挑逗男人，所以有人请我们喝酒，还请我们跳舞。一个被叫做"抹布"的矮个子女人，我在骑师酒吧已经听说过的，一边唱歌，一边撩起裙子说一些淫秽的话。她展示布满瘀斑的大腿，讲述她的情人怎样咬她。从某种意义上讲，这倒是令人耳目一新。我们重新开始。一天晚上在骑师酒吧，我见到几个老熟人，和他们一起重温头年夏天的开心事。一个小个子瑞士男学生，国家图书馆经常的读者，向我大献殷勤。我喝着酒，煞是开心。后来已是夜里了，一直用批判的眼光在观察我们三个人的一位年轻医生，问我是否来这里研究风俗的。到半夜时分我妹妹离开时，他向我祝贺我妹妹懂得把握分寸，不过用带点责备的口气对我说，若若太年轻，不宜来这种酒吧。将近一点钟，他表示要搭出租车送我们。我们先送若若。最后一段路只剩下我和他时，他看到我显得拘谨，显然挺高兴。他的关心使我感到欣喜。一次邂逅，一件未曾预料到的小事，都足以给我一个好心情。不过，从这些微不足道的偶然事件中获得的快乐，并不足以说明我再次抵挡不住这些不良场所诱惑的原因。我大惑不解："爵士乐、女人、跳舞 脏话、烈酒、肌肤接触，这一切怎么我不觉得反感，怎么我在这里接受了在其他任何地方都无法接受的东西，而且与这些男人调侃呢？我怎么会热衷于这些与我本不沾边又与我难分难解的东西呢？我来这些惑乱人心的地方寻求什么呢？"

几天后我去鲁兰小姐处饮茶。与她在一起我实在感到无聊，离开她之后，便去了欧洲人音乐厅。花四法郎得到一张楼厅座位票，坐在一些没戴帽子的女人和衣冠不整的男人中间。一对男女搂在一起接吻。一些散发着浓烈香水味的姑娘，愣神地听着一位油头粉面的歌手唱歌。阵阵浪笑，突现了这些听众的戏谑。渐渐地我也激动起来，跟着他们一起笑，心情愉快。为什么？我在巴尔贝斯大街徘徊良久，不再带着嫌恶而带着某种羡慕打量妓女和流氓。我再度错愕不已："我心里也许存在，一直存在一种莫名其妙的可怕渴望：对喧哗、对争斗、对野性，尤其对沉沦的可怕渴望……还差什么我也就成了吗啡瘾者、酒鬼……天晓得还成为什么？也许只差一次机会，还差对我所不了解的东西稍许强烈点的渴求……"有时我对在自己身上发现的这种"堕落"，这种"劣根性"感到愤慨。过去责怪我把生活看得太高尚的普拉德勒会作何感想？我责备自己表里不一、虚伪。但是我不想否定自己："我要生活，要整个生活。我觉得自己好奇、贪婪，贪婪得比其他任何女人更炽烈地燃烧，而不管燃出什么样的火焰。"

我差一点就承认真相了：我当够了纯粹的人。并非欲望折磨着我，像青春期前夕那样。但是我估计，强烈的、赤裸裸的肉欲，会把我从令我萎靡的高尚的枯燥乏味中解救出来。并不是说我要去体验。对雅克的感情和我的成见，都禁止我这样做。我越来越不加掩饰地厌恶天主教。看到丽莎和莎莎在"这个坑人的宗教"中挣扎，我就庆幸自己摆脱了它的控制。实际上我仍然受到它的毒害，性方面的禁忌还在作祟，以至于我声称自己会成为吗啡瘾者或酒鬼，其实我连想都没想过要放荡。阅读歌德的作品和路德维希写的关于歌德的书时，我对歌德的道德观提出异议："如此平静地、既没有痛苦也没有忧虑地赋予感官生活一席之地，这激起我反感。最糟糕的放荡，如果指的是纪德那种人为自己的精神寻找一种食粮、一种辩护、一种挑战，会令我激动不已。歌德的爱情观则令我恼火。"要么肉体的爱情和一般讲的爱情融为一体，那么一切顺其自然；要么是一种悲剧性的堕落，我可没有胆量沉溺其中。

我显然受季节的影响。这一年依然这样，感受到第一缕春天的气息，我便身心舒泰快活地闻着暖烘烘的沥青气味。我不敢懈怠，考期将近，还有许多空白需要填补。但疲劳迫使我休息，我便趁机放松，与妹妹去马恩河畔散步，又兴致勃勃地同普拉德勒去卢森堡公园里栗树下闲聊。我买了一顶小红帽，斯蒂法和费尔南多见了都发笑。我带父母光顾欧洲人音乐厅，父亲在韦普勒露天咖啡座请我们吃冰淇淋。母亲相当经常地陪我去看电影。我和她一块在红磨坊观看了《修女的遮巾》，但并不像科克托所声称的那样不同凡响。莎莎从巴约讷回来了。我去参观了卢浮宫里的法国绘画新展厅。我不喜欢莫奈，有所保留地欣赏雷诺阿，颇崇拜马奈，对塞尚五体投地，因为从他的画里我看到"思想深入了敏感的心灵"。莎莎与我的趣味大体相同。我并不太感到无聊地参加了她姐姐的婚礼。

复活节放假期间，我每天钻在国家图书馆里。我在那里碰到了克莱劳，我觉得他有点书呆子气，但他继续引起我的好奇。这个又瘦又黑的矮个子男人，真的肉体上受到苏珊娜悲剧性的折磨吗？无论如何可以肯定，这个问题困扰着他。他好几次把交谈引向莫里亚克的文章。对基督教徒夫妻而言，性爱可以允许到何种程度呢？对未婚夫妻而言呢？有一天他向莎莎提出这个问题，把莎莎惹火了。"这是老处女和神甫的问题！"莎莎回答。几天后他对我诉说，他个人经历了一次痛苦的体验。学年初，他与一个同学的妹妹订了婚。他的未婚妻对他敬佩有加，是一个多情的女人，如果不是他说"别这样"，天知道激情会把他们带到何处！他向她解释说，他们应该守身到新婚之夜，在那之前只有纯情的拥吻是允许的。可是她固执地要他吻她的嘴，他拒绝了。最终她对他产生了嫌恶，与他断绝了关系。显然对这次失败他难以释怀。他以一种近乎怪癖的劲头没完没了地议论婚姻、爱情、女人。我觉得这件事相当可笑，它使我想起苏珊娜·布瓦格的事。不过他向我吐露了隐情，我挺得意。

复活节假期结束了。在高等师范学校的花园里，丁香花、金雀花、红刺李花竞相绽放，我高兴地回到了同学中间。我几乎全认识他们。只有萨特、尼赞和艾尔博组成的圈子，对我始终是封闭的。他们不与任何人交往，只听几门选修课，而且坐得离其他人远远的。他们的名声不好。有人说他们"对事物缺乏同情心"。强烈地反对激进天主教徒，他们属于主要由阿兰过去的学生组成的一个团伙，以粗暴著称。这个团伙的成员经常向夜晚穿礼服回家的高师优等生扔水炸弹。尼赞结了婚，旅行过，经常穿高尔夫球裤，在他那玳瑁架眼镜的镜片后面，我看到的是威吓的目光。萨特相貌不难看，但据说是三个人之中最可怕的，甚至有人指责他酗酒。只有一个在我看来是可以接近的，就是艾尔博。他也已经结婚了。与萨特和尼赞在一起时，他对我熟视无睹。当我遇到他独自一人时，我们经常交谈几句。

一月份在布兰斯维克的课堂上他做了一个报告，在随后进行的讨论中他引得大家都很开心。我觉得他那调侃的声音和嘲讽的撇嘴有些魅力。我的目光看那些灰不溜秋的同学看厌了，欣然落在他那张红红的、衬托着一双天真的蓝眼睛的脸上。他金黄的头发浓密，像野草一样茂盛。一天上午他来国家图书馆学习。尽管他身着蓝色的大衣、浅色的围巾、剪裁考究的西服显得高雅，但我仍觉得他身上有一种土包子气。这天与平日相反，我突然拿定主意，到楼上的图书馆内部餐厅去用午餐。他非常自然地在他的餐桌上给我让出位置，就好像我们是约好的。我们谈论了休谟和康德。我在拉波特家的门厅里碰到过他，拉波特客气地对他说："那么，再见，艾尔博先生。"当时我遗憾地想，这是一位结了婚的先生，十分遥远，在他眼里我永远不存在。一天下午，我在苏弗洛街瞥见他与萨特和尼赞走在一起，胳膊挎着一个穿灰色衣服的女人。我有一种遭到排斥的感觉。他是三人帮中唯一听布兰斯维克的课的。复活节放假前不久，上课时他坐在我旁边。他从科克托在《波多马克的结局》中塑造的欧仁受到启发，画了不同的欧仁，还写了一些尖酸刻薄的短诗。我觉得这个人挺怪，不过在索邦大学能碰到一个喜欢科克托的人，还是让我有些激动。从某个方面讲，艾尔博令我想起了雅克。他与雅克一样，常常用微笑代替一句话，而且似乎也生活在书本以外的地方。每次他来到国家图书馆，总亲切地和我打招呼，我很想和他说点有见识的话，可是搜索枯肠找不到一句。

假期之后布兰斯维克继续开课，艾尔博又坐到我旁边。他题赠给我一幅《普通应试生肖像》以及另外几幅画和一些诗，并突然对我宣称他是个人主义者。"我也是。"我说。"你?"他怀疑地打量着我，"可是我以为你是天主教徒、托马斯·阿奎那主义者、社会工作者?"我说我不是。他向我祝贺我们有一致的地方。他断断续续对我赞扬我们的先驱者，如席勒、巴雷斯、司汤达和他偏爱的亚西比德等。他对我所说的话我不全记得了，不过他越来越令我开心。他显得非常自信，但又对自己满不在乎。令我着迷的正是这种自大与自嘲的混合。每次离开我时，他总是说下次我们一定要更多地谈一谈。我喜不自胜。"他有一种能抓住我心的智慧。"晚上我在日记里写道。为了他，我已经准备放弃克莱劳、普拉德勒和其他所有人。他显然具有新的吸引力。我知道自己兴奋得快，有时又会扫兴地迅速离开。不过我还是为这种迷恋之强烈感到惊异："是与安德烈·艾尔博相会，还是与我自己? 哪一个使我如此激动不已? 我为什么心潮起伏，好像真的发生了什么事似的?"

我的确发生了某种事情，它间接地决定了我整个一生。不过，这要晚些时候我才知道。

从此之后，艾尔博经常来国家图书馆，我总是在自己的座位旁边给他留一个座位。我们常常在一家面包店二层的冷餐室吃午饭。我的钱刚好够买每天的当日推荐菜，而他总是不由分说硬塞给我一些草莓船形糕点。有一次在卢瓦广场的百合花餐馆，他请我吃了一顿饭，我觉得算得上奢华。我们常去王宫花园散步，坐在喷水池旁，风刮得喷泉的水柱摇来摆去，细小的水珠溅到我们脸上，我便建议回去学习。"咱们先去喝杯咖啡，"艾尔博说，"不喝你学习效率不高，会坐立不安，妨碍我看书。"他便领我去波卡迪咖啡馆，最后一杯喝完我起身时，他总是深情地说："真遗憾!"他是图卢兹附近一位小学教师之子，上巴黎来准备考高等师范学校，在预科一年级认识了萨特和尼赞。关于他们，他对我谈了很多。他欣赏尼赞与众不同的放荡不羁，但尤其与萨特关系密切，说萨特非常有趣。我们的其他同学嘛，他从整体到个别统统都瞧不起。他把克莱劳看成学究，从来不与他打招呼。一天下午，克莱劳手里拿本书走到我身边，用拷问的口气问道："波伏瓦小姐，布洛夏尔认为，亚里士多德的上帝能够体验到快感，你对这个看法作何感想？"艾尔博打量他一眼，高傲地说："我希望他能够。"开始的时候，我们主要是聊我们共同的小世界，即我们的同学、我们的老师和考试。他对我列举高师学生一贯感兴趣的论文题目：《概念的观念和观念的概念之间的区别》。他还想出一些别的题目，如：《读书计划中的所有作者，你比较喜欢哪一位，为什么？》《灵与肉：相似与差别，利与不利》。实际上，他与索邦大学和高等师范学校关系都相当疏远，他的生活在别处。这方面他也对我谈了一点。他对我谈到他妻子，在他眼里他妻子体现了女性的全部悖论。他还谈到他结婚旅行过的罗马、让他激动得流泪的古罗马广场及他的道德体系和他要写的书。他给我带来《侦探》和《汽车》两本杂志。他热衷于自行车赛和侦探破案。他讲述的趣闻轶事和出人意料的联想，搞得我晕头转向。他是那样随心所欲地夸大其词，沉默寡言，抒发情怀，玩世不恭，天真烂漫，蛮横无理。任何事情经他讲述出来，绝不会枯燥乏味。但他最令人不可抗拒之处，是他的笑。简直可以说他突然间掉到一个别的星球上，欣喜若狂地发现了那个星球上超乎想象的令人发笑之处。每当他开怀大笑，一切都令我觉得耳目一新，出人意料，趣味无穷。

艾尔博不像我的其他朋友。我的其他朋友个个都有一张非常理性的面孔，使他们变得难以琢磨。雅克的相貌，说实话一点也不高尚纯洁，只不过是某种资产者的冷漠掩盖着非常的性感。不可能使艾尔博的脸化为一种象征。向前翘起的下颌、开心的含情脉脉的微笑、明亮的角膜包围着的蓝色虹膜、肌肉、骨骼、皮肤，一切都显得威严、自负。此外，艾尔博有强壮的体魄。他在绿树丛中对我说，他非常厌恶死亡，绝不会接受疾病和衰老。他感觉自己血管里流淌着新鲜的血液，显得多么自豪！我看着他风度翩翩而又略显笨拙地在花园里大步走来走去，两只耳朵在阳光照射下，透明得像两颗粉红色的糖果。我知道，我身边这个人并非天使，而是凡人之子。我厌倦了超凡入圣，很开心他像斯蒂达一样，把我当做凡间女子对待。他对我的好感，并不是考虑到我的心灵怎么样，也不是考虑到我有什么优点；那是自发的，没有动机的，也就是整个儿地接纳我。其他人和我说话者总带着尊重，至少态度严肃，或敬而远之。艾尔博呢，他冲着我的脸笑，把手搁在我手臂上，威吓似的用手指着我叫："我可怜的朋友！"对我这个人，他常常提出许多小小的看法，不是亲切的，就是嘲讽的，但总是出乎意料的。

从哲学上讲，他并不令我赞赏。我在日记里有点缺乏条理地记述道："我欣赏他对所有事物都有自己一套理论的这种能力。也许正因为他对哲学知之不多，所以颇讨我喜欢。"他的确缺乏哲学的严密性，但在我看来更为重要的是，他为我展示了一些途径。我呢，虽然还没有胆量，但是渴望采取这些途径。我的朋友大部分都信教，我总是寻求使他们的观点和我的观点达成妥协。我不敢过分疏远他们。艾尔博使我想与这个把他和我隔开的过去一刀两断。他批评我经常与激进的天主教徒往来。基督教的禁欲主义令他厌恶，他也故意无视形而上学的焦虑。他反宗教、反教权主义，也反民族主义、反军国主义，对所有神秘主义深恶痛绝。我把自己十分得意的关于人格的论文拿给他看，他看了撇撇嘴，因为从中发现有天主教和浪漫主义的痕迹，而这正是他劝我尽快清除的。我激动地接受了。我受够了"天主教的纷争"、精神的死胡同和奇迹的谎言。现在我希望脚踏实地。这就是为什么遇到艾尔博，我觉得找到了自我，他指明了我的未来。他既不是一个观念正统的人，也不是一个钻在图书馆里的书呆子或酒吧的常客。他用自身的例子证明，我们可以在老的范畴之外，为我们自己构建一种自豪、愉快、思虑周到的生活：这恰恰也是我所希望的。

这种崭新的友谊激发了春天般的快乐。我对自己说：一年只有一个春天，一生只有一次青春。不应该让自己青春的春天虚度。我的毕业论文就要写完了，我正在阅读关于康德的书。主要工作完成了，我觉得胜券在握。事先就十拿九稳的成功令我陶醉。我和妹妹经常去"博比诺""敏捷的小兔""包雷小酒窖"度过愉快的晚上；妹妹在"包雷小酒窖"画素描。我和莎莎去普莱耶尔音乐厅听莱顿和约翰斯顿的音乐会。我和里斯曼去参观莫里斯·郁特里洛的一个画展；我为演出《月亮里的让》的瓦朗蒂娜·泰西埃喝彩。我欣赏地阅读司汤达的《吕西安·娄万》，好奇地阅读《曼哈顿中转站》。后一本书，以我来看，写得太雕琢。我坐在卢森堡公园里晒太阳，晚上凝望塞纳河黝黑的河水，凝神欣赏夜的灯光，闻着夜的芬芳，谛听自己的心跳。幸福让我透不过气来。

四月末的一个晚上，我在圣米歇尔广场见到我妹妹和若若。在小区新开的一家酒吧"醉舟"里喝过鸡尾酒、听过爵士乐唱片之后，我们去蒙帕纳斯。霓虹灯招牌的蓝色荧光使我想起小时候看到过的牵牛花。在骑师酒吧，一些熟悉的面孔向我微笑，萨克斯管奏出的乐曲又一次轻柔地打开了我的心扉。我瞥见了里凯，我们聊起《月亮里的让》，也像往常一样聊友谊和爱情。他使我感到无聊；他与艾尔博相差多远啊！他从口袋里掏出一封信，我隐约看出是雅克的笔迹。"雅克变了，"里凯对我说，"变老了。他要八月中旬才回巴黎。"他激动地补充一句："十年后他将做成前所未有的事情。"我一声未吭。我的心仿佛麻木了。

然而第二天我醒来时却想哭。"雅克为什么给别人写信，从未给我写信？"我去圣热娜薇耶芙图书馆，但无心学习。我阅读《奥德赛》，"想把整个人类置于我和我个人的痛苦之间。"这药疗效甚微。我和雅克的关系到底怎么样呢？两年前，他的冷淡接待令我失望，我便在大街上闲逛，决计要有"一种我自己的生活"。这种生活我有了。可是，难道我要忘掉我青年时代的英雄，大个子莫林传奇性的兄弟？他大有希望做成"前所未有的事情"，也许有突出的天才呢，谁知道？不。过去和我难舍难分。这么长时间以来，我多么强烈地希望将过去随之带进未来。

因此，我又开始在遗憾和期待中摸索。一天晚上，我推开斯特力克斯酒吧的门。里凯邀请我和他坐一张桌子。吧台旁，廖库尔的女朋友奥尔加正在和一位褐发女郎聊天。那位女郎穿着暖和的银色毛皮大衣，我觉得很美。她套着黑色头带，有一张尖削的脸，嘴唇抹得红红的，两条腿修长柔软。我立刻知道了她就是玛格达。"你有雅克的消息吗？"她问奥尔加，"他没有询问我的情况？这家伙走了一年了，连我的消息也不打听。我们在一起甚至不满两年。唉！是我运气不好！这个难对付的家伙！"她的话我句句记在心里，但当时我几乎没有反应，而是平静地与里凯和他那一帮人交谈着，直到深夜一点钟。

上床一躺下，我就崩溃了，度过了可怕的一夜。第二天我整天待在卢森堡公园的草地上，试图理清头绪。我几乎没有产生嫉妒心。他们那种关系结束了，并没有持续多长时间。它对雅克产生了压力，他想抢先了断。我所希望的我们俩之间的爱情，与这件事毫无干系。我记起一件往事：在雅克借给我的皮埃尔-让·茹弗的一本书里，他在一句话下面画了一条着重线："我对这位朋友倾诉衷肠，但拥抱的却是另一位。"当时我想："好吧，雅克。我可怜另一位。"他助长这种傲慢，对我说他不尊重女人，不过我在他心目中不仅仅是一个女人，还意味着别的东西。那么我心里为什么这样伤感呢？为什么我眼泪汪汪地暗自重复奥赛罗的话："真遗憾，伊阿古！啊！伊阿古，真遗憾！"这是因为我刚刚有了一个痛心的发现：就是我的生活这个美丽的故事，随着我的讲述，它竟变得虚假了。

我真是瞎了眼！我真是自取其辱！雅克的沮丧、他的厌恶，我归咎于他对难以做到之事的某种渴望。我那些抽象的回答在他看来该是多么愚蠢！当我以为我们彼此亲近时，我和他却相距那么遥远！然而当时是有一些迹象的，例如他与一些朋友的交谈中，谈到难言而确切的烦恼。另一件往事也浮上心头：我曾瞥见雅克的汽车里，有一个非常优雅、非常漂亮的褐发女人坐在他身边。可是我太依赖他了。我是多么机智、多么固执地上当受骗啊！我单方面幻想这种友谊幻想了三年；现在我因为过去仍念念不忘这种友谊，而过去却纯属谎言。一切全都土崩瓦解了。我想拆掉所有桥梁：爱上另一个人，或者去天涯海角。

而后我控制住了自己的情绪。虚假的是我的幻想，而不是雅克。我能责备他什么呢？他从来没有摆出一副英雄或圣人的姿态，甚至还经常说自己许多坏话。标出茹弗那句话就是一种提醒。他曾经试图和我谈玛格达，可是我没有给他提供坦白的便利。再说，这个事实我早就有预感，甚至知道。它激起了我心里什么东西，如果不是天主教的旧偏见？我恢复了平静。我错在要求生活符合一个事先确定的理想。应该是我要表现得不愧对生活给我的赐予。我从来喜欢现实甚于喜欢幻想。我结束了自己的思考。值得自豪的是：我碰到了一件可鄙的事，但我成功地超越了它。

第二天上午，从梅里尼亚克寄来的一封信，告诉我祖父患了重病，生命垂危。我很爱祖父，但是他很老了，辞世是自然的，我并不悲伤。堂姐玛德莱娜在巴黎，我带她去香榭丽舍的露天座吃冰淇淋。她给我讲了一些事情，我没有听，我在想雅克，带着厌恶。他与玛格达的私情过分忠实地符合一直令我恶心的传统模式：一位名门公子与一位身份卑微的情妇接受人生的启蒙，而后当他决定要成为正人君子时，便甩掉了她。这事了无新意，且十分恶劣。我上床安歇，醒来时因为心里充满蔑视而嗓子发紧。"人是可以用他做出的让步来衡量的。"在高等师范学校听课，我一直暗自重复着让·萨尔芒的这句话。而当我和普拉德勒在圣米歇尔大街一家类似乳品店的艾芙丽娜餐馆吃午饭时，普拉德勒谈到他自己，他不满地表示，他并不像他的朋友所宣称的那样冷冰冰的冷静沉着；他只是讨厌一切抬高自己的做法，没有把握就绝不表达自己的感情和想法。我赞成他的这种顾忌。在我看来，他有时对别人太宽容，对自己太严格。这当然比反过来要好，我酸楚地想。我们提起所有我们尊重的人，他一句话就把"酒吧唯美主义者"排除在外了。我认为他是对的。我们一块坐公共汽车到达帕西，我去布洛涅森林散步。

我闻着刚修剪过的青草的气味，在巴加泰勒公园里款步而行。雏菊、黄水仙、繁花满枝的果树，真个是目迷五色。一个个花圃里，尽是勾着头的红色郁金香，丁香花组成一道道花篱，葱郁的树林一眼望不到尽头。我在一条溪畔阅读《荷马史诗》，薄薄的水雾和阵阵阳光，抚摩着沙沙作响的树木枝叶。在这大自然的美景面前，什么样的烦恼能不烟消云散呢？说到底，雅克并不比这公园里的一棵树更重要。

我生性健谈，喜欢公开谈论我所发生的一切事情，而后希望有人能对这件事发表公正的看法。我知道艾尔博会觉得可笑；莎莎和普拉德勒嘛，我太尊重他们，不愿意让他们评价雅克。相反，克莱劳不再令我畏惧，他会根据依然令我不由自主地折服的基督教道德来评判各种事情，因此我把我这件事交给他评判。他贪婪地听我讲述，然后叹息一声："姑娘都是不依不饶！"他向他的未婚妻承认他有时意志薄弱——他向我暗示是手淫——他未婚妻不仅不欣赏他的坦白，还感到恶心。我估计他未婚妻喜欢更光彩的坦白，或者如果他做不到，宁愿他保持沉默。关于我的事情，他责备我严厉，也就是说他认为雅克是清白无辜的。我决定接受他的意见。雅克的私情在资产阶级是司空见惯的事，所以直接冒犯了我。我竭力忘掉这一点的同时，责备自己用抽象的准则去谴责雅克。实际上，我是在一条隧道里同幽灵搏斗。我打着自己不再相信的理想的幌子，反对雅克这个幽灵，反对已逝去的过去。不过，如果我抛弃这种理想，根据什么作出判断呢？为了保护自己的爱情，我压抑自己的傲气：为什么要求雅克与其他人不同？只不过，如果他像所有人一样，而我知道在许多方面，他比许多人还差，那么我有什么理由青睐他呢？宽容最终变成了冷漠。

在雅克父母家的一次晚餐，使这种混乱思绪有增无减。在我曾经度过一些那么沉重又那么温馨的时刻的走廊里，姨妈告诉我雅克来信对她说："见到西蒙娜时，好多事情你对她谈谈。我没有好好待她，我也没有好好待过任何人。再说她也不会为我这一点大惊小怪的。"这样说来，在他眼里我只不过是其他人之中的一个而已！更令我不安的是，他要求他母亲来年把他弟弟交给他照顾，因此他打算继续过单身汉的生活？我真是不可救药。我悔不该单独编织出了我们的过去，还继续独自构建我们的未来。我放弃作出各种假设。

"该发生的就让它发生吧。"我对自己说。我甚至想，与这件陈年旧事了断，彻底重新开始别的事情，也许对我有好处。我还没有断然渴望弃旧图新，但这对我有吸引力。我决计，不管怎样，为了生活、写作和幸福，我完全可以放弃雅克。

星期天一封电报通知我祖父去世了。显然，我的过去正在瓦解。与莎莎在布洛涅森林散步或独自穿过巴黎时，我心里空落落的。星期一下午，我坐在卢森堡公园沐浴着阳光的平台上，阅读美国舞蹈家伊莎多拉·邓肯的《我的一生》，也幻想自己的一生。我的一生不会是喧嚣甚至辉煌的。我只希望有爱情，写一些好书，有几个孩子"和一些朋友，我可以把我的书题献给他们，他们可以教我的孩子思想和诗歌"。我只给予丈夫很小的一部分。因为在还赋予他雅克的相貌的同时，我迫不及待地用友谊弥补我不再隐瞒的缺憾。在这个我开始感觉到已经临近的未来，主要的依然是文学。我没有在太年轻的时候写一本抱憾终生的书是对的。现在我想同时表达生活的悲剧性和它的美。我在这样沉思默想自己的命运时，瞥见艾尔博正和萨特一起绕着喷水池漫步。他看见了我，但视而不见。日记是神秘的，也有虚假：我在日记里没有提这件小事，然而它留在我心里。我感到难过的是，艾尔博否认我们之间的友谊，使我感受到自己最厌恶的那种被放逐感。

全家人都聚集在梅里尼亚克。可能由于这嘈杂声，无论是祖父的遗体还是这个家或大花园，都不使我心情激动。十三岁时想到有一天会感觉到在梅里尼亚克不再是在自己家里，我因此而哭泣过。现在这已成为现实。这里的产业现在已属于我的伯母和堂兄弟。这一年我还会来这里做客，也许不久后就再也不会来了。我没有发出叹息。童年和少年时代，星稀月明之夜乳牛蹄子碰撞牛棚门的声音，这一切现在都抛在了身后，已经很遥远了。现在，我准备好了要做别的事情。在强烈的期待中，遗憾烟消云散。

我回到巴黎，身穿孝服，帽子上罩着黑纱。栗树已是繁花满枝，脚下的柏油路软软的，透过衣服感觉得到阳光的灼热。正逢荣军院前广场市集。我与妹妹和若若在里边一边逛，一边吃黏手的牛轧糖。她们俩碰到一个同学，那个同学把我们领到他的单间公寓里听唱片、喝葡萄酒。仅一个下午就享受到这么多乐趣！每一天都给我带来一点东西：杜伊勒利画展的油墨香，和马勒一起去欧洲人音乐厅听达米娅演唱，与莎莎或丽莎一块散步，还有夏天碧蓝的天空和阳光。我在日记里又记了好多页，没完没了地讲述我的快乐。

在国家图书馆，我又见到了克莱劳。他向我表示哀悼，目光炯炯地问我心情怎么样。过错在我，以前我说得太多。不过我还是感到恼火。他让我看他用打字机打的一篇不长的小说，写的是他与未婚妻的争吵。一个有教养、据说也聪明的小伙子，怎么会浪费时间，用枯燥乏味的语言，讲述这类不值一提的琐事呢？我不讳言我认为他对文学没有多少天赋。他并没有显得怨恨我。由于他与我父母非常喜欢的普拉德勒关系密切，一天晚上他也来家里吃晚饭，并十分讨我父亲喜欢。他似乎对我妹妹的魅力很敏感，为了向她表明他不是书呆子，一个劲地开一些使我们感到沮丧的笨拙玩笑。

回来一周后，我在索邦大学的一条走廊里见到艾尔博。他穿一套浅米色夏装，与萨特并排坐在一个窗台上。他向我伸出手，亲切地握了好长时间，好奇地打量着我的一身黑服。课堂上我坐在丽莎旁边，艾尔博和萨特坐在我们后面。第二天艾尔博来到国家图书馆，说他为我没去上课感到担心："我估计你去了乡下，昨天看见你却是一身重孝。"他想到我这令我高兴；他又提到我们在卢森堡公园的相遇，更使我高兴得不得了。他本来很想介绍我认识萨特，"可是，虽然我不尊重克莱劳的沉思默想，"他说，"但你正在思考问题，我是不敢冒昧打扰的。"他把萨特题词送给我的一幅画交给我，这幅画是《莱布尼兹和单子①一起沐浴》。

在教师资格考试前三个礼拜期间，他天天来图书馆，即使不在那儿看书，也会在关门之前来找我，和我到什么地方喝一杯。考试令他有点不安，不过我们还是地丌康德和斯多葛学派聊我们的天。他向我介绍"欧仁的宇宙论"。这是他依据科克托的《波多马克的结局》想出来的，得到萨特和尼赞的欣赏。他们三个人全都属于最高等级，即由苏格拉底和笛卡儿阐明的欧仁家族等级，而把他们的所有其他同学贬到更低的等级，如贬到在无限中浮游的马拉纳族，或在蓝天中飘浮的莫蒂默族之中。有些同学显得自尊心受到严重伤害。我呢，把自己排在性情中的女人即有前途的女人一类。艾尔博还让我看超感觉的主要动物的画像：啃自己脚的垂首及地的长颈怪兽、用肠鸣声表达思想的腹鸣怪兽。夏尔·杜·博斯②、加布里埃尔·马塞尔③以及《新法兰西杂志》的大部分合作者，均属于这一类。"我告诉你吧，任何等级思想都是无法忍受的悲哀——这是欧仁的第一个教训。"他鄙视科学和工业，嘲笑所有的普世道德，唾弃拉朗德④的逻辑学和戈布罗⑤的《逻辑学论》。艾尔博对我解释说，欧仁设法使自己的生命致力于一个独特的目标，在某种程度上达到对独特的"理解"。我嘛，并不反对这个想法，甚至想利用这

① 哲学概念，指一种非物质的实在。
② Charles du Bos (1882—1939)，法国作家。
③ Gabriel Marcel (1889—1973)，法国哲学家、剧作家。
④ André Lalande (1867—1963)，法国哲学家。
⑤ Edmond Goblot (1858—1935)，法国哲学家、逻辑学家。

个想法建立一种多元道德论，使我能够接受并解释雅克、莎莎和艾尔博本人等如此不同的态度。我确信，每个人都拥有自己的法则，这个法则像绝对命令一样严格。尽管它不具有普遍性，但人们只能根据每个人的独特规范，对其表示谴责或赞成。艾尔博完全不欣赏这种系统化的努力，生气地对我说："这正是我讨厌的那类思想。"不过我热心地赞同他的神话，使我得到了原谅。我很喜欢欧仁，他在我们的交谈中扮演了一个重要角色。显然这是科克托的一个创造。但是艾尔博为他设想了一些富有诱惑力的冒险，巧妙地利用欧仁的权威反对索邦大学的哲学，反对等级、理性、权势、愚昧和一切庸俗的东西。

艾尔博炫耀地崇拜三四个人，而蔑视其余所有人。他的苛刻令我高兴。我欣喜地听见他把布朗舍特·韦斯批得体无完肤；我任由他去对付克莱劳。他不攻击普拉德勒，尽管对普拉德勒一点也不欣赏。每当看见我在索邦或在高师与某个同学在一起说话时，他就轻蔑地离得远远的。他责备我宽容。一天下午在国家图书馆，那个匈牙利学生打扰我两次，请教法语的微妙之处：他想弄明白的事情有一点是，在一篇论文的序言中可不可以用"面首"这个词。"所有这些人纷纷来找你！"艾尔博对我说，"真令人难以置信！这个匈牙利人都勾引你两次了！还有克莱劳和你所有那些女朋友！你把你的时间浪费在不值得的人身上。你不是善解人意就是不可原谅！"他并不厌恶莎莎，尽管他觉得莎莎太严肃。我对他谈到斯蒂法时，他用责备的口气说："她对我飞媚眼！"爱挑逗的女人他不喜欢，因为她们越出了女人的本分。又一次他有点不高兴地对我说："你是一帮人的捕猎对象。我寻思在你的世界里剩下给我的还有什么位置。"我叫他放心，他完全知道，留给他的位置是宽广的。

他越来越令我喜欢，他的可爱之处在于，透过他，我喜欢我自己。其他人都一本正经地对待我，而他觉得我让他开心。出了图书馆，他愉快地对我说："你走得真快！这我倒挺喜欢，好像我们要赶到某个地方去似的！"又一次他对我说："你这个奇特的沙哑嗓音。不过它挺好，你的嗓音，但是它沙哑。它使我们——萨特和我，非常开心。"我发现我有一种步伐、一种嗓音，这倒新鲜。我开始用心地打扮自己，他用一句赞扬的话奖赏我的努力："这个新发型，还有这白衣领，对你非常合适。"一天下午在王宫花园，他困惑地对我说："我们的关系不寻常。至少对我来说是这样，我从未有过女性的友谊。""这可能是因为我不是很有女人味吧。""你？"他说着大笑起来，笑的样子使我很惬意，"不。这多半是因为你无论什么事物都容易接纳，这样大家立刻就平等了。"起初他亲切地称呼我"小姐"。有一天他在我的日记本上用粗体字写道："波伏瓦＝海狸。"他说："你是海狸。海狸成群出行。它们具有建设的头脑。"

我们在许多事情上很有默契，只听半句话就明白对方的意思。然而，事物并不总是以相同的方式触动我们。艾尔博熟悉乌泽什，与他妻子在那里小住过几天。他很喜欢利穆赞。可是当他那富有说服力的声音，使荒原上耸立起史前墓遗迹、糙石巨柱和有巫师采摘槲寄生的森林时，我惊愕不已。他经常沉浸在历史的遐想之中。在他眼里，王宫花园里有着许多高贵的幽灵。而我呢，往昔令我无动于衷。相反，鉴于他冷漠的语调和无拘无束的态度，我觉得艾尔博的心肠是相当硬的。当他说他喜欢《忠贞的仙女》《弗洛斯河上的磨坊》《大个子莫林》时，我十分感动。当我们谈到阿兰-傅尼埃时，他现出激动的样子喃喃地说："有一些值得羡慕的人。"沉默一会儿，他又说："实际上，我比你更爱用脑，然而起初，我发现我一样敏感，但我不肯承认。"我对他说，我常常仅仅因为生存着就感到陶醉。"而我有一些美妙的时刻！"我说。他摇摇头说："但愿如此，小姐，你配得上嘛！我嘛，没有美妙的时刻，我是一个可怜的家伙。不过，我所做的事情了不起！"他用一个微笑否认自己最后这句话是吹牛，可是他在多大程度上相信呢？"不应该对我作出裁决。"有时他对我说。我搞不清楚他这是请求还是命令。我乐于信任他。他对我谈他要写的书，也许它们会真的"了不起"吧。他只有一件事情令我感到困惑：为了满足自己的个人主义，他把赌注下在社会成功上面。我根本没有这种雄心壮志。我既不贪图金钱、荣誉，也不汲汲于名望。我害怕用"肠鸣音"说话，虽然我常提到"拯救""内心完善"这些字眼，它们反复从我笔端流露在我的日记里。不过应该承认，对自己所称的"我的命运"，我保留着一种近乎虔诚的想法。艾尔博关心他为自己在别人眼里塑造的形象；他将来要写的书，他只是作为他这个人物的因素加以考虑。在这方面，我的固执绝不能松动。我不明白，一个人为什么要把自己的一生，与不可靠的公众的认可绑在一起。

我们很少谈我们的个人问题。然而有一次艾尔博无意中说欧仁并不幸福，因为冷漠无情是一种他达不到的理想。我向他吐露说，我很理解欧仁一类的人，因为我的生活中就有过一个。"欧仁一类的人与性情中的女人之间的关系，通常是别扭的，"他说道，"因为性情中的女人想吞噬一切，而欧仁一类的人反抗。""啊！这一点我注意到了！"我说。他笑了很久。我便慢慢地把我和雅克的故事简略地告诉了他。他催促我嫁给雅克；不嫁给他，嫁给别人也行。他补充说：女人嘛，就应该结婚。我惊讶地注意到，在这一点上，他的看法几乎与我父亲的看法没有什么不同。一个男人到十八岁还是处男，在他眼里就是一个神经有毛病的人。但是他主张女人只有合法地结了婚，才能献身于人。我不赞成有两套衡量标准。我不再责怪雅克。但现在我就是同意女人和男人一样，可以自由支配自己的肉体。我很喜欢迈克尔·阿伦一本题为《绿毡帽》的小说。一个误会使女主人公艾丽斯·斯托姆和她年轻时的至爱内皮尔分了手。她从来没有忘记他，尽管她与许多男人睡觉。为了结束这一切，她不是从一位可爱而深情的妻子身边把内皮尔抢走，而是开车撞树自杀。我欣赏艾丽斯，欣赏她的孤独、放纵和十足的高傲。我把这本书借给艾尔博。"我对水性杨花的女人没有好感。"他把书还给我时对我说。然后笑一笑又说："我希望一个女人讨我喜欢，但是我没法尊重一个让我占有过的女人。"我气愤地说："不可能占有一个斯托姆那样的女人。"他说："任何女人都不可能忍受男人的接触而不遭受恶果。"他一再对我说，我们的社会只尊重结了婚的女人。我不在乎受不受到尊重。与雅克一块生活或嫁给他，这是一回事。不过在可以把爱情和婚姻分开的情况下，现在觉得这倒是更可取。一天，我在卢森堡公园里看见尼赞和他的推着一辆婴儿车的妻子。我强烈希望这种情景在我的未来不会出现。夫妻双方被一些物质的限制牢牢地拴在一起，我觉得难以忍受。相爱的人之间唯一联系的纽带应该是爱情。

因此，我并非毫无保留地与艾尔博融洽相处。他毫无意义的雄心壮志、他尊重的某些习俗，有时还有他的审美观，都使我感到困惑。我想，如果我们俩都是自由身，我不会愿意把我的生活和他的生活结合在一起。我把爱视为完全的承诺。因此我不爱他。不过，我对他所怀的感情，奇怪地让我想起雅克在我心里唤起的感情。每次离开他时，我就盼望下次和他会面。我所发生的一切事情、脑子里想的一切事情，都非和他讲不可。每当我们聊完了，并排坐下来学习时，我就心情紧张，因为我们已经分手在即，而且我根本不确定什么时候才能再见到他。这种不确定令我黯然神伤。有时我苦恼地感受到我的友谊的脆弱。"今天你很忧郁！"艾尔博亲切地对我说，他正想办法让我恢复好心情。我勉励自己这样过一天算一天，既不抱希望，也不怀恐惧。这样得过且过，给我带来的只有快乐。

快乐占了上风。一个闷热的下午，我在卧室里按照大纲复习功课，记起了我准备中学会考时那段和现在完全一样的时光。我心里同样平静，同样充满热情。十六岁以来我变得充实多了！我给普拉德勒寄封信，敲定一次约会，信的末尾我这样写道："愿我们幸福！"他提醒我，两年前我曾经要求他让我提防幸福。他的警惕性令我感动。但是这句话的含义变了：这不再是一种放弃、一种麻木，因为我的幸福不再取决于雅克。我作出了一项决定：来年，即使我考试不及格，我也不会留在家里；如果我获得了教师资格，我也不会谋求职位，不会离开巴黎。在这两种情况下，我都将自己安一个家，去做家庭教师维持生计。祖母在祖父去世后，一直出租房屋。我去她家租一个房间，这样我就可以完全保持独立，而又不让父母担心。父母同意了。挣钱、外出、接待朋友、写作，获得了自由：这一回，生活真的开始了。

我把妹妹也卷进了这个未来之中。当夜幕降临时，我们在塞纳河畔畅谈我们扬眉吐气的明天，畅谈我的书、她的画、我们的旅行，还有世界，兴奋得喘不过气来。流水中抖动着立柱的倒影，上面的桥上人影幢幢。我们让黑色的面纱遮住眼睛，使景象变得更加光怪陆离。我们常常把雅克也吸收到我们的计划里；我们谈论他，不再是作为我生活中的爱人，而是当做我们的大表兄，我们青年时代的主人公。

"我嘛，明年就不在这里了。"勉强地通过了考试的丽莎对我说。她在西贡谋求到一个职位。普拉德勒大概猜到了她的秘密，躲着她。"唉！我真不幸！"她带着一丝苦笑自言自语。我们经常在国家图书馆和索邦大学相遇，在卢森堡公园里喝柠檬汁，或者黄昏时分，在丽莎那间饰有粉色和白色刺李花的房间里吃橘子。一天，我们和克莱劳在索邦大学聊天时，普拉德勒急切地问我们："你们心里喜欢什么？"我骗他说："喜欢另一个男人。"丽莎回答说："我嘛，喜欢的是出路。"另一次她对我说："你的长处是，从来什么也不拒绝，总是让所有门敞开着。我呢，总是在外头，随身带着一切。我哪里想得到某一天进到你家里呢？或者是你来了，你想等待？当主人不在的时候，人们的确会想他随时会回来的。可是不是人人都会这样想……"有时，晚上穿着细布睡衣时，她几乎显得漂亮，可是劳累和绝望使她显得面容憔悴。

普拉德勒从不提丽莎的名字，相反却常常对我提到莎莎。"把你那位朋友带上吧。"他邀请我参加加利克和盖昂诺的一次辩论会时，这样对我说。莎莎在我家吃晚饭，和我一块去富尔街。会议由马克桑斯主持，参加者有让·达尼埃鲁、克莱劳和其他思想正统的高师学生。我记起三年前加利克的报告会，那时他在我眼里是一个不可企及的世界里的半神，而雅克在那里到处跟我握手。而今天，我握了很多人的手。我仍欣赏加利克热情、充满活力的声音，不幸的是，他的话让我觉得愚蠢。这些与我整个过去联系在一起的激进天主教徒，现在我觉得自己与他们是多么陌生！当盖昂诺发言时，《法兰西行动》报的一些粗鲁的大个子向他起哄，根本没有办法让他们静下来。加利克和盖昂诺一块去附近一家小酒馆喝酒去了，听众也都散去。尽管正下雨，普拉德勒、莎莎和我，我们还是走上圣日耳曼大街和香榭丽舍大街。我这两个朋友比平常更爱打趣，两个人联合起来拿我寻开心。莎莎叫我"无德贵妇"。这是《绿毡帽》里艾丽斯·斯托姆的绰号。普拉德勒则更厉害，说："你是一个性情孤独的贵妇。"他们的串通一气使我开心。

尽管这个晚上的辩论会可说是一场惨败，但几天后莎莎还是激动地对我表示感谢。她突然决定性地明白了，她永远不会接受她的阶层要求她的心灵和精神的萎缩。普拉德勒和我接受学位考试的口试，她来观阵。我们三个人去艾芙丽娜饮茶，庆祝我们考试成功。我组织了艾尔博所称的"布洛涅森林大派对"。一个美丽温煦的黄昏，莎莎、丽莎、我妹妹、若若、普拉德勒、克莱劳、莎莎的第二个弟弟和我，我们在湖上泛舟。我们进行划船比赛，笑声阵阵，歌声不断。莎莎身穿一袭粉红色绸连衣裙，头戴一顶小草帽，一双黑眼睛闪闪发光，我从未见过她如此漂亮。普拉德勒和我刚建立友谊的时候，他的快乐曾让我心里充满阳光，现在我发现他依然那么快乐、容光焕发。我一个人与他们两个人坐在一条船里，再次对他们的串通默契留下了深刻印象，而且有点惊讶：这天晚上，他们那样热烈地流露出对我的感情。他们注视着我，对我微笑，和我说一些温馨的话，而他们之间还不敢这样。第二天我陪莎莎开车去购物，她怀着仰慕之情对我谈到普拉德勒。过了一会儿，她又说，结婚的想法越来越让她反感，她绝不甘心嫁一个凡庸之辈，但也觉得自己不配得到一个真正出色的男人的爱。我又一次没有猜到她郁郁寡欢的真正原因。说实话，我尽管对她怀着友谊，但还是有点心不在焉。教师资格考试第三天就开始了。我对艾尔博说了再见。多长时间才能再见？考试期间我瞥见过他。再说，他打算离开巴黎，返回来后，又要和萨特、尼赞一块准备口试。过去啦！我们在国家图书馆一起走过的日子。我多么留恋啊！然而第二天，"布洛涅森林那帮人"聚在枫丹白露森林里野餐时，我的心情却十分愉快。普拉德勒和莎莎兴高采烈。只有克莱劳显得闷闷不乐。他殷勤地追求我妹妹，但没有得到任何回应。应该说，他行事的方式有点怪。他带我们去一家面包店后间喝饮料，擅自招呼："来三杯茶！""不，我喝柠檬汁。"宝贝蛋说。"茶更清凉解渴。""我更喜欢柠檬汁。"

"好！那就来三杯柠檬汁。"他生气地说。"你还是喝茶吧。""我不想与众不同。"他老是想象自己失败了，因而心怀不满，又不时给我妹妹寄气压传送信，对自己脾气不好表示歉意，保证他会成为一个快乐的伙伴，从今以后尽量表现得自然。可下次相见时，他强装出来的热情洋溢使我们心都凉了，而他的脸又气愤地抽动起来。

"祝你好运，海狸。"我们在索邦大学图书馆坐下来时，艾尔博非常亲切地对我说。我把一个装满咖啡的热水瓶和一盒奶油糕往旁边一放，只听见拉朗德先生宣布考题：《自由与偶然性》。所有的目光都盯住天花板，然后所有的钢笔开始动起来。我写了好几页，觉得进展蛮顺利。下午两点，莎莎和普拉德勒来找我。我们在花神咖啡馆——当时只是一间小区里的小咖啡馆——喝了一杯柠檬汁之后，去卢森堡公园里散步了好长时间。公园里开满大丛黄色和淡紫色的蝴蝶花。我与普拉德勒有一场温和而尖锐的争论。在某些问题上，我们一直存在歧见。他认为，幸福与不幸、信教与不信教、任何一种感情与没有这种感情之间，几乎没有什么距离。我则狂热地持相反的看法。尽管艾尔博责备我与什么人都交往，不顾自己的名誉，而实际上我把人分成两类：对少数人我有着强烈的眷恋感；对大部分人我抱着鄙视的冷漠态度。普拉德勒把所有东西都装进一个篮子里。两年来，我们双方的立场都变得更坚定了。前两天他给我写了一封信，批评我说："我们在许多事上有分歧，比你想象的多得多，而我没想到这么多……我不能容忍，你的同情心竟如此狭隘。不把所有人全都网在同一张爱的网里怎么生活？可是一提到这些事情，你就很不耐烦。"最后他真诚地写道："尽管你的狂热无意中使我感到尴尬，而且与我那样背道而驰，但我还是对你抱着最深挚的和最难以解释的友谊。"这天下午，他再次向我宣传对人类的怜悯之心。莎莎谨慎地支持他，因为她遵守福音书的训诫：不要评判。

我呢，认为人没有恨就没有爱，譬如我爱莎莎，但厌恶她母亲。普拉德勒离开我们时，我们双方，无论是他还是我，都寸步未让。我和莎莎在一起一直待到吃晚饭的时候。她对我说，这是头一回，她没有感到她是普拉德勒和我之间的第三者，她深受感动。"我没有想到存在普拉德勒这么好的小伙子。"她冲动地说。

第三天，我结束最后一场考试出来时，他们在索邦大学的院子里一边等我，一边热烈交谈。考完了，真如释重负！晚上父亲带我去"红月亮"，然后我们去利普吃荷包蛋。我一觉睡到中午。午饭后，我上贝利街莎莎家。她穿一套新连衣裙，披着有黑白图案的蓝色纱巾，头戴一顶阔檐遮阳女帽。自初夏以来，她真像鲜花绽放了似的。沿着香榭丽舍大街漫步时，她对自己重新焕发了青春感到惊异。两年前她与安德烈分手时，觉得从今以后自己只能苟延残喘了。可是现在她怡然自得地感到，自己又像童年时代最美好的岁月一样愉快了。她恢复了对书籍、思想和对自己想法的兴趣。尤其她怀着自己也无法解释的自信考虑未来了。

同一天将近午夜，我们从农夫电影院出来，普拉德勒告诉我他多么尊重我的这位女友：她从来只谈论她知道得一清二楚的事情，谈论她真诚感受到的事情，正因为这样她常常保持沉默，但她说的每句话都有分量。他也欣赏她在处境困难的情况下，仍表现得和平常一样。他要我再邀请她和我们一块散步。我兴冲冲地回家，回顾这个冬天，每当我告诉他莎莎的情况时，普拉德勒都听得那么认真，而莎莎在她的每封信里，也很有好感地说几句有关他的话，他们是天生的一对，他们相互爱上了。我重视的愿望之一实现了：莎莎将生活幸福！

第二天早上母亲告诉我，我去农夫影院看电影时，艾尔博来过家里。我感到尤为懊恼的是，离开考场时没有见到他，而他对自己的考试不满意，也没有和我约定见面的时间。将近中午时分，我带着失望，下楼去买心形奶油，竟在楼梯下遇到了他。他请我吃午饭。我很快买好东西。为了不改变习惯，我们去百合花餐馆。他对我父母对他的接待感到欣喜。我父亲对他说了一些反对军国主义的话，艾尔博表示完全赞同。他明白自己受到愚弄时，哈哈大笑。第二天，他出发去巴尼奥勒-德洛纳和他妻子会合。过了十来天他回来后，就与萨特和尼赞一起准备参加口试；他们真诚地邀请我加入他们之中。这期间萨特想认识我，提出不久后的一个晚上和我见面。可是艾尔博叫我别去，认为萨特利用他不在的时机，想独霸我。"我不愿意让别人碰我最珍惜的感情。"艾尔博用串通一气的口气对我说。我们决定由我妹妹在预定的时间和地点去见萨特，告诉他我突然去了乡下，由她代替我和他一块出去。

这样，我不久就能再见到艾尔博。我被他那一伙接受了，心花怒放。我从容不迫地着手准备口试，一边看令自己开心的书、闲逛、享受愉快的时光。在宝贝蛋和萨特在一起那个晚上，我回顾刚过去的一年和我的整个青年时代，满怀激情地考虑着未来："奇怪啊，我确信自己内心的财富将被世人接受，我说的话将有人倾听，我的一生将成为其他人汲取的源泉，总之这是一种使命的确信……"我情绪激昂，像我沉醉于宗教时一样激昂，但并未离开大地。我的王国最终是在这个世界上。妹妹回来后，祝贺我留在家里是个明智的决定。萨特彬彬有礼地相信了我们的谎话，带她去看电影，表现得很可爱，但他们没有怎么交谈。"艾尔博所讲的萨特的一切，都是他编造的。"妹妹对我说。她对艾尔博有了些了解，觉得他挺好玩。

我利用闲暇时间，恢复与一些人多少已经淡化的交往。我去看望朗贝尔小姐和苏珊娜·布瓦格。朗贝尔小姐见我泰然自若，未免诚惶诚恐；布瓦格沉迷于夫妻生活的幸福之中，而失去了情趣。里斯曼越来越闷闷不乐，和他在一块感到无聊。斯蒂法销声匿迹两个月了，把家安在蒙特鲁日。费尔南多在那里租了一间画室。我估计他们生活在一起，她不再见我是为了对我掩盖她行为的不端。她重新出现时戴了一枚结婚戒指。她早上八点钟就来找我，我们在一家俄式餐馆多米尼克吃午饭。这家餐馆是几个星期前在蒙帕纳斯新开张的。整个白天我们一块散步、聊天，晚上在她的挂浅色乌克兰壁毯的单间公寓里吃晚饭。费尔南多从早到晚作画，进步很大。几天后他们举行了一个婚礼晚会。出席晚会的有俄国人、乌克兰人、西班牙人，似乎都是画家、雕塑家或音乐家。大家喝酒、跳舞、唱歌、化装。斯蒂法不久就要与费尔南多去马德里，打算在那里定居下来。她把心思全花在了旅行准备和家务上。我们的友谊以后可能会得到更新，现在是靠回忆滋养。

我继续经常与普拉德勒和莎莎一块外出，现在是我有点觉得像个插足者了，因为他们相处是那么融洽！莎莎还没有爽快地承认自己的愿望，但从这种愿望中汲取了反抗母亲干涉的勇气。马比耶太太正在为她谋划一桩婚事，不停地烦扰她。"你对那个小伙子有什么意见吗？""没有，妈妈，可是我不爱他。""孩子，女人无所谓爱不爱，爱是男人的事。"马比耶太太劝说道。说着她火起来："你既然对那个小伙子没有任何意见，为什么不肯嫁给他呢？你姐姐与一个不如她聪明的男人不是蛮合得来吗？"莎莎向我讲述这些争论时，更多的是带着沮丧而不是嘲讽，因为她并不是随意对待母亲的不满。"我争吵得累极了，早两三个月，我也许已经让步了。"她对我说。她觉得她那个求爱者还相当可爱，可是她无法想象他能成为普拉德勒或我的朋友。我们的聚会中没有他的位置；她不愿意接受一个她不如对其他人那样尊重的男人做自己的丈夫。

马比耶太太大概想到女儿如此固执的真正原因了。当我去贝利街按门铃时，她迎接我的是副冷面孔，而且不久便反对莎莎与普拉德勒相会。我们计划了第二次去划船，出游前两天，我收到莎莎一封气压传递的信："我刚刚与妈妈有一次谈话，星期四绝不可能和你们一块去划船了。妈妈明天上午要离开巴黎。她在家里，我可以和她争论，与她对抗；可是利用她给我的自由做一件她完全不喜欢的事情，这我做不到。放弃星期四晚上的活动我很难过，本来我希望重温与你和普拉德勒在布洛涅森林度过的美妙时刻。母亲对我说的话使我陷入了一种非常可怕的状态，刚才我差点去了随便一所修道院，去待上三个月，在那里人家会让我清静的。我还在考虑去不去，惶惶不可终日……"

普拉德勒愁肠百结。"请你拿出对马比耶小姐的崇高友谊来吧，"他给我写信说，"我想我们完全可以不让她违背自己的诺言，而在光天化日之下相会，就像偶然遇到的。"他们在国家图书馆重逢了。我重新开始来这里学习。我和他们一块吃午饭，然后他俩就双双单独去散步了。七月底之前，他们单独见了两次面。莎莎激动不已地对我宣布：他们相爱了；等到普拉德勒获得教师资格并服完兵役，他们就结婚。但莎莎害怕母亲反对。我说她不该悲观。她不再是个女孩子，马比耶太太无论如何会希望她幸福、会尊重她的选择。她有什么好反对的呢？普拉德勒出身于一个非常好的家庭，是一个遵守教规的天主教徒，很可能前程远大，无论如何教师资格能确保他有一个体面的地位。丽丽的丈夫也不是非常富有嘛。莎莎直摇头，说："问题不在这里。而是在我们圈子里婚姻不是这样促成的！"普拉德勒是通过我认识莎莎的，这是不祥之兆。其次，订婚之后要等很长时间才结婚，也会使马比耶太太不安。但主要的，莎莎固执地对我重复道："是不能这样做。"她决定等到开学后再跟母亲谈，但打算在暑假期间与普拉德勒通信。这样做，马比耶太太可能会发现，那样会发生什么情况呢？尽管忧心忡忡，一到劳巴尔东，莎莎就觉得充满了希望。她给我的信里写道："我确信我能够自信地等待并忍受许多烦恼和矛盾，如果这烦恼和矛盾是无法避免的。生活是美好的。"

艾尔博七月初回到巴黎，给我捎了张便条，约我晚上会面。父母不赞成我与一个已婚男人外出。不过我马上就要脱离他们了，他们差不多已经放弃干涉我的生活。因此我还是与艾尔博去看了电影《朝圣者》，然后去利普吃晚饭。他对我讲述了欧仁最新的冒险，并教我玩"巴西埃卡泰牌"，这是他发明的一种纸牌游戏，能确保他每赌必赢。他告诉我："星期一上午，那两个小人物同学在大学城等我，他们指望我帮助他们研究莱布尼兹。"

进入萨特的房间，我有点吓坏了。满屋子乱七八糟全是书和纸，每个角落都扔满烟头，房间里弥漫着浓浓的烟雾。萨特客套地接待我。他抽烟斗。尼赞一言不发，叼烟卷的嘴角挂着睥睨的微笑，透过厚厚的眼镜片窥视着我，那神态颇费思量。整个一天我都怯生生地发呆，对《形而上学言论集》发表议论。傍晚，艾尔博送我回家。

以后我每天都来，很快就不感到拘束了。莱布尼兹令我们厌烦，因此我们认定对他的了解已经够了。萨特负责给我们讲解《社会契约论》，对这本书他有独特的见解。说实话，对所有作者，对教学大纲的方方面面，他远比我们知道得多，我们只有洗耳恭听。有时我试图争论，绞尽脑汁，固执己见。"她倒是爱钻牛角尖！"艾尔博愉快地说，而尼赞则全神贯注地端详自己的指甲。可是萨特总占上风。没法怪罪他。他尽量让我们分享他的学识。"这是一位出色的知识引导者。"我在日记里写道。我对他的慷慨极为惊讶，因为这些讲解并不能让他学到任何东西，他花上数小时毫不计较地付出。

我们经常是上午学习。在大学城餐厅或孟苏里公园旁边的夏宾餐馆吃过午饭，下午我们休息很长时间。尼赞的妻子，一个感情丰富的褐发美人儿，经常来加入我们。奥尔良门有市集。我们去那里玩日式台球、微型足球或者射击、抽彩，我赢过一个玫瑰色的大瓷瓶。我们挤在尼赞的小汽车里，去巴黎转一圈，我们随意停下来，在露天座喝一杯啤酒。我参观了高等师范学校的宿舍和房间，照例爬上屋顶。在这些兜风过程中，萨特和艾尔博扯开嗓子唱他们即时现编的曲子。他们根据笛卡儿作品中一章的题目，作了一首赞美歌：《再论上帝的存在》。萨特有一副好嗓子，会唱许多歌曲，包括《老人河》和流行的所有爵士乐歌曲。他演喜剧的才能闻名于整个高师，每年的歌舞杂耍演出，都是他扮演朗松的角色。在《美人儿艾莱娜》和一九〇〇年代抒情歌曲的演出中，他取得了火爆的成功。他唱够了，就拿一张唱片往唱机的唱盘上一放，我们便听索菲·塔克、莱顿、约翰斯顿、杰克·希尔顿、勒韦雷兄弟的歌曲和美国黑人唱的圣歌。每天他房间的墙上都要增加几幅新颖的画，画的是抽象的动物、欧仁的新功勋。尼赞擅长画莱布尼兹的肖像，故意把他画成神甫，或者让他头上戴顶蒂罗尔人的帽子，屁股上带有斯宾诺莎的一个脚印。

有时我们不去大学城而去尼赞的书房。他住在妻子的父母家里——瓦文街的一座贴瓷砖的楼房里。他书房的墙上有一幅列宁画像、卡桑德尔的一幅招贴画和波提切利的《维纳斯》。我欣赏超现代的家具和精心保存的藏书。尼赞是三人帮中的先锋，与文学界交往，加入了共产党。他向我们介绍爱尔兰文学和美国新的小说家。

他了解最新的时尚，甚至了解明天的时尚。他带我们去阴暗的花神咖啡馆，"给双叟咖啡馆开个玩笑。"他狡狯地咬着指甲说。他正准备写一本抨击官方哲学的小册子和一本论马克思主义的智慧的论著。他很少笑，但经常露出凶恶的微笑。他的谈吐吸引我，但我和他交谈有些困难，因为他总是一副心不在焉的冷嘲热讽模样。

我怎么这么快就适应了呢？艾尔博小心翼翼地不顶撞我，但是当他们在一起时，这三位小人物同学并不克制。他们的语言常带有挑衅性，他们的想法不容置疑，他们的评判不容异议。他们嘲笑资产阶级的秩序，拒绝参加预备军校学员的考试。在这方面我跟随他们没有困难。但是在许多问题上，我仍然受到资产阶级理想化的蒙骗，而他们无情地戳穿所有理想主义，嘲笑高尚的灵魂、高贵的灵魂以及情绪、内心生活、文学作品中神奇的成分、奥义、社会精英。他们利用一切机会，在他们的言论、态度、戏谑中表现出人并非精神，而是被欲望折磨、被置于激烈冒险之中的肉体。一年前，他们还让我害怕，但开学以来我已经有所进步，经常渴望比我平常所汲取的内容更充实的精神食粮。我很快明白了，我这几位新朋友邀请我进入的世界，之所以令我觉得粗俗，是因为他们什么也不掩盖。总之，他们要求我敢于得到自己一直想得到的东西，敢于正视现实。没有多长时间，我就下定决心这样做了。

"我非常高兴你与几个小人物同学相处得很好，"艾尔博对我说，"不过……""好啦，"我说，"你们，是你们。"他微笑着说："你永远不会是小人物同学，你是海狸。"他说，他嫉妒，在友谊和爱情上同样嫉妒，要求别人公平对待他，坚决维护他的特权。头一回谈到大家一块出去时，他摇摇头说："不。今晚我要和波伏瓦小姐去看电影。""好，好。"尼赞讥讽道。"算啦。"萨特和善地说。这一天艾尔博闷闷不乐，因为他担心考试考砸，还有与他妻子有关的什么原因。看完巴斯特·基顿的一部电影，我们进到一家小咖啡馆里坐下，交谈不活跃。"你不觉得烦闷吧？"他有点焦急但很殷勤地问我。"不。"我答道。但他的担心使我与他拉开了点距离。白天借口帮他翻译《尼各马可伦理学》①，和他在一起，他和我又亲近了。他在瓦诺街一家小旅馆里租了一个房间，我们就是在那里工作，但时间不长，因为亚里士多德使我们厌烦。他让我读我一无所知的圣琼·佩斯《阿纳巴斯》的片断，又让我看米开朗琪罗的《女预言家》的复制品。然后他对我谈起了他与萨特和尼赞的不同之处。他毫不隐讳地享受这个世界上的各种快乐，如艺术作品、大自然、旅行、男女私情和性快乐等。"他们呢，总想究根问底，尤其是萨特。"他对我说。接着用赞赏而生畏的口气说："萨特可能除了睡觉之外，所有时间都在思考！"他同意让萨特和我们一块度过七月十四日的夜晚。在一家阿尔萨斯餐馆吃过晚饭后，我们坐在大学城草坪上观看烟火。然后，以豪爽闻名的萨特让我们上了一辆出租汽车，去蒙帕纳斯街的法尔斯塔夫酒吧，请我们畅饮鸡尾酒，直到凌晨两点。他们竞相表现得殷勤，给我讲了一大堆故事。我无比高兴。我妹妹弄错了，我觉得萨特比艾尔博还更会逗人开心。不过我们三个都同意，艾尔博在我们的友谊中占据第一的位置。在街上，艾尔博炫耀地挽着我的胳膊。随后几天，他比以往更公开地表现出对我的喜爱。"我真的非常喜欢你，海狸。"他对我说。由于我和萨特要去尼赞那里吃晚饭，而他没有空，他便以温和的口气专横地对我说："今晚上你会想我的吧？"对他的语气变化和皱眉头，我十分敏感。一天下午我和他在国家图书馆大堂里聊天时，普拉德勒和我

---

① 希腊哲学家亚里士多德的著作，与其《政治学》互为补充。

们打招呼，我愉快地和他答话，艾尔博生气地和我说声再见，把我撂在那里便走了。这一天剩下的时间，我一直感到难过。傍晚再见到他时，发现他对所达到的效果显得满意。"可怜的海狸！我可恶吧？"他愉快地对我说。我带他上斯特力克斯咖啡馆，他觉得这里"奇特得令人心醉神迷"。我给他讲述了我过去那些越出常规的行为。"你真是一个非凡的人！"他对我说。接着，谈起他自己、他在乡下度过的童年、来到巴黎之初以及他的婚姻。我们从来不曾如此亲密地交谈过。但是我们都忐忑不安，因为第二天我们就要知道笔试的结果。艾尔博如果不及格，就会立刻动身去巴尼奥勒-德洛纳，明年不管怎样都要在外省或国外找一份工作。他许诺这个夏天去利穆赞看我。不过某种事情结束了。

第二天我去索邦大学，心怦怦直跳，在大门口遇到萨特。他说我、尼赞和他可参加复试。艾尔博初试没通过。他当天傍晚就走了，我都没见到他。"你转告海狸，我衷心祝她幸福。"他在给萨特通知行程的快信里这样写道。一个礼拜后他才重新出现，但只待了一天。他带我去巴尔扎尔酒吧。"你喝什么？"他问道。随后补充说："过去我和你在一起时，你喝柠檬汁。""你永远和我在一起。"我说。他露出了微笑："这正是我想听到你对我说的话。"但是，我们两个都知道我说的是假话。

"从现在起，你就由我负责了。"萨特在告诉我可参加复试时，这样对我说道。他对女性的友谊抱有兴趣。头一回我在索邦大学看见他时，就见他头戴一顶帽子，正热烈地与一位准备应试教师资格的瘦高个子女人交谈。那女人给我的印象挺讨厌，很快就不讨他喜欢了。他和另一个更漂亮的女人交上了朋友，但这个女人老是制造麻烦，他很快也与她翻了脸。艾尔博和他谈起我，他立刻就想认识我，现在独霸了我，很是高兴。我呢，现在觉得，凡是不与他在一起的时间，都白白浪费了。在口试的那半个月里，除了睡觉之外，我几乎没离开过他。我们一起去索邦大学参加考试，听同学们谈教训，与尼赞夫妇一块外出。我们与阿隆和波利泽去巴尔扎尔酒吧喝酒，前者正在气象局服兵役，后者加入了共产党。通常是我们两个单独溜达。在塞纳河畔的旧书摊，萨特为我买了《帕尔达扬》和《方托马斯》。他喜欢这几本书远远胜过里维埃和傅尼埃的《通信录》。晚上他常常带我去看美国西部片。我像刚入门者一样热衷于这些影片，因为此前我的兴奋点主要在抽象影片和艺术影片。我们常常在咖啡馆的露天座位喝咖啡，或者在法尔斯塔夫酒吧喝鸡尾酒，我们边喝边聊天，一聊就是几个钟头。

"他从不停止思考。"艾尔博对我说过。这并不意味着他时刻分泌出公式和理论。他厌恶学究气。不过他的思想总是处于警觉状态。他从不麻木不仁，浑浑噩噩；从不逃避责任，躲躲闪闪；从不停滞不前，谨小慎微，崇拜权威。他对一切都感兴趣，从来不认为任何东西会自动得到。面对一个客体，他不会因为一个传言、一句话、一个印象、一个先入之见而回避它，而是对它进行观察，不弄清它的来龙去脉、各种含义，绝不放弃。他并不考虑应该思考什么，思考什么有趣、机巧，而只考虑他所思考的。因此，他使那些渴求可靠的美的美学家失望。对巴吕兹的连篇空话赞叹不已的里斯曼，两年前听了他的一个报告，愁眉不展地对我说："他没有天才！"在上"分类"课的课堂上，他真诚得一丝不苟，使我们的耐心在这一年受到考验，最终使我们不得不感兴趣。他总是使不拒绝新鲜事物的人感兴趣，因为不追求标新立异，他也就不会堕入任何因循守旧。他顽强、纯真的注意力使他得以在纷繁中抓住活生生的事物。与他那个丰富多彩的世界比较起来，我这可怜的世界显得多么狭小！后来只有某些疯子使我产生过一种类似的卑微之感，因为他们在一个玫瑰花瓣中发现了错综复杂、见不得人的阴谋。

我们经常谈论许多事情，但其中有一个话题特别使我感兴趣：我自己。其他人声称解释我是什么样的时，总把我归并到他们的世界里，因而令我恼火。萨特则相反，力图让我处在我自己的体系之中，他根据我的价值、我的计划来理解我。当我对他讲述我和雅克的故事时，他听得兴味索然。像我这样教养大的一个女子，要回避婚姻恐怕是困难的，但他认为婚姻没有多大好处。我无论如何都应该保持自己身上最值得重视的东西，保持自己对自由的兴趣、对生活的热爱，保持自己的好奇心和写作的意愿。他不仅鼓励我这样做，还表示愿意帮助我。他比我大两岁——他充分利用了这两年时间——起步更早也更良好，在所有方面他都知道得更多。但是他自己承认、我也看得很清楚的他的真正优势，是那种沉静而疯狂的热情，激励他将来著书立说。过去，我看不起那些不能像我一样热情地玩槌球游戏或学习的孩子，可是现在我遇到了一个人，在他眼里我狂热的努力倒显得畏缩不前了。的确，拿我和他比，我的狂热只不过像温吞水！我以为自己与众不同，因为我不能想象活着而不写作。可是，萨特只是为写作而活着。

当然，他并不打算过书斋文人的生活。他厌恶例行公事、等级森严，厌恶职业、家庭、权利和义务，厌恶生活中一切正经八百的东西。他很不愿意接受要有一个职业、有同事、有上司、有要遵守或要强加的规矩这种观念。他永远不会成为人父，甚至不会成为一个结婚的男人。他怀着当代的浪漫主义，以二十三岁的年龄，梦想着伟大的旅行。到了君士坦丁堡，他将和装卸工亲如兄弟；在贫民窟，他将与拉皮条者一醉方休；他将周游世界，无论是印度的贱民、希腊圣山的东正教神甫，还是纽芬兰的渔夫，对他而言都不再神秘。他不会在任何地方扎根，不会让任何占有物妨碍自己；这样做不是为了徒劳无益地为自己保持行动自由，而是为了表现一切。所有这些经历应该有益于他的写作，因为他坚决排除有损于他的写作的经历。在这方面，我们顽强地进行争论。至少在理论上，我赞赏严重的越轨、危险的生活、堕落的男人、无节制的饮酒和情欲。萨特坚持认为，当你有某种东西要表达时，任何浪费都是犯罪。在他眼里，艺术作品、文学作品是绝对的目的；它们本身就有着自身存在的理由，有着其创作者存在的理由，也许甚至有着——他没有说，但我估计他深信不疑——整个宇宙存在的理由。玄学方面的争论他不屑一顾。他对社会问题和政治问题感兴趣，同情尼赞的立场。但是他自己的事情是写作，其余的都在其次。此外，当时他多半是无政府主义者，而非革命者。他觉得现在这个样子的社会令人厌恶，他喜欢厌恶这个社会；他所谓"对立的审美观"，能够容忍傻瓜、流氓的生存方式，甚至要求这样的生存方式；如果没有任何东西需要推倒、需要斗争，文学就没有什么价值了。

　　除了一些细微的差别，我觉得他和我的态度非常接近。他的雄心没有丝毫的功利色彩。他拒绝我的唯灵论的词汇，但他在文学里所寻求的也正是拯救之道。书籍把必要性引进这个可悲的偶然性的世界，又对作者产生影响。某些事情必须由他说出来，那么他就完全有了生存的理由。他相当年轻，在三杯马丁尼酒落肚之后，听到一支萨克斯曲子，会为自己的命运情怀激荡。但是如果需要，他会同意保持默默无闻。重要的是他思想的胜利，而非他本人的成就。他从来不会暗自说——像我有时那样——他是"一个了不起的人"，他有"价值"。但是，他认为一些重要的真理，也许甚至认为真理本身，被他发现了；他的使命就是强令世界接受这些真理。在他给我看过的一些笔记本里、在交谈中、在学校的论文里，他坚持不懈地表达了一整套思想，其独特性和严谨性令他的朋友吃惊。趁《文学消息》展开《对今天的大学生的调查》之机，他把这些思想写了一个系统的报告。"我们收到让-保罗·萨特一份非凡的报告。"罗兰·阿利克斯在介绍他的回答时这样写道，并且刊印了这篇报告大段的摘录。的确，其中显示出一整套哲学，与索邦大学教给我们的几乎毫不相干。

"思想的悖论在于，人，其任务是创造生活必需品，无法把自己提高到存在的高度，就像那些预言家，能为别人而不能为自己预卜未来。正因为如此，无论从人的本质讲还是从自然的本质讲，我看到的是悲哀和烦恼。这并不是说，人没有把自己作为一种'存在'去理解；相反，他竭尽全力在这样做。这就产生了善与恶，产生了致力于人类的思想的人。这是毫无意义的思想。决定论也是一种毫无意义的思想，它奇怪地试图把生存和存在综合考虑。我们像你们所希望的一样自由，可是无能为力……至于其他的，如权力意志、行动、生活等，只不过是一些空幻的观念。没有任何地方有权力意志。一切都太虚弱，因为一切事物都趋向于死亡。冒险——我想说的是，相信种种必然的、也许存在的联系——尤其是一种诱饵。冒险家是冒失的、自以为自由的决定论者。"萨特将他这一代人和前一代人进行了比较，下结论说："我们更不幸，但更引起好感。"

最后这句话令我发笑。但在与萨特交谈时，我隐约看到了他所谓的"偶然性理论"的丰富内涵，其中已经可以看到他有关存在、生存、必要性和自由的思想的萌芽。我明白，有一天他将写出一部举足轻重的哲学著作。只是他并不急于求成，因为他无意因袭传统法则，编纂一本理论专著。他既喜欢司汤达，也喜欢斯宾诺莎，不愿意把哲学与文学分开。在他眼里，偶然性并非一个抽象概念，而是世界实在的一面。必须运用艺术的一切手段，让心灵感觉到他在人身上和事物之中觉察到的这种隐秘"弱点"。这种尝试在当时非同寻常。不可能从任何形式、任何模式汲取灵感。萨特的思想以其成熟让我感到惊讶。相比之下，他表达自己思想的文章之笨拙，则让我感到困惑。为了介绍他的思想的独特本质，他求助于神话。《亚美尼亚人艾尔》就是求助于诸神和提坦① —— 在这种古老的伪装下，他的理论失去了锐利。他知道这很笨拙，但并不为之不安。无论如何，任何成功都不足以建立对未来轻率的信心。他知道自己想做什么，生活展现在他面前，他最终肯定会做成他想做的事情。我没有一刻怀疑过，他的健康体魄和他的愉快心情，能使他经受住一切考验。显然，他的信念包含了百折不挠的决心，将来必然在这一天或另一天，以这种或另一种方式取得成果。

这是平生头一回，我感到有一个人的智力高于我。年龄比我大得多的加利克、诺迪埃，令我肃然起敬。但那是遥远的、隐约的，我并没有拿自己与他们进行比较。而萨特呢，我每天整天和他较量，在争论中我不是他的对手。一天上午在卢森堡公园美第奇喷泉旁，我对他阐述了多元道德观，这是我杜撰出来，为我所喜欢但并不想效仿的人辩护的。他把我的多元道德观批得体无完肤。我坚持我的观点，因为它允许以我的心灵去判定善与恶。我争辩了三个钟头，但不得不承认失败。其次在交谈中我发现，我的许多看法是建立在成见、不真诚、粗心大意之上的，因此我的推论是蹩脚的，我的观点是模糊的。"我对自己所思考的再也没有信心，甚至再也没有信心去思考了。"我哑口无言地在日记里写道。这之中我丝毫没有考虑到自尊心，而是好奇心远远胜过霸气，学习的欲望胜过出风头

---

① Titans，又译泰坦，指希腊神话中的天神乌拉诺斯和地神该亚的子女和他们的后裔。

的欲望。可是，经过这么多年的孤芳自赏，我发现自己不是独一无二、不是天下第一，而是芸芸众生中的一员，突然对自己的真正能力没有了把握，这无论如何是一件非同小可的事情。不只是萨特使我不得不谦虚。尼赞、阿隆、波利泽都大大领先于我。我是急急忙忙准备考试；他们的学问比我扎实，他们知道许多我不知道的新鲜事物，他们有讨论的习惯。我尤其缺乏方法和方向。对我而言，知识的世界杂乱无章如一堆乱麻，我在其中摸索着前进；他们呢，他们的研究至少大体上讲是方向明确的。他们之间已经有重大分歧。大家责备阿隆顺从布兰斯维克的唯心主义，但是所有人都比我彻底得多地得出了上帝不存在的结论，使哲学从天上回到了地上。令我折服的还有，他仍对自己要写的书有相当明确的想法。我呢，曾经反复讲过"我要描述一切"。这太多又太少。我不安地发现，写小说会产生许许多多我不曾想到过的问题。

然而我并没气馁。未来尽管突然显得比我预计的更艰难，但也显得更真实、更可靠。我看到的不再是模糊的可能性，而是看到一个清晰确定的领域展现在我眼前，包括它的问题、任务、材料、手段和阻碍。我不再寻思：做什么？一切都等着我去做，去做我过去希望做的一切：抨击错误，寻求真理，阐明真理，启迪世界，甚至帮助改变世界。我需要时间，需要努力，信守自己曾经许下的诺言，哪怕是一部分。我无所畏惧。还没有获得任何成功，一切皆有可能。

接着，我获得了一个重大机会：面对这个未来，突然我不再孤独一人了。到此时为止，我依恋过的男人——雅克以及程度差一点的艾尔博——都与我不是一类人。他们都无拘无束、不可捉摸，有点前后不一，显示出不祥的魅力。没有可能与他们毫无保留地交流。萨特恰恰满足了我十五岁时的心愿：他是我的分身，在他身上我找得到自己的全部爱好，而且达到极致。和他在一起，我永远可以分享一切。八月初离开他时，我知道他再也不会走出我的生活。

不过，在我的生活最终定型之前，我必须理清我与雅克的关系。

当我重新面对自己的过去时，我会有什么感受？九月中旬从梅里尼亚克回来，按响赖纪永家的门铃时，我焦虑地这样问自己。雅克从底层的办公室出来，和我握手、微笑、请我上楼。我坐在红沙发上，听他讲他服兵役的情况，讲非洲，讲他的苦恼。我高兴，但丝毫不激动。"我们重逢多么容易！"我对他说。他用手理了一下头发："我们该重逢啦！"我认出了这条半明半暗的走廊，认出了他的手势、他的声音。我太熟悉他了。晚上我在日记里写道："我绝不会嫁给他。我不再爱他。"总之，这种直截了当的结论并不使我感到意外。"非常明显，即使在我最爱他的时候，我们之间也总是存在深刻的分歧。要克服这些分歧，除非我放弃自己，否则就只有放弃这种爱情。"我借口为了开启自己的未来而等待这场较量，这是欺骗自己。其实几个礼拜以来，我们大局已定。

巴黎人还不多，我常常见到雅克。他对我讲述了他与玛格达的故事，以一种浪漫的方式。我则对他谈了我新结下的友谊，他似乎很不欣赏。他对此感到不满吗？我对他算什么？他指望我什么？这些我很难揣摩透，尤其因为无论在他家里还是斯特力克斯咖啡馆，我们之间总是有第三者在场。我们常与里凯、奥尔加一块外出。我有点苦恼。相隔遥远的时候，我给了雅克很多爱。现在他如果要求我给他爱，我却是两手空空。他没有向我提任何要求，但有时用一种宿命的口气提到自己的未来。

一天晚上，我邀请他和里凯、奥尔加还有我妹妹，来庆贺我搬进新的住所。是父亲为我出资安的家。我很喜欢我这个房间。妹妹帮我在一张桌子上摆上几瓶白兰地、味美思酒、几只酒杯、几个碟子和小糕点。奥尔加有点姗姗来迟，而且只来了她一个人，令我们很失望。不过两三杯酒落肚，交谈便活跃起来了。我们询问有关雅克的情况和他的未来。"一切取决于他妻子，"奥尔加说着叹口气，"不幸，我想她不是为他而生的。""你指的是谁？"我问道。"奥狄尔·廖库尔。你不知道他要娶吕西安的妹妹吗？""不知道。"我目瞪口呆地答道。奥尔加好意地作了详细介绍：雅克从阿尔及利亚回来后，在廖库尔氏庄园住了三个星期。吕西安的妹妹迷恋上了他，不管三七二十一向她父母宣布，她要嫁给雅克。吕西安将此事告诉雅克，雅克表示同意。他几乎不了解那个女孩子。照奥尔加的说法，除了可观的嫁妆，她没有特别可称道的地方。我这才明白为什么一直没机会与雅克独处：他既不敢隐瞒不说，也不敢如实告诉我。今天晚上雅克爽约于我，就是为了让奥尔加把这件事告诉我。我尽量装出不在乎的样子。可是等到只剩我和妹妹两个人时，我们立刻流露出懊丧情绪。我们在巴黎街头溜达了好长时间，看到我们青年时代的英雄变成了一个工于算计的资产阶级分子，心里感到难过。

当我再去雅克家时，他有点尴尬地对我谈到他的未婚妻，骄傲地谈到他的新责任。一天晚上，我收到他一封令人捉摸不透的信。他对我说，是他为我开辟了道路，可是现在他落在了后面，在风雨中艰难跋涉，赶不上我。"再说风雨加上劳累，多少有点令人落泪。"我心潮起伏，但没有答复。没有任何必要答复。无论如何，这件事已经了结。

这件事对雅克意味着什么？而他本人，究竟是什么样的人？我原本以为，他结婚会让我看到他的本相，在青年时期的浪漫危机过去后，他会平静下来成为原本的有产者，可是我错了。有时我看见他和他妻子，他们的关系不冷不热。我们的交往突然结束了，但随后我相当经常地看见他在蒙帕纳斯那些酒吧里，孤单一人，面部浮肿，眼里含泪，明显是饮酒过度。他生了五六个孩子，投身危险的投机买卖：他把自己的设备搬到一位同行的厂子里，拆掉了赖纪永家的老厂房，想盖一幢有房租收入的大楼。不幸的是，厂房拆掉之后，他没有能够筹措到盖大楼所必需的资金。他与岳父和自己的母亲闹翻了，因为他们都不肯加入这场冒险。他呢，把老本吃光之后，不得不先抵押后变卖他的设备，在那位同行的厂子里工作了几个月，很快被辞退了。

即使他谨慎行事，搞成功了，人们也不免会纳闷，雅克为何要拆掉他的厂子？他当然不会不在乎这里生产的不是五金产品，而是彩画玻璃。在一九二五年世界博览会后的几年间，装饰艺术有很大发展。雅克迷恋现代审美观，认为彩画玻璃提供了广阔的可能性。抽象地说的确如此，可是实际做起来，却不得不降格以求。就家具、玻璃制品、布料、彩色壁纸等而言，能够甚至必须创新，因为资产阶级顾客渴求新玩意儿。可是雅克要满足的是一些审美能力落后的乡村小神甫。因此，他要么把自己搞垮，要么在自己的厂子里使赖纪永牌彩画玻璃传统的丑陋永远延续下去。丑陋令他厌恶。他宁愿投身于与艺术毫不相干的生意中去。

没有钱、没有工作，雅克靠妻子生活了一段时间。廖库尔老爹给了女儿一份年金。但夫妻俩之间什么事情也行不通。游手好闲、挥霍浪费、追求女色、嗜酒贪杯、招摇撞骗……我就不一一列举了——雅克无疑是一个讨厌的丈夫。奥狄尔最终要求夫妻分居，把他扫地出门。当我在圣日耳曼大街偶然遇到他时，距今已经有二十年了。他才四十五岁，看上去像六十多岁。头发全白了，眼睛充血，由于饮酒过度已经半失明，两眼呆滞无神，没有一丝笑容，脸上没有肉，只剩下一个骨头架子，模样完全像他外公弗兰丁。他在塞纳河畔一个征税站记点账什么的，每月挣两万五千法郎。他给我看的证件显示，他的待遇与一个养路工差不多，生活得像个乞丐，在带家具出租的小客店里过夜，吃得很少，无节制地喝酒，没多久丢掉了工作，完全走投无路了。他去向他母亲和兄弟讨吃的，他们责骂他没有骨气。只有他姐姐和几位朋友周济他。可是想帮助他也不容易，他不肯抬一抬指头自救，最后只剩下皮包骨头，四十六岁时死于营养不良。

"唉！我为什么没有娶你呢？"我们相遇时，他动情地握住我的手说，"真遗憾！可是妈妈一再对我说，表兄妹间结婚是该诅咒的！"这样看来，他曾经考虑过要娶我的。什么时候改变了主意呢？究竟为什么？为什么他不继续过单身生活，年纪轻轻的就仓促达成一桩不理性的荒唐婚姻？这些我都没能搞清楚，也许他自己也没弄清楚，因为他的脑瓜子糊涂了。我也没有打算问他沉沦的经过情形，因为他首先关心的就是让我忘掉这个。在他穿上了干净衬衫、吃饱了饭的那些日子，他喜欢回忆赖纪永家族风光的过去，说话俨然像一个资产阶级大人物。有时我想，如果他成功了，他也不比其他人好多少。但是这么严厉并不恰当。他遭到如此触目惊心的失败，并非偶然。他不满足于平淡无奇的失败。大家可以责怪他许多事，但不管怎样，他从来不是平庸之辈。他摔得这样惨，其实是受了"毁灭性的疯狂"支配；我将这种疯狂归罪于他年轻。他结婚显然是为了揽下责任。他以为牺牲自己的快乐和自由，就会使自己蜕变成一个新人，坚定相信自己的义务和权利，适应自己的工作岗位和家庭。可是唯意志论并未产生效果。他还是老样子，既不龟缩在资产者的躯壳里，也无法逃逸，只好钻进酒吧，躲避他为人夫、为人父的责任。同时他试图在资产阶级的价值体系里平步青云，但不是通过耐心的工作，而是一步登天、极不谨慎的冒险一搏，暗中所抱的欲望似乎就是摔折自己的腰。毫无疑问，这个命运早在那个被抛弃、被吓坏的小男孩心里就酿成了：那个小男孩七岁就以主人的身份，在赖纪永氏工场的荣耀和灰尘里转悠，在青年时代鼓励我们要"和所有人一样生活"，那是因为他不相信什么时候能做得到。

当我正决定我的未来之时，莎莎则在为她的幸福而斗争。她的第一封信流露出希望。接着的一封就不那么乐观了。在祝贺我获得教师资格之后，她对我写道："现在和你相距这么远，我感到特别痛苦。真希望和你细细地谈一谈，既不要求那么准确，也不很深思熟虑，就是谈一谈三周来我的整个生活是什么样子。愉快的时刻也有一些，但直到上星期五，我尤其经历了可怕的不安和许多困难。那天，我收到普拉德勒一封比较长的信。信中说了更多事情，说了更多话，使我能够抓住一些不容置疑的证据，克服我无法彻底摆脱的疑虑。相对来讲，我不难接受种种相当严重的困难，接受这件事暂时无法对妈妈谈，接受我和普拉德勒的关系要等很长时间才能确定（这甚至根本没什么要紧，因为现在我都顾不过来，够我烦的了）。最难以忍受的是这些疑虑，这时好时坏的心情，这如此彻底的空虚。以致有时我不免寻思，所发生的事情是不是一场梦。当快乐完全回来了的时候，我又感到十分羞愧：竟然懦弱地失去了信心！其次，我很难把现在的普拉德勒和三周前的普拉德勒联系起来，很难把他的信和相对比较新近的会面联系起来。在比较新近的这些会面时，我们彼此还是那样神秘。有时我不免觉得这仅仅是一场游戏，突然之间一切会重新回到现实之中，回到三周前的那种沉默之中。我究竟该怎样做，才不至于只要一见到他就想逃跑？这个小伙子，我给他写过那么多事情，而且是那样轻松地写的，现在我在他面前都不敢开口了，现在我清楚地感觉到，他的存在令我胆怯。啊！西蒙娜，我正在给你写些什么呀，这一切我对你谈得多么蹩脚。只有一件事情值得告诉你：那就是有一些美好的时刻，所有这些疑虑，所有这些困难，像毫无意义的东西从我身上消失了，我只感到始终不变的、深藏不露的快乐驱散了那些痛苦，留在我的心里，渗透了我的身心。于是，想到他的存在就足以使我激动得热泪盈眶。而当我想到，他有那么一点是为了我和由于我而存在时，一种过分巨大的、沉甸甸的幸福感，使我的心脏痛苦得几乎停止了跳动。你看，西蒙娜，这就是发生在我身上的情况，我所过的生活。今天晚上我没有心情和你谈。从内心里流露出的巨大快乐，这些天有时会使我倍感珍惜一些很小的事情。但是我尤其感到疲劳，因为尽管内心强烈而非常渴望清静，却不得不继续去附近散步、打网球、饮下午茶、玩耍。邮件到来是一天里唯一重要的时刻……我从来没有像现在这样，亲爱的西蒙娜，一心盼望待在你身边。"

我给她回了一封长信，试图让她振作起来。随后一周，她给我写道："平静而快乐，我开始做到了。我亲爱的，亲爱的西蒙娜，这真好！现在我确信，任何东西都再也不可能虏获我，这是一种美妙、温馨的确信，它战胜了情绪的起落，战胜了我的一切反抗。我收到你的信，还没有摆脱不安，还没有足够的自信，不知道很好地阅读普拉德勒写给我的那些很温情也很心平气和的信，而是陷入了不理智的悲观情绪，给他寄了一封信，一封他可以毫不夸张地称为'有点冷酷'的信。你的来信使我恢复了活力……自从收到你的信，我就默默和你待在一起，和你一块阅读我星期六收到的普拉德勒的信。这封信使我高兴万分，高兴得感到那么轻松、那么年轻；

这新添的快乐，使我三天来就像一个十八岁的孩子。我本来担心我那封不公平的回信，又使前途变暗淡了呢。他的回信是那样明智，与我的估计相反，一切重新变得容易和美好了。我不相信谁能更动人地责备人、批评他们，然后原谅他们，让他们心悦诚服地相信一切都简单、一切都美好，应该有信心。"

　　但是，不久出现了别的更可怕的困难。八月底，我收到一封令我沮丧的信："不要怪我这太长时间的沉默……你知道劳巴尔东的生活是什么样子。要见许许多多的人，去卢尔德待五天。我们星期天才从那里回来，明天贝贝尔和我又要坐火车去阿列日与布雷维尔一家人会合。你可以想见，所有这些消遣我完全可以不要。当你感觉不到一丁点玩的兴致而去玩，会非常厌倦的。我尤其渴望清静，因为依然'美好'的生活，看来不久要变得很艰难了。种种顾虑最终破坏了我的快乐，迫使我不得不下决心和妈妈谈了，而妈妈那种盘问的、担心的甚至怀疑的态度，我觉得不堪忍受。可是我只能对她说一半实话，所以我供认后的结果，就是不能再给普拉德勒写信，妈妈要求在作出新的决定之前，我不能再见他。这真无情，甚至残酷。当我想到我不得不放弃写的这些信对我意味着什么，想到我寄托了这么多期待的长长的一年我们却不能再相会时，我伤心得都喘不过气来，心里难受得发疼。不得不彻底分开生活——多么可怕！对我而言，我可以逆来顺受，可是对他呢，我觉得艰难得多。想到他为我忍受痛苦，我就愤愤不平。痛苦，我早就习以为常了，觉得对我而言几乎是自然的事。可是，他根本不该承受痛苦。我非常喜欢看到他高兴得笑逐颜开的样子，就像那天在布洛涅森林湖上与你和我在一起划船时那样，现在却要让他也承受痛苦，啊！真是苦不堪言！然而抱怨会让我感到羞愧。当我们收到这样崇高的一样东西，我感到它就在我心里，始终不渝，那么其他一切就都能忍受。我的快乐的本质不受外在环境的支配，要想损害它，除非有一种直接来自他或来自我的困难。这个嘛，再也用不着担心了，我们源自内心的一致是如此彻底，他听我说话时就像他在自言自语，我听他说话时就像我在自言自语。现在尽管表面上是分开的，要真正拆散我们，已经不可能。我的快乐克制了种种最痛苦的想法，还在升华，并且扩散到所有事物上……昨天，昨天在给普拉德勒写了一封我感到很难写的信之后，我收到他一封短信。这封短信洋溢着对生活纯真的热爱，而这种热爱直到现在，在他身上不如在你身上表现得明显。只是并非亲爱的非道德的贵妇吟唱的异教之歌。在谈到他妹妹订婚时，他对我所说的话，正如'天堂赞美上帝'这句话深情昭示的内涵：歌颂朗朗宇宙，让生活与人间所有美好的事情保持和谐。啊！自动放弃收到像昨天那样的信，这真不堪忍受，西蒙娜。除非真的相信痛苦的价值，希望像基督一样背负十字架，才能毫无怨言地接受这个，而这我自然做不到。且不说这个吧。生活无论如何是充满光明的，如果此刻我心里不充满感激之情，那我就是可怕的忘恩负义之徒了。世界上是否有很多人有你我这样的情操，或者会感受到类似的情操？为了这宝贵的某种东西，为了一切必要的东西，要忍受痛苦，且需要忍受多长时间就忍受多长时间，这付出的代价是不是太大？丽丽和她丈夫目前在这里。我相信三周来他们两口子所谈的话题没有别的，全是他们的房子和他们安家的费用问题。他们很友善，我没有任何可责备他们的地方。不过我觉得非常宽慰，因为现在我确信我的生活与他们的生活没有任何共同之处，因为我感觉到尽管我不拥有任何身外之物，但我的内心比他们富有上千倍，因为面对这些至少在某些方面像路边的石头一样与我毫不相干的人，我永远不再孤独了！"

我提出一个在我看来非采取不可的解决办法：既然马比耶太太

对莎莎和普拉德勒的关系感到不放心，那么普拉德勒干脆正式求婚，请她把女儿嫁给他。我收到的回信如下："我在阿列日度过了十天，无论如何是挺累。昨天一回来，就看到你寄到这里的也是我所盼望的信。读了这封信之后，我现在才给你回信，慢慢地和你交谈，尽管诸事缠身，人又累，还有整个外部环境。外部环境挺可怕。在布雷维尔的十天里，贝贝尔和我同住一个房间，我没有一分钟是单独一人。我在写某些信的时候，忍受不了别人在旁边看着我，不得不等她睡着，凌晨两点至五六点钟起来写。白天要去远处郊游，而且不能显得心不在焉，对接待者的关心和愉快的说笑，要有所应对。他收到的我上一封信严重地受到我的疲劳影响，因为我读他上一封信时处于一种精疲力竭的状态。我现在明白，他信中的某些段落我没有很好理解。我给他的回信可能使他痛苦，因为我没有把我想说的话和应该说的话对他和盘托出。这一切使我有点懊恼。如果说直到目前为止，我不认为自己有任何优点，这些天来我倒是具有了一些优点，因为我需要非常大的毅力，才能克制住自己的欲望，不把自己所想的一切，不把所有打动人、说服人的事情，统统写在信里告诉他。所谓打动人、说服人的事情，就是我打心底里想告诫他，不要总是一味地责备自己，不要总是不自觉地请求我原谅。我不想通过你给普拉德勒写信，西蒙娜。那样在我眼里，比违背我不需要再商量的决定还更虚伪。不过我时常想起他最近几封信的一些段落，即我没有充分回答、还继续撕裂我的心的那些段落。'你可能对我的某些信感到失望吧。''我对你说话时的真诚态度，可能让你厌倦，给你带来一定的忧愁吧。'还有气得我蹦起来的其他句子。你知道普拉德勒带给我的快乐，西蒙娜，他对我说的和写的每句话，根本不会使我失望，而永远只能使我对他的仰慕和爱情更深、更坚定。我过去怎样，现在怎样，我所缺的是什么，他那样可钦可佩、毫无保留地给了我什么，这一切你是亲眼看见的。啊！请你尽量让他稍许明白，我的生命如今焕发的美全都多亏了他；他心里没有一样东西对我不是珍贵的；他要我原谅他说的话或者他写的信那真是荒唐。他的信我每重读一遍，就更好地体会到它们深刻包含的美和柔情。西蒙娜，你是完全了解我的，这一年来我的心脏每次怦然跳动你都一清二楚。请你告诉他，世界上没有一个人像他这样给了我、能够在什么时候给予我完满的幸福和彻底的快乐；而这，我即使不再说，心里永远觉得我是很不配的。

"西蒙娜，你说的做法如果可行，今年冬天一切就更简单了。普拉德勒有在他和在我眼里都站得住脚的理由不这么做。在这种情况下，妈妈没有要求我彻底一刀两断，但为我们的关系设置了许多障碍和限制。我则被反复的一次又一次斗争吓坏了，宁愿采取退而求其次的办法。他对我那封忧心忡忡的信的复信，使我深深感到这种牺牲对他意味着什么。现在我再也没有勇气希望这样了。我会尽量把事情处理好，靠顺从和耐心，争取妈妈对我、对我们产生一点信任，打消她要把我送到国外去的想法。这一切不容易，西蒙娜，这一切很难办。我为他感到抱歉。他两次对我谈到宿命论。我明白他用这种迂回的方式想对我说什么；为了他，我要做我力所能及的一切，改善我们的处境。凡是应该忍受的，我会热情地忍受，因为为了他，我觉得忍受痛苦是一种快乐，尤其因为我觉得，不管付出多大代价，都永远买不到已经享受到的这种弥足珍贵的幸福，这种任何意外事件都破坏不了的快乐……我来到了这里，非常渴望独处。在这里除了我姐夫，我还见到了他的五个兄弟姐妹。我与他姐姐和两个双胞胎妹妹住一个房间，就是我与你和斯蒂法住得那么愉快的那个房间。我给你写这些话用了不到三刻钟，因为要急于陪家人去镇上的市场。明天白天杜穆兰全家人都来这里，后天热娜薇耶芙·德·布雷维尔要来，而且一准要去米勒家跳舞。不过谁也没想到我始终是自由自在的。所有这些事情对我而言就像不存在一样。我的生活就是悄悄地对我心里不断听到的那个声音微笑，就是和他一块去寻找最终的避难所……"

我生普拉德勒的气了：他为什么拒绝我建议他的办法？我给他写了封信。他回信说：他妹妹刚订婚，他早已结婚的大哥——他从来没有提到过——要去多哥。他如果告诉母亲他也在考虑离开她，一定会给她致命的打击。"那么沙沙呢？"九月底回到巴黎时我问他。难道他不明白这样较劲已使她精疲力竭。他回答说莎莎赞成他的态度。我白操心，他固执己见。

莎莎显得很消沉，人瘦了，脸上也没了血色，经常头痛。马比耶太太暂时允许她恢复与普拉德勒见面，但要她十二月份就去柏林，在那里度过这一年。想到这次要被流放，她就感到恐惧。我又提出一个建议：普拉德勒瞒着自己母亲去向马比耶太太解释。莎莎摇摇头。马比耶太太才不会听他解释呢，她心里清楚得很，知道只不过是个借口。照她看，普拉德勒并没有下决心娶莎莎，否则他早就同意去办正式手续了。再说，一位母亲不会因为儿子订婚而心碎，他这种解释站不住脚！在这一点上，我倒是同意马比耶太太的看法，结婚是两年后的事，普拉德勒太太的情况，在我看来犯不上悲观。"我不想让她因为我而痛苦。"莎莎对我说。她心灵的高尚让我生气。她理解我生气的原因，理解普拉德勒的顾虑，理解马比耶太太的谨慎，也理解这些并不互相理解而且总是误解她的人。

"等一年，没有要把大海喝干那么难。"普拉德勒恼火地说。这种冷静不仅没有给莎莎增添勇气，反而使她的信心受到考验。为了不至过于痛苦地忍受长期的分隔，她需要具备这种信心；她在信里曾经祈求过，可是残酷的事实是她缺乏这种信心。我的预言得到了证实：普拉德勒不容易爱上一个人，尤其像莎莎这样一个情感炽烈的女人。他用类似孤芳自赏的真诚抱怨莎莎缺乏热情，而莎莎则禁不住归结为他对她爱得不强烈。普拉德勒的行为使莎莎不放心。他对自己的家庭关心得过分无微不至，几乎不在意这会使莎莎痛苦。

他们还只是短暂地会过一次面。莎莎迫不及待地盼望着他们约定共度的那个下午到来。就在这上午，她收到一封快信。普拉德勒的一个叔父过世了，他认为这哀伤与他们约会的快乐不相容，要求取消约会。第二天莎莎来我这里与我妹妹和斯蒂法一块喝酒，始终没有露出一丝笑容。晚上她给我捎来一封短信："我写信不是为了表示歉意。尽管你用味美思酒款待我，又给了我勉励的忠告，我还是那样愁眉苦脸。你想必能够理解，我还是因为昨天收到的那封快信而沮丧。那封信来得不是时候。普拉德勒如果想到了我怀着怎样的感情盼望着我们相会，就不会寄那封信了。不过好在他没有想到。他那样做合我的意。我完全孤单一人，承受着痛苦的思考，承受妈妈认为有必要给我的一次次严厉警告。在这种情况下，能够看到自己究竟会气馁到什么地步，对我来讲这并不是坏事。最伤心的是不能和他联系。我没有敢往他家里寄过信。如果你是一个人在家里，我想请你帮我往他家里给他写几句话。信封上是你的字迹，人家认不出来。麻烦你立刻给他寄一封气压传送信，告诉他——但愿他已心里有数——无论快乐还是痛苦，我总和他在一起。尤其告诉他，只要他愿意，他可以往我家里给我寄信；他最好不要放弃给我写信，因为我不可能很快见到他，所以非常渴望至少收到他一封短信。此外他不要顾忌我这个时候会乐呵呵的，我就是对他说话，即使谈我们的事，也会相当严肃。就算他的存在使我得以解脱，生活中可以说还是有相当多悲伤的事情，尤其在服丧期间，在《灰尘》里所描述的情况下。这本书我昨晚拿来重读，受感动的程度并不亚于假期之初。是的，朱蒂很出色，讨人喜欢，尽管如此，始终并不完美，尤其是非常可怜。她对自己的生命和对'创作的东西'的热爱，使她在生存的艰难中获得了拯救，这我承认。可是面对死亡，她就快乐不起来了。只当最终都不会有这种事般地活着，不是一个令人满意的解决办法。我放下这本书后抱怨了一会儿，这令我感到羞愧。而我觉得在所有困难之上、在有时会掩盖快乐的悲伤之上，存在着一种快乐，一种难以品尝到、以我的懦弱往往得不到的快乐。而要获得这种快乐，至少并非世界上任何人都必不可少，甚至也不完全取决于我。这种快乐不会减少任何东西。我所爱的那些人都无需担心，我不会逃离他们。此刻我感觉自己前所未有地眷恋着大地，甚至眷恋着我自己的生命。"

　　尽管这结论是乐观的，尽管她勉强同意普拉德勒的决定，但莎莎还是让自己的痛苦流露了出来。为了以"至少并非世界上任何人都必不可少"这种超自然的快乐，对抗"创作的东西"，她就必须不再希望在这个世界上能最终指望任何人。我给普拉德勒寄了一封气压传送信。他立刻给莎莎写了信。莎莎对我表示感谢："感谢你，星期六就能摆脱折磨着我的幽灵了。"可是，幽灵并没有让她清静多长时间。她是孤单一人面对幽灵。甚至我关心她的幸福反而使我们之间产生了距离，因为我生普拉德勒的气，她责备我错怪了他。她选择了放弃，我鼓励她自我保护，她硬是不愿意。另一方面，她母亲不准我去贝利街她们家，而且千方百计不让她离开家。不过我们在我的住处长谈了一次，我对她谈了我自己的生活。第二天她给我寄来一封短信，热情洋溢地告诉我，我们的交谈令她多么快乐。但她补充说："为了一言难尽的家庭方面的原因，我有一段时间不能见你。请你等一等。"

　　另一方面，普拉德勒告诉她，他哥哥刚走了，整个礼拜他要在家安慰他母亲。这一次，她假装觉得他毫不犹豫地牺牲她是自然的。可是我可以肯定，新的疑虑在折磨着她。我感到遗憾的是，一个星期之中，没有任何声音能够挫败马比耶太太三番五次的"可悲警告"。

十天后，我偶然在波卡迪咖啡馆遇到她。我是在国家图书馆看书，而她是在这个小区买东西。我陪她买东西，惊讶地注意到她非常愉快。独自一个人待着的这个礼拜，她考虑了很多，渐渐地在头脑里和心中理出了头绪。哪怕是让她去柏林，也吓不倒她了。她将有闲暇会尝试写她酝酿已久的小说，还可以读很多书。她从没有如此渴望看书。她仰慕地重新发现了司汤达。她的家人非常坚决地憎恨司汤达，至今她还未能克服他们的这种偏见。最近读了他的作品，她终于理解了他，毫无保留地喜欢上他了。她感到有必要修正自己的许多看法，觉得自己身上突然发生了一种重要的变化。她热情地，几乎以一种异乎寻常的激情对我谈起这些。她的乐观情绪中有某种疯狂的因素。然而我感到欣慰，因为她重新找到了新的力量，让我觉得她正在大大接近我。我向她说再见时，心里充满了希望。

四天后，我收到马比耶太太一封短信：莎莎病倒了，发高烧，严重头疼。医生吩咐把她送进了圣克鲁一家诊所。她需要清静，绝对静养，不允许任何人探视；如果高烧不退，人就完了。

我见到了普拉德勒，他告诉了我他所知道的情况。我遇到莎莎的第三天，普拉德勒太太一个人在家，听到有人按门铃。她开了门，面前是一位姑娘，穿着讲究，但没戴帽子。在当时这完全是不合习惯的。"您是让·普拉德勒的母亲吗？"姑娘问道，"我可以和你谈谈吗？"她作了自我介绍，普拉德勒太太请她进屋。莎莎四下打量一眼，脸色苍白，但颧颊发红。"让不在家？为什么？他已经去了天国吗？"普拉德勒太太吓坏了，告诉她让一会儿就回来。"您讨厌我吗，太太？"莎莎问道。普拉德勒太太矢口否认。"那么，您为什么不肯让我们结婚呢？"普拉德勒太太力图让她平静下来。她平静下来一会儿后，普拉德勒回来了，但是她前额和双手发烫。"我送你。"普拉德勒说。他们搭了一辆出租车，在驶往贝利街的途中，莎莎用责备的口气问："你不能吻我一下吗？你为什么从来不吻我？"他吻了她。

马比耶太太把她放到床上，叫来医生。她向普拉德勒解释：她不想让她女儿不幸，不反对这桩婚事。普拉德勒太太也不反对，不想让任何人不幸。一切都会顺利解决。可是莎莎高烧达四十摄氏度，说胡话。

在圣克鲁诊所四天期间她一直叫喊道："我的小提琴，普拉德勒，西蒙娜，香槟酒。"高烧没退。她母亲有权陪她度过最后一夜。莎莎认出了她，知道自己就要死了。"别伤心，亲爱的妈妈，"她说，"所有家庭都有废物，我就是我们家的废物。"

我在诊所的小教堂里再见到她时，她躺在摆有蜡烛和鲜花的厅中央，穿一件粗布长睡衣，头发长长了，硬硬的一绺绺披散在一张瘦得几乎认不出来的蜡黄的脸两旁，指甲长而灰白的双手交叉放在十字架上，显得特别易碎，像一具古代的木乃伊。马比耶太太抽泣不止，马比耶先生对她说："我们只是天主手里的工具。"

医生们说是脑膜炎，又说是脑炎，谁也不知道到底是什么病。是意外的一种传染病，还是莎莎疲劳、焦虑过度？夜梦中，她常常出现在我面前，蜡黄蜡黄的，戴一顶粉红色阔檐软帽，责备地看着我。我们曾经一块儿与等待着我们的恶劣命运搏斗——有好长时间我都在想，她的死是为我的自由付出的代价。

SIMONE DE BEAUVOIR
Mémoires d'une jeune fille rangée

本书根据伽里玛出版社 1958 年法文版译出
© Editions Gallimard, 1958
All rights reserved
All adaptations are forbidden.
Sale is forbidden outside of the People's Republic of China.

图字：09－2021－1026 号

图书在版编目（CIP）数据

　　一个规矩女孩的回忆／（法）西蒙娜·德·波伏瓦著；
罗国林译. —上海：上海译文出版社，2022.10（2025.4 重印）
（西蒙娜·德·波伏瓦作品系列）
　　ISBN 978－7－5327－8942－9

　　Ⅰ.①一… Ⅱ.①西… ②罗… Ⅲ.①波伏瓦
（Beauvoir, Simone de 1908－1986）—回忆录 Ⅳ.
①K835.655.6

　　中国版本图书馆 CIP 数据核字（2022）第 165886 号

一个规矩女孩的回忆	SIMONE DE BEAUVOIR	出版统筹　赵武平
Mémoires d'une jeune fille rangée	［法］西蒙娜·德·波伏瓦　著	责任编辑　缪伶超
	罗国林　译	装帧设计　董茹嘉

上海译文出版社有限公司出版、发行
网址：www.yiwen.com.cn
201101　上海市闵行区号景路 159 弄 B 座
上海市崇明县裕安印刷厂印刷

开本 890×1240　1/32　印张 11.5　插页 3　字数 254,000
2022 年 12 月第 1 版　2025 年 4 月第 5 次印刷

ISBN 978－7－5327－8942－9
定价：69.00 元